中华人民共和国法律释义丛书

权威机构专家编写
法律释义标准版本

中华人民共和国
公司法释义

王瑞贺／主编

法律出版社
LAW PRESS·CHINA
——北京——

图书在版编目(CIP)数据

中华人民共和国公司法释义 / 王瑞贺主编. -- 北京：法律出版社，2024(2024.10重印)
(中华人民共和国法律释义丛书)
ISBN 978-7-5197-8884-1

Ⅰ. ①中… Ⅱ. ①王… Ⅲ. ①公司法－法律解释－中国 Ⅳ. ①D922.291.915

中国国家版本馆CIP数据核字(2024)第039750号

中华人民共和国公司法释义
ZHONGHUA RENMIN GONGHEGUO GONGSIFA SHIYI

王瑞贺 主编

责任编辑 张宇东 冯高琼 翁潇潇
装帧设计 李 瞻

出版发行 法律出版社
编辑统筹 法规出版分社
责任校对 王晓萍
责任印制 耿润瑜
经　　销 新华书店

开本 710毫米×1000毫米 1/16
印张 31.25　　**字数** 510千
版本 2024年3月第1版
印次 2024年10月第3次印刷
印刷 三河市兴达印务有限公司

地址：北京市丰台区莲花池西里7号(100073)
网址：www.lawpress.com.cn
投稿邮箱：info@lawpress.com.cn
举报盗版邮箱：jbwq@lawpress.com.cn
销售电话：010-83938349
客服电话：010-83938350
咨询电话：010-63939796

书号：ISBN 978-7-5197-8884-1
定价：118.00元

本书编委会

主　　编：王瑞贺

编写人员：高　飞　林一英　李翔宇　魏超杰
曹丹萍　郑　浩　孙瑞霖

目　　录

第一部分　释　　义

第二部分　附　　录

第一部分　释　　义

第一章　总　　则

第一条　为了规范公司的组织和行为，保护公司、股东、职工和债权人的合法权益，完善中国特色现代企业制度，弘扬企业家精神，维护社会经济秩序，促进社会主义市场经济的发展，根据宪法，制定本法。

【释义】　本条是关于公司法立法目的的规定。

根据本条规定，公司法的立法目的主要包括以下内容：

一、规范公司的组织和行为

公司是市场经济条件下适应社会化生产而产生的企业组织形式。作为市场主体，公司的设立和行为是否规范，治理结构是否科学合理，直接关系到公司能否以最有效的方式从事生产经营活动。制定公司法就是要在法律上提供相应的制度设计，以规范公司的组织和行为，使公司能够规范设立和经营管理，进而充分发挥公司这一企业组织形式的优势，促进社会主义市场经济发展。

二、保护公司、股东、职工和债权人的合法权益

公司是以资本联合为基础的经济组织，是企业法人，有独立的法人财产，享有法人财产权，依法自主经营、自负盈亏，其合法权益受法律保护，不受侵犯。股东是公司的出资者，享有股权，对公司依法享有资产收益、参与重大决策和选择管理者等权利。职工是公司的一员，公司的成功离不开职工的贡献，公司经营的成败与职工利益密切相关。公司应当依法保护职工利益，依照宪法和有关法律的规定实行民主管理，在公司治理中充分发挥职工的作用，在研究决定改制、解散、申请破产以及经营方面的重大问题时充分听取职工的意见建议。公司成立后，开展生产经营活动，必然要与其他市场主体进行经济往来,当其他市场主体成为公司的债权人时,他们的合法权益应当受到法律保护。制定公司法就是要明确规定公司的权利义务:对内规范公司与股东的关系,对外规范公司与其他市场主体的关系,促进公司与职工建立和谐稳定的关系,切实保护公司、股东、职工和债权人的合法权益。

三、完善中国特色现代企业制度,弘扬企业家精神

党的二十大报告提出,完善中国特色现代企业制度。《中共中央、国务院关于新时代加快完善社会主义市场经济体制的意见》要求深化国有企业改革,加快完善国有企业法人治理结构和市场化经营机制,健全经理层任期制和契约化管理,完善中国特色现代企业制度。《中共中央、国务院关于营造更好发展环境支持民营企业改革发展的意见》提出,鼓励有条件的民营企业加快建立治理结构合理、股东行为规范、内部约束有效、运行高效灵活的现代企业制度。公司是最重要的企业组织形式。公司制度的建立和完善往往需要通过公司法上的制度变革来实现。改革开放以来,我国的公司实践积累了丰富的经验。同时,世界其他国家的公司法也经历许多变革,甚至是大幅度的改革。制定和修改公司法就是要立足我国国情和实际,总结实践经验,吸收借鉴其他国家经实践证明行之有效的成果,不断深化和完善中国特色现代企业制度,提升我国企业的国际竞争力。

党的十九大报告提出,激发和保护企业家精神,鼓励更多社会主体投身创新创业。党的二十大报告提出,完善中国特色现代企业制度,弘扬企业家精神,加快建设世界一流企业。《中共中央、国务院关于营造企业家健康成长环境弘扬优秀企业家精神更好发挥企业家作用的意见》对发挥企业家作用、着力营造依法保护企业家合法权益的法治环境提出了明确要求。公司法作为规范公司这一重要市场主体的法律,对于保护企业家合法权益,激励企业家干事创业,调动广大企业家积极性、主动性、创造性,发挥企业家作用,加快建设世界一流企业,具有重要意义。因此,公司法坚持弘扬企业家精神。

四、维护社会经济秩序,促进社会主义市场经济的发展

公司法是社会主义市场经济制度的基础性法律,制定公司法就是要通过规范公司的组织和行为,保护公司及有关利害关系人的合法权益,将公司的活动纳入法治轨道,形成良好的社会经济秩序,为市场主体提供公平、诚信、

有序的市场环境，完善市场主体的自我发展、自我约束机制，以利于公司的规范运作、可持续发展和做大做强，促进社会主义市场经济发展。

同时，我国宪法明确规定，国家实行社会主义市场经济。国家通过提高劳动者的积极性和技术水平，推广先进的科学技术，完善经济管理体制和企业经营管理制度，实行各种形式的社会主义责任制，改进劳动组织，以不断提高劳动生产率和经济效益，发展社会生产力。制定和完善公司法就是要落实宪法要求，不断完善我国的企业经营管理制度，促进社会主义市场经济发展。

第二条　本法所称公司，是指依照本法在中华人民共和国境内设立的有限责任公司和股份有限公司。

【释义】　本条是关于公司形式的规定。

按照股东对公司承担责任形式的不同，公司可以分为有限责任公司、股份有限公司、无限公司、两合公司等。这四类公司分别具有以下特征：

1. 有限责任公司：(1)是资合公司，但具有较强的人合性因素。股东以其认缴的出资额为限对公司承担责任，股东人数不多，相互间的合作建立在信任的基础上。(2)资本不需要划分为等额股份。(3)治理结构相对灵活，在组织机构设置上有较大的自治空间。(4)因其人合性因素较强，股权的转让受到一定的限制。

2. 股份有限公司：(1)是资合公司的典型。可以通过公开发行股票的方式筹集资本，有利于股权的社会化，通常被一些大型、特大型企业采用。(2)资本划分为等额股份，公司的股东以其认购的股份为限对公司承担责任。(3)一般应有健全的公司治理结构，公司法对其组织机构设置、职权、议事规则等的规定更为详细完备，在一些规则的设计上法律的强制性特征突出。(4)对于大型股份有限公司，尤其是上市公司，股份的自由转让特征突出。

3. 无限公司。与有限责任公司和股份有限公司不同，无限公司是全体股东对公司债务负无限连带责任的公司。无限公司股东的出资转让往往受到严格限制。

4. 两合公司。两合公司既有承担有限责任的股东，又有承担无限责任的股东。有限责任股东以其对公司的出资额为限对公司承担责任，无限责任股东对公司的债务承担无限连带责任。

各国和地区的情况不同,对公司种类的选择也不同。例如,德国规定了无限公司、两合公司、有限责任公司、股份有限公司,分别通过《德国商法典》《德国有限责任公司法》《德国股份法》作出了规定。《日本公司法》规定了股份有限公司、无限公司、两合公司、合同公司。我国台湾地区“公司法”规定了无限公司、有限公司、两合公司、股份有限公司。现代社会经济活动日益复杂,市场风险不断增大,无限公司和两合公司股东承担的投资风险相对较大,有限责任公司和股份有限公司有利于投资者控制投资风险,激励社会创新,因此,我国公司法选取了有限责任公司和股份有限公司这两种公司形式进行了规定。

目前,我国有限责任公司约5000万家,股份有限公司约10万家。这两种公司形式在我国运行总体上良好,已深入人心,并为市场所广泛接受,为我国的经济社会发展作出了重要贡献。实践证明,公司法作这样的规定符合我国现阶段的实际情况,也适应我国社会主义市场经济的发展需要。

第三条　公司是企业法人,有独立的法人财产,享有法人财产权。公司以其全部财产对公司的债务承担责任。

公司的合法权益受法律保护,不受侵犯。

【释义】 本条是关于公司法律地位的规定。

一、公司是企业法人

公司是企业法人。民法典第76条规定,以取得利润并分配给股东等出资人为目的成立的法人,为营利法人。营利法人包括有限责任公司、股份有限公司和其他企业法人等。依据民法典规定,公司是法人,而且是营利法人中的企业法人。

公司是企业法人,相应地具有法人的法律地位。公司具备民事权利能力和民事行为能力,能够独立享有民事权利和承担民事义务,也能够以公司的全部财产独立承担民事责任。公司可以以自己的名义起诉和应诉。

二、公司有独立的法人财产,享有法人财产权

公司的法人地位决定了公司必须有独立的法人财产,享有法人财产权。

公司独立的法人财产是公司自主经营、自负盈亏，独立承担责任的物质基础。民法典第58条第2款规定，法人应当有自己的名称、组织机构、住所、财产或者经费。有自己的财产是法人成立的必备要件。

有限责任公司和股份有限公司的财产主要来自以下几个途径：一是股东出资构成的原始财产。二是公司的盈利积累。三是其他途径形成的公司财产，例如接受赠与等。股东出资必须真实缴纳，不得抽逃出资，不得违法分配利润，董事、监事、高级管理人员、控股股东、实际控制人等不得侵犯公司财产等方方面面的公司法规则，维持公司财产与股东个人财产的相互独立性，维护公司法人财产的完整性，并确保公司享有法人财产权。

三、公司以其全部财产对公司的债务承担责任

公司独立的法人地位决定了公司以其全部财产对公司的债务承担责任。民法典规定，法人独立享有民事权利和承担民事义务，以其全部财产独立承担民事责任。关于公司以其全部财产对公司的债务承担责任：一是，公司承担民事责任的范围以公司的全部财产为限，不追及股东个人的财产。公司财产不足以清偿公司债务时，将面临破产，公司的债权人不能要求股东以其个人财产进行清偿。二是，公司的全部财产是公司债务的责任财产，股东的债权人不能要求以公司的财产清偿股东个人的债务。

四、公司的合法权益受法律保护，不受侵犯

民法典第3条规定，民事主体的人身权利、财产权利以及其他合法权益受法律保护，任何组织或者个人不得侵犯。公司是企业法人，作为民事主体之一，其合法权益受法律保护，不受侵犯。公司的合法权益包括公司的合法财产、公司开展生产经营活动所形成的合法商业利益等，都受到法律保护。任何组织和个人不得侵害公司的法人财产权及其他合法权益，否则将被追究法律责任。

第四条　有限责任公司的股东以其认缴的出资额为限对公司承担责任；股份有限公司的股东以其认购的股份为限对公司承担责任。

公司股东对公司依法享有资产收益、参与重大决策和选择管理者等权利。

【释义】 本条是关于股东责任和股东权利的规定。

一、股东责任

有限责任公司的股东以其认缴的出资额为限对公司承担责任，股份有限公司的股东以其认购的股份为限对公司承担责任。与无限公司的股东直接对公司债务向公司债权人承担无限连带责任不同，有限责任公司和股份有限公司的股东均向公司承担责任。股东依照法律和公司章程向公司履行出资义务后，就不再承担责任。公司以公司的全部财产对公司的债务承担责任，公司的债权人不能要求有限责任公司和股份有限公司的股东对公司债务进行清偿。这使股东在公司债务清偿上的风险限于股东对公司的全部出资。这也被称为股东有限责任。

股东有限责任有效切断了公司与股东之间的风险传递，保护了股东个人财产的安全，极大地鼓励了投资。股东有限责任在客观上促进了投资的多元化、公司经营管理的专业化、投资主体的社会化，使公司得以筹集更大规模的资本，不断发展壮大，推动社会经济不断发展进步。因此，股东有限责任也是公司制度的重要基石之一。

需要指出的是，有限责任公司的股东以其认缴的出资额为限对公司承担责任，不仅限于其出资计入公司注册资本的部分，也包括计入资本公积金的溢价部分。

二、股东对公司依法享有资产收益、参与重大决策和选择管理者等权利

股东对公司投资后成为公司的股东，享有股权。股东对公司的权利体现在其对公司依法享有资产收益、参与重大决策和选择管理者等权利。

股东对公司依法享有资产收益、参与重大决策和选择管理者等权利是对股东权利的高度概括。在公司法中，这些权利又体现为一项项具体的权利。例如，资产收益权，体现为股东通过盈余分配从公司获取红利，公司清算时取得剩余财产等权利；参与重大决策权，体现为股东通过在股东会上行使表决权，对公司增资、减资、合并、分立、解散、修改公司章程等重大事项作出决定的权利；选择管理者权，体现为股东通过股东会选举、罢免董事、监事，决定有关董事、监事的报酬等权利。

第五条　设立公司应当依法制定公司章程。公司章程对公司、股东、董事、监事、高级管理人员具有约束力。

【释义】　本条是关于公司章程及其约束力的规定。

一、设立公司应制定公司章程

公司章程是有关公司组织和行为的基本规则,是设立公司的法定必备文件,也是公司设立后据以运行的重要规则。设立公司,首先就要制定公司章程,以便明确公司的名称、住所、经营范围、注册资本、组织机构设置及其运行规则等重要事项。依照法律规定,有限责任公司的公司章程由全体股东共同制定,并由股东在公司章程上签名或者盖章。股份有限公司的公司章程应当由发起人共同制订,并经成立大会通过。

世界上很多国家和地区都规定,设立公司必须制定公司章程。例如,《日本公司法》第26条规定,设立股份有限公司的,须由发起人制订章程,并由全体发起人在章程上署名或签名盖章。我国台湾地区"公司法"第98条规定,股东应以全体之同意订立章程,签名或盖章,置于本公司,每人各执一份。第129条规定,发起人应以全体之同意订立章程。

二、公司章程的内容

有限责任公司的公司章程,应当载明的事项包括:公司名称和住所,公司经营范围,公司注册资本,股东的姓名或者名称,股东的出资额、出资方式和出资日期,公司的机构及其产生办法、职权、议事规则,公司法定代表人的产生、变更办法。

股份有限公司的公司章程,应当载明的事项包括:公司名称和住所;公司经营范围;公司设立方式;公司注册资本、已发行的股份数和设立时发行的股份数,面额股的每股金额;发行类别股的,每一类别股的股份数及其权利和义务;发起人的姓名或者名称、认购的股份数、出资方式;董事会的组成、职权和议事规则;公司法定代表人的产生、变更办法;监事会的组成、职权和议事规则;公司利润分配办法;公司的解散事由与清算办法;公司的通知和公告办法。

上述事项是法律规定公司章程应当载明的事项,是公司章程的绝对必要记载事项,欠缺该类事项,将影响公司的设立登记。除此之外,公司还可以根据自身情况，对其他事项作出规定。

三、公司章程的约束力

公司章程的约束力是指公司章程对哪些主体具有法律效力。根据本条规定，公司章程对公司、股东、董事、监事、高级管理人员具有约束力。

1. 公司章程对公司具有约束力。公司章程是公司据以组织和运行的基本规则，公司应当遵守公司章程。

2. 公司章程对股东具有约束力。公司章程具有契约性质，体现了股东的共同意志，股东必须遵守公司章程的规定。即使是后加入公司的股东，也以认可公司章程为前提，在其加入公司后，必须遵守公司章程的规定。

3. 公司章程对董事、监事、高级管理人员具有约束力。公司章程是有关公司组织和行为的基本规则。董事、监事、高级管理人员履行职责应当遵守公司章程的规定，特别是其中关于公司组织机构职权及议事规则的规定，违反公司章程的规定给公司造成损失的，将会被公司追究法律责任。

公司章程对公司意义重大，其修改也必须依照法律规定的程序进行，股东会作出修改公司章程的决议通常需要2/3以上多数同意。

第六条　公司应当有自己的名称。公司名称应当符合国家有关规定。公司的名称权受法律保护。

【释义】 本条是关于公司名称的规定。

一、公司应当有自己的名称

民事主体通过姓名或者名称与其他主体相区分。与自然人需要有姓名一样，公司也应当有自己的名称，以便明确主体的标志和权利义务的归属。

公司的名称是公司成立的必备要素之一。民法典第58条规定，法人应当有自己的名称、组织机构、住所、财产或者经费。法人成立的具体条件和程序，依照法律、行政法规的规定。

公司的名称是公司营业执照和章程应当载明的事项。本法第33条第2款规定，公司营业执照应当载明公司的名称。第46条和第95条规定，有限责任公司和股份有限公司的章程应载明公司名称。

二、公司的名称应当符合国家有关规定

基于名称的重要意义,法律法规对企业的名称作了专门规定。依据相关规定,公司的名称应符合以下要求:一是,公司的名称需要经登记。本法第32条规定,公司的名称应进行登记;《市场主体登记管理条例》第10条也作了相应规定。公司的名称经过登记后,就成为公司的法定名称。公司可以以此名称开展经营活动,依法享有权利和履行义务,从而在商业往来中与其他主体相区分。公司名称的变更也需要进行登记。二是,一个公司只能有一个名称。《市场主体登记管理条例》第10条第1款规定,市场主体只能登记一个名称。三是,公司名称应当规范使用文字。《企业名称登记管理规定》第5条规定,企业名称应当使用规范汉字,民族自治地方的企业名称可以同时使用本民族自治地方通用的民族文字。四是,公司的名称应当符合一定的命名规则。《企业名称登记管理规定》第6条规定,企业名称由行政区划名称、字号、行业或者经营特点、组织形式组成。《企业名称登记管理规定》相关条款还对企业名称命名的其他要求作了规定。

三、公司的名称权受法律保护

公司名称经过登记后,公司就享有了名称专用权。我国民法典对法人的名称权及其保护作了规定。民法典第110条第2款规定,法人、非法人组织享有名称权、名誉权和荣誉权。第1013条规定,法人、非法人组织享有名称权,有权依法决定、使用、变更、转让或者许可他人使用自己的名称。第1014条规定,任何组织或者个人不得以干涉、盗用、假冒等方式侵害他人的姓名权或者名称权。依据民法典上述规定,公司享有名称权,有权依法决定、使用、变更、转让或者许可他人使用自己的名称,任何组织或者个人不得以干涉、盗用、假冒等方式侵害公司的名称权。

第七条　依照本法设立的有限责任公司,应当在公司名称中标明有限责任公司或者有限公司字样。

依照本法设立的股份有限公司,应当在公司名称中标明股份有限公司或者股份公司字样。

【释义】 本条是关于公司应当在名称中标明公司种类的规定。

公司不同于自然人，不同公司之间存在公司形式和责任性质差异。通过公司名称将社会公众普遍关注的公司基本情况，特别是公司的公司形式和责任性质反映出来，对社会公众评价公司的实力、信用，保障交易安全具有重要意义。因此，本条规定，依照本法设立的有限责任公司，应当在公司名称中标明有限责任公司或者有限公司字样。依照本法设立的股份有限公司，应当在公司名称中标明股份有限公司或者股份公司字样。

世界上很多国家和地区对公司应当在名称中标明公司的种类都作了明确规定。《德国有限责任公司法》第 4 条规定，公司名称中必须包含“有限责任公司”字样，或者其可为一般人所理解的缩写形式。《德国股份法》第 4 条规定，股份有限公司的名称必须包含“股份有限公司”字样，或者一般可理解的该字样的缩写。《日本公司法》第 6 条规定，公司，以其名称为商号。公司，应按照股份公司、无限公司、两合公司或合同公司的种类，在其商号中分别使用股份公司、无限公司、两合公司或合同公司字样。我国台湾地区“公司法”第 2 条规定，公司名称，应标明公司之种类。

第八条　公司以其主要办事机构所在地为住所。

【释义】 本条是关于公司住所的规定。

住所是民事主体进行民事活动的中心场所或者主要场所。法人有自己的住所，主要是为了交易安全，同时也便于有关机关进行监督和管理。民法典第 63 条规定，法人以其主要办事机构所在地为住所。依法需要办理法人登记的，应当将主要办事机构所在地登记为住所。本条同民法典相衔接，规定公司以其主要办事机构所在地为住所。其中的“办事机构所在地”是指执行公司的业务活动、决定和处理公司事务的机构的所在地。

依照本法第 32 条、第 33 条、第 46 条、第 95 条的规定，住所是公司应当登记的事项，也是公司营业执照和章程应当载明的事项。公司住所变更的，应当进行变更登记。公司只能登记一个住所。《市场主体登记管理条例》第 11 条第 1 款规定，市场主体只能登记一个住所或者主要经营场所。

世界上许多国家和地区都对公司住所地作了规定。《德国有限责任公司法》第 4 条之 a 和《德国股份法》第 5 条规定，公司以章程规定的国内地点为住所。《英国公司法》第86条规定,在任何时候,公司必须具有所有通讯和通知可以被送达的登记住所。《日本公司法》第4条规定,公司以其总公司所在地为住所。我国台湾地区"公司法"第3条规定,公司以其本公司所在地为住所。

确定公司的住所,具有十分重要的法律意义:

1. 有利于确定公司的登记机关。公司设立、变更、注销均须进行登记。住所是确定公司登记管辖的重要依据。《市场主体登记管理条例实施细则》第10条规定,申请人应当根据市场主体类型依法向其住所(主要经营场所、经营场所)所在地具有登记管辖权的登记机关办理登记。

2. 有利于确定公司的诉讼管辖。例如,民事诉讼法第22条第2款规定,对法人或者其他组织提起的民事诉讼,由被告住所地人民法院管辖。第27条规定,因公司设立、确认股东资格、分配利润、解散等纠纷提起的诉讼,由公司住所地人民法院管辖。企业破产法第3条规定,破产案件由债务人住所地人民法院管辖。此外,还有一些关于地域管辖的特别规定。因此,住所是确定公司诉讼管辖的重要连接点。

3. 有利于确定债务的履行地。民法典第511条第3项规定:履行地点不明确,给付货币的,在接受货币一方所在地履行;交付不动产的,在不动产所在地履行;其他标的,在履行义务一方所在地履行。在合同双方就履行地点约定不明确或者没有达成协议的情况下,以所在地来确定履行地点。对公司来说,住所地一般被视为其所在地。因此,住所地对确定合同履行地也有一定影响。

此外,住所对确定涉外民事法律关系准据法以及行政监督管理也具有一定的重要意义。

第九条　公司的经营范围由公司章程规定。公司可以修改公司章程,变更经营范围。

公司的经营范围中属于法律、行政法规规定须经批准的项目,应当依法经过批准。

【释义】 本条是关于公司经营范围的规定。

一、公司经营范围的确定和变更

公司经营范围,也称公司目的,是公司经营的主要业务范围或者领域。

依据本法第 32 条、第 33 条、第 46 条和第 95 条的规定,公司经营范围是公司的登记事项、营业执照和章程应当载明的事项。

公司享有经营自主权,公司的经营范围由公司自行确定。由于公司经营范围确定了公司从事的主要业务领域,是公司的重要事项,在设立时就要由设立时的股东或发起人通过公司章程进行规定;公司经营过程中,如需要变更经营范围,也要通过修改公司章程的方式进行。变更经营范围需要符合法律的要求,并经过法定程序:一是由股东会以 2/3 以上多数对章程修改作出决议;二是变更后的经营范围不能超出法律、行政法规的限制,属于法律、行政法规规定须经批准的项目,应当依法经过批准;三是进行变更登记。

二、公司经营范围中属于法律、行政法规规定须经批准的项目,应当依法经过批准

须经批准的项目,是指应当具备特定的条件并经政府有关行政主管部门批准后方可经营的项目。公司的经营范围中如果有法律、行政法规规定须经批准的项目,公司须经过有关部门的批准。至于哪些项目属于法律、行政法规规定必须经过批准的项目,依照法律、行政法规的具体规定确定。《市场主体登记管理条例》第 14 条第 1 款规定,经营范围中属于在登记前依法须经批准的许可经营项目,市场主体应当在申请登记时提交有关批准文件;第 26 条规定,市场主体变更经营范围,属于依法须经批准的项目的,应当自批准之日起 30 日内申请变更登记。许可证或者批准文件被吊销、撤销或者有效期届满的,应当自许可证或者批准文件被吊销、撤销或者有效期届满之日起 30 日内向登记机关申请变更登记或者办理注销登记。

三、超越经营范围签订合同的效力

在公司制度发展早期,很多国家对公司的经营范围进行严格控制。国内外曾有观点将经营范围作为对法人权利能力或行为能力的限制,进而认定法人超越经营范围签订的合同无效。我国对经营范围和超越经营范围签订的合同的效力的认识也经历了一个变化的过程。1986 年制定的民法通则第 42 条规定,企业法人应当在核准登记的经营范围内从事经营;第 49 条规定,企业法人超出登记机关核准登记的经营范围从事非法经营的,除法人承担责任外,对法定代表人可以给予行政处分、罚款,构成犯罪的,依法追究刑事责任。

1993年颁布的公司法第11条规定,公司应当在登记的经营范围内从事经营活动。这一时期,对公司的经营范围采取了比较严格的管制。实践中,超越经营范围订立的合同往往会被认定为无效。随着我国社会主义市场经济的快速发展,这种认定无效的做法不利于保障交易安全,也不利于促进市场交易和激发市场活力,逐渐不能适应实践的需求。1999年颁布的合同法第50条规定,法人或其他组织的法定代表人、负责人超越权限订立的合同,除相对人知道或者应当知道其超越权限的以外,该代表行为有效。合同法颁布后,司法实践也对超越经营范围签订的合同的效力作了一些探索和尝试。1999年出台的《最高人民法院关于适用〈中华人民共和国合同法〉若干问题的解释(一)》第10条规定:"当事人超越经营范围订立合同,人民法院不因此认定合同无效。但违反国家限制经营、特许经营以及法律、行政法规禁止经营规定的除外。"该规定确立了当事人超越经营范围订立合同一般不影响合同效力的原则。2005年修订的公司法第12条第1款规定,公司的经营范围由公司章程规定,并依法登记。公司可以修改公司章程,改变经营范围,但是应当办理变更登记。到这一阶段,实践和理论对经营范围已经采取了相对宽松的态度。对于超越经营范围订立的合同的效力,无论是理论上,还是实践中,多数意见都认为合同效力不应仅因超越经营范围而受到影响。为进一步统一相关认识,我国民法典第505条规定,当事人超越经营范围订立的合同的效力,应当依照民法典第一编第六章第三节和合同编的有关规定确定,不得仅以超越经营范围确认合同无效。至此,公司订立的合同,不再因超越经营范围而无效。

第十条　公司的法定代表人按照公司章程的规定,由代表公司执行公司事务的董事或者经理担任。

担任法定代表人的董事或者经理辞任的,视为同时辞去法定代表人。

法定代表人辞任的,公司应当在法定代表人辞任之日起三十日内确定新的法定代表人。

【释义】　本条是关于公司法定代表人的确定与辞任的规定。

一、公司法定代表人按照章程规定由代表公司执行公司事务的董事或者经理担任

民法典第61条第1款、第2款规定，依照法律或者法人章程的规定，代表法人从事民事活动的负责人，为法人的法定代表人。法定代表人以法人名义从事的民事活动，其法律后果由法人承受。民事诉讼法第51条第2款规定，法人由其法定代表人进行诉讼。公司的法定代表人对外代表公司，他以公司名义对外实施的行为，就是公司的行为，该行为的法律后果直接由公司承受。因此，法定代表人具有十分重要的地位和作用。本条对公司的法定代表人的确定作了具体规定。公司的法定代表人需要按照公司章程的规定，由代表公司执行公司事务的董事或者经理担任。这样规定，一方面体现了法律的强制性，限定了可以担任法定代表人的人员的范围。依据本条规定，法定代表人只能由执行公司事务的董事或者经理担任，而不能由监事或者其他任何不负责公司业务执行的人员担任。另一方面充分尊重了公司的自治，可由章程作出规定。由公司根据自己实际经营管理的情况，根据法律规定，在章程中规定法定代表人具体是由执行公司事务的董事还是经理担任。

法定代表人应符合担任董事、高级管理人员的任职资格要求，并承担董事、高级管理人员应承担的义务。本法第265条第1项规定，高级管理人员，是指公司的经理、副经理、财务负责人，上市公司董事会秘书和公司章程规定的其他人员。依据该条规定，经理属于高级管理人员。因此，法定代表人必然属于董事、高级管理人员的范畴。法定代表人应符合公司法第八章关于董事、高级管理人员的任职资格要求，并承担公司法第八章中规定的董事、高级管理人员的义务，损害公司、股东或者他人合法权益的应当承担相应的责任。

二、法定代表人的辞任与更换

1. 担任法定代表人的董事或者经理辞任的，视为同时辞去法定代表人。依据本条第1款的规定，法定代表人必须具有执行公司事务的董事或者经理的身份。当担任法定代表人的人员不具备法律要求的身份时，其已经不具备担任法定代表人的资格，当然解任。基于此，本条第2款规定，担任法定代表人的董事或者经理辞任的，视为同时辞去法定代表人。

需要指出的是，本条第2款中的董事、经理辞任，不应作狭义解释，本条第2款既包括董事、经理主动辞去职务这一情形，也包括依据公司法第71

条、第 74 条等的规定解除董事、经理职务的情形。

董事辞任还涉及董事的缺员问题。相应地，还会带来辞任董事依法继续履行职务时，是否也继续履行法定代表人职责问题。公司法第 70 条第 2 款规定，董事任期届满未及时改选，或者董事在任期内辞任导致董事会成员低于法定人数的，在改选出的董事就任前，原董事仍应当依照法律、行政法规和公司章程的规定履行董事职务。原则上，担任公司法定代表人的董事在任期内辞任导致董事会成员低于法定人数的，原董事在改选出的董事就任前，仍依照法律、行政法规和公司章程的规定，履行董事职务的，其也应继续履行法定代表人职务。当然，公司特别解除其法定代表人职务或者选出新的法定代表人的除外。

2. 法定代表人辞任的，公司应当在法定代表人辞任之日起 30 日内确定新的法定代表人。法定代表人是代表法人从事民事活动的负责人，代表公司对外从事民事活动，起诉应诉。法定代表人缺失，将严重影响公司的对外活动，给公司自身及与公司交往的第三人带来不便。因此，本条特作规定，法定代表人辞任的，公司应当在法定代表人辞任之日起 30 日内确定新的法定代表人。公司应当积极选任新的法定代表人，尽早使公司摆脱缺少法定代表人的状况。本款中的辞任也应作广义解释，包括法定代表人辞任和因各种情形被解任。

本条还需要注意的是，法定代表人属于公司登记事项和营业执照应当载明的事项。出现本条第 2 款、第 3 款规定的情形的，公司应当尽早选任新的法定代表人并办理变更登记。本法第 34 条规定，公司登记事项发生变更的，应当依法办理变更登记。公司登记事项未经登记或者未经变更登记，不得对抗善意相对人。未及时办理变更登记，如果辞任的法定代表人继续以公司名义从事相关活动，有可能给公司带来风险。为方便公司法定代表人的变更登记，公司法第 35 条第 3 款还规定，公司变更法定代表人的，变更登记申请书由变更后的法定代表人签署。

此次公司法修订对本条内容作了较大修改：一是，扩大了可以担任法定代表人的人员范围。修订前的公司法规定，公司法定代表人依照公司章程的规定，由董事长、执行董事或者经理担任。修改前的公司法中的执行董事，是指股东人数较少或者规模较小的有限责任公司不设董事会时，所设的 1 名执行董事。这就要求公司的法定代表人必须从董事长、执行董事、经理中择一确定，而这三者在公司中通常为唯一确定的个人。此次公司法修订取消了执行董事的表述，且不再要求担任法定代表人的董事必须是董事长，事实上扩大了可以担任法定代表人的董事的范围，将其由董事长或执行董事扩展至所有代表公司执行公司事务的董事。关于法定代表人的人数，仍为 1 人，公司需要从可以担任法定代表人的董事或经理中择 1 人确定。二是，进一步明确了担任法定代表人应当具备的要求。要求担任法定代表人的人员必须是参与公司经营管理、负责公司内部业务执行的人员，避免出现公司选任一些不负责公司业务经营的人员担任法定代表人这种明显不合理的现象。三是，回应了担任法定代表人的董事或经理辞任时，其法定代表人是否同时辞任的问题。直接明确了担任法定代表人的董事或者经理辞任的法律后果，视为同时辞任。四是，明确了法定代表人辞任时，公司选任新的法定代表人的义务和期限要求。

第十一条　法定代表人以公司名义从事的民事活动，其法律后果由公司承受。

公司章程或者股东会对法定代表人职权的限制，不得对抗善意相对人。

法定代表人因执行职务造成他人损害的，由公司承担民事责任。公司承担民事责任后，依照法律或者公司章程的规定，可以向有过错的法定代表人追偿。

【释义】　本条是关于公司法定代表人法律地位的规定。

一、法定代表人以公司名义从事的民事活动，其法律后果由公司承受

法人是拟制的人，要由他人代表其行为。为了明确公司在对外行为时谁可以代表公司。本条第 1 款规定，法定代表人以公司名义从事的民事活动，其法律后果由公司承受。法定代表人从事民事活动的法律后果由公司承受，需要具备以下要件：一是，行为人具有法定代表人身份；二是，行为人以公司名义从事民事活动；三是，行为人的行为是行使代表权的行为。法定代表人与公司为不同的主体，只有其作为公司法定代表人行为时，其法律后果才归属公司，如果法定代表人仅以自己名义为自己行为，则法律后果归属其个人，与公司无关。与公司的代理人代理公司进行民事法律行为不同,法定代表人与公司之间不是代理关系,而是代表关系。法定代表人的代表权来自法律规定,不需要公司出具授权委托书进行授权。其代表权为总括性的代表权,而不是某一具体事项的代表权。其代表的行为不限于民事法律行为。

二、公司章程或者股东会对法定代表人职权的限制,不得对抗善意相对人

章程是公司设立和运营的基础和依据,载明了公司的组织和活动的基本准则,规定了公司的经营范围、组织机构职权等,是公司进行自我管理的规范。股东会决议是公司组织机关内部形成的决策。章程的规定和股东会决议,通常情况下均不易被公司外部的人员知晓。如果其一概对相对人具有约束力,则对相对人过于苛刻,既有失公平,也不利于保护交易安全。为方便交易进行,保护善意相对人的交易安全,本条规定公司章程或者股东会对法定代表人职权的限制,不得对抗善意相对人。

"善意相对人"是指不知道也不应当知道公司章程或者股东会决议对法定代表人代表权的限制,与公司进行交易的相对人。如何判断不应当知道,需要结合具体案件中的情形和商业惯例来考量,由人民法院在具体案件中进行判断。如果相对人在与公司进行交易时,其已经知道或者应当知道公司章程或者股东会决议对法定代表人代表权的限制,则其已经不再是善意相对人,对法定代表人超越权限的事实及其可能产生的后果,相对人已经知道或者应该有所预见,对相对人也就没有保护的必要。因此,已经知道或者应当知道公司章程或者股东会决议对法定代表人代表权的限制的相对人,不得主张公司章程或者股东会对法定代表人职权的限制不能对抗自己。对此,民法典第 504 条也规定,法人的法定代表人或者非法人组织的负责人超越权限订立的合同,除相对人知道或者应当知道其超越权限外,该代表行为有效,订立的合同对法人或者非法人组织发生效力。据此,如果相对人不知道或者不应当知道公司章程或者股东会决议对法定代表人代表权进行的限制,法定代表人超越该限制与相对人签订了合同,则法定代表人代表公司签订合同的代表行为仍为有效代表行为,订立的合同对公司发生效力,公司不能以法定代表人超越代表权为由,主张不承担该合同的法律后果。如果相对人知道或者应当知道相应的限制,法定代表人超越限制签订了合同,则相应的代表行为将被认定为无效,该合同对公司不发生效力,公司不承担该合同的法律后果。

公司章程或者股东会对法定代表人职权的限制,不得对抗善意相对人,但是在公司内部对法定代表人仍有约束力。法定代表人属于董事或高级管理人员。本法第5条规定,公司章程对公司、股东、董事、监事、高级管理人员具有约束力。第179条规定,董事、监事、高级管理人员应当遵守法律、行政法规和公司章程。第188条规定,董事、监事、高级管理人员执行职务违反法律、行政法规或者公司章程的规定,给公司造成损失的,应当承担赔偿责任。法定代表人越权代表给公司造成损失的,应对公司承担相应责任。

一些国家和地区对限制代表权限的效力也有规定。主要有两种方式:一种为对外不得限制,仅具有对内效力。例如,《德国股份法》第82条规定,董事会的代表权不得被限制;在董事与公司的关系上,董事有义务遵守章程、监事会、股东大会、董事会及监事会业务规则在关于股份公司之规定的框架内对业务执行权设置的限制。《德国有限责任公司法》第37条规定:通过公司章程或者在公司章程没有其他规定的情况下通过股东决议对业务执行人代表公司的权限范围进行限制的,业务执行人对公司负有遵守该限制的义务;关于业务执行人代表公司权限的限制对第三人不具有法律效力。此规定特别适用于如下限制:仅对某些交易或者某些种类的交易有代表权,或者只应在某些情况下或者在某个时间或者某个地点有代表权,或者需要股东或公司的一个机关对个别交易予以同意。另一种为对内对外均可以限制,但限制不得对抗善意第三人。例如,《日本公司法》第349条规定,对董事代表权限的限制,不得对抗善意第三人。我国台湾地区"公司法"第108条和第208条规定,有限责任公司和股份有限公司准用第58条规定;第58条规定,公司对于股东代表权所加之限制,不得对抗善意第三人。

三、法定代表人因执行职务造成他人损害的,由公司承担民事责任。公司承担民事责任后,依照法律或者公司章程的规定,可以向有过错的法定代表人追偿

1. 法定代表人因执行职务造成他人损害的,由公司承担民事责任。法定代表人因执行职务造成他人损害的,属于职务侵权。该规定是关于法定代表人职务侵权对外责任承担的规定。法定代表人的职务侵权行为应该同时符合以下两个要素:一是法定代表人的行为构成对第三人的侵权,包括对第三人人身权和财产权的侵害;二是该侵权行为应为法定代表人执行职务的行

为。由于法定代表人的职务行为是代表公司实施的,被视为公司自己的行为,由公司承担民事责任。如果不是法定代表人的职务行为,仅仅是担任法定代表人的人员的个人行为,则由其个人承担责任。例如,某公司法定代表人代表公司到外地与客户进行谈判签约。工作完成后,法定代表人到商场消费与店员发生争执,将店员打伤,这一将店员打伤的行为与公司无关,是其个人的侵权行为,由其个人承担民事责任。

2. 公司承担民事责任后,依照法律或者公司章程的规定,可以向有过错的法定代表人追偿。与法定代表人职务侵权的对外责任承担相对应,这是关于对内责任的规定。公司对外承担民事责任后,在对内责任方面,可以依照法律或者公司章程的规定,向有过错的法定代表人追偿。在下列两种情况下,公司可以向有过错的法定代表人追偿:一是,根据法律规定。如果有关法律法规明文规定了法定代表人对职务侵权行为应该承担相应的责任,那么在此种情形下,公司可以在对外赔偿后,依据相关法律法规的规定,向有过错的法定代表人进行追偿。二是,根据公司章程规定。如果公司的章程明确规定法定代表人对职务侵权行为应该承担相应的责任,那么在此种情形下,公司可以在对外赔偿后,向有过错的法定代表人进行追偿。

需要注意的是,在公司对外承担民事责任后,对内向责任人进行追偿方面,法定代表人与一般工作人员有所不同。民法典第 1191 条第 1 款对一般工作人员的责任承担作了规定:用人单位的工作人员因执行工作任务造成他人损害的,由用人单位承担侵权责任。用人单位承担侵权责任后,可以向有故意或者重大过失的工作人员追偿。根据这一规定,在公司对外承担民事责任后,对内向责任人进行追偿方面,法定代表人与一般工作人员的区别如下:一是,对法定代表人进行追偿,必须依据有关法律的规定或者公司章程的规定,否则不能向法定代表人进行追偿。而公司向其他工作人员追偿则不需要有法律的规定或者公司章程的规定这一前提,只要工作人员有故意或者重大过失,都可以向其追偿。二是,对法定代表人和其他工作人员承担内部责任的过错程度要求不同。对于法定代表人来说,只要有过错,包括故意或者过失,即便是一般过失,也要对内承担责任,公司可以向其追偿。但对其他工作人员来说,对其对内承担责任的过错程度要求比较高,应为故意或者重大过失,如果只是一般过失,则无须对内承担责任,公司也不能向其追偿。

第十二条　有限责任公司变更为股份有限公司，应当符合本法规定的股份有限公司的条件。股份有限公司变更为有限责任公司，应当符合本法规定的有限责任公司的条件。

有限责任公司变更为股份有限公司的，或者股份有限公司变更为有限责任公司的，公司变更前的债权、债务由变更后的公司承继。

【释义】　本条是关于公司形式变更及其债权债务处理的规定。

有限责任公司是一种具有浓厚人合性因素的资合公司。在有限责任公司中股东之间的合作关系起着重要作用。有限责任公司适合于股东关系密切的中小公司。股份有限公司是典型的资合公司。在股份有限公司中资本的联合比股东之间的合作更为重要。股份有限公司适合于股权社会化程度更高的大型公司。所以法律对两种公司的设立条件、设立程序、内部治理结构等方面规定了不同的要求。公司可以根据自己的实际情况选择适合自己的公司形式进行经营。为便于公司在经营过程中，根据实际需要变更公司形式，本条对公司形式变更及其债权债务处理作了规定。根据公司应当依法设立的原则，公司变更公司形式，其变更后的公司形式应当符合本法对该公司形式的要求，并应当按照法定程序进行。

一、有限责任公司变更为股份有限公司

有限责任公司变更为股份有限公司时，必须符合本法有关股份有限公司的规定：资本应划分为等额股份；有标明“股份有限公司”或“股份公司”字样的公司名称；股份有限公司可以采用发起设立或者募集设立；发起设立的发起人人数应符合法律规定，且半数以上在中华人民共和国境内有住所，募集设立的，发起人认购的股份数应当符合法律规定，向社会公开募集股份应按照法律规定要求进行，并进行验资；股份有限公司可以选择采用面额股或者无面额股，可以发行类别股，可以授权董事会按照法律规定的要求发行股份；出资应当实缴，法律、行政法规以及国务院决定对股份有限公司注册资本最低限额有规定的，应当按照其规定；由发起人共同制订章程，并经成立大会通过；按照股份有限公司的要求组成公司组织机构等。同时，本法第 108 条还规定，有限责任公司变更为股份有限公司时，折合的实收股本总额不得高于公司净资产额。有限责任公司变更为股份有限公司，为增加注册资本公开发

行股份时,应当依法办理。变更公司形式应当按照法律规定要求进行公司登记,领取新的营业执照。

二、股份有限公司变更为有限责任公司

股份有限公司变更为有限责任公司,必须符合本法有关有限责任公司的规定,包括:资本无须划分为等额股份,股东按其认缴的出资额确定其出资比例;股东数50个以下;法律、行政法规以及国务院决定对有限责任公司注册资本实缴、注册资本最低限额另有规定的,依照其规定;有标明“有限责任公司”或“有限公司”字样的公司名称;建立符合有限责任公司要求的组织机构等。股份有限公司变更为有限责任公司,应当依法办理登记,领取新的营业执照。

三、公司变更后原有债权、债务的处理

有限责任公司依照本法规定变更为股份有限公司或者股份有限公司依照本法规定变更为有限责任公司以后,原有限责任公司或者原股份有限公司的债权、债务仍然存在,不会自动消失。为简化相关程序,维持相关法律关系的稳定性,保护债权人合法权益,本条从法律上明确了公司形式变更后债权、债务的归属,有限责任公司变更为股份有限公司的,或者股份有限公司变更为有限责任公司的,公司变更前的债权、债务由变更后的公司承继。因为本条规定的公司形式变更并不是解散、注销原公司,然后再重新设立新公司的程序,依据本条规定进行公司形式变更,无须先对原公司债权债务进行清算处理。变更公司形式后,公司承继了变更前的公司的债权债务,变更后的公司不得以自己已经不是原来的公司为由,拒不承担原公司的债务。

第十三条　公司可以设立子公司。子公司具有法人资格,依法独立承担民事责任。

公司可以设立分公司。分公司不具有法人资格,其民事责任由公司承担。

【释义】　本条是关于子公司、分公司的规定。

一、公司可以设立子公司

有限责任公司和股份有限公司根据生产经营的需要,可以设立子公司。子公司是相对于母公司而言的,它是独立于母公司而存在的主体。子公司具有如下特征:一是,子公司被另一公司控制,一般形式为其一定比例以上的股权被另一公司持有。对子公司有控制权的公司是母公司。子公司的重大事务都是由母公司实际决定的。二是,子公司是独立的法人。子公司在经济上受母公司的支配与控制,但在法律上,它具有独立的法人资格。子公司的独立性主要表现为:拥有独立的公司名称和公司章程;具有独立的组织机构;拥有独立的财产,能够自负盈亏,独立核算;以自己的名义开展经营活动,从事各类民事活动;独立承担公司行为所带来的一切法律后果和责任。根据子公司的特征,本条明确规定了子公司的法律地位:子公司具有法人资格,依法独立承担民事责任。

如果母公司控制子公司的全部股权,则子公司还是一人公司,应当遵守本法关于一人公司的规定。需要注意的是,母子公司虽然在经济上存在控制与被控制关系,但是,在法律上母公司仍要尊重子公司的独立性,确保母公司对子公司的控制方式和控制程度在合法和适当的限度内。否则,如果出现母公司滥用公司法人独立地位和股东有限责任,逃避债务,严重损害公司债权人利益的情况,母公司应当对子公司的债务承担连带责任。

二、公司可以设立分公司

民法典第 74 条规定:法人可以依法设立分支机构。法律、行政法规规定分支机构应当登记的,依照其规定。分支机构以自己的名义从事民事活动,产生的民事责任由法人承担;也可以先以该分支机构管理的财产承担,不足以承担的,由法人承担。

有限责任公司和股份有限公司根据生产经营的需要,可以设立分公司。分公司是相对于总公司而言的,它是总公司的分支机构,也可以说是总公司的一个组成部分。分公司不论是在经济上还是在法律上,都不具有独立性。分公司的非独立性主要表现在以下方面:其一,分公司不具有法人资格,其以自己的名义从事民事活动产生的民事责任由总公司承担。当然,依照民法典的规定,也可以先以分公司的财产承担,不足以承担的,由总公司承担。其二,分公司没有自己的章程。其三,分公司的名称和登记不同于具有独立法人资格的公司。分公司的名称应当冠以其总公司的名称,并缀以"分公司"。设立分公司应向分公司所在地的登记机关申请登记,该登记在性质和效力上均不同于设立公司的登记,程序相对简单,不具有产生具有法人地位的公司的效力。其四,分公司没有独立的财产,分公司占有使用的财产属于总公司,并作为总公司的资产列入总公司的资产负债表中。分公司在人事、经营上也没有完全的自主权,其主要业务活动及主要管理人员由总公司决定,并根据总公司的委托或授权进行业务活动。基于上述特性,本条明确规定了分公司的法律地位:分公司不具有法人资格,其民事责任由公司承担。当然,为了便利分公司从事相关活动,在一定条件下,分公司也获得了一定程度的相对独立性,可以起诉应诉。例如,2022年发布的《最高人民法院关于适用〈中华人民共和国民事诉讼法〉的解释》第52条规定,依法设立并领取营业执照的法人的分支机构,属于合法成立、有一定的组织机构和财产,但又不具备法人资格的组织,属于"民事诉讼法第五十一条规定的其他组织",可以作为民事诉讼的当事人。

公司设立分公司,应当依法向登记机关申请登记,领取营业执照。分公司需要登记名称、类型、经营范围、经营场所、负责人,并提交经营场所相关文件、负责人的任职文件和自然人身份证明等。

第十四条　公司可以向其他企业投资。

法律规定公司不得成为对所投资企业的债务承担连带责任的出资人的,从其规定。

【释义】 本条是关于公司转投资的规定。

公司转投资,是指公司作为投资主体,以一定的公司法人财产作为对另一企业的出资,从而使公司成为另一企业成员的行为。根据本条:

一、公司可以向其他企业投资

公司是独立的企业法人,有独立的法人财产,享有法人财产权,可以自主经营、自负盈亏。公司转投资对于分散经营风险、降低交易成本、优化经营布局具有重要意义。公司转投资还有利于促进企业之间的联合,形成稳固的企业集团,发展规模经济,提高企业集团整体的竞争力。因而,公司运用自己的财产进行投资,既是公司发展的正常需求,也是公司顺应集约化、规模化生产经营需要必然会出现的现象,法律应当允许公司对外转投资。

依据本条规定,原则上公司可以向其他企业投资。至于公司转投资的企业的形式,以及公司可以选择的对转投资企业承担的责任的形式,法律未作规定,由公司根据自己对投资风险的承受能力、投资战略以及自己对市场的判断进行把握。公司既可以投资有限责任公司和股份有限责任公司,选择承担有限责任和有限的投资风险,也可以投资普通合伙企业等,对所投企业债务承担无限连带责任。当然,公司应根据自身经营状况和能力作出谨慎的投资判断。

二、法律规定公司不得成为对所投资企业的债务承担连带责任的出资人的,从其规定

公司转投资既可能最终获得了收益,也可能投资失败。如果公司对其所投资的企业的债务承担无限连带责任,当其所投资的企业经营不善破产时,其投资企业的债权人将会要求公司以其自己的全部资产对其所投资企业的债务承担连带责任。由于缺少有限责任的屏障,这可能导致公司被其所投资的企业的债务波及,甚至破产,损害公司股东和公司债权人的利益。因而,本条规定法律规定公司不得成为对所投资企业的债务承担连带责任的出资人的,从其规定。例如,合伙企业法就作了这样的规定。合伙企业法第 3 条规定,国有独资公司、国有企业、上市公司以及公益性的事业单位、社会团体不得成为普通合伙人。

我国台湾地区"公司法"对公司的对外投资进行了限制。我国台湾地区"公司法"第 13 条规定,公司不得为他公司无限责任股东或合伙事业之合伙人。公开发行股票之公司为他公司有限责任股东时,其所有投资总额,除以投资为专业或公司章程另有规定或经代表已发行股份总数 2/3 以上股东出席,以出席股东表决权过半数同意之股东会决议者外,不得超过本公司实收股本 40%。

第十五条　公司向其他企业投资或者为他人提供担保，按照公司章程的规定，由董事会或者股东会决议；公司章程对投资或者担保的总额及单项投资或者担保的数额有限额规定的，不得超过规定的限额。

公司为公司股东或者实际控制人提供担保的，应当经股东会决议。

前款规定的股东或者受前款规定的实际控制人支配的股东，不得参加前款规定事项的表决。该项表决由出席会议的其他股东所持表决权的过半数通过。

【释义】　本条是关于公司向其他企业投资或者提供担保的程序的规定。

一、公司向其他企业投资

依据本法第 14 条的规定，公司可以向其他企业投资。但是，公司向其他企业投资存在投资风险，甚至可能会影响公司的资产安全、生产经营等，影响公司、全体股东的利益。为控制相关投资风险，促进公司作出审慎决策，本条规定公司向其他企业投资必须按照公司章程的规定由董事会或者股东会决议。同时，公司章程对投资总额及单项投资的数额有限额规定的，不得超过规定的限额。法律为公司通过内部组织机构控制投资风险提供了可能性。根据这一规定，法律将向其他企业投资的决定权交给了公司机关，而不能由董事、经理等负责具体业务经营的个人作出决定。至于是董事会还是股东会可以决定向其他企业投资，由公司根据自己的实际情况，通过公司章程作出选择。公司章程还可以对投资的总额及单项投资的数额作出限额规定，公司章程作出限额规定的，股东会和董事会决议应遵守该限额的规定。需要注意的是，公司一定要在章程中作出相应的规定。通常而言，股东人数较多，还涉及股东积极性问题，股东会会议相比董事会会议更难召开，决策效率相对低，但是反映股东的利益更直接。董事会会议相比股东会会议更容易召开，决策效率更高，更能够适应市场随时变化的情况，但是反映股东的利益相对间接。各个公司具体情况不同，公司应根据各组织机构的特点和自身实际情况作出选择。

二、公司为他人提供担保

公司作为市场经济主体，可以为他人提供担保。公司为他人提供担保，可能要为他人的债务承担责任,会对公司和股东的利益产生影响。因此,与对外投资一样,本条规定,公司为他人提供担保,按照公司章程的规定,由董事会或者股东会决议;公司章程对担保的总额及单项担保的数额有限额规定的,不得超过规定的限额。根据这一规定:

1. 公司提供担保由董事会或者股东会决议。公司为他人提供担保,首先应当在公司章程中作出明确规定,其次应当按照公司章程的规定由董事会或者股东会作出决议。

2. 公司提供担保不得突破规定的限额。公司为他人提供担保,还必须遵守公司章程规定的限额。公司章程对担保总额及单项担保的数额有限额规定的,董事会或者股东会在作出担保决议时,不得超过规定的限额。

在适用本条时需要注意的是,法律如果有其他特殊规定,应当适用特殊规定。例如,关于上市公司向他人提供担保,公司法第 135 条规定,上市公司在 1 年内购买、出售重大资产或者向他人提供担保的金额超过公司资产总额 30%的,应当由股东会作出决议,并经出席会议的股东所持表决权的 2/3 以上通过。

三、公司为股东或实际控制人提供担保的要求

实际控制人,是通过投资关系、协议或者其他安排,能够实际支配公司行为的人。当公司为公司股东或者实际控制人提供担保时,股东和实际控制人存在明显的利益冲突。股东和实际控制人可能受个人利益的驱使作出与公司利益不一致,甚至损害公司利益的决定。在存在控股股东和实际控制人的情况下,董事会也存在完全受控股股东或实际控制人控制的风险。为平衡公司向其他企业投资、为他人提供担保的自由与公司财产安全、全体股东利益保护之间的关系,本条规定,公司为公司股东或者实际控制人提供担保的,应当经股东会决议。前款规定的股东或者受前款规定的实际控制人支配的股东,不得参加前款规定事项的表决。该项表决由出席会议的其他股东所持表决权的过半数通过。根据这一规定:

1. 公司可以为公司股东或实际控制人提供担保。公司可以根据自身经营的客观需要作出自由决定,决定是否要为公司股东或者实际控制人提供担保。

2. 公司为股东或实际控制人提供担保必须经股东会决议。需要注意的

是,本条第 1 款中公司为他人提供担保,也需要董事会或者股东会决议,但需要由公司章程规定,公司章程可以对由股东会还是董事会决定作出选择;而公司为股东或实际控制人提供担保,法律特别规定必须经股东会决议,公司章程不得作出与公司法要求不一致的规定。

3. 股东会决议为股东或实际控制人提供担保的要求。公司为股东或实际控制人提供担保,在决议时,该股东或者受该实际控制人支配的股东,不得参加表决,由出席会议的其他股东所持表决权的过半数通过。

第十六条　公司应当保护职工的合法权益,依法与职工签订劳动合同,参加社会保险,加强劳动保护,实现安全生产。

公司应当采用多种形式,加强公司职工的职业教育和岗位培训,提高职工素质。

【释义】　本条是关于保护公司职工合法权益的规定。

一、公司必须保护职工的合法权益

公司职工是直接从事生产经营的劳动者,职工的合法权益应当受到法律保护。如果公司违反法律规定侵犯了职工的合法权益,就要承担相应的法律责任。

公司保护职工的合法权益主要体现在:一是,依法与职工签订劳动合同。劳动合同是劳动者与用人单位建立劳动关系、明确双方权利和义务的协议。公司与职工建立劳动关系,应当订立劳动合同。劳动合同应当以书面形式订立。公司与职工订立和变更劳动合同,应当遵循平等自愿、协商一致的原则,不得违反法律、行政法规的规定。二是,要依法参加社会保险,缴纳社会保险费。根据劳动法的规定,国家发展社会保险事业,建立社会保险制度,设立社会保险基金,使职工在年老、患病、工伤、失业、生育等情况下获得帮助和补偿。用人单位和劳动者必须依法参加社会保险,缴纳社会保险费。三是,要加强劳动保护,实现安全生产。劳动保护的基本要求是,为劳动者提供安全、卫生的劳动条件,并不断加以改善,要消除和预防生产经营过程中可能发生的伤亡、职业病和其他伤害劳动者的事故,保障劳动者能以健康的体力参加生产经营活动。加强对职工的劳动保护,有利于保护社会生产力,调动劳动者的积极性。公司必须遵守与安全生产相关的法律、法规,加强安全生产管理,建立、健全安全生产责任制度,完善安全生产条件,采取必要的安全保护措施,确保生产安全。

二、公司应当采取措施提高职工素质

职工的素质对公司的生产经营活动乃至公司的长远发展至关重要。经济、社会不断发展,公司职工的素质也需要不断提高。公司只有通过各种途径和方式不断加强职工的职业教育和岗位培训,才能不断提高职工的职业素质,满足公司不断发展的经营需要,提升企业整体竞争力,在市场竞争中立于不败之地。从职工角度而言,借助专业知识学习和技能培训,职工可以更好地掌握所任岗位所需的知识和技能,高质量地完成本职工作。将加强公司职工的职业教育和岗位培训作为公司的一项法定义务,有利于促使公司积极采取措施,提高职工素质,不断提高劳动生产率和工作效率。

第十七条　公司职工依照《中华人民共和国工会法》组织工会,开展工会活动,维护职工合法权益。公司应当为本公司工会提供必要的活动条件。公司工会代表职工就职工的劳动报酬、工作时间、休息休假、劳动安全卫生和保险福利等事项依法与公司签订集体合同。

公司依照宪法和有关法律的规定,建立健全以职工代表大会为基本形式的民主管理制度,通过职工代表大会或者其他形式,实行民主管理。

公司研究决定改制、解散、申请破产以及经营方面的重大问题、制定重要的规章制度时,应当听取公司工会的意见,并通过职工代表大会或者其他形式听取职工的意见和建议。

【释义】 本条是关于公司职工依法组织工会和参与民主管理的规定。

一、公司职工依法组织工会并开展活动

工会是中国共产党领导的职工自愿结合的工人阶级群众组织,是中国共产党联系职工群众的桥梁和纽带。公司职工有权依照工会法的规定组织工会,开展工会活动。根据工会法的规定,在中国境内的企业、事业单位、机关、社会组织(以下统称用人单位)中以工资收入为主要生活来源的劳动者,不分民族、种族、性别、职业、宗教信仰、教育程度,都有依法参加和组织工会的权利。任何组织和个人不得阻挠和限制。所以,公司职工依法组织工会受到法律保护。公司职工依法开展工会活动,参与管理法律规定的事务,可以更好地代表和维护职工的合法权益,并为调动职工的积极性、促进公司的发展提供支持和帮助。为此,公司应当为本公司工会提供必要的活动条件,支持工会的工作。

维护职工合法权益是工会的基本职责。其中一个重要体现是工会代表职工与公司进行平等协商,签订集体合同。集体合同所涉及的事项包括劳动报酬、工作时间、休息休假、劳动安全卫生和保险福利等涉及职工切身利益的事项。职工个人与公司订立的劳动合同中劳动条件和劳动报酬等标准不得低于集体合同的规定。根据工会法的规定,公司违反集体合同,侵犯职工合法权益的,工会可以依法要求企业承担责任。因履行集体合同发生争议的,工会可以向劳动争议仲裁机构提请仲裁;对仲裁裁决不服的,可以向人民法院提起诉讼。

二、公司应当依法实行民主管理

我国宪法规定,国有企业依照法律规定,通过职工代表大会和其他形式,实行民主管理。工会法第6条第3款规定,工会依照法律规定通过职工代表大会或者其他形式,组织职工参与本单位的民主选举、民主协商、民主决策、民主管理和民主监督。劳动法第8条规定,劳动者依照法律规定,通过职工大会、职工代表大会或者其他形式,参与民主管理或者就保护劳动者合法权益与用人单位进行平等协商。公司职工依法实行民主管理,有利于为公司正常开展经营活动创造和谐的环境,也符合现代公司制度的发展潮流。因此,本条第2款进一步规定,公司依照宪法和有关法律的规定,建立健全以职工代表大会为基本形式的民主管理制度,通过职工代表大会或者其他形式,实行民主管理。为了保障公司经营活动的正常进行,保证公司经营决策的效率,公司职工参与民主管理应当通过职工代表大会或其他民主形式进行,并应主要对经营决策中涉及职工切身利益的问题发表意见。

公司应当充分利用以职工代表大会为基本形式的民主管理制度,畅通职工意见表达渠道,使职工能够通过职工代表大会或者其他形式对涉及职工切身利益的问题发表意见,实行民主管理,营造和谐稳定的劳动关系,促进公司持续健康发展。

三、公司研究决定重大事项时应当听取工会和职工的意见

公司研究决定改制、解散、申请破产以及经营方面的重大问题、制定重要的规章制度时，应当听取公司工会的意见，并通过职工代表大会或者其他形式听取职工的意见和建议。这些事项与职工利益密切相关，需要职工配合或者去执行，遵守这一规定，既体现了民主管理，可以充分考虑职工利益，也有利于有关决策和规章制度的执行，可以实现职工与公司之间的“双赢”。

第十八条　在公司中，根据中国共产党章程的规定，设立中国共产党的组织，开展党的活动。公司应当为党组织的活动提供必要条件。

【释义】　本条是关于公司中中国共产党基层组织活动的规定。

根据宪法的规定，国家的根本任务是，沿着中国特色社会主义道路，集中力量进行社会主义现代化建设。中国各族人民将继续在中国共产党领导下，在马克思列宁主义、毛泽东思想、邓小平理论、“三个代表”重要思想、科学发展观、习近平新时代中国特色社会主义思想指引下，坚持人民民主专政，坚持社会主义道路，坚持改革开放，不断完善社会主义的各项制度，发展社会主义市场经济，发展社会主义民主，健全社会主义法治，贯彻新发展理念，自力更生，艰苦奋斗，逐步实现工业、农业、国防和科学技术的现代化，推动物质文明、政治文明、精神文明、社会文明、生态文明协调发展，把我国建设成为富强民主文明和谐美丽的社会主义现代化强国，实现中华民族伟大复兴。宪法的规定，明确指出了中国共产党在我国政治生活和经济建设中的领导地位。为了更好地发挥党的基层组织和党员在公司发展、经济建设中的作用，本条依据宪法规定的原则，对公司中中国共产党的基层组织活动作了进一步具体的规定。这一规定包括两层含义：一是，在公司中，设立中国共产党的组织，开展党的活动，应当遵守《中国共产党章程》的规定。按照《中国共产党章程》的规定，企业、农村、机关、学校、医院、科研院所、街道社区、社会组织、人民解放军连队和其他基层单位，凡是有正式党员 3 人以上的，都应当成立党的基层组织。公司是企业的一种，公司中有正式党员 3 人以上的，应当成立党的基层组织。党的基层组织应当按照《中国共产党章程》的规定开展活动。二是,公司要为公司中党组织开展活动提供支持,如提供必需的活动场所等。

第十九条　公司从事经营活动,应当遵守法律法规,遵守社会公德、商业道德,诚实守信,接受政府和社会公众的监督。

【释义】 本条是关于公司应当履行的义务的规定。

公司作为民事主体,其合法权益受法律保护,同时公司应遵守一定的行为准则:

1. 公司必须遵守法律法规。宪法第5条规定,一切国家机关和武装力量、各政党和各社会团体、各企业事业组织都必须遵守宪法和法律。一切违反宪法和法律的行为,必须予以追究。任何组织或者个人都不得有超越宪法和法律的特权。民法典第8条规定,民事主体从事民事活动,不得违反法律,不得违背公序良俗。遵守法律法规,合法经营,是公司最基本、最重要的义务。

2. 公司应当遵守社会公德、商业道德。公司必须遵守社会公德、商业道德,这也是其从事生产经营活动的一个重要要求。社会公德是指各个社会主体在其交往过程中应当遵循的公共道德规范。商业道德是指从事商业活动应当遵循的道德规范。这两种规范在市场主体的活动中相互交融,对法律起着较好的补充作用。公司作为一种与社会经济各个方面有广泛联系的实体,应当遵守社会公德和商业道德,接受这些规范的约束。在法律中明确规定公司应当遵守社会公德和商业道德,有利于促使公司形成良好的经营风气,维护社会公共利益和社会主义市场经济秩序。

3. 公司从事经营活动,必须诚实守信。民法典第7条规定,民事主体从事民事活动,应当遵循诚信原则,秉持诚实,恪守承诺。诚信是民事主体从事民事活动的基本原则,也是公司应当遵循的原则。市场经济,是法治经济,也是信用经济。公司开展经营活动,必须诚实守信,否则将难以在市场立足,最终为市场所淘汰。

4. 公司的经营活动要接受政府和社会公众的监督。公司的经营活动是否符合法律法规,是否符合社会公德、商业道德,是否诚实守信,由政府和社会公众来进行监督。监督可以促使公司的经营活动更加规范化,更好地维护国家利益、社会公共利益以及公司自身的合法权益,维护社会主义市场经济秩序,促进公司健康发展。

第二十条　公司从事经营活动,应当充分考虑公司职工、消费者等利益相关者的利益以及生态环境保护等社会公共利益,承担社会责任。

国家鼓励公司参与社会公益活动,公布社会责任报告。

【释义】　本条是关于公司社会责任的规定。

公司是营利法人,以营利为目的;但公司又是社会的成员,应当承担社会责任。因此,本条对公司社会责任作了规定。

一、公司应当承担社会责任

1. 公司的社会责任。公司是营利法人,股东设立公司的目的是实现股东利益最大化,也即公司盈利的最大化。早期西方公司法立法和理论曾将公司利益界定为股东利益的最大化,认为董事经营公司应当追求公司利益的最大化。随着社会的发展,公司的规模越来越大,开始成为举足轻重的社会力量,跨国公司也大量出现,人们认为公司掌握着大量资源,有着不可低估的社会影响力,应当在解决环境问题等社会问题上有所作为。许多问题的产生本身也与公司有关。工业事故频发、职业危害后果严重、劣质产品危害社会公众、环境公害事件骇人听闻,不仅公司自身承担了相应风险,公司员工、消费者甚至社区以及全体社会公众都承担了相应后果。公司应当尽力避免出现这些问题,并解决已经产生的问题。公司赚取巨额的社会财富,不仅是公司自己经营管理成功的结果,还是职工、供应商、消费者共同努力乃至全社会共同发挥作用的结果。公司应当通过捐赠等慈善行为回馈社会。

考虑到公司是社会的一员,公司的成长和发展离不开其生存的社会,创设公司制度的目的是增进社会福祉,为引导公司正确处理企业与社会的关系、短期利益与长远利益的关系、公司与利益相关者的关系,维持良好的企业形象,保持持续的盈利能力和长久的生命力,有必要倡导公司承担社会责任。

因此,一些国家和地区的公司法和公司治理准则等对公司社会责任作出了规定。美国许多州公司法先后引入了公司社会责任。《英国公司法》在董事义务方面规定了一些内容,具有公司社会责任的意义。该法规定,董事在就适当的事项作出决定时必须考虑六大方面:一是,任何决定从长远看可能带来的结果；二是，公司雇员的利益；三是，培养公司与供应商、客户和其他人之间的商业关系的需要；四是，公司运作对社区和环境的影响；五是，公司维持高标准商业行为的声誉的愿望；六是，在公司成员之间公平行事的必要。德国通过公司治理准则引入了具有德国特色的公司社会责任。《德国公司治理准则》规定，董事会自行承担责任领导企业，为了企业利益，也考虑股东、员工和其他与企业相关的群体（利害关系人）的利益，以可持续的价值创造为目标。

《中共中央关于全面推进依法治国若干重大问题的决定》提出，“加强企业社会责任立法”。《法治社会建设实施纲要（2020—2025 年）》提出，完善企业社会责任法律制度，增强企业社会责任意识，促进企业诚实守信、合法经营。《中共中央、国务院关于完善产权保护制度依法保护产权的意见》要求，保证各种所有制经济依法平等使用生产要素、公开公平公正参与市场竞争、同等受到法律保护、共同履行社会责任。《中共中央、国务院关于深化国有企业改革的指导意见》提出，社会主义市场经济条件下的国有企业，要成为自觉履行社会责任的表率。《中共中央、国务院关于促进民营经济发展壮大的意见》提出，引导和支持民营经济履行社会责任，展现良好形象，更好与舆论互动，营造正确认识、充分尊重、积极关心民营经济的良好社会氛围。贯彻党和国家有关文件规定的精神，顺应我国经济社会发展实际，本法也对公司承担社会责任作了规定。

2. 公司应当充分考虑公司职工、消费者等利益相关者的利益以及生态环境保护等社会公共利益。公司在经营管理时充分考虑公司职工、消费者等利益相关者的利益以及生态环境保护等社会公共利益，有利于改善公司与职工、消费者的关系，增强市场竞争力，有利于保护生态环境和社会公共利益，树立良好的企业形象，促进公司的持续生存和发展壮大。当然，公司营利的目的并未发生根本改变，公司应基于公司发展的整体考虑，合理充分地考虑这些利益，积极承担社会责任。

在广义上，有关劳动者保护、产品质量、消费者保护、市场竞争、环境保护等法律的规定，有些也涉及公司对社会承担的责任。但是，与公司为改善其与社会的紧张关系而主动承担的社会责任不同，这些责任是法律明确规定的责任。公司应当遵守法律规定。公司违反这些法律规定的义务时，将会被追究相应的法律责任。

二、国家鼓励公司参与社会公益活动,公布社会责任报告

如今,公司已经成为我国举足轻重的社会力量,公司数量众多,掌握着大量社会财富和先进技术,可以调动许多人财物力,与社会大众的生产生活息息相关,拥有广泛的社会影响力,是社会治理不可忽视的力量。因此,本条规定国家鼓励公司参与社会公益活动,公布社会责任报告。

第二十一条　公司股东应当遵守法律、行政法规和公司章程,依法行使股东权利,不得滥用股东权利损害公司或者其他股东的利益。

公司股东滥用股东权利给公司或者其他股东造成损失的,应当承担赔偿责任。

【释义】　本条是关于公司股东应当依法行使股东权利的规定。

民法典第132条规定,民事主体不得滥用民事权利损害国家利益、社会公共利益或者他人合法权益。任何权利的行使都有其合理界限,股东也应当依法行使其权利。因此本条规定,公司股东应当遵守法律、行政法规和公司章程,依法行使股东权利,不得滥用股东权利损害公司或者其他股东的利益。

一、股东不得滥用股东权利

股东正当行使权利的要求:一是,遵守法律、行政法规和公司章程的规定。例如,法律对公司为股东担保时规定了股东表决权回避,章程对有限责任公司股东是否享有优先购买权、股东表决权是否按出资比例行使均可作出规定,股东行使权利应遵守法律、行政法规和章程的规定。二是,以法律规定的方式和程序行使。股东的权利包括持有一定表决权比例的股东可以行使的权利,也包括股东个人可以行使的权利;包括需要在股东会行使的权利,也包括不需要通过股东会即可行使的权利。股东行使权利应当符合法律规定的方式和程序。三是,行使权利应当符合法律设定权利的目的,不得损害公司或者其他股东的利益。例如,本法规定股东查阅权的目的是保障股东的知情权,更好地维护股东和公司利益。如果股东假借行使查阅权盗取公司商业秘密、破坏公司商业计划,显然违背了设定权利的目的,是不正当行使权利的行为。

二、公司股东滥用股东权利给公司或者其他股东造成损失的，应当承担赔偿责任

股东滥用权利，已经超出了股东权利的界限，也超出了法律设定股东权利的目的，不具有正当性。如果给公司或者其他股东造成了损害，且损害与股东行为之间存在因果关系，股东应当赔偿因此给公司或者其他股东造成的损失。法律这样规定有利于规范股东行使股东权利的行为，促使股东确立依法、正当行使权利的观念。

第二十二条　公司的控股股东、实际控制人、董事、监事、高级管理人员不得利用关联关系损害公司利益。

违反前款规定，给公司造成损失的，应当承担赔偿责任。

【释义】　本条是关于关联人不得利用关联关系损害公司利益的规定。

实践中，公司控股股东、实际控制人、董事、监事、高级管理人员，利用关联交易"掏空"公司，侵害公司、公司中小股东以及公司债权人的利益的现象时有发生。因此，本条对关联人不得利用关联关系损害公司利益作了原则性规定。

关联关系，是指公司控股股东、实际控制人、董事、监事、高级管理人员与其直接或者间接控制的企业之间的关系，以及可能导致公司利益转移的其他关系。但是，国家控股的企业之间不仅因为同受国家控股而具有关联关系。

控股股东，是指其出资额占有限责任公司资本总额超过 50%或者其持有的股份占股份有限公司股本总额超过 50%的股东；出资额或者持有股份的比例虽然低于 50%，但依其出资额或者持有的股份所享有的表决权已足以对股东会的决议产生重大影响的股东。

实际控制人，是指通过投资关系、协议或者其他安排，能够实际支配公司行为的人。

高级管理人员，是指公司的经理、副经理、财务负责人，上市公司董事会秘书和公司章程规定的其他人员。

具有关联关系的主体之间进行交易，通常具有降低交易成本，形成稳定可靠的合作关系，分散经营风险，提高整体生产效率等优势。但是，由于具有关联关系的主体同受相关主体控制，难免厚此薄彼。因此，法律虽未禁止具有关联关系的主体之间发生交易，但是明确要求不得利用关联关系损害公司利益，也即公司的控股股东、实际控制人、董事、监事、高级管理人员在利用关联关系进行交易时，应当保证交易的公平性，不得损害任何一方的利益。否则，给公司造成损失的，应当承担赔偿责任。

第二十三条　公司股东滥用公司法人独立地位和股东有限责任，逃避债务，严重损害公司债权人利益的，应当对公司债务承担连带责任。

股东利用其控制的两个以上公司实施前款规定行为的，各公司应当对任一公司的债务承担连带责任。

只有一个股东的公司，股东不能证明公司财产独立于股东自己的财产的，应当对公司债务承担连带责任。

【释义】　本条是关于股东不得滥用公司法人独立地位和股东有限责任的规定。

法人独立地位和股东有限责任限制了股东的投资风险，激励投资人进行投资。然而，如果股东具有不正当的目的，利用公司法人独立地位和股东有限责任逃避公司债务，损害公司债权人利益，则明显超出了必要的限度，法律应当对其进行适当的矫正，以使失衡的利益重归平衡。因此，本条对股东滥用公司法人独立地位和股东有限责任的法律后果作了规定。

一、股东滥用公司法人独立地位和股东有限责任，逃避债务，严重损害公司债权人利益的，应当对公司债务承担连带责任

一是本条涉及的主体。滥用公司法人独立地位和股东有限责任的主体是股东，受到损害的主体是公司的债权人。股东应为存在滥用行为的股东，债权人应为受到滥用行为损害的债权人。债权人包括主动与公司进行交易的自愿债权人和侵权行为受害人等非自愿债权人。二是本条涉及的行为。存在股东滥用公司法人独立地位和股东有限责任，逃避债务，严重损害公司债权人利益的行为。例如，股东不尊重公司的独立法人地位、独立的法人意志、独立法人财产权，股东与公司业务混同、财产混同等。三是存在相关损害后果及因果关系。适用该规定，要求必须出现了给公司债权人造成严重损害的结果，且损害与股东滥用公司法人独立地位和股东有限责任之间存在因果关系。无损害则无救济。公司法人独立地位和股东有限责任是公司制度的基石。一般应尊重公司法人独立地位和股东有限责任下公司债权人与公司、公司股东三者之间的法律关系状态。只有当股东滥用公司法人独立地位和股东有限责任导致股东和公司债权人之间利益严重失衡,给公司债权人利益造成严重损害,严重违背法律设定公司法人独立地位和股东有限责任的目的时,才例外地突破公司以其全部财产对公司的债务承担责任以及股东以其出资为限对公司承担责任的规则,要求滥用公司法人独立地位和股东有限责任的股东对公司债务承担责任。因此,该责任具有个案适用、例外适用的特点。

二、股东利用其控制的两个以上公司滥用公司法人独立地位和股东有限责任的规定

股东滥用公司法人独立地位和股东有限责任不仅体现为在股东与公司之间不当转移风险和利益损害公司债权人利益,也体现为在同为其控制的公司之间不当转移风险和利益损害公司债权人利益。为防止股东利用其控制的公司实施滥用公司法人独立地位和股东有限责任、逃避债务、严重损害公司债权人利益的行为,本条第 2 款规定,股东利用其控制的两个以上公司实施前款规定行为的,各公司应当对任一公司的债务承担连带责任。

三、一人公司的特殊规定

法律承认一人公司的目的在于,使一人公司的股东也可以利用公司独立人格将唯一股东的财产与公司财产相分离,在股东有限责任下,实施商业行为,控制经营失败风险,保护股东个人财产的安全,促进投资创业。这要求股东财产与公司财产相分离、相独立。然而,由于一人公司客观上不存在多数股东,股东之间的相互监督制约关系缺失,没有复杂的组织机构,也缺少组织机构之间的相互监督制约关系。无论是理论上还是实践中,一人公司都极易出现财产混同现象,损害公司债权人利益。因此,本条第 3 款规定,只有 1 个股东的公司,股东不能证明公司财产独立于股东自己的财产的,应当对公司债务承担连带责任。

第二十四条　公司股东会、董事会、监事会召开会议和表决可以采用电子通信方式，公司章程另有规定的除外。

【释义】 本条是关于公司可以以电子通信方式召开股东会、董事会、监事会的规定。

随着科技的进步，全球联系日益紧密。一方面，作为公司成员的股东以及作为公司组织机构成员的董事、监事可能因公司业务需要或者个人事务处于全球任何地方；另一方面，信息通信技术的发展使视频会议、电话会议等可以打破空间的限制实时同步进行。为顺应科技进步，并借助科技进步提高股东会、董事会、监事会开会的便利性，提高公司运营效率，本条规定，公司股东会、董事会、监事会召开会议和表决可以采用电子通信方式，公司章程另有规定的除外。

依据本条规定，原则上公司股东会、董事会、监事会召开会议和表决可以采用电子通信方式，以电子通信方式召开会议和表决与线下开会及表决具有同等效力。但是，章程可以作出另外的规定，排除采用电子通信方式召开股东会、董事会、监事会会议，进行表决。

关于采用电子通信方式，一些国家和地区也作了规定。《日本公司法》第298条规定，公司可通过董事会决议对不出席股东大会的股东以数据电文方式行使表决权作出决定。第312条规定，依数据电文方式行使表决权，指依政令规定，经股份有限公司的同意，在法务省令规定的时间前通过数据电文方式向该股份有限公司提供行使表决权的表决票应记载的事项；依据该方式行使的表决权计入出席会议股东的表决权数。我国台湾地区“公司法”第177条之一规定，公司召开股东会时，采行书面或电子方式行使表决权者，其行使方法应载明于股东会召集通知。但公开发行股票之公司，符合证券主管机关依公司规模、股东人数与结构及其他必要情况所定之条件者，应将电子方式列为表决权行使方式之一。前项以书面或电子方式行使表决权之股东，视为亲自出席股东会。第205条规定，董事会开会时，如以视讯会议为之，其董事以视讯参与会议者，视为亲自出席。

第二十五条　公司股东会、董事会的决议内容违反法律、行政法规的无效。

【释义】 本条是关于股东会、董事会决议无效的规定。

股东会、董事会是公司的重要组织机构。股东会、董事会决议不仅涉及公司内部,还涉及交易第三人的利益,因此法律有必要对股东会、董事会决议的效力作出统一规定。一方面,股东会、董事会决议的形成花费了大量人财物力,股东会、董事会决议还涉及内部外部复杂的法律关系,不能轻易否定股东会、董事会决议的效力。另一方面,股东会、董事会决议涉及公司、少数股东甚至社会公共利益的保护问题,不能不对决议进行必要的监督。为了在二者之间实现平衡,公司法根据决议的瑕疵程度,将股东会、董事会决议的效力分为无效、可撤销和不成立三种。本条是关于股东会、董事会决议无效的规定。

股东会、董事会作为公司的组织机构,其决议内容不应当违反法律、行政法规;违反的,其决议无效。这里仅涉及其内容违反法律、行政法规,例如,违反公司法关于利润分配条件的规定分配利润等。至于会议的召集程序、表决方式等程序违反法律、行政法规的,则仅为可撤销。股东、董事、监事等相关主体对于提起股东会、董事会决议确认无效之诉具有法律上的利益的,可以提起确认无效之诉。股东会、董事会决议被人民法院认定为无效的,自始无效。

一些国家和地区也作了相应的规定。《日本公司法》第830条第2款规定,对股东大会等的决议,可以决议的内容违反法律为由,以诉讼方式请求确认决议无效。我国台湾地区“公司法”第191条规定,股东会决议之内容,违反法令或章程者无效。日本、我国台湾地区仅对股东会决议的效力作了规定,对于董事会决议的效力均未作规定。我国台湾地区有学者认为,董事会决议存在瑕疵的,当然无效。

第二十六条　公司股东会、董事会的会议召集程序、表决方式违反法律、行政法规或者公司章程,或者决议内容违反公司章程的,股东自决议作出之日起六十日内,可以请求人民法院撤销。但是,股东会、董事会的会议召集程序或者表决方式仅有轻微瑕疵,对决议未产生实质影响的除外。

未被通知参加股东会会议的股东自知道或者应当知道股东会决议作出之日起六十日内,可以请求人民法院撤销;自决议作出之日起一年内没有行使撤销权的,撤销权消灭。

【释义】 本条是关于股东会、董事会决议撤销的规定。

与内容违反法律、行政法规这种严重瑕疵不同，股东会、董事会的会议召集程序、表决方式违反法律、行政法规或者公司章程，或者决议内容违反公司章程的，瑕疵程度并没有无效那么严重，因此，法律承认该行为有效，同时赋予股东请求撤销的权利。当股东提出撤销诉讼，且决议被人民法院撤销时，该决议失去效力。

一、可撤销的情形

依据本条规定，以下股东会、董事会决议可以撤销：(1)召集程序违反法律、行政法规或者公司章程。例如，不按照法律或者章程规定的股东会、董事会会议召集通知期限和要求提前通知股东、董事，遗漏通知股东、董事等。(2)表决方式违反法律、行政法规或者公司章程。(3)内容违反公司章程。

二、撤销的程序

依据本条规定，股东会、董事会决议的撤销应由股东以诉讼的方式向人民法院提起。关于撤销：(1)主体。可以提起撤销的主体为股东。(2)期间。应自股东会、董事会会议决议作出之日起60日内提出。如股东未被通知参加股东会会议，股东可能并不知道召开了股东会会议，并作出了股东会决议，因此，法律规定对该股东会会议决议，未被通知参加股东会会议的股东可以自知道或者应当知道股东会决议作出之日起60日内，请求人民法院撤销。但是，为了避免股东会会议决议长期处于不确定状态，法律对此规定了最长期间，即自股东会会议决议作出之日起1年。法律规定撤销权行使期间的目的是使决议效力的不稳定状态以及相关法律关系尽快归于确定。在期间内不行使撤销权的，撤销权消灭。(3)不得撤销的情形。股东会、董事会会议的召集程序或者表决方式仅有轻微瑕疵，对决议未产生实质影响的，不得进行撤销。例如，未按照规定的期限提前发出会议召集通知，但是全体股东出席了会议，并形成了符合表决通过所需比例的决议。需要注意的是，该不得撤销的情形仅限于会议的召集程序或者表决方式的轻微瑕疵，而不是决议内容的瑕疵。而且还要求该瑕疵具有轻微性，且不能对决议结果产生实质性影响。这里既有对瑕疵程度的要求，又有对结果的要求。这需要人民法院根据该规定的精神结合案件情况进行判断。

一些国家和地区也作了类似规定。《日本公司法》第 831 条规定，在以下各项所列的情形下，自股东大会等决议之日起的 3 个月内，股东等可通过诉讼方式请求撤销该决议：(1)股东会等的召集程序或决议方法，违反法律、章程或明显不公正的。(2)股东大会等决议的内容违反章程的。(3)对股东大会等决议，因依有特别利害关系人行使表决权，作出明显不当的决议的。提起前款诉讼的，即使股东大会等的召集程序或决议方法违反法律或章程，法院认为其违反的事实并不重大，且不影响决议的，可驳回依同款规定的请求。我国台湾地区“公司法”第 189 条规定，股东会之召集程序或其决议方法，违反法令或章程时，股东得自决议之日起 30 日内，诉请法院撤销其决议。第 189 条之一规定，法院对于第 189 条撤销决议之诉，认为其违反之事实非属重大且于决议无影响者，得驳回其请求。

第二十七条　有下列情形之一的，公司股东会、董事会的决议不成立：

（一）未召开股东会、董事会会议作出决议；

（二）股东会、董事会会议未对决议事项进行表决；

（三）出席会议的人数或者所持表决权数未达到本法或者公司章程规定的人数或者所持表决权数；

（四）同意决议事项的人数或者所持表决权数未达到本法或者公司章程规定的人数或者所持表决权数。

【释义】　本条是关于股东会、董事会决议不成立的规定。

虽然与股东会、董事会决议可撤销的情形一样，决议不成立也涉及一些程序瑕疵的事项。但是，决议不成立的程序瑕疵程度更严重，甚至没有决议或者没有形成决议，承认其有效显然不合适，因此，法律规定了决议不成立的情形。

依据本条规定，股东会、董事会的决议不成立限于以下情形：(1)未召开股东会、董事会会议作出决议。该项是指对某一事项应召开股东会或者董事会会议作出决议，但没有召开会议的情形。需要指出的是，本法第 59 条规定的有限责任公司股东书面一致表示同意决定的情形和第 60 条、第 112 条规定的一人公司不设股东会的情形，属于法律规定的可以不召开会议的情形，不属于本项规定的情形。(2)股东会、董事会会议未对决议事项进行表决。

即遗漏表决、未进行表决等情形。股东会、董事会没有经过表决的事项，不存在对该事项的意思决定，因此关于该事项的决议不存在。(3)出席会议的人数或者所持表决权数未达到本法或者公司章程规定的人数或者所持表决权数。即达不到会议召开的要求。例如，董事会会议要求过半数董事出席方可举行，出席人数达不到半数，董事会会议就没有达到开会的要求，自然不能视为有效召开了董事会会议，更不能产生有效的决议。(4)同意决议事项的人数或者所持表决权数未达到本法或者公司章程规定的人数或者所持表决权数。即决议没有获得有效通过。例如，董事会会议要求全体董事过半数通过，某项决议没有达到过半数董事赞成该决议的要求。有限责任公司股东会普通决议事项需要经代表过半数表决权的股东通过，没有达到半数；特别决议事项需要经代表2/3以上表决权的股东通过，没有达到2/3。股份公司股东会普通决议事项需要经出席会议股东所持表决权过半数通过，未达到半数；特别决议事项需要经出席会议股东所持表决权的2/3以上通过，没有达到2/3。

股东会、董事会决议不成立，如果股东、董事、监事等相关主体对请求确认股东会、董事会决议不成立具有法律上的利益，可以请求人民法院确认股东会、董事会决议不成立。对决议不成立，《日本公司法》作了相应规定，并称决议不存在。《日本公司法》第830条第1款规定，对股东大会、类别股东大会、创立大会或类别创立大会的决议，可以诉讼方式请求确认决议不存在。

第二十八条　公司股东会、董事会决议被人民法院宣告无效、撤销或者确认不成立的，公司应当向公司登记机关申请撤销根据该决议已办理的登记。

股东会、董事会决议被人民法院宣告无效、撤销或者确认不成立的，公司根据该决议与善意相对人形成的民事法律关系不受影响。

【释义】　本条是关于决议被宣告无效、撤销或者确认不成立的法律后果的规定。

股东会、董事会决议被人民法院宣告无效、撤销或者确认不成立的，会产生相应的法律后果，法律对此作了相应规定。

一、公司应当向公司登记机关申请撤销根据该决议已办理的登记

股东会、董事会决议无效、不成立,相关决议自始没有法律约束力,经人民法院宣告无效、确认不成立后,相关决议已经无争执余地。如果公司根据相关决议办理了登记,公司应当向公司登记机关申请撤销根据该决议已办理的登记。

股东会、董事会决议被撤销的,自人民法院撤销相关决议时,依据相关决议所进行的登记也失去了依据,公司应当向公司登记机关申请撤销根据该决议已办理的登记。

对此,我国台湾地区“公司法”也作了规定。我国台湾地区“公司法”第 190 条规定,决议事项已为登记者,经法院为撤销决议之判决确定后,主管机关经法院之通知或利害关系人之申请时,应撤销其登记。

二、公司根据该决议与善意相对人形成的民事法律关系不受影响

股东会、董事会决议被人民法院宣告无效、撤销或者确认不成立,但是公司可能已经据此对外进行了交易,相对人对公司内部的情况可能不知道也不应当知道,为了保护善意的、与公司进行交易的相对人,本条第 2 款规定,股东会、董事会决议被人民法院宣告无效、撤销或者确认不成立的,公司根据该决议与善意相对人形成的民事法律关系不受影响。如相对人非善意第三人,则其并没有被保护的理由。

第二章　公 司 登 记

第二十九条　设立公司,应当依法向公司登记机关申请设立登记。

法律、行政法规规定设立公司必须报经批准的,应当在公司登记前依法办理批准手续。

【释义】　本条是关于设立公司应当依法登记的规定。

设立公司是公司取得法人资格的法律行为,必须按照法定的程序进行。

1. 设立公司,应当依法向公司登记机关申请设立登记。这实际上是对公司设立申请人的要求,即设立公司只能向人民政府负责公司登记的机关提出申请,而不能向其他机关提出设立公司的申请。我国负责公司登记的机关为市场监督管理部门,对于公司登记管辖的划分,《市场主体登记管理条例》第5条规定,国务院市场监督管理部门主管全国市场主体登记管理工作,县级以上地方人民政府市场监督管理部门主管本辖区市场主体登记管理工作。此外,《市场主体登记管理条例实施细则》第4条还对国家出资公司、股份有限公司和外商投资企业的登记管辖作出特别规定:国家市场监督管理总局或者其授权的地方市场监督管理部门负责外商投资企业登记管理。省级登记机关负责省级以上人民政府或者其授权的国有资产监督管理机构履行出资人职责的公司,以及该公司投资设立并持有50%以上股权或者股份的公司的登记管理。地市级以上地方登记机关负责股份有限公司的登记管理。同时,省级市场监督管理部门依法对本辖区登记管辖作出统一规定;上级登记机关在特定情形下,可以依法将部分市场主体登记管理工作交由下级登记机关承担,或者承担下级登记机关的部分登记管理工作。

2. 法律、行政法规规定设立公司必须报经批准的,应当取得批准。《市场监督管理总局关于调整企业登记前置审批事项目录的通知》中《企业登记前置审批事项目录(2021年)》显示,目前设立证券公司、金融控股公司、经营个人征信业务的征信机构、出版物进口经营单位、出版单位、外资银行营业性机构及其分支机构、中资银行业金融机构及其分支机构、非银行金融机构(分支机构)、融资担保公司、期货专门结算机构、期货交易场所、证券交易所、证券登记结算机构、专属自保组织和相互保险组织、保险公司及其分支机构等需要按照证券法、商业银行法、银行业监督管理法、保险法,以及《国务院关于实施金融控股公司准入管理的决定》《征信业管理条例》《出版管理条例》等的规定取得前置审核或审批。

第三十条　申请设立公司,应当提交设立登记申请书、公司章程等文件,提交的相关材料应当真实、合法和有效。

申请材料不齐全或者不符合法定形式的,公司登记机关应当一次性告知需要补正的材料。

【释义】 本条是关于申请设立公司提交材料的规定。

一、申请设立公司提交材料的要求

依法向公司登记机关申请设立登记,由申请人提出公司登记申请,申请人可以自行或者指定代表人、委托代理人办理,并提交申请书和公司章程。对于申请书,需要载明公司名称、公司住所、公司法定代表人、注册资本、经营范围、公司股东或者公司发起人等登记事项,向有管辖权的公司登记机关提出登记申请,申请书应当采用书面形式等。对于公司章程,依照本法第45条、第94条、第104条的规定,有限责任公司需要由股东共同制定,股份有限公司需要由发起人共同制订并经成立大会通过。对于设立公司需要报经批准的还应当提供相关批准文件。此外,按照《市场主体登记管理条例实施细则》第25条和第26条的规定,申请办理公司设立登记,还应当提交住所相关文件,以及法定代表人、董事、监事和高级管理人员的任职文件和自然人身份证明。募集设立股份有限公司还应当提交依法设立的验资机构出具的验资证明;公开发行股票的,还应当提交国务院证券监督管理机构的核准或者注册文件。涉及发起人首次出资属于非货币财产的,还应当提交已办理财产权转移手续的证明文件。

另外,本条特别强调申请设立公司提供的申请材料应当真实、合法、有效。我国通过商事制度改革将部分事前监管改为事中和事后监管，进一步便利了公司设立，简化了审批手续。申请设立的公司将作为市场主体参与市场经济活动，对外开展经营活动，应确保提交的相关材料符合法律规定、符合实际情况、具有效力。特别是注册资本方面，2013 年修正公司法时取消了有限责任公司和采用发起设立方式设立的股份有限公司的验资要求，而注册资本的真实、充实对于公司开展经营和持续经营具有重大意义，注册资本若不真实，则会对公司、股东和债权人等多方主体权益造成影响。因此，申请设立公司提交的有关注册资本等方面的材料应当真实、合法、有效，否则应当根据有关法律法规承担相应责任。

二、对公司登记机关的要求

公司登记机关将申请材料的有关要求尽可能具体和详尽地告知申请人，有利于申请人正确提交申请材料，避免出现需要补正的情况。申请材料不齐全是指申请材料的数量、种类没有达到法定要求；不符合法定形式是指申请人提供的材料不具备法定形式要求，如缺少特定主体的签名等。申请材料是否齐全或者是否符合法定形式，需要公司登记机关的工作人员依法进行审查并予以确认。如果申请材料不齐全或者不符合法定的形式，公司登记机关不能径行驳回，而应当向申请人一次性告知补正的材料，不能反复要求申请人补正，以避免浪费申请人的精力和时间。这一要求有助于督促行政机关提高受理审查的效率，也是行政审批制度改革和商事制度改革关于不断优化审批服务要求的体现。

第三十一条　申请设立公司，符合本法规定的设立条件的，由公司登记机关分别登记为有限责任公司或者股份有限公司；不符合本法规定的设立条件的，不得登记为有限责任公司或者股份有限公司。

【释义】 本条是关于申请设立公司必须符合法定条件的规定。

设立公司是公司取得法人资格的法律行为，必须符合法定条件。各国对于公司的设立都规定有一定的条件，公司设立条件通常包括人的要件、物的要件和行为要件。依照修改前公司法的规定，公司设立条件主要包括以下方面：(1)有符合法定的股东或者发起人的人数；(2)有符合公司章程规定的全体股东认缴的出资额或者全体发起人认购的股本总额或者募集的实收股本总额;(3)股东共同制定公司章程,或者发起人制订公司章程,采用募集方式设立的经创立大会通过;(4)有公司名称,并建立符合要求的组织机构;(5)有公司住所。对于股份有限公司还要求股份发行、筹办事项符合法律规定。此次公司法修订虽然删去了有关公司设立条件的直接规定,但依照民法典第58条的规定,公司作为法人应当有自己的名称、组织机构、住所、财产或者经费。同时,本法其他条文中也具体包含了设立公司时公司主体、财产、组织、场所和行为等方面的条件。例如,第5条规定,设立公司应当依法制定公司章程。第6条和第7条规定,公司应当有符合国家规定的名称,并标明有限责任公司或者有限公司、股份有限公司或者股份公司的字样。第8条规定,公司以其主要办事机构所在地为住所。第29条规定,法律、行政法规规定设立公司必须报经批准的,应当在公司登记前依法办理批准手续。此外,本法还分别对有限责任公司和股份有限公司的有关要求作了规定:(1)主体方面。第42条规定,有限责任公司由1个以上50个以下股东出资设立。第92条规定,设立股份有限公司,应当有1人以上200人以下为发起人,其中应当有半数以上的发起人在中华人民共和国境内有住所。(2)行为方面。设立有限责任公司应当由股东共同制定公司章程。设立股份有限公司应当由发起人共同制订章程并经成立大会通过,以募集设立方式设立的需要经出席公司成立大会的认股人所持表决权过半数通过。国有独资公司章程由履行出资人职责的机构制定。同时,公司章程应当载明法律规定的事项。(3)财产方面。有限责任公司的注册资本为在公司登记机关登记的全体股东认缴的出资额,且股东认缴的出资额应按照公司章程规定自公司成立之日起5年内缴足。股份有限公司的注册资本为在公司登记机关登记的已发行股份的股本总额,发起人应当在公司成立前按照其认购的股份全额缴纳股款;以发起设立方式设立的,发起人应当认足公司章程规定的公司设立时应发行的股份;以募集设立方式设立的,除法律、行政法规另有规定外,发起人认购的股份不得少于公司章程规定的公司设立时应发行股份总数的35%。此外,法律、行政法规以及国务院决定对公司的注册资本实缴或者注册资本最低限额、股东出资期限另有规定的还需要满足相关规定的要求。(4)组织方面。不论是有限责任公司还是股份有限公司,均应依照公司法设立相应的组织机构,如股东会、董事会、监事会、审计委员会、董事、监事。

申请设立公司,公司登记机关应当审查所申请设立的公司是否符合公司法规定的设立条件:符合规定的,应予登记;不符合规定的,不得登记。

第三十二条　公司登记事项包括:

(一)名称;

(二)住所;

(三)注册资本;

(四)经营范围;

(五)法定代表人的姓名;

(六)有限责任公司股东、股份有限公司发起人的姓名或者名称。

公司登记机关应当将前款规定的公司登记事项通过国家企业信用信息公示系统向社会公示。

【释义】　本条是关于公司登记事项内容和公示的规定。

一、登记事项具体内容

登记事项是公司必须向公司登记机关和社会提供的基本信息,在公司登记制度中处于核心位置。公司登记事项范围的确定主要考量便利交易相对人和社会公众了解公司基本情况和能力,促进交易发生,保障交易安全等因素。本法采用列举的方式明确了六类登记事项,涵盖了公司的基本情况。

1. 公司名称。公司名称是公司区别于其他公司和市场主体的标志,公司都必须有名称。公司名称,是公司的法定名称,是确认公司权利义务归属的依据。公司名称应当符合《企业名称登记管理规定》中有关名称组成要素、禁止性规定等的要求。

2. 公司住所。公司住所是其主要办事机构所在地,公司都必须有住所。公司住所,是公司的法定住所,是确定公司相关权利义务关系的依据,依照民法典、民事诉讼法等法律的规定,住所可以确定诉讼管辖地、法律文书送达地、合同成立或债务履行地等。

3. 公司注册资本。注册资本是指以货币表示的有限责任公司各股东认缴的出资额的总和或者股份有限公司已发行股份的股本总额。法律、行政法规以及国务院决定对公司注册资本数额有最低限额规定的,公司的注册资本数额,应当符合相关要求。

4. 公司经营范围。公司从事经营活动,应当有明确的行业、经营项目的种类,并依法经过登记,有些还需要依法经过批准。登记公司经营范围,有利于公司依法开展业务活动,有利于交易相对人了解公司生产经营情况,有利于行政机关依法实施监督管理。

5. 公司法定代表人的姓名。公司的法定代表人是依照法律或者公司章程的规定,在公司对外发生法律关系时,由法律规定代表其作出法人意思表示的人。

6. 有限责任公司股东、股份有限公司发起人的姓名或者名称。公司的股东按照其取得股权或者股份的时间和方式通常可以划分为以下三类:一是公司成立时的股东。如有限责任公司设立时的股东,股份有限公司发起人。二是公司成立后存续期间通过转让等继受取得股权或者股份的股东。三是公司增资时或者可转换债到期时选择转股的新股东。登记公司股东,有助于相对人了解公司的股权或者股份情况。由于股份有限公司股东人数较多,且股份交易相对频繁,股东可能会发生频繁变化,因此股份有限公司仅登记其发起人。我国公司法未对股东作出限制,股东可以是自然人,也可以是法人或其他组织,因此本项规定登记股东或发起人的姓名或者名称。

二、公司登记事项的公示

实行公司登记可以确认公司的商事活动资格,可以为国家有效监管提供途径。同时,依托公司登记事项的公示,可以有效公示市场主体的资信,使潜在的交易相对人和投资人确切了解与公司有关的事项,有利于减少交易风险和投资风险。依照本法第 34 条的规定,公司登记事项具有公示效力,因此公司登记事项的公示至关重要。

根据本条第 2 款的规定,公司登记事项由公司登记机关通过国家企业信用信息公示系统向社会公示。首先,本款明确公司登记事项仅能由公司登记机关进行公示。由于公司登记机关会对公司提交的相关材料进行一定程度的审查,公司登记机关的公示相较于公司自行公示相对客观、真实,更具有权威性。其次,本款明确公示的平台应为国家企业信用信息公示系统。通过统一的公示系统进行公司登记事项的公示,能够避免使用不同的系统导致的信息查询成本高、信息差异等问题,通过形成统一的信息公示体系,促进市场信用体系的整体发展。

需要说明的是,此次公司法修订过程中,有的意见建议应当将公司章程作为登记事项或者由公司登记机关或者公司在国家企业信用信息公示系统予以公示,修订草案一审稿中也曾规定由公司登记机关公示公司章程。对此,有的意见提出,公司章程可能涉及公司不宜对外公开的内部事务或者含有商业秘密,且公司章程中很多主要信息已通过国家企业信用信息公示系统予以公示。考虑到我国公司章程规定内容的实际情况复杂,因此未将公司章程作为公司登记机关及公司自行公示事项。

第三十三条　依法设立的公司,由公司登记机关发给公司营业执照。公司营业执照签发日期为公司成立日期。

公司营业执照应当载明公司的名称、住所、注册资本、经营范围、法定代表人姓名等事项。

公司登记机关可以发给电子营业执照。电子营业执照与纸质营业执照具有同等法律效力。

【释义】　本条是关于公司营业执照的规定。

一、营业执照签发日期为公司成立日期

公司登记机关签发的营业执照是确定公司成立的法律文件,营业执照的签发日期为公司成立之日。公司凭公司登记机关发给的营业执照可以进行印章刻制和银行账户开立等。

二、营业执照应当载明的事项

公司营业执照,既是公司成立的法律依据,又是对外证明公司是企业法人、有资格从事经营活动的资格证书。公司在其经营场所应当悬挂公司营业执照。因此,公司的营业执照具有公示性。为了增加公司经营的透明度,让公众通过公司营业执照即可了解公司的基本情况,本条规定,公司营业执照应当载明以下法定内容:公司的名称、住所、注册资本、经营范围、法定代表人姓名等。此外,按照《市场主体登记管理条例实施细则》的规定,营业执照上还应当载明公司类型、登记机关、成立日期、统一社会信用代码。

三、电子营业执照及其效力

随着信息化的发展,许多市场主体通过网络开展经营交易活动,对于营业执照的信息化也提出了现实需求。公司登记机关应实践需要推出电子营业执照,以适应网络交易的环境和发展需求。此次公司法修订充分体现了公司登记实践中的信息化建设成果,明确了电子营业执照的法律效力。根据本条第 3 款的规定,营业执照包含纸质和电子两种形式,两者具有同等的法律效力。依照我国公司法的规定,公司营业执照具有双重属性,既是公司法人主体资格的证明,同时又表明公司的经营范围,特别是对于许可经营项目而言,是公司从事经营业务的许可证明。电子营业执照与纸质营业执照只是载体形式的不同,其载明事项是一致的,公司可以凭电子营业执照开展经营活动,是否申请电子营业执照取决于公司的实际需要。

第三十四条　公司登记事项发生变更的,应当依法办理变更登记。
公司登记事项未经登记或者未经变更登记,不得对抗善意相对人。

【释义】　本条是关于公司登记事项变更和登记事项未经登记或者未经变更登记的法律后果的规定。

一、公司登记事项发生变更应当办理变更登记

根据本法第 32 条的规定,公司登记事项包含名称、住所、注册资本、经营范围、法定代表人姓名、有限责任公司股东及股份有限公司发起人的姓名或者名称等六类,因此这六类事项发生变更的,公司应当依照法律、行政法规规定的程序和要求办理变更登记。

二、登记事项未经登记或者未经变更登记的法律后果

公司登记事项未经登记或者未经过变更登记,即会产生公司的实际情况和登记的事项不一致的情形。对此,民法典第 65 条规定,法人的实际情况与登记的事项不一致的,不得对抗善意相对人。关于公司的登记事项与实际情况不一致的法律后果,为 2023 年公司法新增规定。在公司登记机关登记的事项具有对外公示的效力,如果登记事项一开始就与公司的实际情况不符,

或者存续期间登记事项发生变更但未依法及时办理变更登记,就会出现对外公示的登记信息与公司的实际信息不一致的情况,从而危及交易安全。尽管本法要求公司在设立登记时应当如实登记相关事项,公司存续期间登记事项发生变更的应当及时申请变更登记,但由于各种因素,实践中仍然会出现公司的实际情况与登记的事项不相符的情形。

本条第 2 款规定的公司登记事项未经登记或者未经变更登记,不得对抗善意相对人,包含两层含义:一是,公司登记事项未经登记或者实际发生变更但未进行变更登记的,并非必然无效。例如,公司通过内部程序更换法定代表人,虽然未经变更登记,但该法定代表人已可对外代表公司。二是,对于善意相对人而言,虽然公司登记事项与设立登记时的实际情况不一致或者实际上已经发生改变,但其因信赖公司的登记而进行的法律行为仍具有法律效力。例如,前述公司更换法定代表人时,善意相对人与登记的法定代表人以公司名义从事的法律行为仍对公司有效。此规定将相关交易风险分配给未如实登记或者未及时办理变更登记的公司,有利于维护交易安全,并能有效督促公司如实登记或者尽快办理变更登记,披露相关信息,维护公司登记制度的整体公示功能。

此外,本条第 2 款沿用民法典第 65 条的表述,使用“善意相对人”而非“善意第三人”,突出受登记公示效力保护的人为相关法律关系的相对方。善意是指信赖公司登记机关的记载,行为人非因其自身过错而“不知道”“无法知道”,且“不应当知道”该记载与公司实际状况不符。

第三十五条　公司申请变更登记,应当向公司登记机关提交公司法定代表人签署的变更登记申请书、依法作出的变更决议或者决定等文件。

公司变更登记事项涉及修改公司章程的,应当提交修改后的公司章程。

公司变更法定代表人的,变更登记申请书由变更后的法定代表人签署。

【释义】 本条是关于变更登记的规定。

公司登记机关对公司各主要事项所作的登记,自公司成立时即产生法律效力,对公司具有约束力。同时依照本法第 34 条的规定,公司登记事项具有公示效力,因此公司登记事项如果发生变动,公司应当及时办理变更登记,确保公司登记的事项与公司的实际状态保持一致,以维护交易秩序的稳定。

一、公司申请变更登记时提交文件的要求

依照本条第 1 款的规定,公司申请变更登记,均应提交法定代表人签署的变更登记申请书。公司成立后,法定代表人对外代表公司,因此本款强调申请书需要由公司法定代表人签署,而非公司其他主体。公司登记事项变更属于公司的主要事项,其变更通常需要由公司章程规定的股东会或者董事会等作出决议或者决定,因此本款还要求提交相关决议、决定。其中,对于变更有限责任公司股东,依照本法第 87 条的规定,因转让股权需要修改公司章程的不需再由股东会表决,同时 2023 年公司法删去了有限责任公司对外转让股权需要股东过半数同意的规定,因此变更有限责任公司股东原则上无须提交相关决议或决定。申请变更登记应提交的其他文件则根据变更登记涉及的具体事项而定。如公司变更住所,应当在迁入新住所前向迁入地登记机关申请变更登记,并提交新的住所使用相关文件。公司增加注册资本的,有限责任公司股东认缴新增资本的出资和股份有限公司股东认购新股的,应当按照设立时缴纳出资和缴纳股款的规定执行。股份有限公司以公开增发新股方式或者上市公司以非公开增发新股方式增加注册资本的,还应当提交国务院证券监督管理机构的相关注册文件。公司减少注册资本的,应当按照法律规定履行相应的减资程序。依照《市场主体登记管理条例》和《市场主体登记管理条例实施细则》的规定,公司变更登记事项,应当自作出变更决议、决定或者法定变更事项发生之日起 30 日内向登记机关申请变更登记。公司变更登记事项属于依法须经批准的,申请人应当在批准文件有效期内向登记机关申请变更登记。公司变更登记涉及营业执照记载事项的,登记机关应当及时为公司换发营业执照。涉及分支机构登记事项变更的,应当自公司登记事项变更登记之日起 30 日内申请办理分支机构变更登记。

二、公司申请变更登记应提交修改后公司章程的情形

关于是否提交修改后的公司章程,本法规定的六类登记事项中,除法定代表人姓名未在公司章程中规定外,公司名称、住所、注册资本、经营范围、有限责任公司股东及股份有限公司发起人的姓名或者名称等五类依照公司法

的规定均为有限责任公司和股份有限公司章程的记载事项，均涉及公司章程的修改，对于这些事项的变更，应当同时提交修改后的公司章程。

三、公司变更法定代表人的，变更登记申请书由变更后的法定代表人签署

本条第 3 款是关于变更法定代表人时签署申请书主体的特别规定。依照本款规定，变更法定代表人的，变更登记申请书由变更后的法定代表人签署。这一规定有多种因素考虑：其一，解决实践中出现的公司治理僵局。由于 2018 年公司法第 13 条仅规定“公司法定代表人变更，应当办理变更登记”，对于由变更前还是变更后的法定代表人签署变更申请书没有作出明确规定，此前的行政法规亦未作出明确要求，以往的实践往往要求由变更前的法定代表人签署。对于公司内部产生矛盾的情形，变更前的法定代表人可能不会配合办理法定代理人的变更，因而导致僵局。此次公司法修订对此予以明确，有助于解决实践中的此类问题。其二，尊重公司自治原则。虽然申请变更时登记的法定代表人仍为原法定代表人，但公司实际上已经通过内部程序对法定代表人进行了变更，此时依公司的实际情况，由变更后的法定代表人对外代表公司，因此应由变更后的法定代表人签署申请书。对于如何确定变更后的法定代表人是真实产生的，应当依据公司章程关于法定代表人的产生办法以及有关法律的规定予以判断。

第三十六条　公司营业执照记载的事项发生变更的，公司办理变更登记后，由公司登记机关换发营业执照。

【释义】　本条是关于公司营业执照事项变更的规定。

从公司营业执照签发之日起，公司登记机关对公司各主要事项所作的登记，同时产生法律效力，对公司具有约束力。公司成立后，可以根据客观情况的需要，对有关事项作出调整，如变更公司法定代表人、公司主要办事机构更换新的办公地址等。但是，公司调整的事项属于公司营业执照载明事项的，即涉及公司名称、住所、注册资本、经营范围、法定代表人姓名等事项变更的，必须在办理变更登记后，由公司登记机关换发营业执照。

第三十七条　公司因解散、被宣告破产或者其他法定事由需要终止的，应当依法向公司登记机关申请注销登记，由公司登记机关公告公司终止。

【释义】　本条是关于公司注销登记的规定。

公司登记机关经过核准注销公司登记后，公司终止，公司法人资格消灭。公司登记机关办理设立登记是公司取得法人资格的前提，而消灭公司的法人资格则要以公司登记机关注销其公司登记为依据。

一、申请注销登记的事由

本条明确了注销登记的事由包括解散、被宣告破产或者其他法定事由。公司解散是指因公司章程或者法定事由出现，停止对外开展正常经营活动，并最终使法人资格消灭的法律事实。依照本法第229条的规定，公司解散包括以下五种情形：(1)公司章程规定的营业期限届满或者公司章程规定的其他解散事由出现；(2)股东会决议解散；(3)因公司合并或者分立需要解散；(4)依法被吊销营业执照、责令关闭或者被撤销；(5)人民法院依照本法第231条的规定予以解散。被宣告破产，根据企业破产法的规定，企业法人不能清偿到期债务，并且资产不足以清偿全部债务或者明显缺乏清偿能力的，经人民法院审查属实，企业没有和解或重整，被人民法院宣告破产。其他法定事由则为兜底条款，为实践和法律发展留下制度空间。

二、申请注销登记的程序

本法规定了普通注销、简易注销两种注销程序。根据本法第12章"公司解散和清算"和企业破产法等相关法规规定，普通注销程序中，公司非因合并或者分立需要解散的，应当在清算完毕后进行注销。另外，根据《市场主体登记管理条例》的规定，公司注销依法需要经有关主管部门批准的，应当经批准后向公司登记机关申请注销登记。按照《市场主体登记管理条例实施细则》的规定，依法需要清算的，应当自清算结束之日起30日内申请注销登记。依法不需要清算的，应当自决定作出之日起30日内申请注销登记。此外，如存在分公司，公司申请注销登记前，还应当依法办理分公司注销登记。按照《市场主体登记管理条例实施细则》的要求，申请注销登记应当提交下列材料:(1)申请书;(2)依法作出解散、注销的决议或者决定,或者被行政机关吊销营业执照、责令关闭、撤销的文件;(3)清算报告;(4)税务部门出具的清税证明。对于人民法院指定清算人、破产管理人进行清算的,还应当提交人民法院指定证明。公司因合并、分立而申请注销登记的,无须提交第3项要求的材料。

申请办理简易注销登记,应当提交申请书和全体股东承诺书,并履行本法第240条规定的公告程序。

第三十八条　公司设立分公司,应当向公司登记机关申请登记,领取营业执照。

【释义】　本条是关于分公司设立登记及营业执照的规定。

公司可以设分公司,虽然本法第13条规定分公司不具有法人资格,其民事责任由公司承担,但分公司作为市场经济的参与者,在相关生产经营活动中也具有相对的独立性、自主性,代表其总公司在一定的地域范围内或者一些行业领域开展相关经营,因此也需要进行登记,领取营业执照。《市场主体登记管理条例》对分公司的登记作了具体规定:一是公司设立分公司的,应当向分公司所在地登记机关申请登记。并且应当自设立分公司的决定作出之日起30日内向登记机关申请办理登记。法律、行政法规或者国务院决定规定设立分公司须经批准的,应当在批准文件有效期内向登记机关申请登记。申请时应当向登记机关提交下列文件:(1)公司法定代表人签署的设立分公司的登记申请书;(2)公司章程;(3)分公司负责人的任职文件和自然人身份证明;(4)主要经营场所相关文件;(5)法律、行政法规和国务院市场监督管理部门规定提交的其他材料。按照《市场主体登记管理条例实施细则》的规定,分公司应当登记名称、类型、经营范围、经营场所、负责人姓名等。分公司经公司登记机关核准登记的,发给营业执照。二是分公司变更登记事项的,应当向公司登记机关申请变更登记。申请变更登记,应当提交公司法定代表人签署的变更登记申请书。变更经营范围涉及法律、行政法规规定必须报经审批的项目的,应当提交有关部门的批准文件。变更经营场所,应当在迁入新经营场所前向迁入地登记机关申请变更登记,并提交新的经营场所使用相关文件。公司登记机关核准变更登记的,换发营业执照。三是公司撤销分公司的,应当自撤销决定作出之日起30日内向该分公司的公司登记机关申请注销登记。申请注销登记应当提交公司法定代表人签署的注销登记申请书和相关决定文件。公司登记机关核准注销登记后,应当收缴分公司的营业执照。

第三十九条　虚报注册资本、提交虚假材料或者采取其他欺诈手段隐瞒重要事实取得公司设立登记的,公司登记机关应当依照法律、行政法规的规定予以撤销。

【释义】　本条是关于欺诈取得公司设立登记法律后果的规定。

行政许可法第12条规定,企业或者其他组织的设立等,需要确定主体资格的事项可以设定行政许可。行政许可法第69条第2款规定,被许可人以欺骗、贿赂等不正当手段取得行政许可的,应当予以撤销。因此,公司设立登记属于行政许可,对于以欺骗等方式取得公司设立登记的,公司登记机关应当予以撤销。本条所涉及的行为,即属于欺骗行为,其实质是一种欺诈行为。所谓"欺诈",是指当事人在办理公司设立登记时,故意隐瞒有关的重要事实、制造假象、掩盖真相,使公司登记机关受蒙骗、发生错误认识而取得了公司设立登记。本条所指的具有欺诈性质的行为,具有以下三个特点:(1)欺诈行为应当出于当事人的故意;(2)当事人实施欺诈行为有骗取公司设立登记的明确目的;(3)公司登记机关进行的设立登记,完全是由于上述认识上的错误而进行的,如果公司登记机关了解事实真相,就不会对虚假申请进行公司设立登记。本条涉及的欺诈行为有以下三种:

1. 虚报注册资本。这里的"虚报注册资本",是指为骗取公司设立登记而进行的虚报情形,即当事人为获得公司设立登记而夸大其实际缴纳的注册资本数额,实际上根本就没有出资或者没有全部出资。

2. 提交虚假材料。本条所说的"虚假材料",主要是指设立登记申请书、公司章程、验资证明等文件和从事法律、行政法规规定须报经有关部门审批的业务所提交的有关部门的批准文件是虚假或伪造的等。

3. 采取其他或者欺诈手段隐瞒重要事实。本条所谓"其他欺诈手段",是指采用其他变相隐瞒事实真相的方法欺骗公司登记机关的行为。

根据本条的规定,通过前述欺诈手段取得公司设立登记的,由公司登记机关按照法律、行政法规的规定撤销登记。撤销公司设立登记从根本上否认了公司的民事主体资格的合法性，被撤销设立登记的公司的民事主体资格归于消灭，需要严格依法定程序进行，因此本条规定由公司登记机关依照法律、行政法规的规定撤销设立登记。需要注意的是，本条规定的撤销登记仅适用于公司设立登记，对于存在本条规定情形的，除依照本条规定需要撤销设立登记外，还需要依照本法第 250 条的规定承担相应的法律责任。

第四十条　公司应当按照规定通过国家企业信用信息公示系统公示下列事项：

（一）有限责任公司股东认缴和实缴的出资额、出资方式和出资日期，股份有限公司发起人认购的股份数；

（二）有限责任公司股东、股份有限公司发起人的股权、股份变更信息；

（三）行政许可取得、变更、注销等信息；

（四）法律、行政法规规定的其他信息。

公司应当确保前款公示信息真实、准确、完整。

【释义】　本条是关于公司信息公示的规定。

本条属于本次公司法修订新增内容。公司信息公示事项属于公司需要向社会提供的信息。与登记事项相比，企业信息公示事项由公司自行披露，对社会公众特别是公司的交易相对人和潜在投资人了解公司资本、经营许可和存续情况起到重要作用，企业信息公示需要通过国家企业信用信息公示系统进行。

一、公司应通过国家企业信用信息公示系统公示的事项

根据本条的规定，公司需要进行信息公示的事项涵盖了有限责任公司股东和股份有限公司发起人的出资情况、股权或股份的变更情况，以及公司取得行政许可的相关信息等。具体包括：

1. 有限责任公司股东认缴和实缴的出资额、出资方式和出资日期，股份有限公司发起人认购的股份数。2013 年公司法修正后，设立公司原则上实行注册资本认缴登记制，其登记的注册资本并不等同于实缴资本，同时由于

实缴资本情况无须进行登记，因此登记的注册资本也无法真实、完整反映股东实缴资本的情况，在一定程度上会影响交易安全，实践中也会发生损害债权人等利益的情形。此前国务院以及国家市场监督管理总局也出台了一系列配套规定，例如，《企业信息公示暂行条例》第 10 条规定，有限责任公司股东或者股份有限公司发起人认缴和实缴的出资额、出资时间、出资方式等信息应当自形成之日起 20 个工作日内通过企业信用信息公示系统向社会公示。《市场主体登记管理条例实施细则》第 7 条规定，有限责任公司股东或者股份有限公司发起人认缴的出资数额应当进行备案。但相关行政法规和规章均未对实缴情况公示作强制要求，本次公司法修订从加强信息披露方面，要求公司必须如实公示有限责任公司股东认缴和实缴的出资额、出资方式和出资日期，股份有限公司发起人认购的股份数。

2. 有限责任公司股东、股份有限公司发起人的股权、股份变更信息。实践中，公司股东出于投资需要和其他因素会转让股权或者股份，同时股权或者股份还会由于股东的死亡发生继承或者司法拍卖等变更。公司股东的股权或者股份转让信息如未及时公示，社会公众和相关部门难以知晓公司股东的股权或股份情况，不利于交易安全和公司监管。本项规定的变更信息限于有限责任公司股东股权转让和股份有限公司发起人股份转让等，这是由于股份有限公司股东人数相对较多，股份变动相对更加频繁，如要求所有股东股份变更均需要公示会给公司带来较大负担，难以做到；同时，对于股份有限公司而言，由于需要登记发起人的姓名或者名称，但公司发起人在公司设立时即已固定，是不会变更的，实践中有的发起人已转让全部股份，与公司已不存在关联，但公司交易相对人会因公司登记而误认为该发起人仍为公司股东，甚至有的公司会有意利用已不是公司股东的发起人的影响力开展经营活动。因此，公示股份有限公司发起人的股份转让等变更信息，有助于营造健康的市场交易环境。

3. 行政许可取得、变更、注销等信息。公司的经营范围中有的事项需要取得行政许可，但按照"证照分离""先照后证"等改革，有的行政许可需要在公司设立登记前取得，有的仅需要设立登记后取得，有的仅需要备案。因此，公司登记事项及营业执照中虽载明了行业、经营项目的种类，但可能实际并未取得相关行政许可或者该行政许可事后发生变更或者注销等，如公司不及时对外公示相关情况，难以起到实施该项行政许可的监管作用，也不利于维护交易安全。

4. 法律、行政法规规定的其他信息。本项为兜底条款，可由其他法律或者行政法规根据实际需要规定公司应当自行公示的信息。

二、公司应当确保自行公示信息真实、准确、完整

本条规定的公示为公司的强制性义务，且按照本条第 2 款的规定，由公司对其公示的第 1 款有关信息负责，必须确保真实、准确、完整。同时，本次公司法修订新增了有关法律责任的规定，即本法第 251 条，公司未依照本条规定公示有关信息或者不如实公示有关信息的，公司及有关人员需要承担法律责任。

第四十一条　公司登记机关应当优化公司登记办理流程，提高公司登记效率，加强信息化建设，推行网上办理等便捷方式，提升公司登记便利化水平。

国务院市场监督管理部门根据本法和有关法律、行政法规的规定，制定公司登记注册的具体办法。

【释义】　本条是关于公司登记机关优化登记服务和授权制定公司登记注册具体办法的规定。

一、公司登记机关应当优化公司登记服务

公司登记机关应当优化公司登记服务，本条对此提出了明确要求。近年来，党中央、国务院持续推进商事制度改革，不断优化公司登记服务，国家市场监督管理总局在这方面做了许多工作，实践中许多地方进行了有益探索，形成了可复制推广的经验，有的已通过国务院文件予以规范化。本次公司法修订借鉴实践总结的经验成果，通过法律形式予以吸收并制度化，有助于进一步优化营商环境，促进社会主义市场经济发展。公司登记机关优化办理流程，应当从提高登记效率和便利化程度着眼，并予以制度化和规范化。公司登记效率是对登记机关工作时限的要求，公司登记机关应当根据实际情况：能实现当场办结的，应当让申请人立等可取；能一次办结的，不能让申请人多次折返；无法实现当场办结与一次办结的，应当依照《市场主体登记管理条

例》规定的时限办结。推行网上办理等便捷方式，提升公司登记便利化水平，是对登记机关提供便利化服务举措的要求，根据《市场主体登记管理条例》的规定，公司登记机关可以推行集中办理、就近办理、网上办理、异地可办等方式开展登记服务工作，让申请人申请公司登记不受住所地和登记地限制。这些目标的实现需要依托统一的公司登记业务规范、数据标准和平台服务接口，加强信息化建设可以为此提供重要技术支撑，有效提升公司登记管理能力。

二、授权国务院市场监督管理部门制定公司登记注册的具体办法

我国市场主体数量巨大，虽然本次公司法修订对公司登记作出了专章规定，但公司登记的具体情况还需要由国家市场监督管理总局根据公司法的规定予以细化完善，因此本条第 2 款授权其依据公司法和有关法律、行政法规的规定，制定公司登记注册的具体办法。

第三章　有限责任公司的设立和组织机构

第一节　设　　立

第四十二条　有限责任公司由一个以上五十个以下股东出资设立。

【释义】　本条是关于有限责任公司设立时的股东人数的规定。

根据本条的规定，有限责任公司由 1 个以上 50 个以下股东出资设立。

一、关于人数

根据本条规定，有限责任公司的股东人数为 1 个以上 50 个以下。在本次公司法修订过程中，有的意见建议提高有限责任公司股东的上限。但考虑到有限责任公司不同于股份有限公司，有限责任公司是一种资合与人合性质兼有的公司，股东之间相互比较了解，在很大程度上是基于股东之间的信任建立起来的一种合作，如果人数太多，不利于股东之间的合作；同时，有限责任公司一般是中小型的经济组织，人数太多，影响有限责任公司经营管理的灵活性和效率。所以，股东人数不宜太多。

二、关于股东资格

设立时的股东既可以是自然人，也可以是法人，还可以是非法人组织。设立时的股东为自然人的，应当具有民事行为能力。无民事行为能力人或者限制民事行为能力人，不应当作为有限责任公司设立时的股东。这是因为作为发起人，股东需要为筹备设立公司进行一系列的对内、对外的法律行为，并需要签署公司章程，明确各自权利义务以及公司的发展目标、未来规划等，不同于民法上的一对一的法律行为，还涉及商事交易安全。如果设立时的股东为无民事行为能力人或者限制民事行为能力人，从事相关法律行为就需要其法定代理人的一一同意或者追认,不符合商事交易效率和安全的要求。另外,股东设立有限责任公司的行为,并不意味着必然产生有限责任公司成立的法律后果。一旦公司不能成立,就会产生设立费用等责任承担问题,给他人造成损失的,还要依法承担相应的赔偿责任。而且,公司不能成立产生的赔偿责任属于无限连带责任。所以,从保护无民事行为能力人和限制民事行为能力人的利益以及他人的合法权益的角度看,也不宜允许他们成为设立时的股东。但是在公司成立后,因继承、赠与或者转让,无民事行为能力人或者限制民事行为能力人可以成为公司股东。日本、我国台湾地区也均要求设立人应当具有完全行为能力。

三、关于一人公司的规定

2005年公司法修订删去了关于有限责任公司的股东人数必须为二人以上的规定,允许设立一人公司,以鼓励和引导社会资金投向经济领域,促进市场经济的发展;但为了降低交易风险,设专节对一人有限责任公司作了特别限制性规定,包括对一人有限责任公司的投资、公司登记、审计、组织机构的设置、责任承担等都作了特别规定。近几年,一人公司蓬勃发展,为了鼓励创业投资,进一步优化营商环境,放宽投资要求,此次修订删去了"一人有限责任公司的特别规定"一节,保留一人公司的股东不能证明公司财产独立于股东自己的财产的,应当对公司债务承担连带责任的规定。

第四十三条　有限责任公司设立时的股东可以签订设立协议,明确各自在公司设立过程中的权利和义务。

【释义】　本条是关于有限责任公司设立时的股东可以签订设立协议的规定。

有限责任公司同股份有限公司一样,都需要有人负责公司筹备事务,如制定公司章程,租用、购买办公场地、设备,申请设立登记等。有限责任公司由设立时的股东充当发起人。考虑到有限责任公司治理的灵活性,不同于股份有限公司强制要求签订设立协议的规定,对有限责任公司不强制要求签订设立协议,而是鼓励签订设立协议。该协议的目的是确定设立时的股东之间的有关设立公司过程中的权利和义务,以避免日后产生纠纷,或者解决纠纷时有依据。设立协议的内容可以包括设立时的股东的出资数额和形式、不按约定出资的违约责任、在设立过程中的分工、公司设立过程中的责任承担以及公司未成立后的相关责任承担。但需要注意的是,设立协议只能在股东之间产生效力,不能对抗第三人。设立时的股东应根据本法第 44 条的规定,对外承担公司设立失败的债权债务的连带责任以及相应的侵权赔偿责任等。

第四十四条　有限责任公司设立时的股东为设立公司从事的民事活动,其法律后果由公司承受。

公司未成立的,其法律后果由公司设立时的股东承受;设立时的股东为二人以上的,享有连带债权,承担连带债务。

设立时的股东为设立公司以自己的名义从事民事活动产生的民事责任,第三人有权选择请求公司或者公司设立时的股东承担。

设立时的股东因履行公司设立职责造成他人损害的,公司或者无过错的股东承担赔偿责任后,可以向有过错的股东追偿。

【释义】 本条是关于有限责任公司设立过程中责任承担的规定。

原公司法仅对股份有限公司设立过程中产生的相关责任的承担作了规定。而近些年,也出现了大量的关于有限责任公司设立过程中的纠纷问题。此次修订将股份有限公司关于设立过程中的责任承担的规定扩展适用至有限责任公司,并参考民法典和司法实践,增加本条规定。

在公司的设立过程中,设立时的股东充当发起人,需要筹办公司设立的各种事务,包括购买设备、材料,租赁或者购买场地等交易,直接影响公司能不能成立,以及成立以后公司的状况。因此,设立时的股东对筹办公司设立事务而产生的后果,应当承担法定的责任。

一、设立时的股东为设立公司从事的民事活动,其法律后果由公司承受。未成立的,设立时的股东承担连带责任

设立时的股东为设立公司所从事的民事活动,在公司成立后,由公司依法继受设立过程中产生的权利义务。需要注意的是,公司继受设立时的股东所从事的民事权利义务的前提是,必须是为设立公司所从事的民事活动,如果是与设立公司无关的个人行为,则公司不承担相应的权利义务,由其个人承担。但是,如果公司未成立,此时,设立时的股东之间构成合伙关系,对于设立过程中产生的债权债务以及相关费用的承担,由设立时的股东承担无限连带责任。

境外对公司设立过程中的责任承担也大多作了规定。一是关于公司成立前的债务承担,一些国家和地区对发起人与公司的责任承担分配有所不同。有的国家和地区,对公司设立前的交易或者债务,一律由发起人承担个人连带责任,无论是以公司名义还是个人名义。例如,我国台湾地区"公司法"第155条规定,发起人对公司在设立登记前所负债务,在登记后亦负连带责任。《德国有限责任公司法》规定,公司登记前以公司名义行为的,行为人承担个人连带责任。《法国商法典》规定,在公司获得法人资格之前,以筹建中的公司名义进行活动的人负无限连带责任。《英国公司法》规定,在公司成立前应由公司或代表公司签订的合同,与应代表公司行事的人或代理人所签订的合同具有同等的效力,除非合同有相反的规定,该个人对合同承担相应的个人责任。而有些国家则允许经公司继受或者认可后由公司对设立前的债务或交易承担责任。例如,比利时规定,除了在另一方缔约当事人对此作出了明确的相反约定的情况下,创始人均要就公司设立前签署的合同承担连带责任,除非公司在将设立契约交存于登记处两个月内认可该合同。荷兰规定,公司在设立前的交易只有在公司成立后得到公司认可才对公司产生约束力,否则由创始人或者其他在公司设立过程中代表公司行事的人承担连带责任。西班牙规定,设立中的有限责任公司在获得商事登记处的登记前,代表公司从事任何活动或签订任何合同的人要对此承担连带责任,除非事先约定此类行为以公司登记及在必要的情况下公司之后对责任的承担为生效要件。除此之外,《西班牙公司法》认可设立过程中的公司这一主体作为承担责任的独立主体,规定:在设立过程中的公司应当对完成公司登记所必需的行为和交易负责,并且对在公司登记前董事在经公证的公司设立契约赋予其的权限范围内所从事的活动和签署的协议承担责任。但是,公司承担的责任仅限于实收资本,并且股东仅在他们已经同意缴付的出资额范围内承担责任。

二是对于公司不能成立的,大多数国家和地区规定大体一致,均将发起人或者其他相关行为人之间的关系认定为合伙,规定承担连带责任。我国台湾地区"公司法"第150条规定,公司不能成立时,发起人关于公司设立所为之行为,及设立所需之费用,均应负连带责任。《日本公司法》规定,股份有限公司设立过程中,一旦公司设立不成功,发起人对公司就设立有关的行为造成的结果承担无过错的连带责任,且设立所需要的费用由发起人承担。发起人、设立时的董事或者监事对股份有限公司或者其他第三人的损害赔偿责任,由其他发起人、设立时的董事或者监事承担连带责任。

二、设立时的股东为设立公司以自己的名义从事活动的民事责任承担

设立时的股东为设立公司从事相关活动时,由于公司还未成立,可能会以自己的名义进行。设立时的股东为设立公司以自己的名义从事活动,基于合同的相对性,原则上应由设立时的股东自己承担责任。同时,考虑到设立时股东从事的相关活动是为了设立公司,根据本条第1款的规定,设立时的股东为设立公司从事的活动,其法律后果由公司承受。因此,为保障第三人利益,本法赋予第三人选择请求权,即其有权选择请求公司或者公司设立时的股东承担责任。在这种情况下,成立后的公司与设立时的股东对第三人的债务不承担连带责任,第三人的"选择权"应解释为形成权,一旦选定就不能变更。设立时的股东从事的民事活动,只有为设立公司实施的,相应的法律后果才可由成立后的公司承担,或者公司未成立时的全体设立时的股东承担。

三、设立时的股东的侵权行为的责任承担

设立时的股东因履行公司设立职责造成他人损害的,虽然在发生损害行为时,公司未成立,但根据本条第1款的规定,公司如果成立,设立时的股东为设立公司从事的活动,其法律后果由公司承受。此时,侵权之债由公司承担。如果公司未成立,根据本条第2款的规定,在此期间产生的债权债务应当由全体设立时的股东承担连带责任。公司或者设立时的无过错股东在承担赔偿责任后,有权向有过错的股东追偿。

一些国家或地区的相关商事立法也对实施侵权行为的发起人的责任承担作了类似规定。《日本公司法》第53条第2款规定,发起人、设立时董事或者设立时监事就其职务履行存在恶意或者重大过失时,该发起人、设立时董事或者设立时监事对第三人承担由此产生损害的赔偿责任。《韩国商法典》第322条第2款规定,发起人因恶意或者重大过失怠于履行其任务时,该发起人对第三人也承担连带损害赔偿责任。

第四十五条　设立有限责任公司,应当由股东共同制定公司章程。

【释义】 本条是关于股东共同制定公司章程的规定。

一、股东共同制定公司章程

股东共同制定公司章程,意味着新设立的有限责任公司,应当由全体股东共同制定公司章程。这里的“共同制定”,是指在制定公司章程时,应由全体股东取得协商一致,体现全体股东的意志,其表现形式是全体股东在公司章程上签名、盖章。

股东共同制定公司章程是公司成立的必备要件,公司章程对公司、股东、董事、监事、高级管理人员都具有约束力,包括设立后新加入的股东。公司章程是公司治理的重要依据,涉及公司内部人员的权利义务和责任承担,以及公司的治理结构、规则等。公司章程应当符合法律法规的规定。同时,为充分保障公司的自治权,本法在召开会议和表决的方式、股权转让、股东继承、需经类别股股东会决议的事项、董监高转让股份的限制规定、分配利润、简易合并、股份有限公司增资时的股东优先认购权等方面对公司章程可规范的事项进行了广泛的授权,这就为公司自治提供了最根本的手段。

二、公司章程特性

1. 公司章程具有法定性。公司章程的制定、修改、形式和内容等必须遵守法律法规的规定。首先,必须依法制定,按照法定条件和程序,由设立时的全体股东协商一致、共同制定,并在公司章程上签名或者盖章后,提交公司登记机关备案。其次,修改公司章程属于公司的重大事项,应当经 2/3 以上表决权的股东通过,如果涉及公司登记事项,还应提交修改后的公司章程。再次,公司章程应当采用书面形式。最后,关于公司章程内容。公司章程所记载的事项可以分为必备事项和任意事项。必备事项是法律规定在公司章程中必须记载的事项,或称绝对必要事项,包括本法第 46 条规定的公司名称和住所、经营范围、注册资本,股东的姓名或者名称、出资额、出资方式和出资日期,公司的机构及其产生办法、职权、议事规则,公司的法定代表人的产生、变更办法等。任意事项是由公司自行决定是否记载的事项,包括股东会会议认为需要规定的其他事项,但不得违反法律法规的规定,否则将会导致记载事项的无效。

2. 公司章程应当具有真实性。公司章程有虚假记载骗取公司登记的,公司将会被撤销设立登记,或者被公司登记机关责令改正、罚款甚至吊销营业执照,并对直接负责的主管人员和其他直接责任人员进行处罚。

3. 公司章程具有一定公开性。本法第 30 条规定,公司申请设立登记,应当提交公司章程等文件。但目前公司章程在我国公司法中仅作为备案事项,并未规定向社会公开。修订草案一审稿曾出于保障交易安全,方便社会公众和交易对象了解公司情况的需要,增加规定,公司登记机关应将公司章程等信息通过统一的企业信息公示系统向社会公示。但是在征求意见过程中,有的意见提出,公司章程可能涉及商业秘密等不宜向社会公示的信息,且还会由此引发公司章程的相关事项能否对抗第三人的效力等问题,建议不作为强制公示信息。修订草案二审稿采纳这一建议,删除了相关规定。目前根据我国公司法和证券法规定,除上市公司公开发行证券时须向社会公开披露公司章程外,对于其他公司,股东有权查阅、复制公司章程,即仅限于在公司内部公开。

第四十六条　有限责任公司章程应当载明下列事项:

(一)公司名称和住所;

(二)公司经营范围;

(三)公司注册资本;

(四)股东的姓名或者名称;

(五)股东的出资额、出资方式和出资日期;

(六)公司的机构及其产生办法、职权、议事规则;

(七)公司法定代表人的产生、变更办法;

(八)股东会认为需要规定的其他事项。

股东应当在公司章程上签名或者盖章。

【释义】 本条是关于公司章程记载事项的规定。

一、关于公司章程记载事项

根据本条第 1 款的规定,有限责任公司章程应当载明的事项共八项:

1. 公司名称和住所。本法第6条新增关于公司名称的要求和名称权的规定,明确“公司应当有自己的名称。公司名称应当符合国家有关规定。公司的名称权受法律保护”。公司都必须有名称,公司名称是公司区别于其他公司和市场主体的标志,由公司自主申报。同时,根据本法第7条的规定,公司名称中还必须标明有限责任公司或者有限公司、股份有限公司或者股份公司字样。实践中,根据《市场主体登记管理条例》《企业名称登记管理规定》等的要求,公司名称还应包含行政区划名称、字号、行业或者经营特点等,以向公众、交易相对方或者监管部门起到明示作用,方便交易和监管。

公司还必须有住所,住所是确定诉讼管辖及司法文书的送达地,确认登记、税收及其他管理关系,确认合同履行地以及在涉外民事关系中确认准据法的依据。根据本法规定,公司以其主要办事机构所在地为住所。

2. 公司经营范围。公司从事经营活动,应当有明确的经营范围。载明公司经营范围是明确公司开展业务活动的界限,能够便于公司的债权人及其他交易方了解公司的经营范围,起到公示作用,同时也便于政府监督管理。公司的经营范围由公司章程规定,还应依法登记并在营业执照上载明。公司可以修改公司章程,变更经营范围。公司的经营范围中属于法律、行政法规规定须经批准的项目,还应当依法经过批准。

3. 公司注册资本。注册资本是各股东认缴的出资额的总和,是股东对公司债务承担的限额,同时构成了公司独立法人财产权的基础,是对债权人的信用担保,也能在一定程度上反映公司规模。有限责任公司的注册资本为在公司登记机关登记的全体股东认缴的出资额。

4. 股东的姓名或者名称。公司章程应当载明股东的姓名或者名称,以便股东依法享有权利和履行义务。股东为自然人的,应当载明其姓名;股东为法人的,应当载明其名称。

5. 股东的出资额、出资方式和出资日期。出资额是指各类出资的价值金额,应当以货币表示,非货币出资的应当评估作价后计入其出资额。股东认缴的出资额是股东对公司承担责任的限额。出资方式是指出资的种类,不论股东是以货币、实物还是无形财产出资,都应当在公司章程中载明。此次修订中,扩大了可用作出资的财产范围,明确股权、债权可以作价出资。出资日期包括股东首次出资的日期以及公司成立以后分期缴足自己认缴出资的日期。

6. 公司的机构及其产生办法、职权、议事规则。公司应当依法建立符合有限责任公司要求的组织机构，如股东会、董事会、监事会、经理、审计委员会等。这些机构的具体产生办法，如董事会的组成人数、董事长和副董事长的产生、董事的任期、董事的改选等，应当在公司章程中载明。同时，公司章程还应当对这些机构的职权、议事规则、议事程序等在法律规定的基础之上作出具体细化规定。

7. 公司法定代表人的产生、变更办法。根据此次修订后的公司法第 10 条的规定，公司的法定代表人按照公司章程的规定，由代表公司执行公司事务的董事或者经理担任。明确了公司法定代表人的选任交由公司章程规定，并扩大了公司法定代表人的选任范围。此处的公司章程的记载事项由原来的“公司法定代表人”改为“公司法定代表人的产生、变更办法”，避免因法定代表人的变更导致频繁修改公司章程。

8. 股东会认为需要规定的其他事项。公司章程是约束公司、股东、董监高及其相互关系的重要文件。股东会是公司的权力机关，以会议形式决定公司重大事项。除了本条以列举方式规定的应载明的事项外，股东会还可以规定其认为需要规定的其他事项。由股东会另行决定记载的事项是相对必要记载事项，载入公司章程后将会产生效力，没有记载不影响公司章程效力。

二、股东应当在公司章程上签名或者盖章

根据本条第 2 款的规定，股东应当在公司章程上签名或者盖章。公司章程由公司股东共同制定，经过协商，取得一致意见，并有共同的意思表示，具体表达形式就是股东在公司章程上签名或者盖章。一些地区和国家对此也大多作此规定，要求股东在公司章程上签名或者盖章。例如，我国台湾地区“公司法”规定，有限责任公司股东应以全体之同意订立章程，签名或盖章，置于本公司，每人各执一份。《日本公司法》规定，无论是发起设立还是募集设立，设立股份公司时必须由发起人制作章程，并由全体发起人署名或者记名盖章。《德国有限责任公司法》规定，公司章程必须由全体股东签名。

第四十七条　有限责任公司的注册资本为在公司登记机关登记的全体股东认缴的出资额。全体股东认缴的出资额由股东按照公司章程的规定自公司成立之日起五年内缴足。

法律、行政法规以及国务院决定对有限责任公司注册资本实缴、注册资本最低限额、股东出资期限另有规定的,从其规定。

【释义】 本条是关于有限责任公司注册资本的规定。

一、关于注册资本的修改历史

注册资本制度是历次公司法修改的重要内容之一。我国注册资本制度从 1993 年公司法制定至今历经多次修改。1993 年公司法第 23 条规定,有限责任公司的注册资本为在公司登记机关登记的全体股东实缴的出资额。有限责任公司的注册资本不得少于下列最低限额:以生产经营为主的公司人民币 50 万元,以商品批发为主的公司人民币 50 万元,以商业零售为主的公司人民币 30 万元,科技开发、咨询、服务性公司人民币 10 万元。特定行业的有限责任公司注册资本最低限额需高于前述所定限额的,由法律、行政法规另行规定。

2005 年公司法修订,为了避免初创公司成立时资金压力大和资金闲置,鼓励创业和投资,对有限责任公司注册资本作了以下修改:一是将“全部实缴”改为“分期缴纳”,不再要求注册资本一次性全部到位,股东可以在 2 年内(投资公司 5 年内)分期缴清出资。二是取消了按照公司经营内容的不同,分别规定最低注册资本额的做法,将有限责任公司的注册资本最低限额改为统一的 3 万元,一人有限责任公司最低注册资本 10 万元。三是规定最低出资比例,明确公司全体股东的首次出资额不得低于注册资本的 20%,也不得低于法定的注册资本最低限额。四是全体股东的货币出资金额不得低于有限责任公司注册资本的 30%。

2013 年公司法修正,除法律、行政法规以及国务院决定对特定行业注册资本最低限额另有规定的外,取消有限责任公司最低注册资本 3 万元、一人有限责任公司最低注册资本 10 万元,不再限制公司设立时全体股东的首次出资比例,不再限制公司全体股东的货币出资金额占注册资本的比例,不再规定公司股东缴足出资的期限。

自 2013 年修正公司法实施注册资本认缴登记制,取消出资期限、最低注册资本和首期出资比例以来,方便了公司设立,激发了创业活力,公司数量增加迅速。但实践中也出现股东认缴期限过长,影响交易安全、损害债权人利益的情形。因此,此次修订公司法在总结实践经验的基础上,进一步完善认缴登记制度,维护资本充实和交易安全。增加有限责任公司股东认缴期限不得超过5年的规定,明确全体股东认缴的出资额应当按照公司章程的规定自公司成立之日起5年内缴足。

二、注册资本实缴、注册资本最低限额和股东出资期限的特别规定

法律、行政法规以及国务院决定对有限责任公司注册资本实缴、注册资本最低限额、股东出资期限另有规定的,从其规定。按照《国务院关于印发注册资本登记制度改革方案的通知》附件的规定,暂不实行注册资本认缴登记制的行业包括:商业银行、外资银行、金融资产管理公司、信托公司、财务公司、金融租赁公司、汽车金融公司、消费金融公司、货币经纪公司、村镇银行、贷款公司、农村信用合作联社、农村资金互助社、证券公司、期货公司、基金管理公司、保险公司、保险专业代理机构和保险经纪人、外资保险公司、直销企业、对外劳务合作企业、融资性担保公司、劳务派遣企业、典当行、保险资产管理公司、小额贷款公司。对于最低注册资本,商业银行法、保险法、证券法、证券投资基金法、期货和衍生品法、邮政法、劳动合同法等法律,以及《征信业管理条例》《直销管理条例》《融资担保公司监督管理条例》《对外劳务合作管理条例》《旅行社条例》等行政法规对特定行业的公司的最低注册资本都有特别规定。此次修订在本条第2款增加规定,法律、行政法规以及国务院决定对有限责任公司"股东出资期限"另有规定的,从其规定,为重点行业和领域制定短于5年的出资期限预留制度空间。

第四十八条　股东可以用货币出资,也可以用实物、知识产权、土地使用权、股权、债权等可以用货币估价并可以依法转让的非货币财产作价出资;但是,法律、行政法规规定不得作为出资的财产除外。

对作为出资的非货币财产应当评估作价,核实财产,不得高估或者低估作价。法律、行政法规对评估作价有规定的,从其规定。

【释义】　本条是关于有限责任公司股东出资方式、出资作价的规定。

对于有限责任公司的出资方式,法律规定可以用货币出资,也可以用实物、知识产权、土地使用权、股权、债权等财产作价出资。股权和债权是此次

修订公司法明确的出资形式。但对非货币财产作价出资规定了两个原则限制:一是,可以用货币估价,即可以用货币评估、计量并确定其价值,无法估量其价值的,如人的思想、智慧等不能用于出资;二是,可以依法转让,法律、行政法规规定禁止转让的财产,如禁止转让的文物等,及根据其性能不可转让的财产,不得用于出资。本条第1款还规定,法律、行政法规规定不得作为出资的财产除外。

本条第2款规定,用实物、知识产权、土地使用权、股权、债权等非货币财产出资的,应当评估作价,核实财产,不得高估或者低估作价。非货币财产出资作价事关股东权利和债权人利益保护,高估会导致注册资本不实或者虚假出资,损害债权人利益;低估会损害出资股东的利益,降低其在公司中的表决权比例。此外,按照《增值税暂行条例实施细则》第4条第6项的规定,单位或者个体工商户将自产、委托加工或者购进的货物作为投资,提供给其他单位或者个体工商户的,应该视同销售货物,需要缴纳增值税。如果非货币财产出资被低估,还会导致税收流失。因此,法律规定,对非货币出资,既不能高估,也不能低估。对实物、知识产权、土地使用权、股权、债权等的评估作价,法律、行政法规有专门规定的,应当依照有关法律、行政法规的规定执行。比如,以国有资产出资的,应当遵守有关国有资产评估的规定。

第四十九条　股东应当按期足额缴纳公司章程规定的各自所认缴的出资额。

股东以货币出资的,应当将货币出资足额存入有限责任公司在银行开设的账户;以非货币财产出资的,应当依法办理其财产权的转移手续。

股东未按期足额缴纳出资的,除应当向公司足额缴纳外,还应当对给公司造成的损失承担赔偿责任。

【释义】 本条是关于有限责任公司股东出资缴纳及其责任的规定。

一、股东应当按期足额缴纳出资

股东应当严格按照公司章程的规定,按期足额缴纳自己所认缴的出资额。具体要求是:

1. 股东以货币出资的,应当按照公司章程规定的时间和金额,将货币出资存入有限责任公司在银行开设的账户。公司章程规定为一次性缴纳货币出资的，股东必须一次性足额将货币出资存入公司的账户；公司章程规定为分期缴纳货币出资的，股东必须按期足额将货币出资存入公司账户。

2. 股东以实物、知识产权、土地使用权、股权、债权等非货币财产出资的，必须进行作价评估，并依法办理转移财产权的手续，将原来属于股东所有的财产，转移为公司所有。股东以房产出资的，必须到房屋登记管理部门办理房屋所有权转移的手续，将房屋所有权人由股东改为公司；股东以知识产权如专利权、商标专用权出资的，必须到专利管理机关、商标注册机关办理权属变更手续，将权利人由股东变更为公司；以土地使用权出资的，必须到土地管理部门办理土地使用权转让登记，将土地使用权人变更为公司。股东以非专利技术出资的，则应当向公司提交该非专利技术的相关文件资料。以股权和债权出资的，也应当将股权或者债权转让给公司。

二、股东不按期缴纳出资的责任

按期足额缴纳出资，是股东的一项重要法定义务，必须严格履行。如果股东没有按期足额缴纳公司章程规定的自己所认缴的出资额，如没有按照公司章程规定的时间，或者没有按照公司章程规定的出资金额出资，需要承担相应的法律责任。股东不按期足额缴纳出资，违反出资法定义务，需要对公司承担违约责任，违约责任的履行方式既包括继续履行，即继续履行出资义务，还包括对公司承担损害赔偿责任。

1. 承担继续履行出资义务的责任。股东必须继续履行足额缴纳公司章程规定的自己所认缴出资额的义务。

2. 承担损害赔偿责任。股东未按期足额缴纳出资，首先损害的是公司的利益，应当对给公司造成的损失承担赔偿责任，损失既包括因为未按期足额缴纳出资给公司造成的利息损失，还包括公司对未按期足额缴纳出资股权进行催缴、失权等带来的损失。

此外，修改前的公司法规定，股东未按期足额缴纳出资的，除应当向公司足额缴纳外，还应当向已按期足额缴纳出资的股东承担违约责任。此次修订删去了股东对其他股东承担违约责任的规定。主要考虑是，股东不按期足额缴纳出资，是否需要对其他股东承担违约责任，应当基于股东之间的约定判断，如果没有约定，则股东未按期足额缴纳出资，对其他股东没有法定的违约责任;如果股东在公司章程或者合同中约定了,股东未按期足额缴纳出资还应当对按期足额缴纳的股东承担违约责任,则可以按照约定执行。

第五十条　有限责任公司设立时,股东未按照公司章程规定实际缴纳出资,或者实际出资的非货币财产的实际价额显著低于所认缴的出资额的,设立时的其他股东与该股东在出资不足的范围内承担连带责任。

【释义】　本条是关于有限责任公司设立时股东对出资不足部分承担连带责任的规定。

出资是股东对公司的基本义务,也是形成公司财产的基础。为了保证公司资本的充实、维护债权人利益,很多国家和地区的立法对公司的发起人(有限责任公司为设立时的股东)都规定了严格的出资责任。发起人是指参与公司设立活动并对公司设立行为承担责任的人。公司健全人格的形成主要取决和依赖于发起人的创设活动,因此,发起人不仅要对自己违反出资义务的行为承担相应的责任,而且要对公司资本的充实承担担保责任。从公司发起人的属性看,发起人之间属于合伙关系,根据合伙理论,合伙人需要对外承担连带责任。连带责任有利于加强发起人之间的相互监督,发起人不履行出资义务造成公司资本不足的,全体发起人应对出资不足部分承担连带责任。有限责任公司设立时的股东负责设立公司筹办事务,需要承担与发起人相同的责任。

设立时股东的连带责任限于公司成立前未按照章程规定缴纳出资和作为实际出资的非货币财产的实际价额显著低于所认缴的出资额两种情形。存在上述情形的,由未足额缴纳的设立时股东先承担缴纳的责任,设立时的其他股东对此承担连带责任。设立时的其他股东既需要对未缴纳的货币出资承担连带责任,也需要对实际出资的非货币财产的实际价额显著低于所认缴的出资额的部分承担连带责任,即仅限于对实缴出资不足部分承担连带责任。

第五十一条　有限责任公司成立后,董事会应当对股东的出资情况进行核查,发现股东未按期足额缴纳公司章程规定的出资的,应当由公司向该股东发出书面催缴书,催缴出资。

未及时履行前款规定的义务，给公司造成损失的，负有责任的董事应当承担赔偿责任。

【释义】 本条是关于董事会核查、催缴出资的义务以及违反义务的法律责任的规定。

一、董事核查和催缴义务

董事会作为公司最重要的决策和管理机构，负责公司业务的经营决策和业务执行。公司的事务和业务均在董事会的领导下进行，董事会对公司经营状况和资金需求最了解，是最适合进行出资催缴的机关。许多国家公司法都将董事会规定为公司的法定催缴执行主体。例如，美国《特拉华州普通公司法》规定，对于部分未实缴股份，董事会有权随时催缴，但应给予股东一定的准备期。《法国商法典》规定，资本必须被全部认购，货币股份在认购时必须缴纳一半，剩下股权根据董事会或经理的决定，在公司注册之日起，在不超过5年的期限内，分一次或若干次缴纳。《日本公司法》第46条规定，董事在产生后应当丝毫不懈怠地对下列事项展开调查：发起人或股东采取现物方式出资的，现物价值是否符合公司章程约定之价值；中介机构所出具的现物财产价值证明是否适当；发起人和股东的出资义务是否履行完毕；股份有限公司之设立程序是否违反法令或章程。

有限责任公司设立时，由设立时的股东负责公司筹办事务，设立时的股东应当按照公司章程规定的时间和出资方式缴纳出资，选任公司董事、监事，办理公司登记事项。公司成立以后，公司设立过程中的法律后果由公司承受。董事会应当对股东出资情况进行核查，以确保公司资本充实。董事会的核查义务包括：股东是否按照公司章程规定的时间和出资方式缴纳出资，非货币财产的估值作价是否恰当。董事会经核查发现股东未按照公司章程规定的时间或者方式缴纳出资，或者作为出资的非货币财产的实际价额显著低于所认缴的出资额的，应当向该股东发出书面催缴书，催缴出资。

二、未履行核查催缴的赔偿责任

董事对公司负有勤勉义务，确保公司资本充实是履行勤勉义务的重要内容之一。董事如果没有履行核查或者催缴义务，则构成对勤勉义务的违反，需要对公司的损失承担赔偿责任。该责任是一种违反注意义务的侵权责任，应当按照其过错承担赔偿责任。董事未履行核查催缴义务是一种懈怠履行勤勉义务的消极不作为行为。例如，董事会没有核查或发现股东未按期足额缴纳公司章程规定的出资，也不向其发出书面催缴书；或者发现股东进入破产程序后，不按照规定向破产管理人申报债权等。董事仅代表公司向股东催缴出资，董事并不是缴纳出资的实际行为人，因此，董事只要积极实施了客观上可以实施的催缴行为，即使最终股东仍然没有按照章程约定缴纳出资，此时也应认定董事履行了勤勉义务，不对公司的损失承担赔偿责任。

第五十二条　股东未按照公司章程规定的出资日期缴纳出资，公司依照前条第一款规定发出书面催缴书催缴出资的，可以载明缴纳出资的宽限期；宽限期自公司发出催缴书之日起，不得少于六十日。宽限期届满，股东仍未履行出资义务的，公司经董事会决议可以向该股东发出失权通知，通知应当以书面形式发出。自通知发出之日起，该股东丧失其未缴纳出资的股权。

依照前款规定丧失的股权应当依法转让，或者相应减少注册资本并注销该股权；六个月内未转让或者注销的，由公司其他股东按照其出资比例足额缴纳相应出资。

股东对失权有异议的，应当自接到失权通知之日起三十日内，向人民法院提起诉讼。

【释义】　本条是关于有限责任公司股东失权制度的规定。

本次修订新增失权制度，目的在于，对未按期缴纳出资的股权进行处理，以确保公司出资的充实性，保护公司债权人利益。

失权适用条件：一是股东未按照公司章程规定的时间缴纳出资。未按期出资既适用于设立时的股东，也适用于增资时的股东；既包括未按期缴纳货币出资，也包括未按期缴纳非货币出资。修订草案将非货币财产的实际价额显著低于所认缴的出资额适用失权制度，通过的法律删去此规定，原因是失权制度主要是督促未按期缴纳出资的股东缴纳出资，对经催告后的股东失权带有一定的惩罚性质，对股东权利影响较大。因此，适用的情形应当是股东严重的违反出资义务，且规则比较明晰，能够避免适用该制度产生过多纠纷。

造成非货币财产的实际价额显著低于所认缴的出资额的原因比较多,可能是股东故意虚报非货币财产价值,也可能是评估作价机构存在过错导致评估价格过高,还可能是董事会没有尽到核查义务导致价值高估。后两种情形下非货币财产的实际价额显著低于所认缴的出资额的,显然不宜让股东失权。非货币财产的实际价额显著低于所认缴的出资额的,原则上由该股东补足差额。如果设立时的股东存在此种情形,则设立时的其他股东对补足差额承担连带责任。董事会没有履行核查催缴义务,没有发现非货币财产的实际价额显著低于所认缴的出资额,给公司造成损失的,应当承担赔偿责任。

二是发出书面催缴书。未按照公司章程规定的时间缴纳出资的,董事会应当以公司名义向该股东发出书面催缴书。书面催缴书可以采用纸质形式,也可以采用电子形式。书面催缴书可以载明出资宽限期,宽限期自公司发出催缴书之日起,不得少于 60 日。失权制度对股东权利影响比较大,因此法律规定了宽限期不得少于 60 日,以便股东有足够的时间筹集资金缴纳出资。

三是董事会对发出失权通知作出决议。宽限期届满,股东仍未履行出资义务的,董事会应当对是否向股东发出失权通知作出决议。规定由董事会作出决议,主要原因是,失权制度的目的是对未按期缴纳出资的股权进行处理,以便实现公司资本充实,资本充实的首要责任主体是公司董事会。失权制度以实现资本充实为目的,董事会作出决议更有效率,且董事会对公司负有忠实和勤勉义务,应当从公司利益最大化角度出发对是否作出决议进行判断。

四是公司发出失权通知。失权通知应当以书面形式发出,自通知发出之日起,该股东丧失其未缴纳出资的股权。

五是对失权股权的处理。对丧失的股权,应当依法转让。依法转让是指该转让应当按照本法第 84 条第 2 款的规定,现有股东享有优先购买权。如果现有股东不行使优先购买权,则该部分股权应当对外转让。如果不能对外转让,则应当按照本法第 224 条的规定履行减资程序。履行减资程序,应当由股东会作出决议,由于失权股东作为被减资对象,具有利害关系,在减资决议中,该股东不享有表决权。如果公司因为负有债务,不能为债权人提供担保或者清偿,无法完成减资程序,则应当由公司的其他股东按照其出资比例足额缴纳相应出资。

六是失权股东救济。股东对失权通知有异议的,应当在收到失权通知之日起 30 日内,向人民法院提起诉讼。30 日是提起诉讼的法定期间,一旦超过 30 日,股东则不能再因对失权有异议提起诉讼。主要原因是,失权股权需要在法定的期限内转让或者由其他股东缴纳以实现资本充实,确保公司正常经营,该行为的效力必须尽快确定,否则不利于保护交易安全。超出法定起诉期间的,股东还可以在诉讼时效范围内就失权的损害赔偿提起诉讼。

第五十三条　公司成立后,股东不得抽逃出资。

违反前款规定的,股东应当返还抽逃的出资;给公司造成损失的,负有责任的董事、监事、高级管理人员应当与该股东承担连带赔偿责任。

【释义】 本条是关于股东抽逃出资责任的规定。

抽逃出资是指股东未经法定程序将已缴纳的出资抽回归其个人所有的行为。虽然我国公司法从 1993 年制定时就使用了抽逃出资的用语,但是并没有规定其含义。股东向公司出资后,其出资就归公司所有,股东因其出资享有股权,股东并不对公司的资产直接享有所有权。因此,股东的出资一旦进入公司,除非经过法定的回购、减资、分配利润等程序,公司不得将公司的资产返还股东,股东也不得将其出资抽回。构成股东抽逃出资有以下三个要件:第一,公司已成立。股东出资已构成公司资本,股东抽逃出资是对公司资本维持原则的破坏。第二,股东依据公司章程所约定的出资已到位。此时,公司股东才有通过抽逃行为使资金减少的物质基础。第三,抽逃出资的直接责任主体为公司股东,包括单位股东与个人股东。股东出资形成公司资本,公司资本既是公司从事经营活动的物质基础,又是公司对外承担债务的信用保障。股东抽逃出资,不仅与我国公司法法定资本原则相违背,还会给公司第三人造成资本充实的假象,而实际公司法人的偿债能力不足,严重危及债权人利益以及公司其他股东和公司利益。股东在出资后又抽逃其出资的,实际上构成了对法人独立财产权的侵害,故公司有权起诉抽逃股东,要求其归还抽逃的出资。抽逃出资的具体表现形态多样,公司成立时将出资款打入公司指定账户后,随即将出资款抽回,是最简单的形态,实践中抽逃出资还有多种隐蔽形式,包括制作虚假财务会计报表虚增利润进行分配,通过虚构债权债务关系将其出资转出,利用关联交易将出资转出等行为。

抽逃出资作为侵害公司财产权的行为,其法律责任适用民法典第 179 条关于民事责任承担的规定，主要形式是返还财产和赔偿损失。首先，股东作为抽逃出资的责任一方，其应当返还抽逃的出资。其次，公司董事、监事、高级管理人员负责公司日常经营管理和监督，只有其对股东抽逃出资存在协助或者放任其行为时才会发生。因此，负有责任的董事、监事、高级管理人员与该股东对因为抽逃出资给公司造成的损失承担连带赔偿责任。此处的损失，主要是指因为股东抽逃出资占用公司资金给公司造成的资金占用成本。除利息之外，抽逃出资还可能给公司造成其他损害，如公司经营资产不足，错失商业机会，甚至陷入经营困境等。负有责任的董事、监事、高级管理人员既包括协助股东抽逃出资的相关人员，也包括为抽逃出资提供便利或者怠于履行职责放任股东抽逃出资的董事、监事、高级管理人员。董事、监事、高级管理人员与股东对给公司造成的损失承担连带赔偿责任，董事、监事、高级管理人员和股东内部的责任分担按照其过错程度确定，已经承担连带责任的，可以根据其过错程度向其他主体追偿。

第五十四条　公司不能清偿到期债务的，公司或者已到期债权的债权人有权要求已认缴出资但未届出资期限的股东提前缴纳出资。

【释义】　本条是关于有限责任公司股东出资加速到期的规定。

2013年公司法修改以后，取消出资期限要求，出资期限交由公司章程规定。实践中，有大量股东约定了较长的出资期限，甚至是不符合常理的出资期限。当公司产生债务时，尤其是当公司资产不足以清偿债务时，甚至在出资期限即将届满之前又决定推迟出资时间，债权人的债权将难以实现。虽然，根据我国企业破产法第35条和《最高人民法院关于适用〈中华人民共和国公司法〉若干问题的规定（二）》第22条的规定，认缴出资的期限在公司破产或者清算时应提前到期，对于公司破产和清算时的股东出资加速到期。《最高人民法院关于印发〈全国法院民商事审判工作会议纪要〉的通知》第6条也规定了两种加速到期的情形：公司作为被执行人的案件，人民法院穷尽执行措施无财产可供执行，已具备破产原因，但不申请破产的；在公司债务产生后，公司股东（大）会决议或以其他方式延长股东出资期限的。

此次修订公司法，在总结实践经验的基础上，对股东出资加速到期制度作了规定：公司不能清偿到期债务的，公司或者已到期债权的债权人有权要求已认缴出资但未届出资期限的股东提前缴纳出资。主要考虑是：股东出资构成公司运行的基本财产，股东出资时间固然可以由股东在公司章程中约定，但股东向公司出资更是一项法定义务，如果公司不能清偿到期债务，则公司经营目的无法实现，股东出资期限不能对抗公司；公司不能清偿到期债务，损害债权人合法权益，股东出资期限作为公司章程规定的内部事项，更不能对抗债权人。按照该规定，有权请求未届出资期限股东缴纳出资的主体是公司和已到期债权的债权人。股东出资是对公司负有的债务，公司作为债权人在符合条件时可以直接要求股东出资。债权人作为公司的债权人，原则上不能直接要求股东出资，但是公司不能清偿债务，公司不向股东主张出资义务，损害债权人利益，此时债权已届期的债权人有权请求股东向公司出资，并非股东直接向债权人清偿。

需要说明的是，公司法的上述规定对司法实践中的相关做法作了修正扩充，将加速到期的时点从破产标准变成公司不具备破产原因但不能清偿到期债务，以利于更好地保护公司和债权人的利益。

第五十五条　有限责任公司成立后，应当向股东签发出资证明书，记载下列事项：

（一）公司名称；

（二）公司成立日期；

（三）公司注册资本；

（四）股东的姓名或者名称、认缴和实缴的出资额、出资方式和出资日期；

（五）出资证明书的编号和核发日期。

出资证明书由法定代表人签名，并由公司盖章。

【释义】　本条是关于股东出资证明书的规定。

出资证明书，是证明投资人已经依法履行缴付出资义务、成为有限责任公司股东的法律文件，是股东对公司享有权利、承担责任的重要依据。股东凭出资证明书，可以向公司请求将自己的姓名记入股东名册，享有股东权利。为了使出资证明书的记载明确、规范，保证其效力，本条对出资证明书的记载内容作出了规定。出资证明书的法定记载事项有五项：一是公司名称，这是为了明确股东是哪个公司的出资人并具有股东资格；二是公司成立日期，已经成立的有限责任公司签发的出资证明书才具有法律效力，公司营业执照签发日期为公司成立日期；三是公司注册资本，这是公司全体股东认缴出资的总额；四是股东的姓名或者名称、认缴和实缴的出资额、出资方式和出资日期；五是出资证明书的编号和核发日期。不管从事什么行业、有多大规模的有限责任公司，都应当按照上述五项内容向股东签发出资证明书。股东分期缴纳出资的，公司应当就其每一期出资向其颁发出资证明书。新的出资证明书颁发后，公司应当收回并注销原出资证明书。出资证明书应当由法定代表人签名，由公司盖章。

第五十六条　有限责任公司应当置备股东名册，记载下列事项：

（一）股东的姓名或者名称及住所；

（二）股东认缴和实缴的出资额、出资方式和出资日期；

（三）出资证明书编号；

（四）取得和丧失股东资格的日期。

记载于股东名册的股东，可以依股东名册主张行使股东权利。

【释义】　本条是关于有限责任公司股东名册主要内容及其效力的规定。

有限责任公司的股东依据自己的出资对公司享有权利、承担责任。为了表明股东的地位，确定股东对公司的权利义务，有限责任公司应当向股东出具出资证明书，同时，有限责任公司还应当在公司住所置备股东名册。股东名册的法定记载事项有四项内容：一是股东的姓名或者名称及住所；二是股东的出资额，包括其认缴和实缴的出资额；三是股东出资证明书编号；四是取得和丧失股东资格的日期。本条第 1 款第 4 项为本次修订增加内容：股东名册应当记载股东取得股东资格的日期，即股东或者受让人自记载于股东名册起成为股东；还应当记载丧失股东资格的日期，也就是股东将其股权转让或者公司回购注销后的日期。增加该内容，主要是考虑到，公司需要依据股东名册的顺序要求受让人的前手股东对未届缴资期限或者已届缴资期限的股权承担补充责任或者连带责任。

股东名册在处理各股东关系上具有确定的效力，即只有记载于股东名册的股东,才可以依股东名册的记载主张行使股东权利。任何名义上或实质上的权利人在股东名册记载前,不能对抗公司,只有记载于股东名册后,才有资格向公司主张权利;公司仅能给予记载于股东名册上的主体股东待遇。公司置备股东名册,在出现股东转让其出资情形时,可依股东名册的记载来确定谁是对公司享有权利并承担义务的股东。同时本法还规定,公司应当将股东的姓名或者名称向公司登记机关登记,这是公司的法定义务,公司不履行此项法定义务,应承担相应的法律责任。前述事项发生变更的,公司应当办理变更登记。

第五十七条　股东有权查阅、复制公司章程、股东名册、股东会会议记录、董事会会议决议、监事会会议决议和财务会计报告。

股东可以要求查阅公司会计账簿、会计凭证。股东要求查阅公司会计账簿、会计凭证的,应当向公司提出书面请求,说明目的。公司有合理根据认为股东查阅会计账簿、会计凭证有不正当目的,可能损害公司合法利益的,可以拒绝提供查阅,并应当自股东提出书面请求之日起十五日内书面答复股东并说明理由。公司拒绝提供查阅的,股东可以向人民法院提起诉讼。

股东查阅前款规定的材料,可以委托会计师事务所、律师事务所等中介机构进行。

股东及其委托的会计师事务所、律师事务所等中介机构查阅、复制有关材料,应当遵守有关保护国家秘密、商业秘密、个人隐私、个人信息等法律、行政法规的规定。

股东要求查阅、复制公司全资子公司相关材料的,适用前四款的规定。

【释义】　本条是关于股东知情权的规定。

一、本条历史沿革和比较法规定

1993年公司法即对股东的知情权作了规定,但当时的规定较为简单。该法第32条规定:"股东有权查阅股东会会议记录和公司财务会计报告。"2005年修订公司法时,社会各界意见比较集中的一个方面就是建议进一步健全股东合法权益的保障机制。在有限责任公司的股东权益保障方面,有观点认为,一些有限责任公司的大股东利用其对公司的控制权,长期不向股东分配利润,也不允许中小股东查阅公司财务状况,权益受到损害的中小股东又无法像股份有限公司股东那样可以通过转让股票退出公司,致使中小股东的利益受到严重损害,因此,建议公司法增加保障中小股东知情权方面的规定。因此,2005 年修订公司法时,在原来规定股东有权查阅股东会会议记录和公司财务会计报告的基础上,进一步扩大为:股东有权查阅、复制公司章程、股东会会议记录、董事会会议决议、监事会会议决议和财务会计报告,有限责任公司股东还有权要求查阅公司会计账簿,公司拒绝提供查阅会计账簿的,股东可以请求人民法院要求公司提供查阅。

在近年来的司法实践中,股东知情权纠纷仍然是公司纠纷类案件中占比较大的一类案件,而在股东知情权纠纷中最大的争议是股东能否查阅会计凭证。为解决司法实践长期以来的争议,进一步保障股东知情权,此次修订明确股东可以查阅会计凭证,并且为了防止股东滥用其知情权损害公司利益,增加了股东行使知情权的义务性规定。

根据一些国家和地区的规定,股东的知情权包括两方面的内容:一方面是股东有权了解公司的一般情况,如公司章程及其变更内容、股东名册、发行公司债情况、股东大会会议记录等。对这些内容,一些国家和地区采取了公开信息的做法,或要求作为商事登记的必备事项,供社会开放查询,或要求将有关资料置备于公司供股东随时查阅。例如,我国台湾地区"公司法"规定,有限责任公司代表公司的董事应将载明法定事项的公司章程、载明各股东出资额及股单号数、股东姓名及名称、住所或居所、缴纳股款的年月日的股东名簿置备于本公司,否则应处以罚款。另一方面是股东有权依照法律规定的条件和程序查询公司的董事会会议记录、会计账簿和财务会计报告。股东的这种权利也被称为股东的查询权。对此,有的国家和地区的公司法规定了具体的查询条件、内容、程序及有关限制,其目的是使股东有机会了解公司的经营情况,对公司进行监督,保护自身的权益,同时也防止有关权利被滥用。例如,《美国示范公司法》规定,对于应永久保存的股东会会议记录、董事会会议记录、会计账簿等,股东出于善意和正当目的可以行使查阅权,在书面申请中须明确提出自己查阅文件的目的,查阅的文件应与查阅目的有直接的联系。

二、关于公司一般事项的查阅、复制权

股东是公司的投资人、出资者,是公司财产的最终所有人,是公司的主人,对公司如何开展生产经营活动、如何对重大事务作出决策、如何运用公司财产进行生产经营、公司盈余如何分配等,拥有决定权。因此,股东有权了解公司的一切情况,对公司事务享有知情权。股东知情权并不是一项空泛的权利,而是一项实实在在的权利,具体表现为股东对反映公司经营决策和财产使用情况的相关资料有权进行查阅和复制。

根据本条的规定,股东知情权的具体内容包括:

1. 查阅、复制公司章程。公司章程是公司组织和行为的基本规则,是全体股东共同制定或者认可的,是股东享有权利和承担义务的重要依据,是公司内部组织及其成员必须遵守的行为准则。股东应有权查阅、复制公司章程。

2. 查阅、复制股东会会议、董事会会议、监事会会议记录。股东会、董事会、监事会会议记录反映了公司日常经营决策、执行以及监督等经营管理的全过程以及董监高行使职权的过程,是股东行使知情权的重要内容,也是判断相关人员责任承担以及免责的重要依据。

3. 查阅、复制财务会计报告。公司财务会计报告是综合反映公司财务状况和经营成果的书面文件,按照会计法及有关法律的规定,有限责任公司应当于每一会计年度终了时依法编制财务会计报告。财务会计报告由会计报表及财务情况说明书及会计报表附注等有关文件组成,具体包括资产负债表、损益表、现金流量表等。公司应当按照公司章程规定的期限将财务会计报告送交各股东。财务会计报告,是股东了解公司财产使用情况、监督管理公司经营活动的必要前提,所以股东有权查阅和复制。

三、关于会计账簿、会计凭证的查阅

1. 关于查阅会计账簿

会计账簿包括总账、明细账、日记账和其他辅助性账簿。根据会计法的规定,各单位发生的各项经济业务事项应当在依法设置的会计账簿上统一登记、核算,不得违反法律和国家统一的会计制度的规定私设会计账簿登记、核算。各单位应当定期将会计账簿记录与实物、款项及有关资料相互核对,保

证会计账簿记录与实物及款项的实有数额相符、会计账簿记录与会计凭证的有关内容相符、会计账簿之间相对应的记录相符、会计账簿记录与会计报表的有关内容相符。会计账簿是公司日常经济活动的直接记载,是编制公司财务会计报告的基础资料,是股东知情权的重要内容。

2. 关于查阅会计凭证

此次修订公司法增加了股东可以查阅会计凭证的规定,包括查阅原始凭证和记账凭证。知情权是股东的固有权利,尤其是有限责任公司不参与经营的股东,查阅权对于其权利实现非常必要。会计工作的流程中,首先会将原始凭证整理形成统一的记账凭证,之后根据记账凭证制作会计账簿,据此来制作财务会计报告。公司的会计账簿虽然是以审核的会计凭证为依据进行登记,但是,如果会计凭证存在隐瞒、遗漏或者造假,据此登记的会计账簿以及编制的财务会计报告不能真实反映公司的经营情况和财务信息,仅仅查阅最终形成的会计账簿或者会计报告有时并不能反映公司真实的经营以及财务信息,会计账簿中的原始财会凭证和票据才是最直接、充分地反映公司真实经营管理情况的信息资料。为了确保股东知情权落到实处,强化其在监督公司管理层、控股股东滥用股东权利行为时提起诉讼的能力,应允许股东查阅公司会计凭证。同时,对股东行使知情权增加了义务性规定,防止股东滥用知情权损害公司利益。

3. 关于股东知情权的限制性规定

是否给予股东知情权以及给予其多大程度的知情权的问题,事关股东与公司之间利益的平衡。如果过于限制股东的知情权,将有可能严重地影响股东权利的行使,对股东合法权益造成侵害,也不利于公司经营管理机制的形成。而对股东知情权不加以限制,则可能对公司的正常经营造成不利影响,给公司商业秘密带来风险,最终损害公司的合法权益。基于此,此次修订对股东知情权的行使也进行了一定的限制:第一,虽然规定有限责任公司的股东对某些公司文件享有查阅、复制权,但是对于会计账簿、会计凭证等公司文件则没有赋予股东复制权。第二,规定在提出查阅会计账簿、会计凭证的要求时,股东必须向公司递交书面的请求。第三,要求股东在查阅公司账簿时有正当目的,并且要向公司书面说明其目的。第四,对于股东要求查阅会计账簿、会计凭证,公司有权进行审查,公司有合理根据认为股东查阅会计账簿、会计凭证有不正当目的,可能损害公司合法利益的,可以拒绝提供查阅。

但是,需要指出的是,为限制公司动辄以股东目的不正当为借口拒绝股东查阅账簿,本条还规定,公司拒绝查阅时,应当自股东提出书面请求之日起15日内书面答复股东并说明理由,股东可以向人民法院提起诉讼。

境外公司法也对股东行使查阅权须基于正当目的进行了规定。韩国规定,公司不能证明股东具有不正当目的的,即应允许股东查阅。《英国公司法》规定,股东行使查阅权时,应当说明自己的正当目的。

四、关于委托查阅

本次修订新增规定,允许股东委托中介机构的专业人员辅助其行使查阅权。实践中,一方面,股东在查阅会计账簿、凭证等资料时,往往涉及财务会计、法律等专业知识,需要会计师、律师等专业人士辅助其查阅复制;另一方面,公司会计账簿凭证等往往涉及公司商业秘密,允许公司以外的第三人查阅公司的内部资料可能会给公司带来风险。在此次修订中,综合各方面意见,并借鉴吸收了司法解释的相关规定,明确股东可以委托专业机构进行查阅,考虑到会计账簿、凭证等往往专业性较强,股东由于自身知识、能力的局限性,允许既具有专业知识又具有中立身份的专业机构人员辅助其行使查阅复制权,有助于股东知情权的实现。同时,为避免第三人泄露公司商业机密等信息,此次修订明确,股东以及股东委托的会计师事务所、律师事务所等中介机构查阅有关材料时,应当遵守有关保护国家秘密、商业秘密、个人隐私、个人信息等法律、行政法规的规定。如果违反相关规定,要承担相应的法律责任。

境外也普遍允许委托或者雇佣辅助人员行使股东的知情权。例如,《美国示范公司法》规定,"股东的第三人或者律师与其代理的股东享有同等的检查、复制权"。美国《特拉华州普通公司法》规定,股东经宣誓并提出书面要求、说明目的后,有权在通常上班时间亲自、或者通过律师或者其他第三人,为任何事宜目的检查并复制、摘抄公司相关文件。我国台湾地区"公司法"第229条规定,董事会所造具之各项表册与监察人之报告书,应于股东常会开会10日前,备置于本公司,股东得随时查阅,并得偕同其所委托之律师或会计师查阅。

五、对子公司的知情权

企业集团中,控制公司或者控制公司内部人可能利用控股的下属公司从事关联交易或者掏空从属公司,如果控股公司股东不能查阅从属公司的信息,此时该种违法行为就借由多层次法律主体规避股东查阅权的行使,致使少数股东权利保护立法目的落空。从属公司的运营对控制公司有重大影响时,控制公司的股东可通过查阅从属公司的会计账簿及资料,监督其经营状况,间接维护控制公司及其股东的权益。修订后的公司法增加了股东对全资子公司相关材料行使查阅权的规定;同时明确,股东查阅、复制全资子公司相关材料的,适用本条前 4 款的规定。

第二节　组 织 机 构

第五十八条　有限责任公司股东会由全体股东组成。股东会是公司的权力机构,依照本法行使职权。

【释义】 本条是关于股东会组成和地位的规定。

一、股东会由全体股东组成

股东会是由全体股东组成的机构。股东参加股东会是股东作为投资人权益的重要体现。股东会的成员是全体股东,因为股东是实际出资人,并以其出资额为限对公司债务承担责任。本条强调所有股东即"全体股东",平等地体现了股东的投资者权益。股东参加股东会是法定权利。

二、股东会是权力机构

股东会是指依照公司法、公司章程的规定而设立的由全体股东组成的决定公司重大问题的公司权力机构。本条规定,"股东会是公司的权力机构",表明了股东会的性质,即"权力机构"。公司的一切重大问题,需要由该机构来作出决议,权力机构既区别于执行机构,不执行日常业务,也区别于监督机构和咨询机构。股东会只负责就公司的重大经营问题作出决议,集体行使投资者权益。股东会是以会议的形式行使权力,而不采取常设机构或日常办公的方式,是由股东会的权力性质、所有权与经营权相分离的现代公司制度的基本原理所决定的。股东会的职权以及行使权力的程序等,本法第 59 条至第 66 条作了明确具体的规定。股东会应当依照法律和公司章程的规定,行使自己的职权,做到不失职、不越权。

第五十九条　股东会行使下列职权:

(一)选举和更换董事、监事,决定有关董事、监事的报酬事项;

(二)审议批准董事会的报告;

(三)审议批准监事会的报告;

(四)审议批准公司的利润分配方案和弥补亏损方案;

(五)对公司增加或者减少注册资本作出决议;

(六)对发行公司债券作出决议;

(七)对公司合并、分立、解散、清算或者变更公司形式作出决议;

(八)修改公司章程;

(九)公司章程规定的其他职权。

股东会可以授权董事会对发行公司债券作出决议。

对本条第一款所列事项股东以书面形式一致表示同意的,可以不召开股东会会议,直接作出决定,并由全体股东在决定文件上签名或者盖章。

【释义】　本条是关于股东会职权的规定。

一、股东会职权

根据本条的规定,股东会享有以下职权:

1. 人事、薪酬决定权。股东会有权选任和决定本公司的非由职工代表担任的董事、监事,并有权予以更换。董事、监事受公司股东会委托或委任,为公司服务,参与公司日常经营管理活动,需要给予他们相应的报酬。有关董事、监事报酬的事项,包括数额、支付方式、支付时间等,都由股东会决定。根据法律规定,董事会、监事会应有一定比例的职工代表参加,由职工代表担任的董事、监事,应当依照本法相关规定决定。

2. 重大事项审批权。股东会享有对重大事项的审批权,具体包括以下两个方面:一是审议批准工作报告权。即股东会有权对公司董事会、监事会提出的报告进行审议,并决定是否予以批准。二是审议批准有关经营管理方面方案权。即公司的股东会有权对公司的董事会向股东会提出的利润分配方案、弥补亏损方案进行审议,并决定是否予以批准。股东会行使有关方案审议批准权，需要董事会提交相关的方案。董事会不得隐瞒不报。股东会批准以后，董事会、监事会应当严格执行。

3. 重大事项决议权。股东会有权对公司增加或者减少注册资本，发行公司债券，公司合并、分立、解散、清算和变更公司形式等事项作出决议。这些事项与股东的投资者权益有着密切的联系，所以应由股东会作出议决。

4. 公司章程修改权。公司章程是由公司全体股东在设立公司时共同制定的，规定了公司的重大问题，是公司组织和行为的基本规则，所以应当由股东会修改，而不能由董事会、监事会进行修改。股东会修改公司章程，必须经代表 2/3 以上表决权的股东赞成通过方为有效。

5. 其他职权。除了上述职权外，股东会还享有公司章程规定的其他职权。公司章程还可以根据公司发展情况的实际需要，载明股东会享有的其他职权。

二、股东会可以授权董事会对发行公司债券作出决议

为了满足实践中公司快速进行债务融资的需要，并结合各方面意见，本次修订中还增加了股东会的授权规定，明确股东会可以授权董事会对发行公司债券作出决议。

此次修订还对股东会职权作了其他修改，删除了股东会职权中的“决定公司的经营方针和投资计划”以及“审议批准公司的年度财务预算方案、决算方案”，主要是为了提高公司决策效率，以适应当前瞬息万变的投资环境，进一步突出董事会在公司治理中的重要地位。经营方针、投资计划、财务预算管理事项属于经营管理类事项，既可以由股东会决定，也可以交由董事会决定，法律对此不作强制性规定，可由公司根据自身情况自主通过公司章程决定。

三、股东会书面决议

股东会行使职权，应当按照法律规定和公司章程规定的议事方式和表决程序进行。在一般情况下，股东会应当通过召开股东会会议作出决定的形式，行使自己的职权。但是，考虑到有限责任公司的人合性、规模小等特点，为节省人力物力，如果全体股东以书面形式一致表示同意，且属于股东会职权范围内的事项，可以不召开股东会会议，直接作出决定，但应当由全体股东在相关决定文件上签字、盖章。相比之下，股份有限公司由于其资合性特点，

且往往规模较大、情况较为复杂，法律上未对股份有限公司的股东会书面决议作出规定。

第六十条　只有一个股东的有限责任公司不设股东会。股东作出前条第一款所列事项的决定时，应当采用书面形式，并由股东签名或者盖章后置备于公司。

【释义】 本条是关于一人有限责任公司股东行使职权的规定。

一人有限责任公司只有 1 个股东，自然不需要设股东会，股东会的职权由该股东单独行使。但是股东作出本法第 59 条第 1 款所列决定时，应当采用书面形式并由股东签字后置备于公司。这也就是说，虽然一人有限责任公司不设股东会，但在涉及决定公司的选举和更换董事、监事，决定有关董事、监事的报酬事项；批准董事会、监事会或者监事的报告；批准公司的利润分配方案和弥补亏损方案，对公司增加或者减少注册资本作出决议，对发行公司债券作出决议，对公司合并、分立、解散、清算或者变更公司形式作出决议，修改公司章程等重大事项时，股东必须以书面形式作出决定并签字，而且这些文件还应该放置于公司中以方便各方查询。

第六十一条　首次股东会会议由出资最多的股东召集和主持，依照本法规定行使职权。

【释义】 本条是关于首次股东会会议的规定。

股东会是有限责任公司的权力机构，同时也是股东的议事机构。首次股东会会议，是指有限责任公司成立后第一次召开的由全体股东参加的会议。在通常情况下，股东会由董事会召集，董事长主持。但在召开首次股东会之前，公司的董事没有选举产生，即董事会还没有组成，董事长也没有确定，这就产生了首次股东会如何召开的问题。

根据本条的规定，首次股东会会议，由出资最多的股东召集和主持。出资最多的股东，也就是通常所说的大股东，其出资最多，利益预期和承担的风险最大，第一次股东会会议由其召集和主持是适宜的。“出资最多”，应当是指向公司认缴的出资最多。“召集和主持”，主要指负责首次股东会的筹备、组织、会议文件准备，以及安排和掌握会议的进程和推动有关各项决议的通过等工作。首次股东会会议依照本法规定行使职权。本法对股东会的职权作了明确的规定，首次股东会可以行使这些职权，如选任公司董事会或监事会成员并决定其报酬等。

第六十二条　股东会会议分为定期会议和临时会议。

定期会议应当按照公司章程的规定按时召开。代表十分之一以上表决权的股东、三分之一以上的董事或者监事会提议召开临时会议的，应当召开临时会议。

【释义】　本条是关于股东会会议的种类和召开办法的规定。

根据本条第 1 款的规定，股东会会议有两种，一种是定期会议，另一种是临时会议。

一、股东会的定期会议

股东会的定期会议是指按照公司章程的规定在一定时期内必须召开的会议。相比于股份有限公司法律明确规定股东会应当每年召开一次年会的要求，有限责任公司将定期会议召开的次数、时限等完全交由公司章程规定。定期会议应当按照公司章程的规定，按时召开。这就要求公司章程对定期股东会会议作出具体规定，比如是一年召开一次定期会议，或者一年召开两次定期会议等，并明确定期会议召开的时间，如每年年底或者年初等。

二、股东会的临时会议

临时会议，指在定期会议之外，由于法定人员的提议而临时召开的会议。根据本条第 2 款的规定，有权提议召开临时会议的主体和要求是：

1. 代表 1/10 以上表决权的股东。股东是公司的出资人，是股东会的当然成员，可以要求召开股东会会议，特别是当公司出现重大问题、决定重大事项时。但召开股东会会议涉及筹备、组织、通知、会务、交通等诸多事务，且公司章程已经对定期会议作了规定，所以股东也不应当随意要求召开股东会会议，否则将会对公司的正常生产经营活动产生不良影响。因此，为了既能保证股东权利，又能避免频繁召开会议，适当对股东提议召开临时会议增加限制条件,是必要的。按照本条规定,只有代表1/10以上表决权的股东,方可有权提议召开临时会议。

一些国家和地区也对召开临时股东会的召集主体以及相关条件作了限制规定。日本、韩国和我国台湾地区均规定,可以召开临时股东会,但仅在必要时。《德国有限责任公司法》第50条规定,有限责任公司合计持有的营业份额至少达到基本资本1/10的股东,有权在说明目的和原因的情况下要求召集股东会。有些国家还允许章程对有权请求召开临时股东大会的持股比例和时间作出其他规定。《日本公司法》第297条规定,自6个月(章程规定更短期间的,为该期间)前连续持有全体股东表决权的3%(章程规定更小比例的,为该比例)以上表决权的股东,可向董事表明股东大会的议题(限于该股东可行使表决权的事项)及召集理由,请求召集股东大会。

2. 1/3以上的董事。董事是董事会的组成人员,由公司股东会选举产生,参与公司的经营决策等事务,对公司的生产经营情况比较熟悉。当出现影响股东重大权益、公司重大利益等问题,需要由股东会会议作出决定时,应当赋予董事召开临时会议的提议权。按照本条的规定,1/3以上的董事,有权提议召开临时会议。而股份有限公司在"董事会认为必要时",即可提议召开临时股东会会议。

3. 监事会。公司监事会负有监督职责,当董事、经理等在公司日常经营管理活动中出现违反法律、公司章程等行为,需要通过召开股东会会议作出相应决议时,应当赋予监事会提议权。因此,公司监事会有权提议召开临时会议。根据本法第83条的规定,规模较小或者股东人数较少的有限责任公司,可以不设监事会,设1名监事,行使本法规定的监事会的职权。因此,不设监事会的监事也应有权提议召开临时股东会。

需要进一步明确的是,上述法定人员依法提议召开股东会临时会议时,公司不对提议的会议内容和理由作审查和限制,即必须按照规定召集临时会议,否则即构成违反法律规定。

第六十三条　股东会会议由董事会召集,董事长主持;董事长不能履行职务或者不履行职务的,由副董事长主持;副董事长不能履行职务或者不履行职务的,由过半数的董事共同推举一名董事主持。

董事会不能履行或者不履行召集股东会会议职责的，由监事会召集和主持；监事会不召集和主持的，代表十分之一以上表决权的股东可以自行召集和主持。

【释义】 本条是关于股东会会议召集和主持的规定。

本法第61条规定了首次股东会会议的召集和主持程序。由于首次股东会召开时董事会以及相应的组织机构尚未建立健全，因此规定由出资最多的股东召集和主持。而公司成立后，产生董事会、监事会等公司机构后，应按照本条规定召集和主持股东会会议。

一、董事会召集、董事长主持

本条第1款规定：有限责任公司设立董事会的，股东会会议由董事会召集，董事长主持；董事长不能履行职务或者不履行职务的，由副董事长主持；副董事长不能履行职务或者不履行职务的，由过半数的董事共同推举1名董事主持。董事会召集是指以董事会的名义通知会议召开、安排会务等。董事长主持是指由董事长掌握会议的进程、维持会议秩序。董事长不能履行职务或者不履行职务，是指因生病、出差在外等不能或不依法履行职责、不予主持等情况。据此，股东会会议的主持，依下列次序确定：第一，董事长主持；第二，董事长不能履行职务或者不履行职务的，由副董事长主持；第三，副董事长不能履行职务或者不履行职务的，由过半数的董事共同推举1名董事主持。

二、董事会不召集会议情形下股东会会议的召集和主持

股东会会议由董事会召集，董事会会议由董事长召集和主持。在公司大股东担任董事长的情况下，仍然存在大股东一股独大，不召集、主持董事会，进而不召集股东会会议的可能。因此，本条第2款规定：董事会不能履行或者不履行召集股东会会议职责的，由监事会召集和主持；监事会不召集和主持的，代表1/10以上表决权的股东可以自行召集和主持。

综上所述，股东会会议的召集顺序为：第一，由董事会召集；第二，董事会不能履行或者不履行召集股东会会议职责的，由监事会或者不设监事会的公司的监事召集；第三，监事会或者监事不召集的，代表1/10以上表决权的股

东可以自行召集。

股东会会议的主持顺序分两种情形。一种情形是,在董事会召集股东会会议时的主持顺序为:第一,董事长主持;第二,董事长不能履行职务或者不履行职务的,由副董事长主持;第三,副董事长不能履行职务或者不履行职务的,由过半数的董事共同推举 1 名董事主持。另一种情形是,在董事会不能履行或者不履行召集股东会会议职责时的主持顺序为:第一,由监事会或者不设监事会的公司的监事召集和主持;第二,监事会或者监事不召集和主持的,代表 1/10 以上表决权的股东可以自行主持股东会会议。

本条规定的股东会会议召集和主持的程序,既是健全股东合法权益保障机制的一项重要措施,也是治理公司僵局的一种救济办法。它采用了一种递进的、替补式的安排,规定了公司各机关和符合条件的股东在特定情形下的股东会召集权,在程序上保证了股东会的正常召开,以防止公司重要的权力机构陷入瘫痪,避免公司僵局。

第六十四条　召开股东会会议,应当于会议召开十五日前通知全体股东;但是,公司章程另有规定或者全体股东另有约定的除外。

股东会应当对所议事项的决定作成会议记录,出席会议的股东应当在会议记录上签名或者盖章。

【释义】 本条是关于股东会会议通知和记录的规定。

一、会议通知

召开股东会会议,应当提前通知股东,以便股东安排时间、准备材料等。通知内容可以包含会议时间、地点、议题和议程安排等。有限责任公司的股东会会议通知涉及以下几个要求:

1. 关于通知时限。必须提前通知,对于有限责任公司,无论是定期会议还是临时会议,通知的时间均为会议召开前 15 日,目的是方便股东安排好时间、准备好有关材料等,这样有利于股东会会议能够集中议题,按照议程安排顺利进行,同时防止董事会操纵会议时间侵害股东利益。同时,为充分尊重公司自治,作了除外规定,如果公司章程或者全体股东对召开股东会会议的通知时间另有约定的,按照公司章程的规定和全体股东的约定执行。

2. 关于通知内容。有限责任公司对会议通知的内容没有作具体规定的，交由公司章程或者全体股东决定。

3. 关于会议通知的对象。必须通知到全体股东，召开股东会会议，不能只通知部分股东，而必须通知到全体股东，即股东名册上记载的全部股东。否则未被通知的股东将会因程序瑕疵提起股东会决议撤销之诉。

4. 关于会议通知的方式，无论是用电话、当面口述等口头形式，还是采用寄送通知等书面形式，抑或是通过电子邮件、即时通信软件等电子形式，公司章程理应作出规定，方便实际执行。如果公司章程没有作出规定，则可以由股东会会议的召集者根据具体情况确定，原则上应当采取能够到达股东且能够为股东所知晓的有效实质通知方式，否则可能被认定为未通知股东，导致股东会决议的可撤销。

5. 关于会议通知的送达地点。根据本法第56条的规定，公司应当置备股东名册，记载股东的姓名或者名称及住所，在章程没有特别规定或者股东没有特别约定的情况下，可以股东名册记载的住所地为送达地址。

6. 关于会议审议事项的范围。相比于股份有限公司明确规定，股东会不得对通知中未列明的事项作出决议，有限责任公司对此没有规定，交由公司自主决定。

二、会议记录

股东会是有限责任公司的权力机构，决定公司的重大问题，然后交由董事会、监事会贯彻执行。为了真实准确地记载股东会的决定，股东会应当对所议事项的决定作成会议记录，出席会议的股东应当在会议记录上签名或者盖章，确保真实性。股份有限公司的会议记录除此之外，还要求主持人、出席会议的董事一并在会议记录上签名。

要求股东会会议制作会议记录并由股东签名或盖章，具有重要的意义：一是有利于股东查阅会议记录，通过会议记录了解股东会会议对公司重大问题的决策。二是有利于公司生产经营活动的开展，董事会、监事会、经理等可以根据会议记录的决定具体实施公司日常经营管理活动。三是有利于国家执法机关在执法过程中，根据会议记录上公司生产经营活动的决策、执行等情形以区分认定责任，如认定某一行为究竟是公司法人犯罪还是公司法定代表人个人犯罪等，会议记录就是一个直接的重要证据。

第六十五条　股东会会议由股东按照出资比例行使表决权;但是,公司章程另有规定的除外。

【释义】 本条是关于股东表决权的规定。

股东作为股东会的当然成员,有权出席股东会会议、表达意见、行使表决权。股东的表决权,是指股东基于投资人的法律地位对公司的有关事项表示自己同意、不同意或放弃发表意见的权利,主要包含以下内容:

一是股东作为股东会成员,有权出席股东会会议,表达意见。出席股东会是股东的固有权利,公司应确保通知到全体股东,为股东参会提供必备条件。

二是股东享有表决权。股东名册上的股东均有出席股东会会议、参与表决的权利。即使是出资有瑕疵的股东,其表决权原则上也不受影响,除非公司章程另有规定或者全体股东另有约定。

三是股东按照其认缴的出资比例行使表决权。有限责任公司作为以资本为基础、以信任为纽带的经济组织,各股东的表决权原则上应当取决于各自的出资,即股东会会议由股东按照出资比例行使表决权。也就是说,股东的表决权,应当根据股东对公司的出资以及该出资在公司资本中所占比例的大小,来表达自己对公司事务的意见。股东按出资比例行使表决权,体现了资本的本质,是世界各国通行的做法。为充分尊重公司自治,本条还规定,"公司章程另有规定的除外",即股东在股东会会议上的表决权,公司章程可以规定按照实缴出资比例或者不以出资比例行使表决权,并按此规定执行。

第六十六条　股东会的议事方式和表决程序,除本法有规定的外,由公司章程规定。

股东会作出决议,应当经代表过半数表决权的股东通过。

股东会作出修改公司章程、增加或者减少注册资本的决议,以及公司合并、分立、解散或者变更公司形式的决议,应当经代表三分之二以上表决权的股东通过。

【释义】 本条是关于股东会议事方式和表决程序的规定。

一、股东会议事方式和表决程序的确定

股东会的议事方式和表决程序,是股东通过股东会行使股东权利、股东会作为公司权力机构行使权力的具体方式和程序。为了保障各方面的合法权益,公司法对有限责任公司股东会的议事方式和表决程序作了一些明确的规定,提出法定要求,公司、股东以及股东会必须严格遵守,如股东会会议由股东按照出资比例行使表决权等,这些是原则性的规定。除了公司法的原则规定外,还需要更为详细、具体的操作规则,以便具体实施和操作。因此,本条第 1 款规定,股东会的议事方式和表决程序,除本法有规定的以外,由公司章程规定。

二、一般事项表决的规定

本次修订增加了关于有限责任公司股东会的表决规则。修订中,有的意见提出,实践中有的股东会决议未达半数即认为通过,建议明确有限责任公司股东会的表决规则。本次修订采纳了这一意见,并考虑到有限责任公司股东人数较少、人合性较强的特点,相比股份有限公司仅要求出席会议的股东所持表决权过半数通过,有限责任公司规定应经全体股东中代表过半数表决权的股东通过。

三、特别事项表决的特别规定

本条第 3 款对特定事项的表决程序作了规定,这是法定事项表决的特别规定,公司章程不得违反。按照规定,下列法定事项,由于关系重大,应当经代表 2/3 以上表决权的股东通过:

1. 修改公司章程。公司章程是公司组织和行为的基本规则,是公司活动的依据,法律对其制定、内容、形式等都有明确要求,公司可以对公司章程进行修改,但必须严格按照法定程序进行,应当经代表 2/3 以上表决权的股东通过,才符合要求,产生约束效力。

2. 公司增加或者减少注册资本。公司注册资本是公司设立、存续、发展的物质基础,是法定登记事项。无论是增资还是减资,都涉及每一名股东的出资,关系到股东对公司承担责任的限额,可能还涉及股东在公司中表决权、控制权的变化等切身利益。因此,公司增加或者减少注册资本,应当经代表 2/3 以上表决权的股东通过。

3. 公司合并、分立、解散。公司合并、分立、解散作为涉及公司财产的变化的重大事项,事关股东切身权益,所以必须严格按照法定程序进行,应当经代表 2/3 以上表决权的股东通过。

4. 变更公司形式。有限责任公司可以依法变更为股份有限公司，股份有限公司也可以依法变更为有限责任公司。公司变更形式，涉及公司注册资本、股东权益、组织机构等方面的重大变化，属于重大事项，所以必须严格按照法定程序进行，应当经代表 2/3 以上表决权的股东通过。

上述法定事项都涉及股东的重大切身利益，需要在法律上作出明确强制统一规定，防止大股东利用资本多数决原则欺压小股东，损害小股东合法权益。另外，需要注意的是，上述法定事项都应经全体股东中代表 2/3 以上表决权的股东通过，而非出席股东会会议的 2/3 以上表决权的股东通过。

第六十七条　有限责任公司设董事会，本法第七十五条另有规定的除外。

董事会行使下列职权：

（一）召集股东会会议，并向股东会报告工作；

（二）执行股东会的决议；

（三）决定公司的经营计划和投资方案；

（四）制订公司的利润分配方案和弥补亏损方案；

（五）制订公司增加或者减少注册资本以及发行公司债券的方案；

（六）制订公司合并、分立、解散或者变更公司形式的方案；

（七）决定公司内部管理机构的设置；

（八）决定聘任或者解聘公司经理及其报酬事项，并根据经理的提名决定聘任或者解聘公司副经理、财务负责人及其报酬事项；

（九）制定公司的基本管理制度；

（十）公司章程规定或者股东会授予的其他职权。

公司章程对董事会职权的限制不得对抗善意相对人。

【释义】　本条是关于董事会职权的规定。

一、有限责任公司原则上应当设董事会

董事会是公司的经营决策机构，受公司委托从事经营管理活动。因此，有限责任公司原则上应当设董事会，作为法定的常设机关集体行权，负责公

司的经营管理活动。但是规模较小或者股东人数较少的有限责任公司，其内部治理结构简单，无须强制设董事会，可以不设董事会，仅设 1 名董事，行使本法规定的董事会的职权。

二、董事会职权

股东会是有限责任公司的权力机构，决定公司的重大问题。董事会作为公司的经营决策和执行机关，负责公司经营活动的指挥和管理，其中包括对各种业务事项作出决议，以及组织实施和贯彻执行这些决议。根据本条的规定，董事会具有以下法定职权：

1. 召集股东会会议，并向股东会报告工作。董事会由董事组成，董事由股东会选举产生。因此，召集股东会会议，并向股东会报告工作，既是董事会的一项职权，也是董事会的一项义务。董事会应当依照法律规定和公司章程的规定，及时召集股东会会议，并向股东会报告自己的工作情况。

2. 执行股东会的决议。股东会作为公司的权力机构，依照法律规定和公司章程规定决定公司的重大问题。股东会对公司生产经营方面作出的决议，由董事会执行。董事会应当根据股东会决议依法开展公司经营管理活动。

3. 决定公司的经营计划和投资方案。董事会负责公司的经营管理，由其决定公司的经营计划和投资方案符合公司灵活经营的需要，方便董事会根据形势变化和公司发展情况及时作出相应的投资决定。

4. 制订公司的利润分配方案和弥补亏损方案。公司经过一段时间的经营活动，或者产生利润，或者产生亏损，或者收支相抵没有盈亏。当公司产生利润时，应当进行分配；产生亏损时，应当进行弥补。根据法律的规定，审议批准公司的利润分配方案和弥补亏损方案，是股东会的职权。而制订公司的利润分配方案和弥补亏损方案，则是董事会的职权。董事会应当按照规定及时制订公司的利润分配方案和弥补亏损方案，并提交股东会会议审议批准。并且根据本法的规定，股东会作出分配利润的决议的，董事会应当在股东会决议作出之日起 6 个月内进行分配。

5. 制订公司增加或者减少注册资本以及发行公司债券的方案。公司根据经营情况的需要，可以增加注册资本，也可以减少注册资本，还可以依照法律规定发行公司债券。根据本法规定，公司增加或者减少注册资本以及发行公司债券的方案，由股东会作出决议。而提出增加或者减少注册资本以及发行公司债券的方案,则是董事会的职权。董事会应当根据公司经营需要,及时制订公司增加或者减少注册资本以及发行公司债券的方案,并提请股东会会议审议,作出决议。另外,根据此次修订新增的规定,董事会经股东会授权后可以决定发行公司债券。

6. 制订公司合并、分立、解散或者变更公司形式的方案。合并、分立、解散或者变更公司形式,都是公司的重大事项,关系到公司是否继续存在、以何种形式存在、股东权利义务变化等,依照本法规定,应由股东会作出决议。但是,公司与谁合并、怎样分立、变更为什么样的股份有限公司以及解散的具体方案,由董事会拟订,然后提请股东会会议进行审议并作出决议。

7. 决定公司内部管理机构、基本制度和重要管理人员的设置。董事会负责公司经营活动的指挥和管理,所以有权根据公司经营发展需要、市场形势变化决定公司管理机构的设置,制定公司基本管理制度,以及决定聘任或者解聘公司经理,并根据经理的提名决定聘任或者解聘公司的副经理、财务负责人等高级管理人员以及报酬等事项。

8. 除了上述职权外,董事会还行使公司章程规定的其他职权或者股东会授予的其他职权。例如,决定公司对外投资或者担保,对股东出资核查催缴以及失权,对关联交易、同业竞争的决议等。

另外,此次修订结合公司实践情况和各方面意见,在董事会职权中对"制订公司的年度财务预算方案、决算方案"不再明确列出,董事会是否制订财务预决算方案,相关方案是由董事会报股东会决定,还是由董事会直接决定,相关问题可由公司根据自身情况通过公司章程自主决定。

三、关于公司章程对董事会职权限制性规定的对外效力

本条第 3 款规定,公司章程对董事会职权的限制不得对抗善意相对人。包含两层含义:一是公司章程可以对董事会职权作出限制。二是此限制不能对抗善意相对人。公司章程规定了公司的经营范围以及相关机构的职权,是公司内部的自我管理规范。由于公司章程不对外公开,通常不易为外部人所知晓。所以,在确定其外部效力方面,要考虑对善意相对人的权益保护,维护交易安全。善意相对人,应是对公司章程对董事会职权的限制不知情或者不应当知情的人。如果公司章程对董事会的职权进行了限制,但董事会超越其权限与相对人签订了合同,或者实施了其他法律行为,如果相对人不知道或

者不应当知道该限制规定，公司不得以董事会超越了其权限而主张不承担责任或免除相应的责任。例如，根据本法第 152 条的规定，公司章程或者股东会可以授权董事会在 3 年内决定发行不超过已发行股份 50%的股份。但是，如果董事会超出了这一限制发行股份，公司不得以董事会的行为超出了权限为由主张发行无效。许多国家和地区的公司法也作出了类似规定。比如：《德国股份法》第 82 条规定，在公司的对外关系中，董事会的代理权不受限制。《美国示范公司法》、美国《特拉华州普通公司法》规定，在通常情况下，不得以公司行为能力欠缺或者超越权力，而认定公司的行为及公司与第三人的交易无效。

第六十八条　有限责任公司董事会成员为三人以上，其成员中可以有公司职工代表。职工人数三百人以上的有限责任公司，除依法设监事会并有公司职工代表的外，其董事会成员中应当有公司职工代表。董事会中的职工代表由公司职工通过职工代表大会、职工大会或者其他形式民主选举产生。

董事会设董事长一人，可以设副董事长。董事长、副董事长的产生办法由公司章程规定。

【释义】　本条是关于公司董事会组成的规定。

一、关于董事会成员的人数

董事会由董事组成，此次修订删除了公司董事成员的人数上限，只规定“三人以上”，具体设置多少名董事，由公司自主决定。

二、关于董事会成员的组成

此次修订中，为更好保障职工参与公司民主管理、民主监督，扩大设置职工董事的公司范围，不再按公司所有制类型对职工董事的设置提出要求。考虑到规模较小的公司可以不设董事会，并综合考虑中型企业划分标准等因素，本次修订对有限责任公司的职工董事作了要求：一是，职工人数 300 人以上的有限责任公司，原则上董事会中应当有职工代表。二是，职工人数 300 人以上的有限责任公司，监事会中已有职工代表的，董事会成员中可不再设职工代表。三是,职工人数不足300人的,董事会成员中是否设职工代表,由公司自主决定。四是,董事会中的职工代表由公司职工通过职工代表大会、职工大会或者其他形式民主选举产生。

三、关于董事长、副董事长的产生办法

董事会作为有限责任公司法定、必备且常设的集体行使公司经营决策权的机构,采取会议集体决策机制,有必要设置董事长,在董事会内部负责董事会会议的召集、主持以及股东会的主持等程序事务,协调董事会成员之间的关系,检查董事会决议的执行情况等。公司还可以根据实际需要设副董事长,协助董事长工作。关于董事长、副董事长的产生办法,有限责任公司交由公司章程规定,而股份有限公司直接由法律明确规定,董事长和副董事长由董事会以全体董事的过半数选举产生。

第六十九条　有限责任公司可以按照公司章程的规定在董事会中设置由董事组成的审计委员会,行使本法规定的监事会的职权,不设监事会或者监事。公司董事会成员中的职工代表可以成为审计委员会成员。

【释义】　本条是关于有限责任公司可以选择设置审计委员会或者监事会履行监督职责的规定。

根据公司内部是否设立独立的监督机关,世界范围内的公司治理模式分为两类:单层制与双层制。单层制,公司内部只设立董事会,不设监事会,由董事会负责经营监督。双层制,公司同时设立监事会与董事会,监事会负责监督,董事会负责公司经营管理。从公司模式的法域分布来看,英美法系公司以及法国、意大利、瑞士等地的公司为单层制,其中,1966年《法国商法典》开始允许股份公司选择双层制,实践中,法国单层制公司占据绝大多数。双层制分为垂直双层制和平行双层制,垂直双层制由股东会选任监事会,监事会选任董事会,分布在德国、荷兰。平行双层制由股东会选任董事会和监事会,源于日本对德国双层制的本土化改造而形成的模式,后被韩国、我国等公司法借鉴。

双层制公司治理结构中,公司董事会和监事会分别负责业务执行与监督,权限分明,监事会的独立性更有利于其发挥监督作用;但监事会没有执行

和决策公司业务的权限，主要立足于事后监督。单层制的董事会中负责监督的董事由于其本身就是董事会成员，参与董事会的经营决策，相较于不参与经营决策的监事会来说，其可以获取更多的信息，在决策过程中就可以履行监督义务；但由于董事既负责执行公司事务，又负责监督，可能影响其监督的客观中立立场。因此，单层制和双层制各有优劣，并无优劣之分。

我国公司法长期实行双层制的治理结构，这次修订公司法考虑到实践需要以及国有企业监事会改革的要求，允许公司在单层制、双层制设置上进行选择，充分尊重公司的自治权。对于是设立监事会还是审计委员会履行监督职责，交由公司章程规定，允许公司根据实际需要自行选择。允许自由选择，一方面减少了制度转换的成本，另一方面通过市场自由选择竞争形成了适合的公司治理模式。

公司的机构及其产生办法、职权、议事规则是公司章程的记载事项，公司如果要选择采用单层制，应当修改公司章程，在公司章程中明确设置审计委员会履行监事会的职责，不设监事会或者监事。考虑到有限责任公司股东人数较少、人合性强，不同于股份有限公司审计委员会成员的特别规定，公司法没有对审计委员会的成员资格作出严格要求；同时，将审计委员会的会议召集程序和议事规则交由公司章程规定。

第七十条　董事任期由公司章程规定，但每届任期不得超过三年。董事任期届满，连选可以连任。

董事任期届满未及时改选，或者董事在任期内辞任导致董事会成员低于法定人数的，在改选出的董事就任前，原董事仍应当依照法律、行政法规和公司章程的规定，履行董事职务。

董事辞任的，应当以书面形式通知公司，公司收到通知之日辞任生效，但存在前款规定情形的，董事应当继续履行职务。

【释义】　本条是关于董事任期以及辞任的规定。

一、董事的任期

根据本条的规定，董事的任期由公司章程规定。公司可以根据自身情况，在公司章程中规定董事的具体任期，但是每届任期不得超过3年。董事

3年任期届满后,应当退任。但是,董事任期届满,连选可以连任。至于董事可以连任多少届,法律没有作出限制性规定,可以由公司根据自身情况,在公司章程中作出规定。

二、董事任期届满及辞职后没有改选前仍须履职

董事任期届满或者董事辞任的,其职责自动终止。但当董事会成员低于法定人数,即少于3人时,如果董事职责自动终止,则董事会将因董事缺额无法召开董事会作出决议,导致董事会无法履职,影响公司的正常运营。因此,本条要求在改选出的董事就任前,原董事仍应当依照法律、行政法规和公司章程的规定,履行董事职务,行使职权,承担相应责任。在此期间,公司应当及时选任新的董事。公司章程也可以规定,公司在遇到上述情形时,应当限期完成改选。

特定情形下原董事应当继续履职,直至选任出新的董事,是许多国家和地区通行的做法,以保障公司的正常运转。我国台湾地区"公司法"第195条规定:董事任期不得逾3年。但得连选连任。董事任期届满而不及改选时,延长其执行职务至改选董事就任时为止。但主管机关得依职权限期令公司改选;届期仍不改选者,自限期届满时,当然解任。《韩国商法典》第386条规定,在董事人数未达到法律或者章程规定的情形下,因任期的届满或者辞职而退任的董事,在新选任的董事就任前,仍具有董事的权利义务。《日本公司法》第351条规定,没有代表董事或本法、章程规定的代表董事人数缺额的,因任期届满或辞职已卸任的代表董事,在新当选的代表董事就任前,仍有作为代表董事的权利义务。

关于增补新的董事,根据我国公司法规定,选举和更换董事是股东会的职权,理应由股东会进行选任增补。

三、董事辞任

董事辞任的,首先,应当以书面形式通知公司,不得以口头或者其他形式,否则不产生效力。其次,公司收到通知之日其辞任生效。为了解决实践中有的董事辞职难等问题,此次修订明确了董事辞任的生效时间,即公司收到通知之日,董事辞任即刻生效。最后,特定情况下还应继续履职。如果董事辞任导致董事低于法定人数,原董事还应继续履职,直至公司选任出新的董事。

第七十一条　股东会可以决议解任董事，决议作出之日解任生效。

无正当理由，在任期届满前解任董事的，该董事可以要求公司予以赔偿。

【释义】 本条是关于解任董事的规定。

根据本法第 59 条的规定，股东会的职权包括选举和更换公司董事。根据这一规定，股东会在董事任期届满前有权以决议的形式解任董事，该决议作出之日解任生效。同时，法律对股东会解任董事的理由未作限制，即该项解任属于无因解任。

但是，无正当理由解任董事的，可能会对董事造成一定的影响和损失。例如，影响董事对其未来薪酬待遇的合理期待，董事重新寻找工作等需要其付出额外的成本和代价。因此，本条第 2 款规定，无正当理由，在任期届满前解任董事的，该董事可以要求公司予以赔偿。在赔偿数额的确定上，可以考量其薪酬、剩余任期等因素。

许多国家和地区也对股东会无理由解任董事作了规定。《美国示范公司法》规定，股东免除董事职务无论是否有理由，股东均可以免除 1 名或者多名董事的职务，除非公司章程规定免除董事职务必须要有理由。英国、日本、韩国及我国台湾地区等都规定了股东会可随时解任董事，也对解任赔偿请求权作了规定。我国台湾地区"公司法"第 199 条规定了董事无正当理由被解任时的赔偿请求权：董事得由股东会之决议，随时解任；如于任期中无正当理由将其解任时，董事得向公司请求赔偿因此所受之损害。还对股东会无正当理由解任董事的表决规则作了特别规定，股东会为前项解任之决议，应有代表已发行股份总数 2/3 以上股东之出席，以出席股东表决权过半数之同意行之。防止股东会无正当理由频繁、随意解任董事。《韩国商法典》第 385 条规定，根据股东会决议，可以随时解任董事。但是，若董事在其任期届满前无正当理由被解任时，可以向公司请求因解任而产生的损害赔偿。

第七十二条　董事会会议由董事长召集和主持；董事长不能履行职务或者不履行职务的，由副董事长召集和主持；副董事长不能履行职务或者不履行职务的，由过半数的董事共同推举一名董事召集和主持。

【释义】 本条是关于董事会会议召集和主持的规定。

董事会会议由董事长召集和主持。这是因为,董事长一般由大股东或者大股东推选的人担任,还可以担任公司的法定代表人,对外代表公司。所以由董事长召集和主持董事会会议,符合实际。

法律规定董事长为董事会会议的第一召集人、主持人,董事长应当依照法律和公司章程的规定,认真负责地履行自己的职责,按照规定及时召集和主持董事会会议。但在现实生活中,有部分公司的董事长,不按要求认真履行董事长职务,不积极召集和主持董事会会议,导致董事会集体决策的机制失效。因此,为了充分发挥董事会的作用,保障董事会依法行使职权,本条明确规定:董事长不能履行职务或者不履行职务的,由副董事长召集和主持;副董事长不能履行职务或者不履行职务的,由过半数的董事共同推举1名董事召集和主持。这一规定的意义是,过半数的董事主张召开董事会的,即使董事长或者副董事长持不同意见,董事会会议也能够召开起来,也能够保证董事会制度的正常运行。

我国台湾地区"公司法"也有类似规定:董事会由董事长召集之。过半数之董事得以书面记明提议事项及理由,请求董事长召集董事会。前项请求提出后15日内,董事长不为召开时,过半数之董事得自行召集。《日本公司法》第366条也规定,董事会由各董事召集,或者由董事会或者章程确定的董事召集,但是上述主体不召集的,其他董事有权申明议题,请求召开董事会,在一定时限内仍未召开董事会的,该董事可以自行召集。

第七十三条　董事会的议事方式和表决程序,除本法有规定的外,由公司章程规定。

董事会会议应当有过半数的董事出席方可举行。董事会作出决议,应当经全体董事的过半数通过。

董事会决议的表决,应当一人一票。

董事会应当对所议事项的决定作成会议记录,出席会议的董事应当在会议记录上签名。

【释义】 本条是关于董事会议事方式、表决程序和会议记录的规定。

一、董事会会议的议事方式和表决程序

董事会会议的议事方式和表决程序,是保证董事会会议顺利进行的一个重要前提,并直接影响董事会会议决议的效力。议事方式和表决程序,包括如何通知董事参加会议,会议的召集和主持,讨论问题的方式,有效出席人数,议事议程的提出和确定,审议规则,表决方式、规则等。议事方式和表决程序规定得具体、详细,具有可操作性,有利于董事会会议的顺利召开和作出决定。由于不同公司的情况不同,对董事会会议议事方式和表决程序的要求也不同,法律不可能对此规定得十分具体、详尽,需要由公司章程根据本公司的具体情况作出规定。因此,本条第 1 款明确规定,董事会的议事方式和表决程序,除本法有规定的外,由公司章程规定。即法律原则上授权公司章程对议事方式和表决程序作出规定,但是法律有特别规定的除外。

二、董事会会议的出席和表决要求

董事会是集体决策行权机构,为了确保董事会会议决议能够代表董事会集体意志,代表大多数股东的利益,需要对董事会的出席人数和表决要求作出规定,以防止只有少数董事出席会议并作出决议,而这种决议并不能代表董事会以及多数股东的真正意志。同时,公司董事人数总体上来说比较少,容易达到法定出席人数要求。因此,本条规定董事会会议应当有过半数的董事出席方可举行,并规定决议应当经全体董事的过半数通过。

三、董事会决议的表决应当一人一票

董事会会议的表决与股东会会议的表决不同。董事会会议实行的是一人一票的表决方式。董事会会议审议表决事项时,往往实行一事一议的表决方式,每一董事只能享有一票表决权,董事地位平等,权利相同,包括董事长、副董事长在内的董事会全体成员,每人只有一票的投票权,彼此之间不存在投票权大小的差别。

四、关于董事会会议记录

董事会作为公司的业务决策机关,为了执行股东会的决议,开展公司经营活动,需要依照其职权,经常作出决议。董事会会议应当对所议事项的决

定作成会议记录。董事会会议记录的内容应当包括董事会会议所议事项及讨论后所得出的结论,具体包括会议召开的时间、地点、出席人员、议题、董事讨论意见、投票表决情况等。

为了备后查询,明确董事责任,出席会议的董事应当在会议记录上签名。董事在董事会会议记录上签名,是董事的一项法定义务,董事必须履行。董事会会议记录具有重要意义:一是,董事会会议决议是公司对外进行相关商事活动的重要依据,也是经理等执行政策的依据;二是,董事会会议记录是股东行使知情权查阅复制的重要内容;三是,董事的签名也是日后对外承担法律责任的重要依据。根据本法规定,董事应当对董事会的决议承担责任。董事会的决议违反法律、行政法规或者公司章程、股东会决议,给公司造成严重损失的,参与决议的董事对公司负赔偿责任;经证明在表决时曾表明异议并记载于会议记录的,该董事可以免除责任。

第七十四条　有限责任公司可以设经理,由董事会决定聘任或者解聘。

经理对董事会负责,根据公司章程的规定或者董事会的授权行使职权。经理列席董事会会议。

【释义】 本条是关于经理设置及行使职权的规定。

一、境外关于经理的法律规定

经理是指在授权范围内,在董事会的领导下负责公司日常生产经营管理工作的业务执行机构。在现代公司中,股东会负责公司各项重大事项的决策;董事会负责执行股东会决策,同时还要承担股东会权限之外的经营决策。董事会为了履行自己的上述职能,就需要有一批专门的经营管理人员,在其领导下负责日常的经营管理工作,辅助董事会进行业务执行和经营管理工作。从一些国家和地区的公司相关规定来看,经理通常具有以下特征:

1. 经理通常不是公司的法定机关,即公司可以设置经理,也可以不设置经理。比如,《日本公司法》第37条规定,公司可以选任经理。我国台湾地区"公司法"第29条规定,公司可以依章程规定设置经理人。

2. 经理在授权范围内对外代表公司,并享有管理公司事务的广泛权力。

比如,《日本公司法》第 38 条第 1 款规定,经理有代为实施有关营业的、裁判上或裁判外一切行为的权限。我国台湾地区“公司法”第 31 条规定,经理人在公司章程或契约授权范围内,有为公司管理事务及签名之权。

3. 公司章程、董事会或者公司与经理的契约可以对经理的权限予以限制。我国台湾地区“公司法”第 31 条第 1 款规定,经理人的职权,除章程规定外,并可以契约订定。

4. 对经理权力的限制,不得对抗善意第三人。《日本公司法》、我国台湾地区“公司法”均有此规定。

二、关于经理的设置

根据本法规定,聘任或者解聘经理是董事会的职权,由董事会决议,其报酬也由董事会决定,对董事会负责。在特殊情形下,对于规模较小或者股东人数较少的有限责任公司,只设 1 名董事的,可能会直接由董事兼任经理。关于经理的任期法律上未作规定,可以由公司章程或者董事会决定,或者交由合同约定。

需要注意的是,法律中“经理”的含义同实践中“经理”的含义并不完全相同。法律中的经理是指对公司日常经营管理工作负总责的管理人员,实践中一般称总经理;实践中负责公司某一部门具体管理工作的所谓经理或部门经理,一般是在总经理领导下、协助总经理负责日常管理工作的中级管理人员,不是公司法所讲的“经理”。

三、关于经理的职权

在历次公司法修改过程中,法律上对经理的规定逐渐放宽。2005 年公司法修订改变了修订前公司法将经理作为公司法定必设机构的规定,规定有限责任公司可以设立经理,也可以不设立经理,由公司根据自身的经营规模和具体情况而定。此次修订进一步放宽,删除了关于经理职权的规定,重新界定了经理的地位,取消了经理法定职权的规定,明确经理的职权由公司章程规定或由董事会授予,受董事会监督。但是,根据本法的规定,经理仍然有提名聘任或者解聘副经理、财务负责人的法定职权。

四、关于列席董事会会议

经理列席董事会会议,这是其权利,也是其义务。另外,在召开股东会会议时,股东会要求经理列席会议的,经理也应当出席股东会会议并接受质询。

第七十五条　规模较小或者股东人数较少的有限责任公司,可以不设董事会,设一名董事,行使本法规定的董事会的职权。该董事可以兼任公司经理。

【释义】　本条是关于规模较小或者股东人数较少的有限责任公司的组织机构设置的规定。

根据本法的规定,有限责任公司设董事会,其成员为3人以上。之所以对董事会成员人数以及出席表决人数作出规定,是基于在所有权与经营权日益分离的公司中,董事会实行集体决策,需要保证大多数股东都能够通过代表其利益的董事表达意见,维护其利益,参与公司的经营决策。实践中,有的公司股东人数较少或规模较小,就没有必要设置太复杂冗余的治理机构,尤其是有些公司只有1个股东,更没有必要设置董事会,只设置1个董事执行公司决策,负责公司的日常经营管理,行使本法规定的董事会的职权即可。同时,该董事可以兼任公司经理,让公司的业务决策机构与业务执行机构在一定程度上合并,提高公司经营效率。

第七十六条　有限责任公司设监事会,本法第六十九条、第八十三条另有规定的除外。

监事会成员为三人以上。监事会成员应当包括股东代表和适当比例的公司职工代表,其中职工代表的比例不得低于三分之一,具体比例由公司章程规定。监事会中的职工代表由公司职工通过职工代表大会、职工大会或者其他形式民主选举产生。

监事会设主席一人,由全体监事过半数选举产生。监事会主席召集和主持监事会会议;监事会主席不能履行职务或者不履行职务的,由过半数的监事共同推举一名监事召集和主持监事会会议。

董事、高级管理人员不得兼任监事。

【释义】　本条是关于有限责任公司监事会的规定。

一、关于监督机构的设置

在所有权与经营控制权分离的现代公司里,股东并不直接管理或者控制公司,公司被交给董事会治理,代理成本问题较大。实践中,董事会的权力很大,为了防止董事会滥用权力,保护公司和股东的利益,就需要建立公司内部监督机制,对董事会、高级管理人员等公司的实际经营管理者进行监督。既允许公司采取传统的监事会与董事会并行的双层制模式,也允许公司选择单层制治理模式。即有限责任公司可以按照公司章程的规定在董事会中设置由董事组成的审计委员会,行使本法规定的监事会职权,不设监事会或者监事。

二、关于监事会成员的人数

监事会作为公司的专门监督机构,其规模应根据公司的具体情况而定,不应过大,也不应过小。如果监事会规模过大,监事人数过多,对公司经营管理层的制约也就越大,同时较难达成合意,可能会影响公司的经营效率,还会增加公司的监督成本,从而损害公司和全体股东的利益;如果监事会规模过小,监事人数过少,对公司经营情况的了解可能不够全面,不能够真正起到监督作用。因此,本条仅规定监事会的成员不得少于3人,而未对其具体规模作出规定,公司可以根据其具体情况对监事会成员的人数作出规定。对于规模较小或者股东人数较少的公司,可以不设监事会,只设1名监事,行使监事会的职权。此次修订,再次放宽,经全体股东一致同意,也可以不设监事。因此,对于规模较小或者股东人数较少的有限责任公司,最简单的公司治理模式可能只有1名董事,可以没有监督机构,由股东会直接对董事会进行监督,主要是考虑到此类公司所有权和经营权基本集中在同一机构或主体中,无须再强制设置过多的机构增加治理成本。

三、关于监事会成员的组成和选任

根据本条第2款的规定,监事会由两类监事组成:第一类是股东代表,为了防止公司的经营管理层如董事、经理滥用权力,损害股东利益,股东必然要选派代表自己利益的人员作为监事参加监事会。第二类是职工代表,让职工代表参加监事会,主要基于:首先,在公司中,职工是除了股东以外最关心公司兴衰的群体，公司经营的好坏直接关系到职工的利益。其次，职工熟悉本公司的情况，让职工参与监事会，能够更好发挥监事会的监督作用。最后，通过各种形式发挥职工在公司民主管理中的作用，让职工参与公司的经营监督，体现职工利益，也符合现代公司法发展的趋势。如德国、荷兰、奥地利等均规定，监事会成员中应当有一定比例的职工监事。欧盟公司法规定，公司监事会应当由 1/3 的股东监事、1/3 的职工监事、1/3 的股东与职工共同选举的监事组成。日本和法国也有类似规定。

此外，公司法还对职工监事的比例作了限制，要求职工监事的比例不得低于 1/3，具体比例交由公司章程规定。

监事会成员中的股东代表由股东会选举产生，监事会中的职工代表由公司职工通过职工代表大会、职工大会或者其他形式民主选举产生。

四、关于监事会主席

监事会主席从监事会成员中选举产生，须经全体监事的过半数同意，相比董事长、副董事长的选任办法交由公司章程规定，对监事会主席的选任，公司法作了更加严格的规定。监事会主席的职权仅为召集和主持监事会，其他权利与普通监事相同。监事会主席不能履行职务或者不履行职务的，由过半数的监事共同推举 1 名监事召集和主持监事会会议。

五、关于监事的任职资格

本条第 4 款对监事的任职资格作了消极规定，要求董事、高级管理人员不得兼任监事。监事会设立的目的在于监督公司经营管理层。为了保证监事会、监事独立、公正、客观地行使职权，一些国家和地区通常都限制董事、经理、财务人员与监事相互兼职。如我国台湾地区“公司法”第 222 条规定，监察人不得兼任公司董事、经理人或其他职员。有的国家还将禁止兼任的范围扩展到子公司。例如，《韩国商法典》第 411 条规定，监事不得兼任本公司或子公司的董事或者支配人以及其他使用人。

第七十七条　监事的任期每届为三年。监事任期届满，连选可以连任。

监事任期届满未及时改选,或者监事在任期内辞任导致监事会成员低于法定人数的,在改选出的监事就任前,原监事仍应当依照法律、行政法规和公司章程的规定,履行监事职务。

【释义】 本条是关于监事任期的规定。

监事作为公司监督机关监事会的成员,其任期应当与公司经营管理者如董事会成员的任期大致相当。这也是现代公司立法普遍坚持的观点。但在具体规定上,做法并不完全相同:德国规定,监事的任期为4年,短于董事的5年任期;日本规定,监事的任期为3年,长于董事的2年任期;奥地利规定,监事的任期为5年,与董事的任期相同;韩国董事和监事的任期都为3年。关于监事的任期究竟是长于董事任期好,还是短于董事任期好,或者是与董事任期一致好,存在不同的看法。如坚持监事任期应短于董事任期的意见认为,监事主要是监督董事,任期应短于董事,以利于两届监事会交错对一届董事会进行监督,也可避免监督者和被监督者相互熟悉,影响监督效果。而坚持监事任期应长于董事的意见则认为,监事任期长于董事,从董事的选任开始就可以切实、持续地监督董事。本法明确监事任期为3年。这实际上是选择了监事任期长于或者等于董事任期的做法,因为按照本法第70条的规定,董事任期不得超过3年,可以少于3年,具体任期由公司章程规定。同时,本条第1款明确规定,监事任期届满,连选可以连任。监事可以连任几届,法律未作强制性规定,公司章程可以自主规定。

为弥补公司新老监事在过渡期出现的监督空白,本条规定,监事任期届满未及时改选,或者监事在任期内辞任导致监事会成员低于法定人数的,在改选出的监事就任前,原监事仍应当依照法律、行政法规和公司章程的规定,履行监事职务。

第七十八条　监事会行使下列职权:

(一)检查公司财务;

(二)对董事、高级管理人员执行职务的行为进行监督,对违反法律、行政法规、公司章程或者股东会决议的董事、高级管理人员提出解任的建议;

（三）当董事、高级管理人员的行为损害公司的利益时，要求董事、高级管理人员予以纠正；

（四）提议召开临时股东会会议，在董事会不履行本法规定的召集和主持股东会会议职责时召集和主持股东会会议；

（五）向股东会会议提出提案；

（六）依照本法第一百八十九条的规定，对董事、高级管理人员提起诉讼；

（七）公司章程规定的其他职权。

【释义】 本条是关于监事会职权的规定。

根据本条的规定，监事会行使下列职权：

1. 财务监督权，即监事会可以对公司的财务状况进行检查，如查阅公司账簿和其他会计资料，核对公司董事会提交股东会的会计报告、营业报告和利润分配方案等资料，发现疑问时可以进行复核等。

2. 对公司经营管理活动的监督。具体包括：对董事、高级管理人员执行公司职务时违反法律、行政法规、公司章程或者股东会决议的行为进行监督，并可以提出罢免违规的董事、高级管理人员的建议；纠正或者停止董事、高级管理人员侵害公司利益的行为。除此之外，根据本法第79条的规定，监事可以列席董事会会议，并对董事会决议事项提出质询或者建议。监事会发现公司经营情况异常，可以进行调查；必要时，可聘请会计师事务所等协助其工作，费用由公司承担。以及根据本法第80条第1款的规定，监事会可以要求董事、高级管理人员提交执行职务的报告。

3. 提案权，即监事会可以向股东会会议提出提案，供股东会会议讨论。

4. 提议召开临时股东会会议和特定情况下召集、主持股东会会议。按照本法第62条的规定，监事会有权提议召开临时股东会会议。但是，在公司的运营实践中，如果监事会发现董事会成员有违规行为，提议召开临时股东会会议进行讨论时，董事会为避免被追究责任，可能怠于召集和主持股东会会议，从而使监事会的监督职能无法实现，在这种情况下，监事会可以行使召集和主持股东会会议的职权，从而更好地实现监督职能。

5. 代表诉讼权。监事会是公司的内设监督机关，通常情况下是无权代表公司行使权利的。代表公司的权利应由负责公司业务执行的机构和人员如董事会、董事长、经理等来行使。但在公司行为针对的是董事和高级管理人员时,让董事会或者经理代表公司,难以保证公司利益。因此,本法第189条规定,董事、高级管理人员执行职务违反法律、行政法规或者公司章程的规定,给公司造成损失的,有限责任公司的股东、股份有限公司连续180日以上单独或者合计持有公司1%以上股份的股东,可以书面请求监事会向人民法院提起诉讼。

6. 公司章程规定的其他职权。例如,聘用、解聘承办公司审计业务的会计师事务所等。

第七十九条　监事可以列席董事会会议,并对董事会决议事项提出质询或者建议。

监事会发现公司经营情况异常,可以进行调查;必要时,可以聘请会计师事务所等协助其工作,费用由公司承担。

【释义】 本条是关于监事质询建议权以及监事会行使特别事项调查权的规定。

一、关于监事单独行使职权

本条是对监事、监事会行使职权的规定。监事可以单独行使职权,通过列席董事会会议,对董事会决议事项提出质询或者建议,了解董事会决议过程,掌握公司相关经营情况,实现事前事中监督。

二、关于监事会行使职权的手段和费用保障

在实践中,监事虽然可以列席董事会会议,但并不参与公司的日常经营管理工作。因此,实际上监事会的监督以事后监督为主,往往是在董事、高级管理人员的违规行为给公司造成损害以后,才发现并进行监督。这将影响监事会的监督效果。因此,本条专门强调了对监事会的事前和事中的监督职能,即监事会在公司的日常经营活动中,发现情况异常时,可以就特定事项行使调查权,进行监督。具体手段包括查阅公司财务文件,对董事、高级管理人员进行询问,要求其对某一具体事项进行说明等。在必要的时候,监事会可以聘请专业中介机构如会计师事务所等协助其工作,费用由公司承担。日

本、韩国等的公司法也有类似规定，明确监事可以聘请相关专家协助其业务执行，协助费用以及其他相关履行职务的费用由公司承担。

关于“经营情况异常”的标准，由于实践中情况多种多样，为了监事会灵活根据其商业经验、公司经营状况等行使职权，法律不作具体标准或者指引性规定。另外，为了不影响公司的经营效率，对监事会行使职权也应当作适当限制，不能随意增加公司运营成本。这就要求，进行调查的主体只限于监事会，而不是每一位监事，且监事会只有在必要的时候才能行使本条规定的权力，同时在行使调查权时应尽量避免影响公司的日常经营管理工作。

第八十条　监事会可以要求董事、高级管理人员提交执行职务的报告。

董事、高级管理人员应当如实向监事会提供有关情况和资料，不得妨碍监事会或者监事行使职权。

【释义】　本条是关于董事、高级管理人员协助监事会工作的义务性规定。

监事会行使监督职权，需要赋予其相应的手段保障和物质保障等，否则，其监督职权就是空中楼阁、形同虚设。一些国家和地区对监事会可以采取的监督手段作了规定。例如，我国台湾地区“公司法”第218条规定，监察人应监督公司业务之执行，并得随时调查公司业务及财务状况，查核、抄录或复制簿册文件，并得请求董事会或经理人提出报告。监察人办理前项事务，得代表公司委托律师、会计师审核之。《韩国商法典》第412条规定，监事可以随时对董事要求提供关于营业的报告或者调查公司的业务和财产状况。

根据本法第78条和第189条的规定，监事会有权检查公司财务，监督董事、高级管理人员执行职务的行为并纠正损害公司利益的行为，对董事、高级管理人员提起诉讼等。行使这些职权的前提是监事会拥有知情权。为了确保监事会了解董事、高级管理人员执行公司职务的有关情况，正确有效地行使监督职权，从法律上规定董事、高级管理人员对监事会的说明报告义务是必要的。首先，监事会可以要求董事、高级管理人员提交执行职务的报告。其次，对董事、高级管理人员的配合义务也作了规定。要求董事、高级管理人员应当如实向监事会提供有关情况和资料，不得妨碍监事会或者监事行使职权。

第八十一条　监事会每年度至少召开一次会议，监事可以提议召开临时监事会会议。

监事会的议事方式和表决程序，除本法有规定的外，由公司章程规定。

监事会决议应当经全体监事的过半数通过。

监事会决议的表决，应当一人一票。

监事会应当对所议事项的决定作成会议记录，出席会议的监事应当在会议记录上签名。

【释义】　本条是关于监事会行使职权的规定。

监事会行使监督职权是通过召开监事会会议、形成监事会决议的形式来实现的。因此，法律有必要对监事会会议的相关程序和要求作出明确规定，以确保其有效行使监督职权。

一、关于监事会的会议召开次数

有限责任公司要求监事会每年度至少召开一次会议，股份有限公司相比来说要求更为严格，要求每6个月至少召开一次。公司章程不得作出少于此次数的规定。还赋予了监事提议召开临时监事会会议的权利，关于召开临时监事会会议的具体程序则可以由公司章程具体规范。

二、关于监事会的议事方式和表决程序

法律仅对监事会的最基本表决规则作了规定，要求应当经全体监事的过半数通过，表决应当一人一票，其他议事方式和表决程序，则交由公司章程规定。

三、关于监事会会议记录

监事会会议记录是公司的重要文件资料，既是确认监事是否依法履行监事义务的重要依据，也是在监事违反监督义务时追究其责任的重要证据资料。因此，本条对监事会会议记录作了明确规定和要求。监事会应当对所议事项的决定作成会议记录，并由出席会议的监事在会议记录上签名。

第八十二条　监事会行使职权所必需的费用，由公司承担。

【释义】 本条是关于监事会行使职权的费用保障的规定。

基于实践中公司的日常经营管理由董事会以及经理等人员负责,公司的财务大权也多由上述人员掌握。上述人员对监督自己的监事会可能持排斥态度,对监事会履行监督职责所需要的费用往往不愿意提供,或者以各种理由拖延支付。从而使监事会履行职责所需的费用得不到保障,影响监督作用的发挥。因此,本条专门强调,监事会行使职权所必需的费用,由公司承担。公司的董事、高级管理人员不得以任何理由拒绝或者拖延支付。

需要注意的是,本条规定的费用只限于监事会行使职权所必需的费用,除此之外的开支,公司不予承担。这是降低公司监督成本的需要,也是现代公司法的普遍规定。《日本公司法》第 388 条规定,当监事对其执行职务向公司提出请求预付费用等请求时,除如果能证明有关该请求的费用或债务对该监事执行职务非必要的情形外,公司是可以拒绝该请求的。

第八十三条　规模较小或者股东人数较少的有限责任公司,可以不设监事会,设一名监事,行使本法规定的监事会的职权;经全体股东一致同意,也可以不设监事。

【释义】 本条是关于简化监督机构设置的规定。

规模较小或者股东人数较少的有限责任公司,股权结构简单,利益比较集中,在机构设置上应当有更大的灵活性,以降低管理成本。因此,本条规定,这类有限责任公司可以不设监事会,由监事直接行使监督职权。

同时,本次修订公司法,进一步尊重公司、公司股东的自治权,优化、简化公司治理结构。一是将不设监事会的公司"设一至二名监事"修改为"设一名监事"。二是规定,经全体股东一致同意,也可以不设监事。实际上允许公司不设单独的监督机构,由股东会直接进行监督。

第四章　有限责任公司的股权转让

第八十四条　有限责任公司的股东之间可以相互转让其全部或者部分股权。

股东向股东以外的人转让股权的，应当将股权转让的数量、价格、支付方式和期限等事项书面通知其他股东，其他股东在同等条件下有优先购买权。股东自接到书面通知之日起三十日内未答复的，视为放弃优先购买权。两个以上股东行使优先购买权的，协商确定各自的购买比例；协商不成的，按照转让时各自的出资比例行使优先购买权。

公司章程对股权转让另有规定的，从其规定。

【释义】　本条是关于有限责任公司股东转让股权的规定。

通过转让股权获得投资收益是股东的重要权利，因此股权自由转让是公司法的基本原理。但是，有限责任公司具有较强的人合性特点，为了维持公司既有的股东结构，保持股东之间的紧密联系，确保公司能够稳定经营，公司法对股东向股东以外的人转让股权作了特别规定。对于股东之间的股权转让，由于没有新进入股东，不会破坏股东之间的信任，仅是改变现有出资比例，所以法律没有作出限制，股东之间可以相互转让全部或者部分股权。

股东向股东以外的人转让股权，会发生新股东进入公司的情况，而新股东与其他股东之间并不一定存在相互信任的关系。为了维持有限责任公司的人合属性，本条规定其他股东有优先购买权。修改前的公司法对股权对外转让采取“同意+优先购买权”双重限制模式。第一，股权对外转让，应当经其他股东过半数同意。其他股东半数以上不同意转让的，不同意的股东应当购买该转让的股权；不购买的，视为同意转让。第二，优先购买权。经其他股东同意对外转让后，同等条件下，其他股东有优先购买权。该规定存在以下问题：一是规则重复，股东对外转让股权程序繁琐、效率低。转让股东在转让股权时,需要发出两次通知(同意规则中的征求同意通知、优先购买规则中的同等条件通知),其他股东需要作出两次回应。二是优先购买权本身包含了是否同意转让股权的意思。其他股东主张优先购买权意味着不同意转让,放弃优先购买权也往往意味着同意转让。三是规则不够清晰。经股东同意转让的股权,在同等条件下,其他股东有优先购买权。法律没有明确“其他股东”是否包括同意对外转让股权的股东。司法实践中,认为“其他股东”也包括同意转让的股东,同意股权转让的股东也享有优先购买权。由于该规定中的程序复杂且不够清晰,实践中对该规定的适用也存在诸多不同理解,由此产生了大量纠纷。2023年公司法简化了股东对外转让股权的程序,即仅规定优先购买权规则,股东仅需向其他股东通知一次对外转让股权相关事项即可。

股东向股东以外的人转让股权的,应当向其他股东发出书面通知,通知中应当载明股权转让的数量、价格、支付方式和期限等事项。其他股东应当自接到书面通知之日起30日内作出是否行使优先购买权的答复。如果其他股东自接到书面通知之日起30日内没有答复,视为放弃优先购买权。如果有两个以上股东都行使优先购买权,可以进行协商,以确定谁购买多少股权;协商不成的,以转让时他们各自的出资比例行使优先购买权。

本条规定了股东转让股权的一般原则,同时赋予公司章程可以另行规定的权利,以体现股东的自治权。公司章程可以对股东对外转让股权在优先购买权基础上作出更严格的限制,但不得实质剥夺股东对外转让股权的权利。公司章程也可以排除优先购买权适用的规定。

第八十五条　人民法院依照法律规定的强制执行程序转让股东的股权时,应当通知公司及全体股东,其他股东在同等条件下有优先购买权。其他股东自人民法院通知之日起满二十日不行使优先购买权的,视为放弃优先购买权。

【释义】　本条是关于有限责任公司的股权强制转让的规定。

股权作为财产权,可以作为人民法院强制执行的标的。当债务人拒绝向债权人自动履行具有强制执行效力的已经生效的法院判决、裁定或法律规定由人民法院执行的其他法律文书所确认的债务时,其所拥有的公司股权可以作为强制执行的标的。但该强制执行必须按照法律规定的程序进行，在保障债权人利益的同时，也要保障其他股东的利益，尽量不对公司的正常运营产生太大影响。

在强制执行程序中，转让有限责任公司股东的股权时，为了既便于债权的执行又尽可能维护公司的人合性，本条规定人民法院应当通知公司及全体股东，并再次确认其他股东在同等条件下的优先购买权。通知公司是为了使其协助执行，通知其他股东是为了保障其他股东行使优先购买权。本条也规定了其他股东行使优先购买权的期限，即自人民法院通知之日起满 20 日，逾期不行使则视为放弃权利，以防止久拖不执，保障债权人的利益。该期限的起始日期应当理解为人民法院通知的送达日期。

第八十六条　股东转让股权的，应当书面通知公司，请求变更股东名册；需要办理变更登记的，并请求公司向公司登记机关办理变更登记。公司拒绝或者在合理期限内不予答复的，转让人、受让人可以依法向人民法院提起诉讼。

股权转让的，受让人自记载于股东名册时起可以向公司主张行使股东权利。

【释义】　本条是关于有限责任公司办理股权转让后的股东名册变更和公司登记事项的规定。

股东将其股权转让给现有股东的，股东之间可以直接就股权转让签订合同。对外转让股权的，首先需要通知其他股东，其他股东不行使优先购买权的，才能对外转让。此后，转让股权的股东才能与他人签订股权转让合同。本条规范就是针对股东与股东或者股东与股东以外的人签订股权转让合同，且合同成立生效后的程序。受让人受让股权的最终目的是取得股东资格，股东资格的获得还要依赖于公司对受让人股东身份的认可，只有受让人取得了股东资格，才可以向公司主张各种股东权利。因此，股东转让股权的，应当书面通知公司，请求变更股东名册。如果股东将其股权转让给公司现有股东，则仅涉及股东名册记载事项的变更，无须办理公司登记中的股东姓名变更。如果股东向现有股东以外的人转让股权，不仅涉及股东名册的变更，还需要办理股东姓名变更的公司登记。公司收到请求变更股东名册的通知后，应在合理期限内对文件的真实性进行形式审查,经确认股权转让和出资证明书的真实性后,销毁转让人的出资证明书,并为受让人颁发新的出资证明书,变更股东名册等。

公司收到股东请求变更股东姓名的书面请求后,发现股东转让股权违反法律、行政法规或者公司章程的,公司可以拒绝变更股东名册。例如股东转让股权没有履行公司法第 84 条第 2 款规定的通知其他股东的义务而侵害其优先购买权的,或者公司按照公司法第 84 条第 3 款的规定,在公司章程中对股权转让有特别规定,要求股权转让在特定情形下需要经过公司同意,而股权转让不符合公司章程的规定等。如果公司拒绝办理变更股东名册或者在合理期限内不予回复,转让人、受让人可以依法向人民法院提起诉讼。

本条特别规定了股权转让情形下,受让人自记载于股东名册时起可以向公司主张行使股东权利,也就是只有记载于股东名册后才发生股权变动的效果。股东作为公司的投资人、出资者,依法享有股东权利,如股东会上行使表决的权利、取得公司利润分配的权利等。股东可以凭出资证明书等文件主张行使自己的股东权利,也可以依据股东名册主张行使自己的股东权利。当出资证明书等的记载与股东名册的记载之间出现不一致时,应当以股东名册的记载为准。这就是股东名册的确定效力、推定效力,即实质上的权利人在尚未完成股东名册的登记或者名义变更前,不能对抗公司,只有在完成股东名册的登记或者名义变更后,才能成为对公司行使股东权利的人。

第八十七条　依照本法转让股权后,公司应当及时注销原股东的出资证明书,向新股东签发出资证明书,并相应修改公司章程和股东名册中有关股东及其出资额的记载。对公司章程的该项修改不需再由股东会表决。

【释义】 本条是关于股权转让后公司需履行的义务的规定。

股权转让与其他财产转让相比,除涉及当事双方外,还包括利润分配权、表决权等涉及公司的权利,因此在程序上还必须要公司的配合。公司应当履行两项程序性义务:一是注销原股东的出资证明书,向新股东签发新的出资证明书。出资证明书上记载了股东的姓名或者名称、认缴和实缴的出资额、出资方式和出资日期,股权转让后自然应当签发新的出资证明书。需要注意的是,受让股东的出资期限应当不超过转让股东剩余的出资期限。二是修改公司章程。根据公司法第46条的规定，公司章程应当载明股东姓名或者名称，股东的出资额、出资方式和出资日期，因此，需要相应地修改公司章程。需要注意的是，虽然修改公司章程是股东会的法定审议和特别表决事项，但是，考虑到股东之间已经就股权转让达成书面协议或同意、视为同意，本条规定对公司章程的该项修改不需再由股东会表决。三是修改股东名册。股东名册是股东向公司行使权利的重要依据，例如，分配利润、通知参加股东会会议等，都以在册股东为准。所以股权转让后需要相应地更改股东名册，以便受让人能行使相应的股东权利。

需要说明的是，由于各公司股权转让的情况各有差异，股权转让的具体交割时间与方式也可能不尽一致，故本条并未规定公司履行以上义务的时间限制。上述义务的履行应当在合理时间内及时完成。

第八十八条　股东转让已认缴出资但未届出资期限的股权的，由受让人承担缴纳该出资的义务；受让人未按期足额缴纳出资的，转让人对受让人未按期缴纳的出资承担补充责任。

未按照公司章程规定的出资日期缴纳出资或者作为出资的非货币财产的实际价额显著低于所认缴的出资额的股东转让股权的，转让人与受让人在出资不足的范围内承担连带责任；受让人不知道且不应当知道存在上述情形的，由转让人承担责任。

【释义】　本条是关于股权转让后转让人和受让人承担责任的规定。

一、未届出资期限股权转让后的责任承担

理论和实践中，股权转让普遍被视为一种权利转让，进而参照适用买卖合同的有关规定。股权转让产生权利义务概括转移或者股东资格与出资义务一并转移的法律效果，受让人继受转让人的全部权利义务，因此应当由受让人承担出资责任。但是，股权作为转让标的，不同于一般买卖合同的标的，不能仅简单适用合同法的一般规则。股东承担有限责任可能诱发其利用认缴期限和股权转让规避出资，转嫁经营风险。因此，转让人不能因为股权转让而一概免除其责任。

对于未届出资期限的股权转让，先由受让人承担缴纳出资的义务；受让人未按期足额缴纳出资的,转让人对受让人未按期缴纳的出资承担补充责任。补充责任是指在责任人的财产不足以承担其应负的民事责任时,由相关的人对不足部分予以补充的责任。该补充责任具有顺序性,首先由受让人承担出资责任,公司或者债权人不能未向受让人主张权利而直接要求转让人承担责任,另外只能根据转让顺序依次向前手转让人主张权利。至于转让人承担补充责任后能否追偿,应当按照转让人与受让人之间的约定处理;如果没有约定,原则上转让人承担出资责任后不能再向受让人追偿。

二、已届出资期限未足额缴纳出资和作为出资的非货币财产的实际价额显著低于所认缴的出资额的股权转让后的责任承担

对于未按期足额缴纳出资或者作为出资的非货币财产的实际价额显著低于所认缴的出资额的股东转让股权的,转让人与受让人对出资不足部分承担连带责任,但是受让人不知道且不应当知道的除外。

依照公司法的规定,股东出资额和出资时间是公司章程和出资证明书的记载事项,在股权转让过程中,受让人必然要对这些文件进行查阅,以对股权评估作价。因此,在实践中,对于已届出资期限而未缴纳出资的股权转让,受让人对转让人是否已经按期缴纳出资是知道或者应当知道的,对于这种情形,应当由转让人与受让人承担连带责任。对于非货币财产的实际价额显著低于所认缴的出资额的,受让人确实可能存在不知道且不应当知道的情况,对于这种情形,原则上由转让人与受让人承担连带责任,但是受让人不知道且不应当知道的,由转让人承担出资不足责任,受让人不承担责任。

第八十九条 有下列情形之一的,对股东会该项决议投反对票的股东可以请求公司按照合理的价格收购其股权:

(一)公司连续五年不向股东分配利润,而公司该五年连续盈利,并且符合本法规定的分配利润条件;

(二)公司合并、分立、转让主要财产;

(三)公司章程规定的营业期限届满或者章程规定的其他解散事由出现,股东会通过决议修改章程使公司存续。

自股东会决议作出之日起六十日内,股东与公司不能达成股权收购协议的,股东可以自股东会决议作出之日起九十日内向人民法院提起诉讼。

公司的控股股东滥用股东权利，严重损害公司或者其他股东利益的，其他股东有权请求公司按照合理的价格收购其股权。

公司因本条第一款、第三款规定的情形收购的本公司股权，应当在六个月内依法转让或者注销。

【释义】 本条是关于有限责任公司股东在特殊情况下可以请求公司回购其股权而退出公司的规定。

本条规定在特殊情况下，股东可以请求公司按照合理的价格收购其股权。公司收购股权是股东转让股权的一种特殊方式，但由于收购者是本公司，其性质就不单纯是股权的转让，而是股东撤回投资退出公司的行为。本条是在“资本多数决”的情况下，赋予中小股东或少数股东维护自身权益的救济措施的制度设计。当公司的控股股东或代表多数表决权的股东利用股东会决议的方式，客观上造成“绑架”或“裹挟”其他股东，使其合理期待的利益落空或者蒙受额外风险的威胁时，后者可以利用本条规定的救济措施，实现退出公司的目的。

实施本条规定有严格的条件限制，即有下列三种情形之一，并且股东会在该股东投反对票的情况下依然作出了有效的决议，该投反对票的股东才可以请求公司按照合理的价格收购其股权。这三种情形分别是：(1)公司连续5年不向股东分配利润，而公司该5年连续盈利，并且符合本法规定的分配利润条件。在该情形下，股东要求分配利润的主张是合法的，但持有公司多数表决权的其他股东却通过股东会决议的形式阻碍了前者分配利润的合理利益的实现。(2)公司合并、分立、转让主要财产。在该情形下，公司现有赖以开展生产经营活动的主要财产出现变化，未来的发展充满不确定性甚至可能产生风险；尽管股东会按照“资本多数决”原则形成了合法的决议，但与持有少数表决权的股东意愿相反，改变了其在设立公司时的合理利益期待，因此应允许其退出公司。(3)公司章程规定的营业期限届满或者章程规定的其他解散事由出现，股东会通过决议修改章程使公司存续。公司章程规定的营业期限届满或章程规定的其他解散事由出现时，公司本应解散，股东可以退出经营。但若持有公司多数表决权的其他股东通过股东会决议修改公司章程，决定公司存续，便与公司章程订立时股东的意愿产生了重大差异，故应允许对此决议投反对票的股东退出公司，不能要求持有少数表决权的股东违背自己意愿被迫面对公司继续经营的风险。

2023年公司法增加规定,公司的控股股东滥用股东权利,严重损害公司或者其他股东利益的,其他股东有权请求公司按照合理的价格收购其股权。实践中,控股股东滥用股东权利侵害小股东权益的情形很多,有些没有通过股东会决议的形式作出,因此利益受到损害的中小股东无法依照本条第1款的规定行使异议回购请求权。因此,公司法增加上述规定,为严重受侵害的股东提供退出公司的渠道。

作为保护中小股东合理利益的救济措施,为实现救济手段的可操作性,本条规定了股东要求公司收购其股权的协议期限,即自股东会决议作出之日起60日内。如果双方在该期限内不能达成股权收购协议,则本条赋予请求收购的股东向人民法院提起诉讼,以寻求司法救济的权利,起诉的法定期间为自股东会决议作出之日起90日内。此外,公司法还规定公司收购的本公司股权,应当在6个月内依法转让或者注销。

第九十条　自然人股东死亡后,其合法继承人可以继承股东资格;但是,公司章程另有规定的除外。

【释义】 本条是关于自然人股东死亡后股东资格继承的规定。

遗产继承是财产转让的合法形式之一。根据民法典的规定,遗产是自然人死亡时遗留的个人合法财产;而股权就其本质属性来说,既包括股东的财产权,也包括基于财产权产生的身份权即股东资格。该身份权体现为股东可以就公司的事务行使表决权等有关参与公司决策的权利。就股权所具有的财产权属性而言,其作为遗产被继承是符合我国现行法律规定的。

自然人股东的合法继承人可以继承股东资格。这样规定是考虑到股东身份即股东资格是基于股东的财产权而产生的,一般来说,身份权应当随财产权一同转让;同时,这样规定也考虑到被继承人作为公司的股东,曾对公司作出过贡献,其死亡后如无遗嘱另作安排,由其法定继承人继承其股东资格有合理性,也符合我国传统。国外一些国家的公司法也明确了股份可以继承的基本原则。如法国规定公司股份通过继承方式自由转移;德国规定股份可以出让和继承。

允许公司章程另行规定股东资格继承办法,主要是考虑到有限责任公司具有人合性,股东之间的合作是基于相互间的信任。自然人股东死亡后,其继承人毕竟已不是原股东本人,股权实质上发生了转让。尤其是合作是基于对原股东的信赖时,一旦股东去世,这些基础也就不复存在。在此情况下,其他股东对原股东的信任以及合作基础并不能自然转移,不一定愿意继承人加入,可能造成股东之间的纠纷,甚至形成公司僵局。为此,从实际出发,应当允许公司章程规定股东认为切实可行的办法,解决股东资格继承问题。比如,规定当股东不同意某人继承已死亡的股东的资格时,可以采用股权转让的办法处理股权继承问题等。国外也有类似的规定,比如,《法国商法典》虽然规定股份继承是一般原则,但同时规定,"章程可以规定,继承人只有在按照章程规定的条件获得同意后,才可成为股东";《德国股份法》规定股份可以继承,也允许死亡股东的财产执行人或管理人请求公司购买其股份,同时不禁止制定有关股东死亡后股份购买事宜的任何协议。

从我国目前的公司实践看,有关继承权的纠纷呈上升趋势。为避免纠纷,股东在制定章程时应充分考虑股权的继承问题,事先约定继承办法。应当注意的是,公司章程只能限制继承人继承股东资格,不得违反继承法的基本原则,剥夺继承人获得与股权价值相适应的财产对价的权利。公司章程对股东资格继承的限制,也只能以合理为标准。这里所说的合理,应当体现为公司利益、其他股东利益、死亡股东生前的意愿及其继承人的利益之间的协调与平衡。至于公司章程中未约定继承办法的,应当按照本条规定的一般原则由继承人继承死亡股东的股东资格。

第五章　股份有限公司的设立和组织机构

第一节　设　　立

第九十一条　设立股份有限公司,可以采取发起设立或者募集设立的方式。

发起设立,是指由发起人认购设立公司时应发行的全部股份而设立公司。

募集设立,是指由发起人认购设立公司时应发行股份的一部分,其余股份向特定对象募集或者向社会公开募集而设立公司。

【释义】　本条是关于股份有限公司的设立方式的规定。

根据股份有限公司在设立时是否向发起人以外的其他对象发行股份,本条将股份有限公司的设立分为发起设立和募集设立两种方式。

一、发起设立

发起设立是指由发起人认购设立公司时应发行的全部股份而设立公司。也就是说,以发起设立的方式设立股份有限公司的,在设立时应发行的股份全部由该公司的发起人认购,而不向发起人之外的任何社会公众发行股份。在公司发行新股之前,其全部股份都由发起人持有,公司的全部股东都是设立公司的发起人,因而在此阶段,发起设立的股份有限公司具有一定的闭锁性。

二、募集设立

募集设立是指由发起人认购设立公司时应发行股份的一部分,其余股份向特定对象募集或者向社会公开募集而设立公司。也就是说,以募集设立方式设立股份有限公司的,在公司设立时,认购公司应发行股份的不仅有发起人,还有发起人以外的其他对象。募集设立充分体现了股份有限公司的资合性。

两种方式比较而言,发起设立不向发起人之外的任何他人募集股份,因而设立程序比较简便,但其筹资渠道较窄,对发起人的资金实力要求较高;募集设立筹资渠道广泛,能够较大程度缓解发起人的出资压力,但由于其涉及发起人以外的社会公众或者其他特定对象,为保护广大投资者利益,法律对其规定的设立程序更为严格。

第九十二条　设立股份有限公司,应当有一人以上二百人以下为发起人,其中应当有半数以上的发起人在中华人民共和国境内有住所。

【释义】　本条是关于股份有限公司发起人的人数及其资格的规定。

一、发起人的人数

根据本条的规定,在我国设立股份有限公司,发起人人数的最低限额是1人,最高限额是200人。2005年公司法修改时,将股份有限公司发起人最低数额要求由5人降低为2人,2023年公司法修改将股份有限公司发起人最低数额的要求由2人降低至1人,进一步降低了对发起人人数的限制要求。允许1人作为发起人设立股份有限公司,有利于鼓励和引导社会资金投向经济领域,促进市场经济的发展。

二、发起人的资格

股份有限公司发起人的行为,往往直接关系到认股人、公司及其债权人的利益,关系到交易安全和社会经济秩序稳定,因而各国对发起人资格一般作出了一定的要求,例如对其身份、国籍、住所或者本国居住年限等进行一定限制。本条未对我国股份有限公司发起人的国籍作限制,而是对发起人住所提出了要求。发起人中必须有半数以上在中国境内有住所,以便有一定数量的人能够具体办理设立股份有限公司的各种手续,也便于国家对发起人进行监督管理,防止发起人利用设立股份有限公司损害广大社会公众的利益。

对于发起人住所是否在我国境内,应当针对不同类型的民事主体结合民法典的相应规定进行判断。民法典第25条规定:“自然人以户籍登记或者其他有效身份登记记载的居所为住所;经常居所与住所不一致的,经常居所视为住所。"第 63 条规定:"法人以其主要办事机构所在地为住所。依法需要办理法人登记的,应当将主要办事机构所在地登记为住所。"根据民法典第 108 条的规定,非法人组织的住所参照适用法人住所相关规定进行判断。

第九十三条　股份有限公司发起人承担公司筹办事务。

发起人应当签订发起人协议,明确各自在公司设立过程中的权利和义务。

【释义】 本条是关于发起人承担公司筹办事务和应当签订发起人协议的规定。

一、发起人承担公司筹办事务

本条规定了在股份有限公司设立阶段,发起人具有承担各项公司筹办事务的义务。公司的设立是公司成立前的一个特殊阶段,此时设立中的公司并未取得法人资格,需要进行一系列积极的筹办行为,从而使公司得以顺利设立,脱胎成为独立法人。承担筹办行为的义务人为股份有限公司的发起人,各发起人可以亲自参与筹办事务,也可以授权其他发起人实际经办具体筹办事务。

具体而言,筹办事务包括制订公司章程、制作认股书等材料、递交申请文件、召集主持公司成立大会等,有些股份有限公司还需要进行一些开业准备行为,如建造厂房、购买生产材料等。股份有限公司发起人在此筹办阶段,为设立公司进行的民事活动,如签订买卖合同等,其法律后果应当根据本法第 107 条及第 44 条的相关规定处理。

二、发起人应当签订发起人协议

发起人协议,是指公司发起人之间签订的,明确规定各个发起人在公司设立过程中的权利和义务的协议,其目的与作用在于促使股份有限公司顺利设立,预防各发起人在设立过程中因权责不明发生纠纷。

发起人协议一般应约定各发起人认购的股份数及出资方式、不按约定出资的违约责任、发起人在公司设立过程中承担何种具体事务、各自有何种权利、公司设立失败时责任的分担等事项,其中尤为重要的内容是明确各股东的具体出资数额、形式、期限等以及各股东获得的相应股权比例。发起人协议属于发起人之间合法有效的约定,受合同法保护。发起人协议中的部分内容后续可能会被公司章程吸收,但两者在法律效力范围上有所不同。公司章程对公司、股东(包括发起人和后续加入的股东)、董事、高级管理人员等均具有约束作用;发起人协议则因合同相对性原则仅调整发起人之间的法律关系,在发起人之间具有法律约束力。如有发起人违反协议中的有关约定,其他发起人可以根据发起人协议提起民事诉讼,要求其承担相应的违约责任。

发起人为1人的股份有限公司在设立阶段由该发起人承担全部公司筹办事务,因而无须签订发起人协议。

第九十四条　设立股份有限公司,应当由发起人共同制订公司章程。

【释义】　本条是关于股份有限公司章程制订的规定。

公司章程是公司组织和活动的基本准则,本法第5条将其规定为设立公司的必备性文件,其重要意义在于赋予公司的投资者在法律规定的范围内按照自身意愿管理公司、进行商业活动的自由权利,同时对公司、股东、董事、监事、高级管理人员均具有约束力。

设立股份有限公司的过程中,制订公司章程的主体为公司发起人,全体发起人应当协商一致制订公司章程。对于以募集方式设立的股份有限公司,除发起人外还有其他认股人参与认购公司股份,发起人制订的公司章程并不一定能够反映公司所有投资者特别是认股人的意志。因此发起人制订的公司章程(实为草案)还必须按照本法第104条的规定,经有其他认股人参加的公司成立大会通过后方为有效。

第九十五条　股份有限公司章程应当载明下列事项:

(一)公司名称和住所;

(二)公司经营范围;

(三)公司设立方式;

(四)公司注册资本、已发行的股份数和设立时发行的股份数,面额股的每股金额;

（五）发行类别股的，每一类别股的股份数及其权利和义务；
（六）发起人的姓名或者名称、认购的股份数、出资方式；
（七）董事会的组成、职权和议事规则；
（八）公司法定代表人的产生、变更办法；
（九）监事会的组成、职权和议事规则；
（十）公司利润分配办法；
（十一）公司的解散事由与清算办法；
（十二）公司的通知和公告办法；
（十三）股东会认为需要规定的其他事项。

【释义】 本条是关于股份有限公司章程内容的规定。

股份有限公司的章程是指记载有关公司组织和行动基本规则的文件，它对公司、股东、董事、监事、高级管理人员都有约束力。公司章程所记载的事项可以分为必要记载事项和任意记载事项，其中，必要记载事项系根据法律规定在公司章程中必须载明的事项，任意记载事项系由公司自行决定是否载入章程的事项。本条第1项至12项为股份有限公司章程必备事项，第13项为任意事项。

1. 公司名称和住所。公司名称，是指公司用来代表自己以区别于其他公司的文字符号。股份有限公司应当在章程记载的公司名称中标明股份有限公司或者股份公司字样。同时，依照《企业名称登记管理规定》，企业名称应当由行政区划名称、字号、行业或者经营特点、组织形式组成。

公司住所是公司法律关系的中心地，本法第8条规定，公司以其主要办事机构所在地为住所。公司章程应当规定公司住所，其法律意义在于据以确定诉讼管辖、受送达的处所、债务履行处所、公司登记机关等。

2. 公司经营范围。公司经营范围是公司可以从事哪些经营活动的界限，反映公司进行业务活动的内容和生产经营方向。在公司章程中载明经营范围，使公司明确划定其开展业务活动的界限，有利于市场监管部门等政府部门对公司经营活动进行监管，也便于投资者明确公司的投资方向。

3. 公司设立方式。股份有限公司可以选择发起设立或募集设立，其设立方式不仅关系到公司在设立时是否向社会公众募集股份，而且关系到公司的设立过程须完成何种程序。因此，公司章程中应当载明公司设立方式。

4. 公司注册资本、已发行的股份数和设立时发行的股份数，面额股的每股金额。本法第 96 条规定，股份有限公司的注册资本为在公司登记机关登记的已发行股份的股本总额，公司章程应当对其进行载明。

由于 2023 年公司法修改对于股份有限公司引入了授权资本制，股份有限公司设立时发行一定股份数后，还可以由股东会决议或者授权董事会在此后分次发行股份。因此，公司章程中还需载明设立时发行的股份数，以明确设立时须由发起人及认股人首次认购的股份数量。同时，已发行股份数是计算股东表决权、公司注册资本、公司章程或股东会可以授权董事会发行的股份数等重要事项的基础，因此，公司章程中应当载明截至当前公司已发行的股份总数。需要注意的是，公司章程或者股东会依照本法第 152 条授权董事会发行但尚未实际发行的股份，不计入注册资本。

根据券面是否记载金额，公司股份可分为面额股和无面额股。发行面额股的，公司章程中应当记载每股金额，即每一股所代表的资本数额，每一股为多少元。

本项要求的四个公司章程记载事项，目的均是使公司登记机关和社会公众能够准确地了解公司情况，以便其在知道真实信息的基础上作出判断，进行有关的行为。

5. 发行类别股的，每一类别股的股份数及其权利和义务。2023 年公司法修改后，明确规定股份有限公司可以发行与普通股权利不同的类别股。不同类别股的权利有可能优先于普通股，亦有可能劣后于普通股，或受到比普通股更多的限制。为使投资者明确知悉公司股份构成情况，公司章程中应当载明类别股股东的股份数。类别股股东的权利及义务，主要包括类别股分配利润或者剩余财产的顺序、类别股的表决权数、类别股的转让限制等。此外，由于类别股可能优于普通股权利，为保护普通投资者利益，根据本法第 145 条的规定，发行类别股的，股份有限公司章程中还应载明保护中小股东权益的措施。

6. 发起人的姓名或者名称、认购的股份数、出资方式。发起人的姓名或者名称是指自然人发起人的姓名、法人发起人的名称。发起人认购的股份数是指每一个发起人所认购的股份的具体数额。发起人的出资方式是指每一个发起人是用货币出资，还是用实物、知识产权、土地使用权等非货币财产出资。要求公司章程载明发起人的姓名或者名称、认购的股份数、出资方式，目的是让社会公众及其他与公司发生关系的民事主体了解发起人的情况,进而对公司有一个比较正确的判断,使社会公众及其他民事主体的合法权益能够得到保障。

2023 年公司法修改删去了公司章程应当记载发起人出资时间的要求,这是因为引入授权资本制后,发起人需要投入的初始成本较低,无须再分期缴纳。根据本法第 98 条的规定,发起人应当在股份有限公司成立前即按照其认购的股份全额缴纳股款,因此公司章程无须再对出资时间进行记载。

7. 董事会的组成、职权和议事规则。董事会是公司的经营决策和业务执行机关,在公司管理、生产经营活动中起着极为重要的作用,因此,公司章程应当对董事会的组成、职权和议事规则进行明确规定。董事会的组成是指董事会成员的数量及人员。根据本法规定,董事会成员为 3 人以上。公司章程中既可以具体记载董事会组成人员姓名,也可以为避免章程频繁变更,只明确董事会由哪些人员组成,是否包含职工代表等。同时,根据本法第 121 条的规定,股份有限公司可以在公司章程中规定董事会下设审计委员会及其他委员会,相关内容也应在公司章程中进行载明。董事会的职权是指董事会行使的具体职权。根据本法规定,股份有限公司董事会除行使召集股东会会议等法定职权外,还可以根据公司章程的规定行使其他职权,如发行公司股份等。董事会的议事规则是指董事会召集、举行会议以及作出决议应当遵守的准则。根据本法规定,董事会决议的表决应当经全体董事的过半数通过,并应当一人一票。公司章程中可以对董事会及其下设委员会的表决规则进行更加具体的规定。

8. 公司法定代表人的产生、变更办法。公司法定代表人是指对外代表公司行使职权的具体人员。根据本法规定,公司法定代表人可以由代表公司执行公司事务的董事或者经理担任,其具体产生及变更方式、程序,则交由公司意思自治。

9. 监事会的组成、职权和议事规则。监事会的组成是指监事会成员的数量及人员。根据本法规定,股份有限公司监事会成员为 3 人以上,并应当包括适当比例的公司职工代表,公司章程中应当对职工监事的比例进行规定,且不得低于监事会成员的 1/3。监事会的职权是指监事会行使的具体职权。监事会的议事规则是指监事会召集、举行会议以及作出决议应当遵守的准则。监事会是公司的监督机构,公司在监事会的监督下可以更有效地运转,有利于达到设立公司所要达到的经济目的。2023 年公司法修订优化了公司组织机构设置,允许股份有限公司选择单层治理模式,即根据本法第 121 条的规定选择只设立董事会及其下设的审计委员会,不设监事会。因此,在公司章程中应当载明公司是否设置监事会,设置监事会的,应当在公司章程中载明监事会的有关情况。

10. 公司利润分配办法。公司利润分配办法是指公司对其弥补亏损和提取公积金后所余利润,具体如何进行分配。根据本法第 210 条的规定,公司弥补亏损和提取公积金后所余税后利润,股份有限公司股东既可以根据持有的股份比例分配利润,也可以由公司章程规定按其他办法进行分配。股东购买公司的股份,其目的是要获取利润,而公司利润分配办法直接关系到股东如何才能得到利润以及能够得到多少利润;所以,公司章程应当对公司利润分配办法作出规定。

11. 公司的解散事由与清算办法。公司的解散事由是指可以导致公司解散的事件、情况。公司的清算办法是指公司在解散后,具体如何进行清算。公司的解散事由与清算办法涉及公司的消灭,对公司来说是一项非常重要的事项,因此,应当在公司章程中予以载明。

12. 公司的通知和公告办法。公司的通知和公告办法是指公司进行通知和公告的具体方式,如邮寄、专程送达、在某一份报纸或者杂志上予以登载等。公司的通知和公告办法关系到公司的股东、债权人等能否及时得到公司的有关信息,并据以做出行为;所以,公司的通知和公告办法应当在公司章程中予以载明。

13. 股东会认为需要规定的其他事项。除上述必要记载事项外,公司股东会根据公司具体情况,认为还需要在公司章程中对一定事项进行记载的,根据意思自治原则,可以在章程中载明。

第九十六条　股份有限公司的注册资本为在公司登记机关登记的已发行股份的股本总额。在发起人认购的股份缴足前,不得向他人募集股份。

法律、行政法规以及国务院决定对股份有限公司注册资本最低限额另有规定的,从其规定。

【释义】 本条是关于股份有限公司注册资本的规定。

一、股份有限公司的注册资本

股份有限公司是典型的资合公司,股东以其认购的股份为限对公司承担有限责任,公司以其全部财产对公司的债务承担责任。因此,公司本身的财产不仅是公司赖以经营的物质条件,而且是公司债权人利益的担保。确定和维持公司一定数额的资本,并公之于众,使他人了解和掌握公司的信用状况,对于保护债权人的利益和社会交易的安全稳定具有十分重要的意义。

本次修改前,对发起设立和募集设立的股份有限公司的注册资本进行了不同的规定。由于2023年公司法修改引入了授权资本制,公司设立时即首次发行股份时,发起人可以选择只发行少数股份,因而无论发起设立还是募集设立,发起人均可以根据公司需求和自身实际投入较低的初始成本,均没有必要对注册资本进行分期缴纳,故不再对两者的注册资本分别规定。

授权资本制下,股份有限公司增加注册资本的灵活性进一步提升。为客观反映当下公司的资本状况,本法将股份有限公司的注册资本规定为在公司登记机关登记的已发行股份的股本总额。对于发行面额股的公司而言,股本总额为每股金额乘以公司实际已发行股份数,也即实收资本;对于发行无面额股的公司而言,股本总额为发行无面额股所得价款中计入注册资本的部分。对于公司章程或者股东会依照本法第152条授权董事会发行但尚未实际发行的股份,不计入注册资本。

二、在依法缴足认购股份前不得向他人募集股份

股份有限公司发起人尚未缴足认购股份时就允许其向他人募集股份,可能导致一些人利用这一途径进行投机活动,损害其他投资者的利益。因此本条规定,无论是发起设立还是募集设立的股份有限公司,发起人均应按其认购的股份全额缴纳股款,禁止其在足额缴纳股款前向他人募集股份。

三、特定股份有限公司的注册资本必须达到法定资本的最低限额

从事经营活动的企业组织,应当具备基本的责任能力,能够承担与其经营活动相适应的财产义务,这是对民商法权利义务相一致、利益与风险相一致的原则的反映。本法对股份有限公司的注册资本未作出最低限额的要求,然而,对于特定行业的股份有限公司,根据其自身性质需要其确保具有充盈的注册资本以保护债权人利益。例如,证券法对从事不同种类证券业务的证券公司分别规定了不同的注册资本最低限额,商业银行法对全国性和地方性商业银行的注册资本的最低限额亦分别作出了要求。根据特别法优于一般法的规定,如其他法律、行政法规对特定股份有限公司的注册资本的最低限额作出要求,应当遵从其规定。

第九十七条　以发起设立方式设立股份有限公司的,发起人应当认足公司章程规定的公司设立时应发行的股份。

以募集设立方式设立股份有限公司的,发起人认购的股份不得少于公司章程规定的公司设立时应发行股份总数的百分之三十五;但是,法律、行政法规另有规定的,从其规定。

【释义】　本条是关于股份有限公司设立时发起人所应认购的股份数的最低限额的规定。

一、发起设立

以发起设立方式设立股份有限公司,在设立时不面向发起人之外的其他对象募集股份,因此,就发起人整体而言,全体发起人应当认购公司设立时应发行的全部股份;对于每个发起人而言,就是公司章程规定由其认购的股份,由其承诺予以全部购买。否则,就会因发起人承诺购买股份的总和小于公司设立时应发行的全部股份数,而无法实现发起设立公司的意图。

二、募集设立

以募集方式设立的股份有限公司的经济能力来自发起人和其他股东的出资,如果发起人出资比例过低,那么其对股份有限公司承担的责任可能极小。为保证公司顺利成立和正常运营,防止发起人假借设立公司骗取创设利润,损害其他投资者的利益,本条规定了以募集方式设立股份有限公司时发起人认购股份的法定最低限额,以防止发起人只象征性地认购极少股份,完全凭借他人资本开办公司而自己不承担财产责任的投机行为。对于全体发起人而言,认购的股份总和不得少于公司章程规定的公司设立时应发行股份总数的35%；对于每个发起人而言，则无单独的法定最低限额要求，但每个发起人均应承诺购买公司章程规定的由其认购的股份。此外，如果其他法律、行政法规根据其调整的社会关系的不同，规定了不同于本条规定的发起人最低认购比例，则应当按照其他法律、行政法规的规定执行。

第九十八条　发起人应当在公司成立前按照其认购的股份全额缴纳股款。

发起人的出资，适用本法第四十八条、第四十九条第二款关于有限责任公司股东出资的规定。

【释义】　本条是关于发起人出资的规定。

一、关于出资方式

2023年公司法在股份有限公司中引入授权资本制，即股份有限公司设立时只需发行部分股份，公司章程或者股东会可以作出授权，由董事会根据公司运营的实际需要决定发行剩余股份。与认缴资本制相比，授权资本制有三个方面的优势：一是在授权资本制下，公司在登记机关登记实收资本总额，更能反映公司资本情况。二是在授权资本制下，公司成立后可以由董事会根据需要随时增加资本，不必修改公司章程，也不必受认缴资本制下股东约定的缴纳出资时间的限制，股份的发行对象也不限于现有股东，因此可以节约公司运营成本。三是由于认缴资本制下，公司股东的出资义务在公司成立时即已确定，届至缴纳出资期限时，股东可能会因各种事由不履行其出资义务，容易引发纠纷和诉讼。

因此，2023年公司法对股份有限公司的出资作了与之相适应的配套出资制度的修订。授权资本制的本质在于根据经营情况，需要多少资金就发行多少股份，因此需要股东在认缴后即实际全额缴足，以适应公司经营的需要。因此，2023年公司法对发起人的出资，要求在公司成立前就应按照其认购的股份全额缴纳股款。

二、关于出资形式

股份有限公司的出资方式与有限责任公司的出资方式一致，即股东可以用货币出资,也可以用实物、知识产权、土地使用权、股权、债权等可以用货币估价并可以依法转让的非货币财产作价出资;但是,法律、行政法规规定不得作为出资的财产除外。2023 年公司法结合地方实践,新增了股权、债权这一出资方式,以丰富出资方式,促进投资。

三、关于评估作价的要求

对作为出资的非货币财产应当评估作价,核实财产,不得高估或者低估作价。法律、行政法规对评估作价有规定的,从其规定。比如,以国有资产出资的,应当遵守有关国有资产评估的规定。

四、关于办理财产权转让的要求

股东以货币出资的,应当将货币出资足额存入股份有限公司在银行开设的账户;以非货币财产出资的,应当依法办理其财产权的转移手续。股东交付实物出资,属于动产的,应当移交实物;属于不动产的,应当办理所有权或者使用权转让的登记手续。股东以知识产权出资的,应当向公司提交该项知识产权的技术文件资料和权属文件。股东以土地使用权出资的,应当依法办理土地使用权转让登记。股东转让债权的,应当通知债务人。

需要注意的是,认股人的出资也应遵守本条第 2 款关于出资的要求。

第九十九条　发起人不按照其认购的股份缴纳股款,或者作为出资的非货币财产的实际价额显著低于所认购的股份的,其他发起人与该发起人在出资不足的范围内承担连带责任。

【释义】　本条是关于股份有限公司发起人违反出资义务时责任承担的规定。

本法规定,发起人认购的股份缴足前,不得向他人募集股份,且发起人应当在股份有限公司成立前按照其认购的股份全额缴纳股款。但是,由于发起人是筹办公司设立事务的人,其可能利用筹办之便,不及时足额缴纳其出资,或者将其作为出资的非货币财产高估。这就必然会减少公司的实有财产,损害公司及其他认股人的利益,也会使债权人的利益难以得到保证。为了防止这种情况发生,确保公司资本充实,本条规定了发起人违反出资义务的情形及相应的责任承担规则。

一、发起人不按照其认购的股份缴纳股款

股份有限公司章程中载明了各发起人认购的股份数及相应的出资方式。对于发起人而言,对其出资的要求包括按照认购的股份数额、出资方式和出资时间出资。只有三者同时满足,方为履行了出资义务。

一方面,按照行为方式的不同,发起人不按照其认购的股份缴纳股款,既包括完全不履行出资义务,也包括未完全履行出资义务。完全不履行出资义务是指股东根本未出资,包括拒绝出资、虚假出资等。未完全履行出资义务是指股东仅履行了部分出资义务,未按照自己认购的全部股份数足额缴纳股款。

另一方面,按照出资形式的不同,发起人未按照认购的股份缴纳股款,既包括未足额缴纳其作为出资的货币,也包括未依法办理其作为出资的实物、知识产权、土地使用权等非货币财产的财产权转移手续。

二、作为出资的非货币财产的实际价额显著低于所认购的股份

对于非货币财产出资,发起人违反出资义务的另一种形态为出资不实。本法规定,对作为出资的非货币财产应当评估作价,核实财产,不得高估或者低估作价。但是,实践中可能会因为资产评估机构的过失,或者发起人与资产评估机构的故意,使对发起人作为出资的非货币财产的评估结果大大高于其实际价值。对于该非货币财产的实际价额与公司章程规定的价额之间的差额,交付该出资的发起人应当补足,将这一差额足额交付公司。

值得注意的是,本条非货币财产出资不实的情况仅针对股东出资时该财产的实际价值与公司章程中确定的发起人认购股份数对价不符的情况。对于发起人出资时财产实际价款与公司章程所定价额无差别,而后因出资时无法预见的客观因素(如不可抗力、市场规律导致的价格下跌、意外事故等)造成的非货币财产贬损,不应认定为发起人出资不实。

三、发起人违反出资义务时其他发起人承担连带责任

在公司设立的过程中,各发起人之间为设立公司而订立发起人协议,其内部形成的关系实则为合伙关系。从设立中公司与发起人的关系来看,发起

人作为一个整体属于设立中公司的机关。因此,本法规定了发起人对公司负有资本充实责任,即各发起人面向公司互负担保履行出资义务的民事责任,当某个发起人违反出资义务导致公司资本不能按照章程规定缴足时,其他发起人对其出资不足部分承担连带的缴足义务。

本条规定的发起人资本充实责任有以下几个特点:第一,该责任的主体仅限于发起人,不包括认股人或公司成立后通过转让等方式继受取得股份的其他股东。这是由于发起人对彼此出资承担连带缴足义务的理论基础为其在公司设立过程中形成的合伙关系。第二,发起人的资本充实责任为法定责任,发起人协议、公司章程或股东会决议不能另行约定将其免除。第三,其他发起人与违反出资义务的发起人在其出资不足范围内承担连带的缴足义务,该责任为连带责任、无过错责任。但是,其他发起人先行缴足后,可以向违反出资义务的发起人进行追偿。第四,其他发起人仅就股份有限公司成立时某发起人出资不足的部分承担连带责任。根据本法第 98 条的规定,股份有限公司发起人的出资义务应当于公司成立前全额履行,而公司成立前各发起人为设立公司形成合伙关系,发起人对公司成立前这一阶段的出资义务互负连带责任。该合伙关系在公司成立后转为普通股东间的关系,因此发起人间互负的资本充实责任不适用于公司成立后发起人在增资等情况下未履行出资义务的情况。

第一百条　发起人向社会公开募集股份,应当公告招股说明书,并制作认股书。认股书应当载明本法第一百五十四条第二款、第三款所列事项,由认股人填写认购的股份数、金额、住所,并签名或者盖章。认股人应当按照所认购股份足额缴纳股款。

【释义】　本条是关于向社会公开募集股份时的必备文件的规定。

一、向社会公开募集股份的发起人必须公告招股说明书

招股说明书是指专门表达募集股份的意思并载明有关信息的书面文件,是股票公开发行的核心法律文件。股份有限公司发起人向社会公开募集股份,必须按法律和相关规定编制并公告招股说明书,这既是履行设立中公司的信息披露义务,也是向社会公众发送要约邀请,以达到吸引社会公众认购股份的目的,同时使社会公众了解拟设立公司的真实情况,为相关投资者作出价值判断和投资决策提供充分且必要的信息。

对于招股说明书的内容,公司法第 154 条对其必备事项作出了规定,主要包括发行的股份总数、募集资金的用途等基本事项;证券法及中国证监会相关部门规章则对招股说明书的内容与格式进行了更加详细的规定。

对于招股说明书的公告方式,公司法未作明确要求,应当满足证券法及中国证监会相关部门规章的相关规定要求。如证券法第 23 条第 1 款规定:“证券发行申请经注册后,发行人应当依照法律、行政法规的规定,在证券公开发行前公告公开发行募集文件,并将该文件置备于指定场所供公众查阅。”中国证监会《公开发行证券的公司信息披露内容与格式准则第 57 号——招股说明书》第 14 条第 1 款和第 2 款规定:“发行人发行股票前应在交易所网站和符合中国证监会规定条件的报刊依法开办的网站全文刊登招股说明书,同时在符合中国证监会规定条件的报刊刊登提示性公告,告知投资者网上刊登地址及获取文件途径。发行人可以将招股说明书以及有关附件刊登于其他网站,但披露内容应完全一致,且不得早于在交易所网站、符合中国证监会规定条件的网站的披露时间。”

二、发起人应当制作认股书

为了便于社会公众认购所发行的股份,发起人还应当制作认股书。根据公司法第 100 条及第 154 条的规定,募集设立股份有限公司时的认股书内容应当包括:发行的股份总数;面额股的票面金额和发行价格或者无面额股的发行价格;募集资金的用途;认股人的权利和义务;股份种类及其权利和义务;本次募股的起止日期及逾期未募足时认股人可以撤回所认股份的说明;发起人认购的股份数。

发起人依法制作认股书后,认股人应当在认股书上填写所认购股数、金额、自己的住所,并在认股书上签名、盖章。发起人制作并公告招股说明书的行为系向公众发送要约邀请,认股人填写认股书的行为则构成一项要约,即向发起人作出愿意同其订立认股合同的意思表示,发起人对此表示承诺后,认股合同即告成立。在超额认购时,各认股人的总认购数量可能超过拟公开发行的股份总数,从而可能不能完全满足认股人填写的认购股数。发生超额认购时,一般可以通过抽签、按比例配售等方式分配认购股数。

三、认股人按照所认购股份缴纳股款

认股合同成立后,认股人应当按照认购股份数及时足额缴纳股款,否则构成违约。公司发起人应当通知该认股人在合理期限内缴纳股款。如果催告期满认股人仍未缴纳,可以视为其放弃认股权,认股合同解除。为使公司能够募足应发行股份并得以顺利设立,应当允许发起人就该部分股份另行募集。

第一百零一条　向社会公开募集股份的股款缴足后,应当经依法设立的验资机构验资并出具证明。

【释义】 本条是关于公开募集股份的股款缴足后应当依法验资的规定。

发起人向社会公开募集的股份已全部发售完毕的,在所有的股款都已经缴纳到代收股款的银行后,存入银行的发起人和其他认股人缴纳的股款,必须经法定的验资机构验资并出具验资情况的证明,以保证公司资本的足额、真实、合法,防止虚假出资。对于依法设立的验资机构,注册会计师法规定了注册会计师承办的审计业务范围包括"验证企业资本,出具验资报告",且注册会计师承办业务,由其所在的会计师事务所统一受理并承担民事责任,因此会计师事务所属于法定验资机构。

第一百零二条　股份有限公司应当制作股东名册并置备于公司。股东名册应当记载下列事项:

(一)股东的姓名或者名称及住所;

(二)各股东所认购的股份种类及股份数;

(三)发行纸面形式的股票的,股票的编号;

(四)各股东取得股份的日期。

【释义】 本条是关于股份有限公司股东名册的规定。

股东名册,是指股份有限公司置备的记载股东姓名或者名称以及持股种类和数量等情况的簿册。股份有限公司应当置备股东名册,置备股东名册的

意义在于:可以使公司根据股东名册的记载,了解本公司股东的情况以及股权分布情况,方便公司的运营,同时使公司可以根据股东名册的记载向股东办理派息分红和进行各项通知事宜,如召开股东会的通知等。

根据本条的规定,股东名册应当记载的事项为:

1. 股东的姓名或者名称及住所。根据股东为自然人、法人或非法人组织的不同,股东名册上应相应地登记股东的姓名或名称,并载明其住所,以便未来通知股东参加股东会会议或者将有关文件送达股东。

2. 各股东所认购的股份种类及股份数。2023 年公司法修改后,明确规定股份有限公司可以发行与普通股权利不同的类别股,不同类别股根据公司章程的规定可能有不同的权利及义务。因此,股东名册中应载明股东所认购股份系普通股还是类别股,以及相应股份数,以便明确股东享有的权利及义务。

3. 发行纸面形式的股票的,股票的编号。纸面形式的股票上印有编号,股东名册应当记载股东持有的纸质股票编号。

4. 各股东取得股份的日期。股东可能通过发行认购、交易转让等不同方式取得股份,股东名册中应当载明各股东取得股份的日期,以便明确股东享有股权的时点。

第一百零三条　募集设立股份有限公司的发起人应当自公司设立时应发行股份的股款缴足之日起三十日内召开公司成立大会。发起人应当在成立大会召开十五日前将会议日期通知各认股人或者予以公告。成立大会应当有持有表决权过半数的认股人出席,方可举行。

以发起设立方式设立股份有限公司成立大会的召开和表决程序由公司章程或者发起人协议规定。

【释义】　本条是关于股份有限公司召开公司成立大会的规定。

一、对于以募集设立方式设立股份有限公司的

1. 发起人应当在法定的期限内召开公司成立大会。公司成立大会是指在股份有限公司成立之前,决定是否设立公司并决定公司设立过程中以及公司成立之后的重大事项的会议。全体认购发行股份并缴足股款的人均有权参加公司成立大会,但并不意味着其召开时,所有认股人均必须出席。公司成立大会是公司成立前的决议机关,行使与股东会类似的职权。依据本条的规定,发起人负有义务在发行股份的股款缴足后30日内,主持召开公司成立大会,决定公司的有关事项,以使股份有限公司能够及时成立。

2. 公司成立大会的召集程序要求。召开公司成立大会的,发起人首先应当在公司成立大会召开的15日前,将举行公司成立大会的日期,按照认股人在认股书中所填写的住所,通知各个认股人,或者将举行公司成立大会的日期进行公告,以便各个认股人按期参加公司成立大会。

3. 公司成立大会的出席人数要求。召开公司成立大会时,发起人应当对出席公司成立大会的认股人及其所认购的股份进行清点,在确认有持有表决权过半数的认股人出席后,方可召开公司成立大会。值得注意的是,此次要求是以认股人所持表决权数为标准,而非单纯以认股人人数为标准。如果出席公司成立大会的认股人所代表的表决权没有超过公司章程规定的总表决权的半数,则公司成立大会不得举行,否则无效。

二、对于以发起设立方式设立股份有限公司的

发起设立股份有限公司的,设立时只有发起人参与股份认购,不涉及其他认股人。公司设立时的表决权均掌握于发起人内部,决策相对便捷,决策结果的外部性也相对较小。因此,本条将以发起设立方式设立股份有限公司时公司成立大会的召开和表决程序留给公司章程或发起人协议自行约定,以充分发挥公司自治并提高效率,降低制度成本。

第一百零四条　公司成立大会行使下列职权:

(一)审议发起人关于公司筹办情况的报告;

(二)通过公司章程;

(三)选举董事、监事;

(四)对公司的设立费用进行审核;

(五)对发起人非货币财产出资的作价进行审核;

(六)发生不可抗力或者经营条件发生重大变化直接影响公司设立的,可以作出不设立公司的决议。

成立大会对前款所列事项作出决议,应当经出席会议的认股人所持表决权过半数通过。

【释义】 本条是关于股份有限公司成立大会职权及表决程序的规定。

一、公司成立大会职权

1. 审议发起人关于公司筹办情况的报告。本法规定,股份有限公司发起人承担公司筹办事务,且发起人为设立公司从事的民事活动产生的法律后果由公司承受。在公司成立大会上,发起人应当提交关于公司筹办情况的报告,说明发起人为筹办公司设立从事了哪些活动,各项事务是如何进行的。出席公司成立大会的认股人对发起人的报告进行审议,并依法作出决议。

2. 通过公司章程。本法第94条规定,设立股份有限公司,应当由发起人共同制订公司章程。但公司章程是公司的"宪法",不能仅由发起人来决定,特别是对于以募集设立方式设立的股份有限公司,发起人制订的公司章程实则为草案,其是否有效,还需依法得到其他认股人的认可。因此,通过公司章程是公司成立大会的一项职权。

3. 选举董事、监事。董事、监事对公司治理具有重要的作用,本法规定,股份有限公司股东会具有选举董事、监事的职权。但由于此时公司尚未正式设立,还未有股东会这一组织机构,因而由公司成立大会选举产生首任董事、监事。

4. 对公司的设立费用进行审核。公司的设立费用,是指发起人为了设立公司而支付的,应当由成立后的公司负担的费用,如公司章程及招股说明书、认股书的制作费,有关的通知和公告的费用,雇用必要人员的工资,房屋的租赁费等。公司成立大会对公司的设立费用进行审核,对这些费用的支出是否合理作出决议,以防止发起人滥支费用。

5. 对发起人非货币财产出资的作价进行审核。本法虽然规定对作为出资的非货币财产应当评估作价,核实财产,不得高估或者低估,但对发起人非货币财产出资的评估作价,在公司成立大会决议通过之前,只得到了发起人的认可,并未得到其他认股人的认可。由于对发起人用于抵作股款的财产的作价关系到公司资本的充实,对发起人非货币财产出资的评估作价,还需公司成立大会的认可。

6. 依法作出不设立公司的决议。发生不可抗力或者经营条件发生重大变化时，公司可能无法设立。由于公司设立失败将对全体认股人的利益产生重大影响，不设立公司的决议应当由公司成立大会作出。

从公司成立大会行使的职权可以看出，公司成立大会是股份有限公司设立过程中的决议机关。

二、公司成立大会表决程序

召开公司成立大会时，除根据本法规定发行表决权数特殊的类别股的外，所有认股人应当按照所持每一股份有一表决权的原则，对前述法定事项进行表决。凡公司成立大会上表决的事项，只有经出席会议的认股人所持表决权的过半数通过方为有效，方具有法律约束力。

第一百零五条　公司设立时应发行的股份未募足，或者发行股份的股款缴足后，发起人在三十日内未召开成立大会的，认股人可以按照所缴股款并加算银行同期存款利息，要求发起人返还。

发起人、认股人缴纳股款或者交付非货币财产出资后，除未按期募足股份、发起人未按期召开成立大会或者成立大会决议不设立公司的情形外，不得抽回其股本。

【释义】　本条是关于股份有限公司发起人、认股人不得抽回股本及其例外情形的规定。

一、特定情形下认股人可要求发起人返还所缴股款

若公司正常设立，则认股人缴纳的股款在公司成立后成为公司的资本，不能被轻易抽回。若公司设立失败，则认股人已缴纳的股款，仍属于认股人所有，应当返还认股人。同时，认股人的股款系由银行代缴并保存，银行会对其存款计算利息，该部分由认股人股款孳生的利息也应当归认股人所有。

当公司设立时应发行的股份无法募足，或者发起人未按期召开公司成立大会时，公司不仅无法设立，而且无法依法召开公司成立大会对不设立公司作出决议，并对认股人已缴纳的股款作出返还安排。因此，本条规定在此两种情况下，认股人可以要求发起人返还自身缴纳的股款及其银行同期存款利

息。同时,本法规定,股份有限公司未成立的,其法律后果由发起人承担;发起人为 2 人以上的,享有连带债权,承担连带债务。因此,认股人可以要求发起人中的任一个或者几个返还其缴纳的股款及银行同期存款利息。

二、发起人、认股人不得抽回股本

股份有限公司的注册资本为在公司登记机关登记的已发行股份的股本总额,也就是说,发起人、认股人缴纳的股款或交付的非货币财产出资在公司设立后会转化为公司资本。公司资本是公司进行经营活动的基本物质条件,也是公司承担财产责任的基本保障。如果发起人、认股人在缴纳股款或者交付非货币财产出资后,又抽回其股本,实际上就等于发起人、认股人并未缴纳或者并未足额缴纳其认购的股份,公司并未得到其应当得到的财产,这将对债权人的利益造成损害,并危及社会的交易安全。因此,根据资本充实原则,本条规定了禁止发起人、认股人抽回其股本的一般原则。仅当未按期募足股份、发起人未按期召开公司成立大会或者公司成立大会决议不设立公司的情形下,公司无法设立,发起人、认股人才可以依法收回其出资。

第一百零六条　董事会应当授权代表,于公司成立大会结束后三十日内向公司登记机关申请设立登记。

【释义】 本条是关于股份有限公司申请设立登记的责任主体及时限的规定。

设立公司应当依法向公司登记机关申请设立登记。对于股份有限公司而言,公司成立大会未作出不成立决议,并选举产生董事会,则作为执行机构的董事会应当负责向登记机关申请设立登记。本条同时对股份有限公司申请设立登记提出了时限要求。为避免迟延,在公司成立大会依法召开并依法作出决议后,董事会应当在公司成立大会结束后 30 日内,指定授权代表,向公司登记机关报送法定的文件,申请设立登记。董事会授权的代表将法定的文件提交公司登记机关后,公司登记机关应当依法进行审查,对符合法定设立条件的,应当发给公司营业执照。自公司营业执照签发之日起,公司即告正式成立。

第一百零七条　本法第四十四条、第四十九条第三款、第五十一条、第五十二条、第五十三条的规定，适用于股份有限公司。

【释义】 本条是关于股份有限公司出资的规定。

本法第44条关于公司设立时的相关责任的规定；第49条第3款关于股东未按期足额缴纳出资给公司造成损失的，应当承担赔偿责任的规定；第51条关于董事会应当核查催缴出资以及违反此义务的责任的规定；第52条关于股东未按期缴纳出资的失权的规定；第53条关于股东不得抽逃出资的规定以及相关人员责任承担的规定适用于股份有限公司的出资，同时根据本法第228条的规定，上述出资规定也适用于股份有限公司增资的规定。

第一百零八条　有限责任公司变更为股份有限公司时，折合的实收股本总额不得高于公司净资产额。有限责任公司变更为股份有限公司，为增加注册资本公开发行股份时，应当依法办理。

【释义】 本条是关于有限责任公司变更为股份有限公司时有关问题的规定。

一、有限责任公司变更为股份有限公司时折合的实收股本总额不得高于公司净资产额

有限责任公司变更为股份有限公司后，其资产就成为股份有限公司的资产，有限责任公司的原股东也因此而持有由有限责任公司的资产折合成的股份。由于有限责任公司在其运营过程中，既会有资产，也会有负债，所以，有限责任公司的资产在计入股份有限公司实际收到的股本总额时，应当是有限责任公司的净资产额，即其资产总额减去其负债的部分，而不应当是其资产总额或者高于其净资产额的数额。否则，股份有限公司的实收股本总额就不能反映公司财产的真实状况，这不仅不利于公司的生产经营活动，不利于对债权人利益的保护，也会损害股份有限公司中除原有限责任公司股东以外的其他股东的利益。为此，本条规定，有限责任公司变更为股份有限公司时，折合的实收股本总额不得高于公司净资产额。

二、有限责任公司变更为股份有限公司并向社会公开发行股份时应当依法办理

公开发行股份,关系到广大社会公众的利益,也关系到整个社会经济秩序的稳定,所以,有限责任公司变更为股份有限公司,为增加资本公开发行股份时,不得擅自向社会公开发行,而应当依据本法关于股份有限公司股份发行的规定和证券法等法律法规的规定办理。具体而言,需要履行向国务院证券监督管理机构报送募股申请及有关文件、公告招股说明书并制作认股书、与证券公司签订承销协议、与银行签订代收股款协议、承销期限届满后在规定时限内将股票发行情况报国务院证券监督管理机构等法定程序。

第一百零九条　股份有限公司应当将公司章程、股东名册、股东会会议记录、董事会会议记录、监事会会议记录、财务会计报告、债券持有人名册置备于本公司。

【释义】　本条是关于股份有限公司应当将有关文件置备于公司的规定。

股东作为公司的投资者,有权了解公司的相关情况。由于绝大多数股东不参与公司的日常经营活动,其对公司情况的了解需要借助相关的文件、资料。为此,公司法规定,股东有权查阅公司章程、股东名册、股东会会议记录、董事会会议决议、监事会会议决议和财务会计报告,对公司的经营提出建议或者质询。本条规定股份有限公司应当将公司章程、股东名册、股东会会议记录、财务会计报告等文件置备于本公司,就是为了方便股东查阅,确保股东能够准确了解有关情况,同时便于有关主管机构依法对公司进行必要的监督。本条要求公司置备的文件包括:(1)公司章程。公司章程是公司行为的基本准则,对公司所有股东及公司机关具有约束力,应当将其置备于公司供股东查阅。(2)股东名册。根据本法规定,公司应当置备股东名册,并记载股东的姓名或者名称及住所、各股东所持股份数、各股东所持股票的编号、各股东取得股份的日期。所以股东名册是公司制作的记载股东身份的文件,应当置备于公司。(3)股东大会会议记录。股东有权参加股东大会,当然有权查阅会议记录。应当将股东大会会议记录置备于公司。(4)董事会会议记录、监事会会议记录。绝大多数股东不是公司的董事、监事,不能参加公司的董事会会议和监事会会议。但作为股东,其有权了解董事会会议和监事会会

议的情况,公司应当将会议记录置备于公司。(5)财务会计报告。股东通过查阅财务会计报告,可以了解公司财务会计情况。(6)债券持有人名册。根据本法规定,公司发行公司债券应当置备债券持有人名册。债券持有人名册是记载债券持有人的情况(如持有人的姓名或者名称及住所,持有人取得债券的日期及债券的编号)和债券发行有关事项(如债券总额、利率、还本付息期限和方式、发行日期及债券的编号)的簿记。

第一百一十条　股东有权查阅、复制公司章程、股东名册、股东会会议记录、董事会会议决议、监事会会议决议、财务会计报告,对公司的经营提出建议或者质询。

连续一百八十日以上单独或者合计持有公司百分之三以上股份的股东要求查阅公司的会计账簿、会计凭证的,适用本法第五十七条第二款、第三款、第四款的规定。公司章程对持股比例有较低规定的,从其规定。

股东要求查阅、复制公司全资子公司相关材料的,适用前两款的规定。

上市公司股东查阅、复制相关材料的,应当遵守《中华人民共和国证券法》等法律、行政法规的规定。

【释义】　本条是关于股东查阅权和建议、质询权的规定。

一、查阅、复制相关材料

查阅权是股东的一项重要权利,是股东行使其他权利的基础。只有股东的查阅权得到充分保障,才能方便股东了解公司情况,参与股东会的表决,监督公司运营。根据本条规定,股东可以查阅、复制以下内容:(1)公司章程。公司章程是明确公司的组织规范和股东、各机构以及董事、监事、高级管理人员的行为准则,保障股东权利的基本文件,各股东理应有权查阅、复制。(2)股东名册。股东名册是记载股东名称及其持股数额、证明股东身份的簿记,是公司确认股东身份,允许其行使股东权利的凭证。股东名册对股东行使权利具有重要作用,赋予股东查阅、复制股东名册的权利,可以监督公司及时记录自己的股东身份及持股数额,维护自身权益。(3)股东会会议记录。作为公司的成员,股东有权参加股东会会议,也有权通过股东会会议记录来了解股东会会议的举行、决议情况,检查股东会的决议是否违反法律、行政法规、公司章程的规定,是否侵害股东的合法权益。(4)董事会、监事会会议决议。公司董事会、监事会由股东会选举的成员组成,其对公司经营管理和监督的重要事项所作的决议,对公司的运营有重大影响,应当对公司股东公开,允许股东查阅。这一方面有利于股东了解公司的经营管理状况,另一方面有利于股东对董事、监事的监督。(5)财务会计报告。财务会计报告是反映公司一年中的财务状况和经营状况最重要的文件,公司股东有权通过查阅公司财务会计报告了解公司资产运用、经营成果以及盈余分配情况,从而作出自己的判断,决定自己的对策。

股东作为公司的出资人,除可以通过股东会来决定公司重大事项外,还可以通过对公司的经营管理提出建议或者质询来改善公司的经营管理活动,督促公司董事、监事、高级管理人员谨慎勤勉地履行职责,维护自己的权益。建议权是指股东对公司提出有关经营管理方面的意见以及改善措施、方案的权利;质询权是指股东对公司的决策失误、管理不当及高管人员的不尽职或失职行为提出质疑,要求其改正的权利。

二、查阅公司会计账簿和会计凭证

股份有限公司股东查阅会计账簿和会计凭证的权利是本次修改增加的内容。考虑到股份有限公司原则上允许股份自由对外转让,且部分股份有限公司尤其是上市公司股东人数众多,查阅权的行使需要平衡股东权利保护和公司利益保护的关系,防止部分小股东或者少数股东滥用查阅权干扰公司经营,因此本法对于查阅会计账簿和会计凭证的主体规定为少数股东,即连续180日以上单独或者合计持有公司3%以上股份的股东。公司章程可以对行使查阅权股东的持股比例作出更低规定,但不得提高持股比例要求。符合条件的股东要求查阅公司会计账簿、会计凭证的,应当向公司提出书面请求,说明目的。公司有合理根据认为股东查阅会计账簿、会计凭证有不正当目的,可能损害公司合法利益的,可以拒绝提供查阅,并应当自股东提出书面请求之日起15日内书面答复股东并说明理由。公司拒绝提供查阅的,股东可以向人民法院提起诉讼。股东查阅会计账簿和会计凭证的,可以委托会计师事务所、律师事务所等中介机构进行。

三、查阅、复制公司全资子公司相关材料

股东有权查阅、复制公司全资子公司公司章程、股东名册、股东会会议记录、董事会会议决议、监事会会议决议、财务会计报告。连续180日以上单独或者合计持有公司3%以上股份的股东可以要求查阅公司全资子公司会计账簿、会计凭证。公司章程对持股比例有较低规定的，从其规定。股东要求查阅公司会计账簿、会计凭证的，应当向公司提出书面请求，说明目的。公司有合理根据认为股东查阅会计账簿、会计凭证有不正当目的，可能损害公司合法利益的，可以拒绝提供查阅，并应当自股东提出书面请求之日起15日内书面答复股东并说明理由。公司拒绝提供查阅的，股东可以向人民法院提起诉讼。股东查阅会计账簿和会计凭证的，可以委托会计师事务所、律师事务所等中介机构进行。

四、查阅、复制后的要求

1. 股东及其委托的会计师事务所、律师事务所等中介机构查阅、复制有关材料，应当遵守有关保护国家秘密、商业秘密、个人隐私、个人信息等法律、行政法规的规定。

2. 上市公司股东查阅的特别规定。我国证券法第83条规定："信息披露义务人披露的信息应当同时向所有投资者披露，不得提前向任何单位和个人泄露。但是，法律、行政法规另有规定的除外。任何单位和个人不得非法要求信息披露义务人提供依法需要披露但尚未披露的信息。任何单位和个人提前获知的前述信息，在依法披露前应当保密。"原则上，信息披露义务人应当同时向所有投资者披露应当披露的信息，确保投资者公平获取信息；但是如果股东因为行使查阅权可能获取相关应披露而尚未披露的信息，股东应当负有保密义务，不得披露。如果股东查阅的信息构成内幕信息，则股东必须遵守证券法第53条的规定，证券交易内幕信息的知情人和非法获取内幕信息的人，在内幕信息公开前，不得买卖该公司的证券，或者泄露该信息，或者建议他人买卖该证券。

第二节　股　东　会

第一百一十一条　股份有限公司股东会由全体股东组成。股东会是公司的权力机构，依照本法行使职权。

【释义】 本条是关于股份有限公司股东会组成、地位和职权行使依据的规定。

本次修订前,有限责任公司的权力机构为股东会,股份有限公司的权力机构为股东大会。在名称上进行区别规定,主要是为了体现股份有限公司股东人数较多、股东会会议召集和提案程序相对复杂、决议形式更为严格等方面的特点。但是,有限责任公司和股份有限公司的股东会在作为权力机构的性质以及组成方式、权力来源等方面并无不同,当前境外多数国家和地区也没有根据公司组织形式对权力机构的名称进行区分。因此本次修订将有限责任公司和股份有限公司的权力机构统一规定为股东会。

一、股东会的组成

与有限责任公司相同,股份有限公司股东会由全体股东组成,股东无论所持股份多少,都享有作为股东会成员参加股东会会议的权利。股东向公司出资后,丧失了对投入财产的直接控制权,作为回报,获得包括了解公司生产经营状况、参与公司重大事项决策,以及对公司生产经营活动进行监督等方面的综合性股东权利。股东行使股东权主要不是以个人身份对公司具体事务的干涉,而是通过集体讨论、集体决策的方式实现对公司的所有者权益。因此,应当平等保障全体股东参与股东会的权利,任何人不得以某一股东持有的股份不足为由干涉和侵犯其股东权利。

二、股东会的地位

股东会是公司的权力机构,是形成、表达和执行公司全体股东团体意志的载体。股东会以全体股东为组成人员,通过会议行使公司权力,没有常设机构,为保障公司运营效率,避免决策混乱,股东会主要就公司重大事项行使决策和监督权,对外不代表公司,对内不直接从事经营活动。股东会的议事程序和需要股东会决策的重大事项范围,包括公司法在内的法律、行政法规等作了相应的规定,法律、行政法规没有规定的,还可以在公司章程中规定。其中一项重要的内容就是产生和监督负责公司日常业务经营和监察的机构,如董事会和监事会等。股东会作出的决定,公司其他机构应当执行,不得与股东会的决定相抵触;其他机构在职责范围内行使权力,股东会也不应过度干涉,确保各司其职,不越权,不缺位。

第一百一十二条　本法第五十九条第一款、第二款关于有限责任公司股东会职权的规定，适用于股份有限公司股东会。

本法第六十条关于只有一个股东的有限责任公司不设股东会的规定，适用于只有一个股东的股份有限公司。

【释义】　本条是关于股东会职权以及一人股份有限公司股东会设置的规定。

本法第59条第1款关于有限责任公司股东会职权的列举式规定以及第2款关于股东会可以授权董事会发行债券的职权规定适用于股份有限公司股东会。需要注意的是，有限责任公司对于决议事项书面一致表示同意的，可以不召开股东会会议，直接作出决定，并由全体股东在决定文件上签名或者盖章。这主要是考虑到有限责任公司股东人数相对较少，人合性较强；而股份有限公司不允许其未经召开股东会会议便作出决议，否则其决议不成立。

2023年公司法修订允许一人股份有限公司的设立，由于只有1个股东，自然不需要设立股东会。公司法第60条关于只有1个股东的有限责任公司不设股东会的规定，适用于只有1个股东的股份有限公司。

第一百一十三条　股东会应当每年召开一次年会。有下列情形之一的，应当在两个月内召开临时股东会会议：

（一）董事人数不足本法规定人数或者公司章程所定人数的三分之二时；

（二）公司未弥补的亏损达股本总额三分之一时；

（三）单独或者合计持有公司百分之十以上股份的股东请求时；

（四）董事会认为必要时；

（五）监事会提议召开时；

（六）公司章程规定的其他情形。

【释义】　本条是关于股份有限公司股东年会和临时股东会会议的规定。

一、股东会会议的种类

股份有限公司股东会行使职权的主要方式是召开股东会会议，股东会会议分为股东年会和临时股东会会议两种。股东年会是指依照法律和公司章程的规定每年按时召开的股东会会议。作为公司的权力机构,股东会应当每经过一段时间召开一次会议,决策公司重大事项。考虑到公司一般以年为单位决定预算、决算、利润分配、亏损弥补等事项,其他重大事项的发生和变化一般没有固定周期,且大多在年度内能够保持相对稳定,所以公司法规定应当每年召开一次股东年会,在两次年会之间需要决策重大事项时,可以召开临时股东会会议。这样既可以保障股东会决策的及时性,又可以节约公司和股东为召开股东会会议付出的各项成本。

临时股东会会议是指根据法定的事由不定期召开的股东会会议。在股东年会尚未召开的时间内,如果出现需要股东会及时决策的事项或情况,可以通过召集临时股东会会议的方式作出决议,以维护公司和股东的合法权益,保障公司重大生产经营活动的顺利开展。

二、应当召集临时股东会会议的情形

公司召集临时股东会会议的事由,一方面,应当根据公司经营和治理的需要,在公司章程中作出相应的规定;另一方面,为了保障公司运转能够满足维护商业秩序和交易安全所需的一般要求,公司法也规定了应当在法定期限两个月内召开临时股东会会议的几类事由,主要包括:

1. 董事人数不足本法规定人数或者公司章程所定人数的2/3时。依照公司法第68条第1款及第120条的规定,公司董事会成员应当为3人以上,一旦董事会成员少于3人,公司就应当召开临时股东会会议选举董事。另外,为了确保公司董事会的议事和表决能满足公司法关于出席和表决人数的要求,董事会成员少于公司章程所定人数的2/3时,如公司章程确定的9名董事只剩5人时,也应当召开临时股东会会议选举董事。

2. 公司未弥补的亏损达股本总额1/3时。公司在经营过程中,如果亏损总额达到了股本的1/3,那么公司不仅没有达到其营利的目的,还可能难以继续经营,影响股东和债权人的利益。这时,公司应当召开临时股东会会议,决定采取必要措施弥补亏损,或者对公司进行清算。2023年公司法修订后,股份有限公司的发起人和其他股东均应按照认购的股份全额缴纳股款,不再有注册资本和实缴资本之间出现差额的情况,因此将修订前的“公司未弥补的亏损达实收股本总额三分之一时”改回“公司未弥补的亏损达股本总额三分之一时”。

3.单独或者合计持有公司10%以上股份的股东请求时。股东作为公司的出资人和最终所有者,请求召集股东会会议是其固有权利。但考虑到股份有限公司股东人数众多,为防止股东和公司为召开会议付出过高成本,以及对公司正常的生产经营秩序产生不利影响,有必要对股东请求召开临时股东会会议的情形作出一定限制。同时,为了防止大股东操纵公司损害中小股东利益,对股东请求权的限制也不宜过高,便利中小股东通过请求召开临时股东会会议,讨论和决议反映自身合法权益的事项或方案。结合境外有关立法例和我国公司制度实践,2023年公司法修订延续了单独或者合计持有公司10%以上股份的股东请求时应当召开临时股东会会议的规定。当然,如果公司基于自身实际考虑在公司章程中规定更低持股比例的股东请求即可召开临时股东会会议,法律也不作禁止。

4.董事会认为必要时。召集股东会会议是董事会的职权之一。作为公司生产经营活动的负责机构,董事会认为有需要股东会决策或者不宜由董事会决定的重大问题、事项时,有权视情况召集临时股东会会议决议有关事项,保障公司经营活动的正常开展。

5.监事会提议召开时。监事会作为公司的监督机构,在行使监督权的过程中如果认为出现有必要通过股东会会议进行决策或纠正的事项,也有权提议召开临时股东会会议。另外,在董事会不依法履行召集和主持股东会会议的职责时,监事会也有权召集和主持会议。

第一百一十四条　股东会会议由董事会召集,董事长主持;董事长不能履行职务或者不履行职务的,由副董事长主持;副董事长不能履行职务或者不履行职务的,由过半数的董事共同推举一名董事主持。

董事会不能履行或者不履行召集股东会会议职责的,监事会应当及时召集和主持;监事会不召集和主持的,连续九十日以上单独或者合计持有公司百分之十以上股份的股东可以自行召集和主持。

单独或者合计持有公司百分之十以上股份的股东请求召开临时股东会会议的,董事会、监事会应当在收到请求之日起十日内作出是否召开临时股东会会议的决定,并书面答复股东。

【释义】 本条是关于股份有限公司股东会会议召集和主持的规定。

股东会会议的及时顺利召开是股东会正常行使职权的重要条件,为了确定会议议题,按照议事规则维持会议秩序,需要明确召集和主持股东会会议的主体。

一、股份有限公司股东会会议召集和主持的一般情形

董事会对股东会职权以外的重要事项享有决定权,负责公司的经营决策和业务执行;董事会充分了解公司的运转情况,能够相对准确地把握应当提交股东会决策的议题和召开股东会会议的时机。因此股东会会议原则上应当由董事会召集,决定召开时间、地点、审议议题等具体事项,并向股东发出会议通知。境外有关国家和地区的公司法一般也将股东会会议的召集权授予董事会。在董事会能够正常履行股东会会议召集职责的情况下,会议的主持人也应当在董事会内产生。作为董事会的日常负责和协调人,通常情况下应当由董事长履行股东会会议主持人的职责,出现董事长不能履行职务或者不履行职务的情况时,应当顺位由副董事长或者半数以上董事共同推选的董事担任主持人。

二、股份有限公司股东会会议召集和主持的特殊情形

出于主客观方面的种种原因,董事会不能履行或者不履行召集股东会会议职责的情况时有发生。为防止股东会会议无法正常召开影响公司正常运转,或者一些不法行为人借此架空股东会,侵害公司和股东的合法权益,需要明确在董事会不能履行或不履行职责的情况下,由谁负责召集和主持股东会会议。

1. 公司监事会。作为公司的监督机构,监事会也有提议召开临时股东会会议的职权。在董事会不能履行或者不履行召集股东会会议职责,公司和股东的合法权益因股东会会议无法顺利召开受到威胁时,公司监事会应当从维护公司和股东整体利益的角度出发,承担召集和主持股东会会议的职责。

2. 连续 90 日以上单独或者合计持有公司 10%以上股份的股东。在董事会和监事会均不能或不履行职责的情况下,公司股东穷尽其他途径未能成功召开股东会会议,导致公司治理出现显著问题时,从自力救济的角度出发,一定时期内持有一定数量股份的股东可以自行召集和主持股东会,从而保障公司和自身的合法权益。

在审议公司法草案的过程中，有的意见建议明确公司收到股东提议召开临时股东会会议的请求时，应当限期答复股东是否召开会议，以防止部分公司的董事会或监事会故意拖延决策，迟滞会议召集程序，侵害公司和股东合法权益。境外有关国家和地区已经作了类似规定，如《英国公司法》第304条规定，董事会接到符合条件的股东关于召开股东会临时会议的请求后，应当在21日内召集会议，并在召集通知之日起28日内召开会议；我国台湾地区“公司法”第173条规定，连续1年以上持有公司3%以上股份的股东可以书面请求董事会召集股东会临时会议，请求提出15日内董事会不召集的，股东报经主管部门同意后可以自行召开。为了确保股东能够及时自行召集和主持会议，2023年公司法增加规定，单独或者合计持有公司10%以上股份的股东请求召开临时股东会会议的，董事会、监事会应当在收到请求之日起10日内作出是否召开临时股东会会议的决定并书面答复股东。

第一百一十五条　召开股东会会议，应当将会议召开的时间、地点和审议的事项于会议召开二十日前通知各股东；临时股东会会议应当于会议召开十五日前通知各股东。

单独或者合计持有公司百分之一以上股份的股东，可以在股东会会议召开十日前提出临时提案并书面提交董事会。临时提案应当有明确议题和具体决议事项。董事会应当在收到提案后二日内通知其他股东，并将该临时提案提交股东会审议；但临时提案违反法律、行政法规或者公司章程的规定，或者不属于股东会职权范围的除外。公司不得提高提出临时提案股东的持股比例。

公开发行股份的公司，应当以公告方式作出前两款规定的通知。

股东会不得对通知中未列明的事项作出决议。

【释义】　本条是关于股份有限公司股东会会议召开和股东临时提案的规定。

一、股东会会议的通知和公告必须符合法定要求

要使公司的股东出席股东会会议，使会议顺利召开，董事会就应当将会议召开的时间、地点和审议的事项于会议召开前通知各股东或者向股东公告。董事会应当按照股东名册中所记载的股东的姓名或者名称、地址,根据股东会的不同类型进行通知。召开股东年会,应当于会议召开20日前通知各股东;而召开临时股东会会议,应当于会议召开15日前通知各股东。公开发行股份的公司,应当以公告方式作出上述通知。无论是通知还是公告,都应当明确股东会审议的具体事项,以便股东进行必要的准备并在会议上进行审议。通知包括股东会会议召开的时间、地点和审议的事项以及临时提案的内容。

二、股东的临时提案必须符合法定要求

一是提出临时议案的股东必须符合一定的条件,2023年公司法将符合条件的股东的持股比例由单独或者合计持有公司股份3%以上改为1%以上。二是临时提案必须在股东会会议召开10日前提出并书面提交董事会。三是临时提案内容不得违反法律、行政法规或者公司章程的规定,应当属于股东会的职权范围,并有明确议题和具体决议事项。董事会收到临时提案后,应当进行审查,对于不违反法律、行政法规、公司章程的规定,且属于股东会职权范围的临时提案,董事会应当在收到提案后2日内通知其他股东,并将该临时提案提交股东会审议。

需要注意的是,有权提出临时提案的股东是单独或者合计持有公司1%以上股份的股东。实践中有些公司为了限制股东提案权,规定了比法律规定百分比高的持股股东才能提出临时提案。为了避免公司通过公司章程限制股东提案权,2023年公司法增加规定,公司不得提高提出临时提案股东的持股比例。

三、股东会不得对通知和公告中未列明的事项作出决议

股东会是公司的权力机构,其所审议的事项事关公司的生存和发展以及股东的权益。所以,在股东会召开前的一定时日内,有关股东会的通知和公告应当载明审议的事项。如果临时提出审议事项,股东会不得就这一事项作出决议。

第一百一十六条　股东出席股东会会议,所持每一股份有一表决权,类别股股东除外。公司持有的本公司股份没有表决权。

股东会作出决议，应当经出席会议的股东所持表决权过半数通过。

股东会作出修改公司章程、增加或者减少注册资本的决议，以及公司合并、分立、解散或者变更公司形式的决议，应当经出席会议的股东所持表决权的三分之二以上通过。

【释义】 本条是关于股份有限公司股东表决权的计算方法以及股东会决议表决的规定。

一、股东表决权的计算方法

表决权是指股东在股东会决议时对某一事项表示赞同或否决的权利，是股东的固有权利之一。股份有限公司作为资合公司的典型，是由划分为等额股份的股东出资构成的，股东对公司事务支配能力的大小，都是由反映其出资的股份数额所表示的。因此，股份有限公司股东会会议的表决权不是按照参会人数，而是以股东所持股份数来计算的。因为每一股所代表的资本额是相等的，所以原则上股东所持每一股份都享有一份表决权，体现股份有限公司同股同权的特征。同时，2023 年公司法修订，结合实践情况和境内外立法经验，允许公司发行复数表决权股、限制表决权股等类别股，可以对公司董事提名选任等重大事项作出多于或少于普通股的差异化表决安排，满足创始人、战略投资者等特殊主体强化公司控制权的需要，充分尊重公司自治。类别股中的优先股和复数表决权股都可能存在表决权不是一股一票的情形。

二、公司持有的本公司股份没有表决权

公司在减少公司资本、与持有本公司股份的其他公司合并、实施股权激励等情况时，可以回购并持有本公司的股份。公司股东会会议实质上是通过审议公司的重大事项，并根据股东所持股份数进行表决，以实现股东之间的利益平衡以及股东与公司之间的利益平衡。如果允许公司持有的本公司股份数参与股东会会议表决，将影响股东会会议目的的实现，同时混同了公司与股东之间的身份与关系，形成自我表决。因此，各国公司法均规定公司持有的本公司股份没有表决权，本条也作了类似规定。

三、股东会会议作出决议应当满足必要的表决权数

股东会会议决议涉及公司的重大事项，对公司、股东以及职工、债权人等

的权益都可能产生显著影响。为了避免决议仅代表持少数股份股东的意志，按照资本多数决的一般原理，股东会会议作出决议，应当满足必要的表决权数。对于普通事项和法定特殊事项作出的决议，需满足的表决权数也不同。

1. 普通决议须经出席会议的股东所持表决权过半数通过。普通决议是指就法律未作特别规定的事项作出的决议，如任免董事、监事并决定其报酬有关事项，发行公司债等。涉及这类事项的决议，股东会会议经出席会议所持表决权的简单多数（过半数）同意就可以通过。出席会议的股东人数多少与决议的效力无关，但在作出普通决议时，出席会议的股东中，表示同意的股东（包括被代理出席股东会的股东）所持有的表决权数必须超过出席股东会的股东（包括被代理出席股东会的股东）所持表决权数的一半。

2. 特别决议须经出席会议的股东所持表决权的2/3以上通过。特别决议是指针对法定特别事项，以绝对多数表决权方能通过的决议。我国公司法规定的特别事项主要包括修改公司章程、增加或者减少注册资本，以及公司合并、分立、解散，变更公司形式等关系公司存续的重大事项。另外，考虑到上市公司在短期内购买、出售重大资产或者向他人提供大额担保的情形对上市公司股票价格和中小投资者权益都可能造成重大影响，公司法规定上市公司出现上述情形也应当经特别决议通过。

第一百一十七条　股东会选举董事、监事，可以按照公司章程的规定或者股东会的决议，实行累积投票制。

本法所称累积投票制，是指股东会选举董事或者监事时，每一股份拥有与应选董事或者监事人数相同的表决权，股东拥有的表决权可以集中使用。

【释义】 本条是关于股份有限公司累积投票制的规定。

累积投票制是指股份有限公司股东会选举董事或者监事时，每一股份拥有与应选董事或者监事人数相同的表决权，股东拥有的表决权可以集中使用。在累积投票制下，有表决权的每一股份享有与拟选出的董（监）事人数相同的表决权，股东可以自由地在各候选人间分配其表决权，既可分散投于多人，也可集中投于1人，然后根据各候选人得票多少的顺序决定董（监）事人选。假定某股份有限公司有1000股，其中1名大股东持股700股，其余中小股东共持股300股。在拟选任3名董事的情况下，大股东持有的累计表决权数为2100份，中小股东拥有900份，每一表决权计一票，股东既可以将所有票数投向1名候选人，也可以在不同的候选人之间随机分配，最终获得票数前三的候选人当选公司董事。在这种机制下，中小股东可以将900票投向1名候选人，如果大股东想选择其他3名候选人，则至少需要保证每名候选人获得901票，共计2703票，远超大股东持有的2100票，因此中小股东至少可以保障1名中意的候选人进入董事会。与累积投票制相对应的是直接投票制，大股东可以向每一名中意的候选人投700票，中小股东只能投300票，其结果必然是大股东完全控制董事人选。通过实施累计投票制，一定程度上为中小股东的代言人进入董(监)事会提供了保障，虽然不足以控制董(监)事会，但是可以在经营决策和监督活动中反映中小股东的意见，对大股东提名的董(监)事形成制约，从而实现董事会和监事会的有效内部监督。

累积投票制起源于英国，并在20世纪中后期的美国得到发展。作为限制资本多数决原则以保护小股东利益的一项举措，累积投票制曾受到过广泛的推崇，但自该制度产生之日起，关于其优劣的争论就从未停止过。从制度本身看，它虽为扩大中小股东的发言权提供了一定帮助，但需要以中小股东持有或者合计持有一定数量的表决权为条件。若中小股东持股数量过低，在持股比例上与大股东悬殊，或者中小股东之间不能有效地采取一致行动，累积投票制难以充分发挥其应有的作用。目前，美国、日本、韩国等多数国家和地区的公司法对累计投票制采取任意主义，由公司根据股东请求自行决定是否采用。我国公司法也采纳了这一做法，在股份有限公司股东会会议选举董事、监事时，可以根据公司章程的规定或者股东会的决议，实行累积投票制。

第一百一十八条　股东委托代理人出席股东会会议的，应当明确代理人代理的事项、权限和期限；代理人应当向公司提交股东授权委托书，并在授权范围内行使表决权。

【释义】 本条是关于股东委托代理人出席股东会会议的规定。

一、股东可以委托代理人出席股东会会议

出席股东会会议并行使表决权，是股东的固有权利。但由于居住遥远、出差、生病或者其他事务缠身等原因，股东可能无法亲自出席股东会会议，为此股东可以通过委托他人的方式行使股东权利，由代理人出席股东会会议并依法代行表决权。

二、代理人应当向公司提交股东授权委托书

股东在委托代理人时，应当开具书面的授权委托书，在授权委托书上载明委托何人以自己的名义，参加哪一次股东会会议，可以就哪些事项进行表决，并由股东在授权委托书上签名盖章。授权委托书上载明授权的范围，主要是为了防止代理人多次参加股东没有授权其参加的会议，或者对股东没有授权的事项进行表决，违背股东的真实意思，损害股东的利益，并对股东会的决议产生不利的影响。除了书面的委托书，其他的委托方式，例如股东以口头或者通过电话授权他人代表自己出席会议并行使表决权，都是无效的。代理人出席会议时，应当向公司提交股东开具的授权委托书。公司经审查，认为代理人提交的授权委托书有效时，代理人才能出席会议。无行为能力的股东，或者法人股东的法定代表人，基于法定代理权而行使表决权时，无须出具委托书。根据民法典的规定，委托代理授权采用书面形式的，授权委托书应当载明代理人的姓名或者名称、代理事项、权限和期限，并由被代理人签名或者盖章，因此2023年公司法修订作了相应修改，要求股东明确代理人代理的事项、权限和期限。

三、代理人应当在授权范围内行使表决权

根据代理的基本原理，代理人只有在代理权限范围内行使代理权，代理行为才能对被代理人产生法律效力。代理人超出股东的授权范围行使表决权的，如果股东不予追认，则该行为无效；由此给股东造成损失的，代理人应当承担赔偿责任。

第一百一十九条　股东会应当对所议事项的决定作成会议记录，主持人、出席会议的董事应当在会议记录上签名。会议记录应当与出席股东的签名册及代理出席的委托书一并保存。

【释义】　本条是关于股东会会议记录的规定。

一、股东会应当对所议事项的决定作成会议记录

会议记录是载明股东会会议对所议事项作出决定的书面文件，可以作为证明股东会会议召开和决议的原始凭证，便于今后股东、有关主管部门等查阅、验证。股东会在举行会议时，召集和主持会议的负责人应当安排人员，详细记录会议的情况，包括会议举行的时间、地点、主要内容，会议议定的事项、出席会议的股东及其表决权、具体的表决情况以及会议形成的决议情况。

二、股东会会议记录由主持人、出席会议的董事签名

主持人、出席会议的董事应当在会议记录上签名，表示他们出席了股东会会议，并对自己在会议上的行为负责。股东会会议一般由董事会召集并由董事长主持，由于身份的特殊性，董事长及出席会议的董事既是股东会会议的组织者，也是会议程序和决议的见证和记录者。为了明确主持人以及出席会议的董事对会议所承担的责任，公司法明确股东会会议记录应当由主持人、出席会议的董事签名。

三、股东会会议记录与签名册及委托书一并保存

会议记录作成之后，应当与出席股东的签名册及代理出席的委托书一并保存，置备于本公司，为包括股东在内的相关主体在未来了解股东会的内容和情况提供必要的条件。

第三节　董事会、经理

第一百二十条　股份有限公司设董事会，本法第一百二十八条另有规定的除外。

本法第六十七条、第六十八条第一款、第七十条、第七十一条的规定，适用于股份有限公司。

【释义】 本条是关于股份有限公司董事会设置、职权，成员组成、任期、辞任以及解任的规定。

原则上股份有限公司应当设立董事会，但是对于规模较小或者股东人数较少的股份有限公司,可以不设董事会,设 1 名董事,行使本法规定的董事会的职权。

本法第 67 条关于董事会职权以及公司章程对董事会权力的限制不得对抗善意相对人的规定,第 68 条第 1 款关于董事会成员中职工代表的规定,第 70 条关于董事任期以及辞任的规定,第 71 条关于解任董事以及相关赔偿责任的规定适用于股份有限公司。

第一百二十一条　股份有限公司可以按照公司章程的规定在董事会中设置由董事组成的审计委员会,行使本法规定的监事会的职权,不设监事会或者监事。

审计委员会成员为三名以上,过半数成员不得在公司担任除董事以外的其他职务,且不得与公司存在任何可能影响其独立客观判断的关系。公司董事会成员中的职工代表可以成为审计委员会成员。

审计委员会作出决议,应当经审计委员会成员的过半数通过。

审计委员会决议的表决,应当一人一票。

审计委员会的议事方式和表决程序,除本法有规定的外,由公司章程规定。

公司可以按照公司章程的规定在董事会中设置其他委员会。

【释义】　本条是关于股份有限公司选择设置审计委员会或者监事会履行监督职权,以及审计委员会组成、议事方式和表决程序的规定。

1. 本条规定与第 69 条规定一致,允许股份有限公司在公司章程中规定设置监事会或者审计委员会履行监督职权。

2. 监督机构能够有效发挥功能的前提是业务执行与监督分离。法律要求监督机构具有一定独立性,使监督机构与经营者之间保持一定距离。履行监督职责的董事与公司不具有利害关系,才能不受管理层牵制发挥其监督功能。因此,本条第 2 款规定,审计委员会成员为 3 名以上,过半数成员不得在公司担任除董事以外的其他职务,且不得与公司存在任何可能影响其独立客观判断的关系,公司董事会成员中的职工代表可以成为审计委员会成员。

3. 审计委员会作为董事会的专门委员会,其议事方式和表决程序与董事会相同。审计委员会作出决议,应当经审计委员会成员的过半数通过。审计委员会决议的表决,应当一人一票。审计委员会的议事方式和表决程序,除本法有规定的外,由公司章程规定。

4. 董事会人数可能较多,每年开会次数有限,使董事会无法就公司重大事项进行有效率的讨论,通过功能性委员会中的专业人士对一些重大事项进行深入研究,提出建议供董事会参考,可以强化董事会的决策和监督功能。因此,法律规定,公司可以按照公司章程的规定在董事会中设置其他委员会。

第一百二十二条　董事会设董事长一人,可以设副董事长。董事长和副董事长由董事会以全体董事的过半数选举产生。

董事长召集和主持董事会会议,检查董事会决议的实施情况。副董事长协助董事长工作,董事长不能履行职务或者不履行职务的,由副董事长履行职务;副董事长不能履行职务或者不履行职务的,由过半数的董事共同推举一名董事履行职务。

【释义】　本条是关于股份有限公司董事长、副董事长的产生及职权,以及董事会会议召集和主持的规定。

一、董事会设董事长一人,可以设副董事长

董事会作为股份有限公司常设的经营事务决策机构,集体行使公司法和章程赋予的职权,为了便利董事会集体履职,有必要设置专门岗位负责董事会的日常事务和协调工作,包括召集和主持董事会会议、检查董事会决议的实施情况、协调董事会成员之间的关系等,这一岗位就是董事长。为避免因意见分歧导致董事会日常工作出现争议或停滞,董事长职位只能设置 1 人。因公司经营规模和经营范围等情况的不同,董事长在行使职权时所面临的问题也有所不同。对于一些经营规模较大、经营范围较广的公司,董事长一人往往难以履行其全部职责。为此,公司可以根据具体情况,决定设置 1 名到数名副董事长,帮助董事长处理董事会日常工作,在董事长不能履行职务或者不履行职务的情况下,履行董事长的相关职责。

二、董事长和副董事长的产生

董事长和副董事长由董事会以全体董事的过半数选举产生,原则上董事长、副董事长不得由个人或者机构指定,但考虑到国家出资公司的特殊性,公司法规定国家出资公司的董事长、副董事长由履行出资人职责的机构从董事会成员中指定。选举董事长、副董事长的职权归属于董事会,包括公司股东会在内的其他机构无权直接选举。选举董事长、副董事长,按照董事会决议的一般要求,应当经全体董事的过半数同意。

关于董事长和副董事长的产生办法,境外有关国家和地区主要采用以下几种模式:一是董事会内部选举,如《法国商法典》规定,董事会在成员中推选1名董事长。二是直接指定,如德国规定,监事会选任董事,可以任命1人为董事会主席。三是在法律中不明确设立董事长和副董事长职位,由董事会或股东会就对外代表公司、召集董事会会议等不同事务选任具体董事,如《韩国商法典》规定,公司应当经董事会决议选任公司的代表董事,但是章程也可以规定在股东会上选任;董事会由各董事自行召集,但是董事会决议指定召集董事的除外。从我国情况看,公司股东会在选任董事会负责公司经营决策的基础上,如果还负责选举或指定董事长的具体人选,可能导致股东会对公司经营事务的过度介入;公司董事会、监事会均由股东会选任,彼此互相分工、各司其职,不存在上下从属或报告关系,各自的成员不宜由另一机构指定,因此我国公司法采用了分级选举的模式,由股东会选任董事会,由董事会推选董事长和副董事长。

三、董事长的职权

董事会作为集体行使职权的机构,董事长在其中主要负责推动董事会、股东会的相关程序性事务,如召集和主持董事会会议、主持股东会会议等,以及检查和协调工作,如检查董事会决议的实施情况等,主要是服务董事会更好地开展经营决策,并不当然成为董事会乃至公司的最终决策者。为了强化对董事长权力的制约,2005年修订公司法取消了董事长作为公司法定代表人的强制性规定,以及签署公司股票、公司债券的职权。2023年公司法修订,在法定代表人的人选范围中不再单独列举董事长,由公司根据章程的规定选择执行公司事务的董事或经理担任,进一步突出董事长的事务性地位,强化公司自治。

第一百二十三条　董事会每年度至少召开两次会议,每次会议应当于会议召开十日前通知全体董事和监事。

代表十分之一以上表决权的股东、三分之一以上董事或者监事会，可以提议召开临时董事会会议。董事长应当自接到提议后十日内，召集和主持董事会会议。

董事会召开临时会议，可以另定召集董事会的通知方式和通知时限。

【释义】 本条是关于董事会的类型、通知、召集和主持的规定。

一、董事会会议的类型

董事会会议可以分为例行董事会会议和临时董事会会议两种。董事会负责公司的经营决策，并执行股东会对公司重大事项的决议，其职权行使直接影响公司的经营状况。举行董事会会议并作出决议是董事会行使职权的主要方式之一。董事会通过会议的方式集体履行职权，代表全体股东的利益经营公司财产，对公司经营业务进行决策。为了避免实践中公司不召开或很少召开董事会会议，由其他机构代行董事会职权的情况发生，公司法规定董事会每年度至少应当召开 2 次例行会议，就董事会职权范围内的事项作出决议，公司章程可以在法定的基础上对例行会议的次数作出更高的规定。例行董事会会议之外，根据特定主体的提议，董事会可能召开临时会议，就两次例行会议之间公司经营活动的重大变化作出决策。

二、可以提议召开临时董事会会议的主体

在例行董事会会议外，下列主体有权提议召开临时董事会会议，就突发的公司重大经营事项提交董事会集体决策：代表 1/10 以上表决权的股东、1/3 以上董事或者监事会。考虑到公司经营状况关系到股东的切身利益，对有权提请召开董事会会议的主体作适当扩充，有助于督促董事会勤勉尽责，对董事会的权力形成必要的制约。同时，董事会会议召开也不宜过于频繁，影响公司经营决策效率。因此公司法在允许股东、董事提请召开董事会会议的同时，也对股东、董事应具备的条件作了必要限制。从境外立法例看，提议召开董事会会议是董事的一项固有权利，也是多数国家的通行做法；监事会作为公司经营的监督机构，德国、韩国等国公司法规定，在全体董事和监事会同意的情况下，可以随时召开董事会；《日本公司法》规定股东认为董事会实施了公司经营目的之外的或者违法、违规的行为，可以请求召开董事会，授予了股东提请召开董事会的权利。

三、董事会会议的通知

考虑到例行董事会会议和临时董事会会议在召集情形、决议事项等方面存在一定差异,因此公司法对召开两种会议的通知程序也作了不同要求。对例行董事会会议,董事长应当至少提前10日通过邮寄或专人送达通知书等方式,将会议的召开时间、地点、议题等通知全体董事和监事,以便全体董事和监事能够参加或者列席董事会会议,并对议题决议做必要准备。对临时董事会会议,考虑到召开时间和议题的随机性,一律严格要求通知期限和方式可能不符合公司实际情况,延误对突发事件的决策时间。因此,公司法对临时董事会会议的通知方式和通知时限等不作统一规定,由公司在章程中规定,或者由董事会根据实际情况确定,在能够通知到全体董事和监事的情况下,及时召开临时会议。

第一百二十四条　董事会会议应当有过半数的董事出席方可举行。董事会作出决议,应当经全体董事的过半数通过。

董事会决议的表决,应当一人一票。

董事会应当对所议事项的决定作成会议记录,出席会议的董事应当在会议记录上签名。

【释义】　本条是关于董事会会议举行、决议以及董事会表决的规定。

为保障董事会会议决议的正当性,会议的召开应当符合一定的程序性要求,出席人数和表决比例都应当达到法定要求,确保董事会作出的决议能够代表公司整体和多数股东的利益。日本、韩国公司法以及我国台湾地区对董事会会议出席人数和表决比例都作了明确规定,其中出席人数均应达到董事会的过半数。对于表决比例,《日本公司法》要求全体董事的过半数,《韩国商法典》和我国台湾地区"公司法"要求参会董事的过半数。从充分保障公司财产和股东权益安全性的角度出发,我国公司法规定董事会会议应当有全体董事的过半数出席,作出决议应当经全体董事的过半数通过。

一、董事会会议应有过半数的董事出席方可举行

董事受股东会选任组成董事会,负责执行公司业务,经营公司财产,应当出于对公司和股东负责的态度,在董事会会议中就公司的业务和经营状况发表意见、参与决策。为了保证董事会的决议能够代表公司和大多数股东的利益,提升公司的经营水平和盈利能力,董事会会议应有过半数的董事出席方可举行。在董事会依法通知全体董事和监事之后,出席董事会会议的董事不足全体董事的一半,则董事会会议就不得召开。即使强行举行了董事会会议,也属于本法规定的董事会决议不成立的情形,董事会会议决议不具有法律效力。

二、董事会作出决议须经全体董事的过半数通过

董事会会议作出决议时,表示同意的董事应当超过全体董事的一半,该决议才能生效。相比股东会而言,公司董事会人数一般较少,相对容易就决议事项达成一致,易于形成集体意志。如果过半数董事出席董事会,同意决议的董事超过出席会议董事的半数但未超过全体董事的半数,则决议不成立,不具有法律效力。

三、董事会决议的表决实行一人一票

与股东会会议"一股一票"的表决方式不同,董事会会议实行一人一票的表决方式,董事对于单独的决议事项只能享有一票表决权。采取这种方式,主要是为了保障董事在议事决策过程中的平等地位,在董事会内部形成一定的均衡制约,使董事能够以独立、专业、客观的态度对公司经营事项进行分析决策,防止"一家独大"影响公司的正常治理。

四、董事会应当对所议事项的决定作成会议记录

董事会会议记录是载明董事会对所议事项作出决定的书面文件,可以作为证明董事会会议召开和决议的原始凭证。在董事会举行会议时,董事长或其他主持人应当指定专门的人员对董事会会议所决议的事项及决定形成会议记录,包括会议举行的时间、地点、主要内容,会议议定的事项、具体的表决情况等。出席会议的董事应当在会议记录上签名,表明该记录真实,对董事会会议上的言行负责。通过会议记录,将董事会的会议情况留下真实的证据,能够为将来了解董事会会议的情况提供必要的佐证,例如查证董事会会议是否违法、个别董事是否因决议事项对公司负赔偿责任等。

第一百二十五条　董事会会议，应当由董事本人出席；董事因故不能出席，可以书面委托其他董事代为出席，委托书应当载明授权范围。

董事应当对董事会的决议承担责任。董事会的决议违反法律、行政法规或者公司章程、股东会决议，给公司造成严重损失的，参与决议的董事对公司负赔偿责任；经证明在表决时曾表明异议并记载于会议记录的，该董事可以免除责任。

【释义】 本条是关于董事出席董事会会议和对会议决议承担责任的规定。

一、董事出席董事会会议的要求

出席董事会会议既是董事的权利，也是董事为履行职责应尽的义务，但董事本人出席董事会会议的要求并不是绝对的。如果董事因身患疾病、交通不便、处理重要事务等原因，无法亲自出席董事会会议，可以委托他人代为出席。董事委托他人代为出席董事会会议，应当符合两个条件：一是委托对象限于本公司的其他董事，由于董事会决议事项涉及公司经营管理的重要问题，需要熟知公司业务，且可能包含公司商业机密和其他重要敏感信息，因此不宜由本公司董事以外的人出席。二是应当采用书面委托的形式，董事在委托其他董事代为出席时，应当出具书面委托书，并应在委托书中载明委托哪位董事就哪些事项代其发表意见，并在委托书上签名盖章。

二、董事对董事会会议的决议承担责任

董事会会议的决议是由董事表决通过的，董事应当对决议事项明确表示赞成、否定或弃权，并根据自身的投票情况对会议决议承担责任。作为受股东信任而接受委托参与公司经营的董事，应当遵守公司章程，忠实履行职务，维护公司利益，如董事参与决议的事项违反法律、行政法规或者公司章程、股东会决议，致使公司遭受严重损失，该董事应当对公司负赔偿责任。这种决议可能是要求公司开展某种业务、从事某种活动，也可能是反对公司履行某类义务和责任。

对相关决议持异议的董事可以免除对公司的赔偿责任，但需要有证据证明该董事曾明确作出表态，并且应当在会议记录中有相应记载，否则该董事仍需承担责任。

第一百二十六条　股份有限公司设经理，由董事会决定聘任或者解聘。

经理对董事会负责，根据公司章程的规定或者董事会的授权行使职权。经理列席董事会会议。

【释义】　本条是关于股份有限公司经理及其职权的规定。

根据公司运营规模的大小和治理结构的复杂程度，董事会对公司经营管理作出的决议可能无法面面俱到，只能聚焦于经营活动中的重点事项和问题，此时就需要设置专门机构负责执行董事会的决议，处理公司经营过程中的具体事务，对外代表公司开展商业活动，即公司经理。经理是辅助董事会执行公司业务的机构。从境外情况来看，德国、法国、日本、韩国和我国台湾地区等对经理或类似机构作出规定的国家和地区均没有将其规定为股份有限公司的法定机构，由公司根据需要自行决定是否设置，设置经理的一般由董事会选任。我国公司法也采用了这种方式，规定股份有限公司经理由董事会决定聘任或者解聘。董事会结合经营管理需要，根据工作经验、知识水平和为公司创造利润的能力，挑选和聘任适合本公司的经理，并决定经理的报酬及支付方法。董事会如果认为某个经理不适合于本公司，可以依法召开董事会会议决定解聘该经理。

关于经理的职权。在本次修订前，公司法对经理的职权作了详细列举。为了尊重公司意思自治，本次修订不再对经理的职权作具体列举，由公司根据自身情况在章程中规定或者由董事会作出具体授权。需要说明的是，公司法上的"经理"是用于描述负责辅助公司董事会开展公司经营、负责公司日常事务的机构的概念，不是实践中的具体公司职务，承担经理职权的可能是公司总裁、首席执行官等多种角色，需要加以区分。

第一百二十七条　公司董事会可以决定由董事会成员兼任经理。

【释义】　本条是关于董事会成员兼任经理的规定。

按照公司法的规定，原则上股份有限公司董事与经理在公司治理中各有分工,并以不同方式履行各自职责。董事会以集体议事的方式行使公司经营决策权,董事主要通过在董事会会议上提出议案、参与表决等方式履行职责;经理负责执行董事会的相关决议,并直接决定公司日常事务。但在实践中,公司可能出于简化决策流程、节约人员经费,或者突出董事会在经营决策中的核心地位等原因,不设置专门的经理岗位,而选择由董事兼任经理,赋予部分董事在公司事务管理上的个人权力。为了尊重公司意思自治,公司法允许作出上述治理安排。

关于董事能否兼任经理,或者脱离董事会直接执行公司日常事务,境外公司法主要有以下几种做法:一是规定董事会成员可以兼任经理,如《法国商法典》规定董事长可以兼任总经理,《日本公司法》规定董事可以兼任执行官;二是规定公司可以根据需要设置经理,但没有规定董事能否兼任经理,如韩国和我国台湾地区;三是规定在不违反多数董事意见的情况下,董事可以执行公司事务,并可以单独或与1名经理共同对外代表公司,如德国;四是对经理不作明确规定,允许1名或数名董事负责执行公司事务,如英国、日本公司法和美国《特拉华州普通公司法》。考虑到我国公司法已经对董事和经理在公司治理中的职权作了区别规定,为了避免混淆,没有规定董事个人对公司事务的执行权,可以通过董事兼任经理的方式满足相关实践需要。

另外,与聘任公司经理相同,决定董事兼任公司经理的权限属于公司董事会,应当通过董事会决议的方式作出,不得由少数董事自行决定。

第一百二十八条　规模较小或者股东人数较少的股份有限公司,可以不设董事会,设一名董事,行使本法规定的董事会的职权。该董事可以兼任公司经理。

【释义】　本条是关于小规模股份有限公司只设1名董事的规定。

本次公司法修订前,只允许规模较小或者股东人数较少的有限责任公司不设董事会,可以设1名执行董事;股份有限公司董事会至少应当有5名成员。这样规定主要是考虑股份有限公司规模相对较大,股东人数众多,应当设置相对完善的治理结构,包括人数适中的董事会,防止大量股东过度参与公司经营决策引起公司治理混乱。董事会人数的增加必然提高公司的人员薪酬等管理成本,因此公司法的上述规定在事实上抬高了设立股份有限公司的门槛。但2014年注册资本认缴登记制改革全面推开后，设立公司最低注册资本的限制随之取消，实践中设立股份公司的门槛明显降低，出现了一批注册资本规模不大、股东人数较少的股份公司，针对此类情况，应当允许股东根据实际需要选择公司的组织机构，不宜人为设置阻碍。因此，本次修订进一步优化公司组织机构设置，允许规模较小或者股东人数较少的股份有限公司不设董事会，设1名董事行使董事会职权。从境外公司相关规定看，德国、英国、日本、美国特拉华州和我国台湾地区均允许公司章程规定只设1名董事行使董事会的职权，《韩国商法典》允许股本10亿韩元以下的公司设1名董事行使董事会的职权。

一、关于可以不设董事会的股份有限公司

股份有限公司只需满足股东人数较少或者公司规模较小的条件之一，即可以只设1名董事执行董事会的职权。公司法对股东人数较少或者公司规模较小的具体标准未作专门规定，主要是考虑实践中对于公司体量、规模的衡量方式可能随着公司领域、业态的变化而变化，公司法对此不作严格限制。国务院有关主管部门也可以根据社会实际情况和监管需要对股东人数较少、公司规模较小的标准作出专门规定。

二、关于董事的职权

如股份有限公司选择不设董事会，只设1名董事，则该名董事就替代了公司董事会的地位，成为股东会下的执行机关和经营决策机关，行使相应职权。董事个人行使职权无须复杂的会议召集和决议表决程序，在决策方式和灵活性上与董事会集体决策有明显区别，且缺乏董事会成员间的内部制约，因此可以在公司章程中对董事职权作出相应的细化规定，董事应当严格根据公司章程的规定履行职责。另外，只设1名董事的公司，决策流程一般相对简化，董事个人可以对公司多数事务直接进行决策并予以执行，出现和经理职权重合的情况。此时董事可以决定兼任经理职务，降低管理成本；也可以决定聘任经理辅助自己执行公司事务，并通过公司章程对各自的权限作出相应规定。

第一百二十九条　公司应当定期向股东披露董事、监事、高级管理人员从公司获得报酬的情况。

【释义】 本条是关于公司向股东披露董事、监事、高级管理人员报酬的规定。

董事、监事经股东选任分别组成董事会、监事会履行公司的经营决策和监督职权，董事会根据需要可以聘任经理和其他高级管理人员辅助执行经营决策，管理公司日常事务。理论上，董事、监事、高级管理人员属于公司的代理人。但通常情况下，董事、监事、高级管理人员并不持有公司股份或者只持有少部分股份，导致董事、监事、高级管理人员的自身利益与公司利益并不总能保持一致，从而出现所谓"代理问题"。为此，需要建立相应的机制，激励和监督董事、监事和高级管理人员在履行职权时以公司和股东利益为优先，报酬机制是其中十分重要的一环。我国公司法明确规定公司董事、监事的报酬事项由股东会决定，经理和其他高级管理人员的报酬事项由董事会决定。境外相关规定中，日本、韩国和我国台湾地区也都作了类似的规定。

但在实践中，受限于召集程序和议事方式的复杂性，股东会通常只能就董事、监事的报酬总额、构成内容、考核办法、业绩分配等重要事项作出决议。报酬支付的时间、方式，以及考核的实施等具体事项的权力客观上集中在董事会和监事会自身手中，甚至在一些公司中，由于董事会、监事会召集议事次数过少，导致董事长、经理个人掌握相关权力。因此有的理论认为，报酬的支付在广义上属于董事、监事、高级管理人员的自我交易。为了防止公司董事、监事、高级管理人员长期领取不合理的过高报酬，侵害公司和股东的合法权益，应当要求其定期向股东报告在公司取得报酬和其他利益所得的情况，这也是保障股东知情权，加强对董事、监事、高级管理人员监督的重要内容。从报告内容来看，应当包括董事、监事、高级管理人员取得报酬、津贴、福利保险等的具体数额，本年度业绩完成情况，是否在股东单位或其他关联单位领取报酬、津贴等。境外公司法中，《法国商法典》明确规定董事会应当按照会计年度向股东会报告董事、监事、高级管理人员在公司取得的报酬和其他利益所得。

第四节 监 事 会

第一百三十条 股份有限公司设监事会，本法第一百二十一条第一款、第一百三十三条另有规定的除外。

监事会成员为三人以上。监事会成员应当包括股东代表和适当比例的公司职工代表,其中职工代表的比例不得低于三分之一,具体比例由公司章程规定。监事会中的职工代表由公司职工通过职工代表大会、职工大会或者其他形式民主选举产生。

监事会设主席一人,可以设副主席。监事会主席和副主席由全体监事过半数选举产生。监事会主席召集和主持监事会会议;监事会主席不能履行职务或者不履行职务的,由监事会副主席召集和主持监事会会议;监事会副主席不能履行职务或者不履行职务的,由过半数的监事共同推举一名监事召集和主持监事会会议。

董事、高级管理人员不得兼任监事。

本法第七十七条关于有限责任公司监事任期的规定,适用于股份有限公司监事。

【释义】 本条是关于股份有限公司监事会设置、成员组成、召集和主持、任职限制以及任期的规定。

一、股份有限公司的监督机构设置

股份有限公司原则上应当设立监事会,但有两种例外情形:一是按照本法第121条的规定,在董事会中设置审计委员会,行使本法规定的监事会职权,不设监事会或者监事;二是规模较小或者股东人数较少的股份有限公司,可以不设监事会,设1名监事,行使本法规定的监事会的职权。

二、监事会成员组成规定

第2款是关于监事会成员的组成规定,和有限责任公司要求一致,对监事的人数、组成以及职工代表的比例、产生办法等作了规定。

三、监事会主席、副主席相关规定

第3款是关于监事会主席、副主席的设置以及召集和主持监事会会议的规定。相比有限责任公司召集和主持主体的规定,股份有限公司增加了监事会副主席的相关规定。主要是考虑到实践中,股份有限公司普遍设立监事会主席、副主席,并规定在监事会主席不能履行职务或者不履行职务的,由监事会副主席召集和主持监事会会议，只有监事会副主席也不能履行职务或者不履行职务的，才由过半数的监事共同推举 1 名监事召集和主持监事会会议，与有限责任公司的程序不太一样。但是，对于股份有限公司监事会副主席的设置，法律上没有作强制规定。考虑到公司大小规模情况不一，因此也可以不设监事会副主席；如果不设副主席，其监事会召集和主持程序也就和有限责任公司一致了。

四、监事会成员任职规定

监事会的主要职责就是从维护公司利益的角度出发，对公司董事、高级管理人员执行公司职务时的行为进行监督，甚至在董事、高级管理人员执行公司职务违反法律、行政法规或者公司章程的规定，给公司造成损害时，代表公司对董事、高级管理人员进行诉讼。为确保监事独立客观公正地行使监督权，董事与高级管理人员不得兼任监事。

五、监事会成员任期规定

为了保证监事会正确、适当地行使其职权，法律对监事会成员的任期作了规定。监事的任期每届为 3 年。监事任期届满，连选可以连任。监事任期届满未及时改选，或者监事在任期内辞职导致监事会成员低于法定人数的，在改选出的监事就任前，监事仍应当按照法律、行政法规和公司章程的规定，履行监事的职务。

第一百三十一条　本法第七十八条至第八十条的规定，适用于股份有限公司监事会。

监事会行使职权所必需的费用，由公司承担。

【释义】 本条是关于股份有限公司监事会行使职权的规定。

本法第 78 条是关于有限责任公司监事会职权的规定，第 79 条是关于监事列席董事会会议、提出质询或者建议的权利以及监事会的特别事项调查权的规定，第 80 条是关于董事、高级管理人员配合监事会行使职权的义务性规定适用于股份有限公司的监事会的规定。

同有限责任公司一样，股份有限公司监事会行使职权所必需的费用，由公司承担,这是监事会行使职权的物质保障。

第一百三十二条　监事会每六个月至少召开一次会议。监事可以提议召开临时监事会会议。

监事会的议事方式和表决程序,除本法有规定的外,由公司章程规定。

监事会决议应当经全体监事的过半数通过。

监事会决议的表决,应当一人一票。

监事会应当对所议事项的决定作成会议记录,出席会议的监事应当在会议记录上签名。

【释义】 本条是关于监事会会议的类型、议事方式、表决程序和会议记录的规定。

一、监事会会议的类型

监事会是公司的监督机构,代表公司对公司的董事、经理以及其他高级管理人员的业务执行情况进行监督。与董事会类似,监事会主要通过举行监事会会议并作出决议的方式集体履行职权。监事会会议可以分为例行会议和临时会议两种。例行监事会会议主要是对一定周期内公司经营情况和董事、高级管理人员职责履行情况的总体回顾和监督,召开时间相对固定,按照本条的规定,应当每6个月至少召开1次,公司章程可以作出具体规定。公司经营情况出现突发问题或者重要变化,需要及时予以监督纠正的,监事可以根据需要提议召开临时监事会会议,及时行使职权。

二、监事会会议的议事方式和表决程序可由公司章程规定

监事会会议的召开和表决也应当符合必要的程序,保障监督权的依法正当行使。但考虑到监事会并不直接负责公司经营决策或执行日常事务,可以根据公司的经营管理情况和治理水平,由公司自行在章程中对议事方式和表决程序作出规定。总体而言,公司章程在规定监事会的议事方式和表决程序时,应当从本公司的具体情况出发,以有利于监事会正确、适当地行使职权为原则。

三、监事会会议决议应当符合的条件

监事会会议决议作为监事会集体意志的体现,应当能够反映多数监事的共同意见,确保既能及时发现和纠正公司经营管理中存在的重大问题,又不会过度干扰公司的经营决策效率。因此,监事会会议决议应当经全体监事的过半数通过,公司章程不得作出低于这一比例的规定。在议事过程中,监事彼此之间身份相同、地位平等,应当根据自身独立判断对决议事项提出意见,为了强化监事本人对自身职责的认识,对监事会会议表决程序作出必要规范,本次修订增加规定,明确监事会会议实行一人一票的表决方式,监事对于单独的决议事项只能享有一票表决权。

四、监事会应当对所议事项的决定作成会议记录

监事会会议记录是载明监事会对所议事项作出决定的书面文件和原始凭证。监事会在举行会议时,监事会主席或其他主持人应当安排人员对监事会会议所决议的事项及决定形成会议记录,包括会议举行的时间、地点、主要内容,会议议定的事项、具体的表决情况等。会议记录应当由出席会议的监事签名,表明会议记录的真实性。为今后了解监事会会议情况,确定有关监事的义务和责任提供必要佐证。

第一百三十三条　规模较小或者股东人数较少的股份有限公司,可以不设监事会,设一名监事,行使本法规定的监事会的职权。

【释义】　本条是关于小规模股份有限公司只设 1 名监事的规定。

2023 年公司法优化了股份有限公司组织机构,允许规模较小或者股东人数较少的股份有限公司不设董事会,设 1 名董事行使董事会的职权。在允许公司简化经营决策机构的前提下,若公司法仍一律要求股份有限公司设置监事会履行监督职责,必然导致公司组织机构内部不匹配,出现“小马拉大车”的情况。有鉴于此,2023 年公司法允许规模较小或者股东人数较少的股份有限公司不设监事会,设 1 名监事行使监事会的职权,对公司经营管理状况进行监督。

第五节　上市公司组织机构的特别规定

第一百三十四条　本法所称上市公司，是指其股票在证券交易所上市交易的股份有限公司。

【释义】　本条是关于上市公司定义的规定。

上市公司应当满足以下两个特征：

1. 上市公司应当是公开发行股票且上市的股份有限公司。根据证券法的规定，股份有限公司公开发行股票包括两种情况：一是设立股份有限公司公开发行股票，即以募集设立方式成立的股份有限公司在设立阶段同步向社会公开发行股票；二是公司公开发行新股，即以发起设立方式成立的股份有限公司，在公司成立后向社会公开发行股票。公开发行股票应当符合法律、行政法规规定的条件，并依法报经国务院证券监督管理机构或者国务院授权的部门注册。

2. 上市公司的股票应当在证券交易所上市交易。按照证券法的规定，公开发行的证券应当在依法设立的证券交易所上市交易或者在国务院批准的其他全国性证券交易场所交易。公司在公开发行股票的同时，应当选择符合上市条件的证券交易所和具体的上市板块，提交股票上市交易的申请，证券交易所依法审核同意后，双方签订上市协议，股票上市交易。证券交易所是为证券集中交易提供场所和设施，组织和监督证券交易，实行自律管理的法人，其设立和解散由国务院决定。目前，我国设立了上海证券交易所、深圳证券交易所和北京证券交易所。

第一百三十五条　上市公司在一年内购买、出售重大资产或者向他人提供担保的金额超过公司资产总额百分之三十的，应当由股东会作出决议，并经出席会议的股东所持表决权的三分之二以上通过。

【释义】　本条是关于上市公司重大资产变化和对外担保应当经股东会会议决议的规定。

一、上市公司重大资产变化和对外担保应当经股东会会议决议

原则上,公司购买或出售资产、对外提供担保等属于经营决策事项,应当由董事会决定。但是,资产和负债分别作为公司经济利益流入和流出的基础要素,两者的重大变化可能对公司的持续经营能力和盈利能力,以及公司股东的收益等产生直接影响。为了充分保护公司和股东的合法权益,法律、行政法规和公司章程等可以对董事会购买或出售资产、对外提供担保的权限作出必要限制,超出权限的,董事会应当及时召集股东会会议作出决议。由于上市公司股权普遍分散,中小股东人数众多,其资产和负债的重大变化相较于一般公司影响范围更广,还可能波及公司股票交易价格,影响投资者的交易判断。因此,结合证券法关于上市公司重大事项信息披露和有关证券监管规则的规定,公司法明确将上市公司在 1 年内购买、出售重大资产或者向他人提供担保的金额超过公司资产总额 30%的规定为股东会会议决议事项。

二、上市公司重大资产变化和对外担保应当经股东会会议特别多数通过

上市公司中小股东虽然人数众多,但持股份额普遍较少。为了保障上市公司购买、出售重大资产,或者向他人提供大额担保能够得到大多数股东的认可,防止大股东、实际控制人等利用持股优势强行通过决议侵害中小股东利益,本条规定上市公司购买、出售重大资产或者对外提供担保的金额超过公司资产总额 30%的,应当经股东会会议特别多数,即出席会议的股东所持表决权的 2/3 以上通过。

第一百三十六条　上市公司设独立董事,具体管理办法由国务院证券监督管理机构规定。

上市公司的公司章程除载明本法第九十五条规定的事项外,还应当依照法律、行政法规的规定载明董事会专门委员会的组成、职权以及董事、监事、高级管理人员薪酬考核机制等事项。

【释义】　本条是关于上市公司独立董事和公司章程记载事项的规定。

一、上市公司设独立董事

1997 年 12 月 16 日,中国证监会发布《上市公司章程指引》,允许上市公司根据自身需要引入独立董事，并在公司章程中明确独立董事的职责。1999年3月29日，中国证监会和国家经济贸易委员会联合下发《关于进一步促进境外上市公司规范运作和深化改革的意见》，要求境外上市公司"逐步建立健全外部董事和独立董事制度"。2001年8月16日，中国证监会发布《关于在上市公司建立独立董事制度的指导意见》，开始在境内上市公司中全面推行独立董事制度，要求独立董事在上市公司董事会中占比不少于1/3。2005年公司法第123条规定，上市公司设立独立董事，具体办法由国务院规定。2022年1月5日，证监会在上市公司法规整合工作中将《关于在上市公司建立独立董事制度的指导意见》修订为《上市公司独立董事规则》。2023年4月7日，《国务院办公厅关于上市公司独立董事制度改革的意见》公布，启动上市公司独立董事制度改革，提出了明确独立董事职责定位、优化履职方式、强化任职管理、改善选任制度等八个方面的改革任务。为落实改革任务，2023年8月1日，中国证监会发布《上市公司独立董事管理办法》，细化了独立董事制度各环节具体要求。此次修订公司法维持了上市公司设立独立董事的规定，并根据实践发展和需要，将具体办法由国务院规定改为由国务院证券监督管理机构规定。根据《上市公司独立董事管理办法》的规定，独立董事是指不在上市公司担任除董事外的其他职务，并与其所受聘的上市公司及其主要股东、实际控制人不存在直接或者间接利害关系，或者其他可能影响其进行独立客观判断关系的董事。独立董事应当独立履行职责，在董事会中发挥参与决策、监督制衡、专业咨询作用，维护上市公司整体利益，保护中小股东合法权益。

二、关于上市公司章程记载事项的特别规定

上市公司公司章程在公司治理中发挥重要作用。因此，除应当记载本法第95条规定的股份有限公司章程应当载明的事项，还应当按照本条和有关法律、行政法规的规定载明董事会专门委员会的组成、职权以及董事、监事、高级管理人员薪酬考核机制等事项。按照本法第121条的规定，股份有限公司可以选择设置审计委员会履行监事会的职权，还可以按照公司章程的规定设置其他专门委员会。如果上市公司设置审计委员会或者其他专门委员会，则应当在公司章程中载明专门委员会的组成、职权。组成并不是指具体的成员，而是该委员会成员的来源以及具备哪些基本条件。此外，还包括董事、监事、高级管理人员薪酬考核机制。

第一百三十七条　上市公司在董事会中设置审计委员会的，董事会对下列事项作出决议前应当经审计委员会全体成员过半数通过：

（一）聘用、解聘承办公司审计业务的会计师事务所；

（二）聘任、解聘财务负责人；

（三）披露财务会计报告；

（四）国务院证券监督管理机构规定的其他事项。

【释义】 本条是关于上市公司审计委员会职权的规定。

上市公司的审计委员会作为董事会中设置的委员会，其最主要的功能就是对公司财务、会计等方面的事项进行监督。为了强化上市公司审计委员会的监督作用，公司法规定，对于一些涉及财务、会计等方面的重大事项，董事会在作出决议前，应当先由审计委员会作出决议，发挥审计委员会在重大事项上的前置审议功能。

1. 聘用、解聘承办公司审计业务的会计师事务所。按照本法第215条的规定，公司聘用、解聘承办公司审计业务的会计师事务所，按照公司章程的规定，由股东会、董事会或者监事会决定。如果上市公司聘用、解聘承办公司审计业务的会计师事务所按照公司章程的规定由董事会决定，则董事会作出决定前，应当先由审计委员会全体成员过半数通过。审计委员会需要对会计师事务所的独立性和专业性进行评估，并监督和评估会计师事务所是否勤勉尽责，据此向董事会提出聘任或者解聘会计师事务所的建议。

2. 聘任、解聘财务负责人。财务负责人对财务报告编制、会计政策处理、财务信息披露等财务相关事项负有直接责任。财务负责人对于确保公司财务合法至关重要，任命财务负责人经审计委员会同意有利于强化其对财务工作监督。

3. 披露财务会计报告。证券法第79条规定，上市公司、公司债券上市交易的公司、股票在国务院批准的其他全国性证券交易场所交易的公司，应当按照国务院证券监督管理机构和证券交易场所规定的内容和格式编制定期报告，并按照以下规定报送和公告：(1)在每一会计年度结束之日起4个月内，报送并公告年度报告，其中的年度财务会计报告应当经符合证券法规定的会计师事务所审计;(2)在每一会计年度的上半年结束之日起2个月内,报送并公告中期报告。第82条规定,发行人的董事、高级管理人员应当对证券发行文件和定期报告签署书面确认意见。上市公司在董事会就披露财务会计报告作出决议前,应当先由审计委员会全体成员过半数通过。审计委员会应当对财务报告的真实性、完整性和准确性提出意见;重点关注上市公司财务报告的重大会计和审计问题;特别关注是否存在与财务报告相关的欺诈、舞弊行为及重大错报的可能性等,确保披露信息真实、准确、完整。

4. 授权国务院证券监督管理机构对还应当先由审计委员会决议后才提请董事会决议的事项作出规定。

第一百三十八条　上市公司设董事会秘书,负责公司股东会和董事会会议的筹备、文件保管以及公司股东资料的管理,办理信息披露事务等事宜。

【释义】 本条是关于上市公司董事会秘书及其职责的规定。

一、上市公司设董事会秘书

董事会秘书是指掌管董事会文书并协助董事会成员处理日常事务的人员。董事会秘书是上市公司固有的职务,是董事会设置的服务职位,不能代表董事会或董事长。我国法律、行政法规中对董事会秘书作出规定,最早是为了适应股份有限公司赴港及海外上市的需要,要求相关公司设置董事会秘书,由董事会委任;明确董事会秘书是公司高级管理人员。之后中国证监会颁布的《上市公司章程指引》,上海、深圳、北京证券交易所的股票上市规则中都确定了董事会秘书这一职位,并规定了相应的职责和作用。经过多年的实践,上市公司设董事会秘书的制度已经基本成熟,应当从法律上加以肯定。在法律中确立这项制度,有利于完善上市公司治理结构,提高上市公司管理的规范化水平和管理效率,更好地发挥董事会的作用,维护公司和股东的利益。为此,2005年修订公司法时增加了上市公司设董事会秘书的规定。

董事会秘书是上市公司的高级管理人员,应当承担高级管理人员应尽的忠实和勤勉义务,不得利用职权为自己或他人谋取利益。董事会秘书深度参与上市公司资本市场相关业务,应当具备一定的专业技能和理论水平,不仅要掌握公司法、证券法、上市规则等有关法律法规，还要熟悉公司章程、信息披露规则，掌握财务及行政管理方面的有关知识，遵守相关职业操守，定期接受必要的培训。

二、董事会秘书的职责

董事会秘书的主要职责有：一是按照法定程序筹备股东会和董事会会议，准备和提交有关会议文件和资料，安排股东会、董事会会议文件和会议记录等。二是合理保管和整理有关档案资料，如公司股东名册、董事名册，大股东及董事、监事和高级管理人员持有本公司股票的情况等。三是负责协调公司与投资者的关系，接待投资者来访，回答投资者咨询，依法向投资者提供投资信息等。四是负责办理信息披露事务，督促公司制定并执行信息披露管理制度和重大信息的内部报告制度，促使公司和相关当事人依法履行信息披露义务，按照规定向有关机构报送定期报告和临时报告；安排信息披露相关的保密事项，制订保密措施，督促董事、监事和其他高级管理人员以及相关知情人员在信息披露前保守秘密，并在内幕信息泄露时及时采取补救措施等。

上市公司应当为董事会秘书履行职责提供便利条件，董事、监事、其他高级管理人员和相关工作人员应当支持、配合董事会秘书的工作。董事会秘书为履行职责，有权了解公司的财务和经营情况，参加涉及信息披露的有关会议，查阅涉及信息披露的所有文件，并要求公司有关部门和人员及时提供相关资料和信息。

第一百三十九条　上市公司董事与董事会会议决议事项所涉及的企业或者个人有关联关系的，该董事应当及时向董事会书面报告。有关联关系的董事不得对该项决议行使表决权，也不得代理其他董事行使表决权。该董事会会议由过半数的无关联关系董事出席即可举行，董事会会议所作决议须经无关联关系董事过半数通过。出席董事会会议的无关联关系董事人数不足三人的，应当将该事项提交上市公司股东会审议。

【释义】　本条是关于上市公司董事回避制度的规定。

一、上市公司董事与董事会会议决议事项有关联关系的，应当回避表决

关联交易是一种常见的商业安排，与关联方进行交易，能够起到降低沟

通成本、优化资源配置等作用,实现多赢的效果。但是,关联关系也可能影响商业判断的中立和客观,特别是当董事或经理等高级管理人员与交易对手存在隐蔽关联关系时,容易出现其利用对公司决策、执行的影响地位,进行利益输送等损害公司和股东利益的情况。董事对公司负有忠实和勤勉义务,当董事会会议决议事项所涉及的企业或者个人与其存在关联关系时,可能引起董事与公司间的利益冲突。为此,从维护公司整体利益的角度出发,有必要对相关董事的表决权进行限制。多数国家和地区均明确董事、高级管理人员等负有回避利益冲突的义务,英国、法国、日本、韩国、我国台湾地区等均明确规定董事应当在董事会会议上报告或披露自身与决议事项的关联关系,其中法国、日本和我国台湾地区明确规定了有关联关系的董事应当回避相关事项的表决。

实践中,上市公司董事本人或者受大股东、实际控制人的影响、指示,违反忠实义务参与董事会决策,利用关联关系进行不公平的资产买卖、接受或设定不合理交易价格、为关联方提供高额担保借贷等输送利益的行为屡见不鲜,不仅侵害了公司和众多中小股东、投资人的利益,也危害了证券市场的正常秩序和公信力。本次公司法修订前,重点对上市公司关联交易的程序作了规范,明确规定上市公司董事应当回避与自身有关联关系的决议事项表决。本次修订,从两方面对上市公司董事回避表决的规定作了完善:一是将关联方涵盖的范围从“企业”扩大为“企业或者个人”,明确与决议事项涉及个人有关联关系的董事也应当回避表决,全面覆盖各类交易主体;二是明确董事主动报告关联关系的义务,无论董事会是否知悉,董事都应当以书面形式报告与决议事项涉及的关联关系,强化董事注意义务,防止通过隐瞒关联关系逃避法律规范。本条所称的关联关系,是指上市公司的董事与董事会决议事项所涉及的企业或者个人之间,存在亲属、入股、共同持股等直接或者间接的利益关系。

二、上市公司董事回避表决权时董事会会议的举行和表决

上市公司董事回避表决的情况下,对有关联关系的企业或个人涉及的事项,既不得以本人名义行使表决权,也不得代理其他董事行使表决权。部分董事的回避在客观上减少了有权参与董事会会议表决的人数,如果仍然按照一般情况召集董事会会议并作出决议,可能导致出席和参与表决的董事不满法定人数。因此,在有董事回避的情况下,董事会会议由过半数的无关联关

系董事出席即可举行,会议所作决议经无关联关系董事过半数即可通过。

在个别情况下,董事会中多数董事都与决议事项涉及的企业或个人存在关联关系,无关联关系的董事人数不足3人,在事实上已无法按照简单多数的方式对相关事项作出决议,此时强行决议也无法代表董事会的集体意志。按照董事会无权或无法作出决议的一般处理办法,此时应将相关事项提交上市公司股东会会议审议。

第一百四十条　上市公司应当依法披露股东、实际控制人的信息,相关信息应当真实、准确、完整。

禁止违反法律、行政法规的规定代持上市公司股票。

【释义】 本条是关于上市公司披露股东、实际控制人信息以及不得代持上市公司股票的规定。

一、上市公司应当依法披露股东、实际控制人的信息

为了适应监管实践的需要,证券法以及相关证券监管规范对上市公司披露股东、实际控制人信息的义务作了规定,根据证券法第80条的规定,持有公司5%以上股份的股东或者实际控制人持有股份或者控制公司的情况发生较大变化的,上市公司应当依法向国务院证券监督管理机构和证券交易场所报送临时报告,并予公告。2023年公司法与证券法等法律、行政法规相衔接,增加上市公司应当依法披露股东、实际控制人信息的规定。

1.关于披露股东信息。由于上市公司股权普遍分散,中小股东人数众多,相较于一般公司,无须持有过高额度的股份,即有可能对公司的生产经营产生重要影响。根据证券法的规定,持有或者通过协议、其他安排与他人共同持有公司5%以上股份就触发了收购警戒线,在进一步发生股份变动时需要依法履行信息披露义务,买入或卖出股票应当严格按照法定程序进行。从境外立法看,多数国家和地区的证券监管法律制度均对大额持股的信息披露义务作了规定,只在具体持股比例上有所区别。如《美国证券交易法》和《日本金融商品交易法》规定,持有上市公司股份达到5%的应当履行信息披露义务;《英国披露与透明规则》规定,持有英国上市公司股份达到3%和境外上市公司股份达到5%的应当履行信息披露义务。

2. 关于披露实际控制人信息。2023 年公司法修订后，实际控制人不再限于股东以外的主体，只要通过投资关系、协议或者其他安排，能够实际支配公司行为的人，都可能成为实际控制人。由于实际控制人对公司行为具有支配效果，对于其下达的经营决策指令，其自身或者控制的其他企业开展与公司相关或竞争的业务，都会对公司的经营状况和股票价格产生影响。利用上述行为，实际控制人可能实施内幕交易、操纵市场、洗钱等多种违法活动，因此大多数国家证券金融领域的监管制度都将实际控制人作为重点关注对象，并要求上市公司及时披露实际控制人的信息。我国证券法对上市公司披露实际控制人信息也作了规定，如在公开发行新股的条件中，明确列明"实际控制人最近三年不存在贪污、贿赂、侵占财产、挪用财产或者破坏社会主义市场经济秩序的刑事犯罪"，在临时披露事项中列明"持有公司百分之五以上股份的股东或者实际控制人持有股份或者控制公司的情况发生较大变化，公司的实际控制人及其控制的其他企业从事与公司相同或者相似业务的情况发生较大变化"，等等。对实际控制人的相关信息，上市公司应当依法真实、准确、完整地进行披露。

二、禁止违反法律、行政法规的规定代持上市公司股票

股权代持是在公司经营实践中长期存在的一种客观现象，相关当事人决定实施股权代持，很多是出于减少行政审批时间、提高公司经营效率、避免决策权分散、借助名义股东影响力等不同方面的考量，是一种商业上的常见安排。但股权代持的存在也客观上导致了公司法律关系的复杂化，产生了谁是公司真实股东、实际出资人的法律地位如何、名义股东擅自行使股东权利或处分股权的效力如何、谁对公司债权人承担责任等多种问题，在公司股权交易、公司债务清偿等环节引发了不少矛盾和纠纷。还有一些不法分子，利用代持关系掩盖利益输送行为，逃避监管执法措施，实施洗钱、偷逃税、操纵证券市场等违法活动，破坏了正常的社会经济秩序。从我国司法实践的情况看，违反法律、行政法规强制性规定，以及金融安全、市场秩序、国家宏观政策等领域部门规章的规定实施的股权代持，均可能被审判机关认定为无效。考虑到股权代持问题较为复杂，理论界、实务界还存在不少分歧，因此 2023 年公司法修订主要是根据有关方面提出的意见，从维护金融监管秩序的角度出发，对上市公司股份代持作了原则规定，明确不得违反法律、行政法规的规定

代持上市公司股票。

第一百四十一条　上市公司控股子公司不得取得该上市公司的股份。

上市公司控股子公司因公司合并、质权行使等原因持有上市公司股份的，不得行使所持股份对应的表决权，并应当及时处分相关上市公司股份。

【释义】　本条是关于上市公司与控股子公司交叉持股的规定。

交叉持股，是两个或两个以上的公司之间相互持有对方股权，彼此互为投资者的特殊股权形式。交叉持股既有可能是不同公司出于产业协同、战略合作等目的互相投资而主动形成的；也有可能是因为并购重组标的持有本公司股份而被动形成的。与直接对外投资相比，交叉持股的公司通过换股或互相投资取得对方股权，基本无须实际支付资金或只需支付小额资金，在加强企业合作、构建联合体、强化股东或实际控制人的控制权等方面具有显著的成本优势。通过交叉持股，能够促进企业之间的协同发展和优势互补，降低资金、原料、技术等的流通成本，提升规模效益和企业运转效率，加强市场竞争力和抗风险能力。

交叉持股有其存在的商业合理性，但也会引发一定的问题，特别是公司与控股子公司之间的交叉持股，很容易导致资本空转、虚增，稀释中小股东权益，以及变相抽逃出资等情况的出现。在与控股子公司交叉持股的情况下，公司向控股子公司注入的资本金，又重新以出资的形式流回到公司，公司与控股子公司的股本虽然都增加了，但背后并没有真实资金的支撑，导致相应股本虚置，出资责任在母公司和控股子公司之间无尽循环。控股股东和实际控制人借助虚增股本，无须额外投入资金就可以降低中小股东的持股比例，变相稀释中小股东享有的表决权和其他权益。有的股东还利用控股子公司收购自身所持股份，实际上是变相将公司投入子公司的资产和资金据为己有，实现抽逃出资的目的。在证券市场，上市公司还能利用与控股子公司的交叉持股关系，通过循环出资的手段快速扩大资产负债规模，从而虚构业绩，拉高股价。

为了防范上市公司及控股股东利用交叉持股关系实施操纵股票价格、掏空公司资产等违法行为，充分维护中小投资者合法权益和证券市场秩序，前期证券监管机构和证券交易所已经通过股票上市规则等自律规范明确禁止上市公司和控股子公司的交叉持股。2023 年公司法修订，根据有关方面的意见，吸取证券监管实践中的有益经验，增加规定：禁止上市公司控股子公司主动购买或通过其他方式取得该上市公司的股份。另外，由于上市公司对外作为股东时，其持有的表决权等股东权利通常由董事会代表行使，为了防止上市公司董事会，特别是大股东控制的董事会利用控股子公司持股的表决权进一步压迫中小股东，本条规定，上市公司控股子公司因公司合并、质权行使等原因持有上市公司股份的，不得行使所持股份对应的表决权，并应当及时处分相关上市公司股份。

第六章　股份有限公司的股份发行和转让

第一节　股 份 发 行

第一百四十二条　公司的资本划分为股份。公司的全部股份，根据公司章程的规定择一采用面额股或者无面额股。采用面额股的，每一股的金额相等。

公司可以根据公司章程的规定将已发行的面额股全部转换为无面额股或者将无面额股全部转换为面额股。

采用无面额股的，应当将发行股份所得股款的二分之一以上计入注册资本。

【释义】　本条是关于股份发行形式的规定。

股份是股份有限公司资本的最基本构成单位，是公司资本不可细分的计算单位。有限责任公司股东的出资，不分为等额的份额，我国公司法称之为出资额。

股份是股份有限公司股东权利义务的产生根据和计算单位。发起人、出资人只有出资缴纳股款，拥有公司股份，才能成为公司的股东。同时，股东在公司中享有权利履行义务的范围取决于其拥有股份的数量。股东按照其持有的股份数额行使股东权利，如表决权、分红权、剩余财产分配权、新股认购权等。股份采用股票的形式，股票按票面是否标明每股金额，可以分为面额股和无面额股。面额股是指股票票面和公司章程记载每股金额的股票，采用面额股的，每一股的金额相等。无面额股，又称比例股或者份额股，公司章程和股票票面上不记载每股的票面金额，只记载其在资本金中所占的比例，或者记载其代表的股份数。

无面额股可以提高资本筹集和运作的灵活性，有利于实现创业公司创始人对其公司的控制,便于股票的合并、分割。因此,2023 年公司法修改时增加了股份有限公司可以发行无面额股的规定。同时,从提高资本制度的灵活性和降低制度转换成本两方面需要出发,本条第 1 款规定,公司的全部股份,根据公司章程的规定择一采用面额股或者无面额股。也就是说,公司的全部股份要么都是无面额股,要么都是面额股,不能两者并存。且公司章程在记载股份时,应当对股份采用面额股还是无面额股作出规定,发行面额股的,需要按照第 95 条的规定,在公司章程中记载每股金额。

为了保持制度的灵活性,本条第 2 款规定,公司可以将已发行的面额股全部转换为无面额股或者将无面额股全部转换为面额股。公司对面额股和无面额股进行转换的,需要由公司章程对转换条件和程序作出规定。转换时,公司注册资本不发生变化,股东持有的股份数所占比例也不发生变化,仅是公司章程记载的股票发行形式和章程记载事项发生变化。

由于无面额股没有面额,因此发行无面额股所得股款的计算方式是每股价格乘以股份数。为了保持资本制度的灵活性,本条第 3 款规定,采用无面额股的,应当将发行股份所得股款的 1/2 以上计入注册资本,未计入注册资本的部分计入资本公积金。

第一百四十三条　股份的发行,实行公平、公正的原则,同类别的每一股份应当具有同等权利。

同次发行的同类别股份,每股的发行条件和价格应当相同;认购人所认购的股份,每股应当支付相同价额。

【释义】　本条是关于股份发行原则的规定。

股份有限公司股份的发行,包括设立发行和新股发行两种情况。设立发行,是指股份有限公司在设立的过程中为了募集其设立所必需的资本而进行的股份发行;新股发行,是指股份有限公司成立以后,在运营过程中为了增加公司资本而进行的股份发行。无论是设立发行还是新股发行,都应当遵守本条所规定的股份发行原则。

一、股份发行实行公平、公正原则,同类别股份具有同等权利

根据本条第 1 款的规定,股份的发行,实行公平、公正的原则。所谓公

平,首先,是指发行的股份所代表权利的公平,即在同一次发行中的同一类别股份应当具有同等的权利,享有同等的利益,同类股份必须同股同权、同股同利;其次,是指股份发行条件的公平,即在同次股份发行中,相同类别的股份,每股的发行条件和发行价格应当相同。无论任何人,获得相同的股份,应支付相同的对价。所谓公正,是指在股份的发行过程中,应保持公正性,不允许任何人通过内幕交易、价格操纵、价格欺诈等不正当行为获得超过其他人的利益。

2023年公司法修改,将股份发行原则中的"同种类"修改为"同类别",为文字上的修正。相较于修改前公司法授权国务院对股份有限公司发行特别种类的股份另行作出规定,2023年公司法修改对股份有限公司发行类别股及其类型作出了明确规定。循此,本法的股票种类可分为普通股和类别股,"种类"可作为"类别"的上位概念,普通股整体属于一个种类,也属于一个类别;类别股整体属于一个种类,同时按照其具体权利义务的不同可分为不同类别。因此,"同类别"在此可指普通股或者同类类别股。

二、同股同价的基本要求

本条第2款实际上是对股份发行中的公平原则更具体的表述。同次发行的同类别股票,每股的发行条件和价格应当是相同的,任何单位或者个人所认购的股份,每股应当支付相同价额,对于同一类别的股票不允许针对不同的投资主体规定不同的发行条件和发行价格。这是股权平等原则在股份发行中的具体体现。

第一百四十四条　公司可以按照公司章程的规定发行下列与普通股权利不同的类别股:

(一)优先或者劣后分配利润或者剩余财产的股份;

(二)每一股的表决权数多于或者少于普通股的股份;

(三)转让须经公司同意等转让受限的股份;

(四)国务院规定的其他类别股。

公开发行股份的公司不得发行前款第二项、第三项规定的类别股;公开发行前已发行的除外。

公司发行本条第一款第二项规定的类别股的，对于监事或者审计委员会成员的选举和更换，类别股与普通股每一股的表决权数相同。

【释义】 本条是关于类别股的规定。

股东权利主要包括资产收益、参与重大资产决策和选择管理者等。按照股份所表示的股东权利的内容不同，可以将股份分为普通股和类别股两种。普通股，是指公司发行的没有特别权利和特别限制的股份。普通股的股东所拥有的股东权利是没有差别待遇的，在资产收益、参与重大资产决策和选择管理者及股份转让等方面，没有任何优先权或者限制。普通股是股份有限公司发行的股份的常态，大多数股份都是普通股。类别股，也称特别股，是指公司发行的在资产收益、参与公司决策等方面设有特别权利和特别限制的股份。公司发行类别股，是一种市场化的选择，有利于股份有限公司以更加灵活多样的方式筹集公司资本，也利于满足具有不同偏好的投资者多样化的投资需求。因此，其他国家和地区的公司法一般也都允许股份有限公司发行不同类型的类别股，并要求其在公司章程中对类别股的特别权利或者特别限制进行明确规定。

一、类别股的类型

本法允许股份有限公司发行类别股，列举了三类常见类型的类别股，同时规定公司可以发行国务院规定的其他类别股，实际上是将规范公司发行类别股的权力授予了国务院。类别股股东权利的内容在公司章程中予以确定，依照本条第 1 款的规定，通常指其股东在公司利润分配、公司剩余财产分配、表决权行使以及股份转让等方面不同于普通股的股东权利。类别股具体又可分为如下类别：(1) 优先或者劣后分配利润或者剩余财产的股份，即在公司利润分配、剩余财产分配方面享有优先权利或者受到限制的类别股。其中，股份的持有人对公司利润、剩余财产享有优先于其他股东获得分配的权利的股份可称为优先股。优先股股东优先获得的利润分配还常以固定股息的方式体现。公司向优先股股东分配利润也必须遵守公司法关于利润分配的强制性规定，例如无盈利不分配、提取公积金之后再分配等。利润分配或剩余财产分配上的顺位劣后于普通股的股份称为劣后股。劣后股只是分配顺位具有劣后性，并不代表分配率低于其他类别股。(2) 每一股的表决权数多于或者少于普通股的股份。这是按照表决权数量与普通股的比较对股东参与公司决策权利进行的划分,其中表决权数多于普通股的通常称为复数表决权。(3)转让须经公司同意等转让受限的股份。转让受限的股份是指公司可以对该类别股份转让作出一定的限制。转让受限股不是指法律法规所规定的在法定锁定期内的限售股,而是公司章程规定的转让受限的股份。从比较法来看,转让受限的方式包括:该类别股份的对外转让需要公司的同意或者需要经过一定比例的其他股东同意等在转让程序、转让时间、转让对象等方面存在限制。当然,这些区分只是理论上的,实践中的类别股往往兼有多种性质。例如在公司利润分配上享有优先权的类别股,在公司表决权的行使上往往就处于劣后于普通股的地位。

二、对公开发行股份的公司发行类别股的限制及例外

根据本条第 2 款的规定,公开发行股份的公司除公开发行前已发行本条第 1 款第 2 项、第 3 项规定的类别股外,不得再发行该两类类别股。公开发行股份的公司股票通常会在证券交易所进行交易,为促进其股票的正常流通,不宜新发转让受限的股份。同时,表决权差异化的类别股,尤其是复数表决权股容易形成创始人对公司的长久控制,对公众股东来说不公平。因此,我国公开发行股份的公司也不能新发每一股表决权数多于或少于普通股的类别股。

三、关于表决权差异类别股的特别规定

监事或者审计委员会成员的任免涉及公司的监督事项,并不涉及具体的经营管理活动,对于发行本条第 1 款第 2 项规定的每一股的表决权数多于或者少于普通股的股份,其监事或者审计委员会成员的选举和更换不宜有表决权上的差异,这样可以确保普通股股东能够通过公平地选举和更换监事或者审计委员会成员进而对公司经营等活动进行监督。根据本条第 3 款的规定,发行每一股的表决权数多于或者少于普通股的类别股的,该公司选举和更换监事或者审计委员会成员时,该类别股的该项表决权与普通股相同。

第一百四十五条　发行类别股的公司,应当在公司章程中载明以下事项:

(一)类别股分配利润或者剩余财产的顺序;

(二)类别股的表决权数;

(三)类别股的转让限制;

(四)保护中小股东权益的措施;

(五)股东会认为需要规定的其他事项。

【释义】　本条是关于发行类别股的公司的公司章程的特别规定。

公司章程是有关公司组织和行为的基本规则,类别股涉及股东权利和义务的特殊安排,因此发行类别股的公司有必要在公司章程中作出相关规定。本法第95条对股份有限公司章程应当载明的事项作了规定,本条针对发行类别股的公司的公司章程应当记载事项作了专门规定,具体包括:

1.类别股分配利润或者剩余财产的顺序。按照本法第144条的规定,类别股股东之间以及类别股股东与普通股股东之间分配利润或者剩余财产的顺序可能存在优先或者劣后的差异,也可能处于同一顺位。分配利润或者剩余财产属于股东的财产权益,因此需要在章程中予以明确。

2.类别股的表决权数。按照本法第144条的规定,公司的类别股可能是表决权差异股也可能是其他类型,因此类别股每一股的表决权数可能多于或者少于普通股的股份,且不同批次发行的类别股每一股的表决权数也可能不同。因此,有必要在章程中予以明确。

3.类别股的转让限制。按照本法第144条的规定,公司的类别股在转让方面可能受到限制,因此需要在章程中予以明确。

4.保护中小股东权益的措施。类别股在资产收益、参与公司决策等方面设有特别权利和特别限制,在表决权等权利方面可能发生集聚,对于中小股东而言,其权利可能会受到影响甚至侵害。为保证公司的正常运转,避免中小股东的权益受到侵害,本条第4项要求公司章程中载明保护中小股东权益的措施。

5.股东会认为需要规定的其他事项。本条第5项为兜底条款,由公司自主确定相关事项,有助于公司形成健全的治理制度,促进公司治理。

第一百四十六条　发行类别股的公司，有本法第一百一十六条第三款规定的事项等可能影响类别股股东权利的，除应当依照第一百一十六条第三款的规定经股东会决议外，还应当经出席类别股股东会议的股东所持表决权的三分之二以上通过。

公司章程可以对需经类别股股东会议决议的其他事项作出规定。

【释义】　本条是关于发行类别股公司特定事项分类表决的规定。

公司发行类别股可满足不同股东对财产权益和公司管理权的偏好，但具有较弱的表决权益的类别股股东的权益可能受到侵害，因此允许发行类别股的国家或地区的公司法往往通过设置分类表决机制有效保护在表决权方面处于弱势的股东的权益。分类表决即相关事项除需经有表决权的股东表决外还需再由相关的类别股股东进行表决。域外国家和地区公司法也有类似规定，例如《日本公司法》第322条规定，类别股份发行公司实施该条列举的13类行为，且有可能对某类别股份的类别股东造成损害的，该行为未经由该类别股份的类别股东组成的类别股东大会决议的，不生效力。

一、触发分类表决机制的条件及表决机制

需要进行分类表决的事项都是与类别股股东的权益有直接利害关系的事项。根据本条第1款的规定，分类表决的事项限于本法第116条第3款规定事项，即修改公司章程、增加或者减少注册资本的决议，以及公司合并、分立、解散或者变更公司形式，其中修改公司章程包括本法第145条中明确的类别股分配利润或者剩余财产的顺序、表决权数等内容。同时，本款还将前述事项明确限于可能影响类别股股东权利情形，即可能会限制、损害类别股股东的权利或者对其权利行使造成不利影响等情形。类别股的权利涉及利润和剩余财产分配、表决权等诸多权利，相关事项可能对类别股的整体权益未造成损害，但对其中的财产性权益或者表决权等管理性权益造成损害，因此本款表述采用“影响”。

对于符合分类表决条件的，公司法明确规定除应当经出席会议的股东所持表决权的2/3以上通过外，还应当经出席类别股股东会议的股东所持表决权的2/3以上通过。这里的类别股股东会会议并不是整体概念，如果公司发行多种类别股，应当由受影响的各不同类别股股东分别进行决议。

二、公司章程对分类表决事项可以作其他规定

分类表决是法定的对类别股股东的保护措施，公司基于实际情况可以在章程中规定对更多的事项实行分类表决。因此，本条第 2 款规定，公司章程可以对需经类别股股东会决议的其他事项作出规定。

第一百四十七条　公司的股份采取股票的形式。股票是公司签发的证明股东所持股份的凭证。

公司发行的股票，应当为记名股票。

【释义】　本条是关于股票概念和记名股票的规定。

一、股票的概念

本条第 1 款是关于股票概念的规定，根据该款规定，股票是公司签发的证明股东所持股份的凭证。股票的概念包括以下几层含义：(1)股票是股份的表现形式，作为法律概念的股份在具体生活中表现形式就是股票。股份是股票的价值内容，股票是股份的存在形式。(2)股票是证明股东权利的一种有价证券。股票通过其记载事项表明其所有人或者持有人在公司中所享有的权利；股票所代表的股东权利包含财产权的内容，如分红权和剩余财产分配权等；股票可以流通并可以进行质押。因此，股票是一种有价证券，是证明股东权利的凭证。(3)股票是一种要式证券。依照本款和本法有关条款的规定，采用纸面形式的股票必须由公司签发，由公司的法定代表人签名，公司盖章。同时，股票的形式、记载事项等必须符合法律规定。

二、公司发行的股票应当为记名股票

2023 年公司法明确规定公司发行的股票应当为记名股票，删去了无记名股票的规定。此前实践中，根据股票上是否记载股东的姓名或者名称，将股票分为记名股票和无记名股票两种。记名股票，是指股票上记载有股东姓名或者名称的股票；无记名股票，是指股票上未记载股东姓名或者名称的股票。无记名股票仅交付就可以发生转让的法律效力，流动性太大，公司无法及时了解股东的变化情况，有时是完全不了解，公司发行无记名股票一定程

度上会影响公司的正常运作。同时,实践中不法分子有可能通过无记名股票隐匿公司股票的真实持有人,达到洗钱或者为恐怖活动融资等目的。2019年4月,金融行动特别工作组(FATF)公布的《中国反洗钱和反恐怖融资措施互评估报告》中指出,由于缺乏相应措施,难以确保无记名股票不会被滥用于洗钱。部分域外国家或地区在近年来的公司法修改中也相继取消了无记名股,本次公司法修改按照反洗钱有关要求,并根据我国股票发行的实际,取消了无记名股票。

第一百四十八条　面额股股票的发行价格可以按票面金额,也可以超过票面金额,但不得低于票面金额。

【释义】 本条是关于面额股股票发行价格的规定。

面额股股票的发行价格,从各国公司法的规定看,一般包括三种方式:平价发行,即股票的发行价格与股票的票面价格相同;溢价发行,即股票的发行价格高于股票的票面价格;折价发行,即股票的发行价格低于股票的票面价格。

股份有限公司通过发行股票的形式进行股份的发行,来募集公司设立或者增资所必需的资本。对于采用面额股的股份有限公司,每一面额股股票的票面价值是相同的,所有发行的股票的票面价值总额就等同于股份有限公司设立或者增资所需要的资本总额。因此,从资本充实的角度出发,股票只有平价发行或者溢价发行,股份发行所募集到的资金才能够等于或者高于公司所需要的资本。而面额股股票的折价发行,即按照低于股票的票面价值发行股票,即使股份全部得以发行,所筹集到的资金也必然低于公司所需资本总额,这实际上会造成公司资本的虚增,有可能损害公司及股东的利益,对于公司债权人来说也是不利的。因此,各国对于面额股股票的发行,一般要求必须平价发行或者溢价发行,而对折价发行股票进行限制,如要求折价股份的发行对象只限于公司的原有股东或者公司职工、折价发行股份必须在公司成立一定年限以后等。

我国在公司资本制度上,坚持资本充实原则,对于面额股不允许折价发行,因此本条规定,面额股股票发行价格可以按票面金额,也可以超过票面金额,但不得低于票面金额。同时,按照公司法的有关规定,股份有限公司以超过股票票面金额的发行价格发行股份所得的溢价款应当列入公司的资本公积金,用于弥补公司的亏损、扩大公司生产经营或者转增为公司注册资本。

第一百四十九条　股票采用纸面形式或者国务院证券监督管理机构规定的其他形式。

股票采用纸面形式的,应当载明下列主要事项:

(一)公司名称;

(二)公司成立日期或者股票发行的时间;

(三)股票种类、票面金额及代表的股份数,发行无面额股的,股票代表的股份数。

股票采用纸面形式的,还应当载明股票的编号,由法定代表人签名,公司盖章。

发起人股票采用纸面形式的,应当标明发起人股票字样。

【释义】　本条是关于股票的形式以及股票记载事项的规定。

一、股票的形式

根据本条第1款的规定,股份有限公司发行的股票应当采取纸面形式或者国务院证券监督管理机构规定的其他形式。传统的股票多采取纸面形式,即实物券式的股票。随着电子技术在证券业务领域的应用,出现了簿记券形式的股票,即无纸化股票,以登记结算机构所记载的电子信息作为股权凭证。实践中,对于公开发行并在证券交易所或者国务院批准的其他全国性证券交易场所交易的股票,依照证券法第150条的规定,全部应在证券登记结算机构存管,目前都为电子簿记形式。考虑到纸面形式仍是股票的传统形式,本条规定股票可以采取纸面形式;同时规定,股票采取纸面形式以外的其他形式的,应当符合国务院证券监督管理机构的规定,这在具体实践中有利于公众投资者辨认,方便其投资,防止发生欺诈行为。

二、股票的记载事项

股票是一种要式有价证券,只有其形式和记载内容符合法律规定,才具有法律的效力。根据本条规定,股票的记载事项应当包括:(1)公司的基本情况,包括公司的名称和公司登记成立的日期,这些情况对于证明股票持有人或者股票所有人的股东权利是必须的。(2)股票的基本情况。具体包括:第一,股票发行的时间,由于本法对公司公开发行股份前发行的股份以及公司董事、监事、高级管理人员离职后持有的公司股份转让分别规定了 1 年和半年的限售期,记载股票发行的时间能够使这一规定在实践中得以执行,以便于公众了解。第二,股票的种类,即股票是普通股股票还是类别股股票,股票对应的股份的权利义务内容,如是享有利润分配或剩余财产分配优先权的类别股,还是其他类型的类别股。第三,票面金额。2023 年公司法修改允许股份公司发行无面额股,因此仅面额股需要载明票面金额,即面额股股票的票面价值,通过知悉股票的票面金额和股票的发行数量,就可知道本次股份发行的股本总额。第四,股票所代表的股份数,这是表明股东在公司享有多大权利的基本依据。

采用纸面以外形式的股票,需符合国务院证券监督管理机构的要求,具有一定的防伪设计。因此,2023 年公司法修改,仅强调采用纸面形式的股票,还应当载明股票编号,并由法定代表人签名,公司盖章,对其他形式的股票未作要求。代表公司在股票上签名的公司的法定代表人,根据本法有关条款的规定,可以是代表公司执行公司事务的董事或者经理,具体由公司章程规定。

此外,发起人的股票采用纸面形式的还需要标明发起人股票字样,以便公众了解有关情况。

第一百五十条　股份有限公司成立后,即向股东正式交付股票。公司成立前不得向股东交付股票。

【释义】　本条是关于股票交付的规定。

股份有限公司的股票是一种代表股东权利的有价证券,具有流通性,可以自由转让。因此,股票应当具有确定性,即股票所代表的权利应当是确定的、无瑕疵的,这样才能保证交易的安全,维护正常的交易秩序,保护交易双方的合法权益。因此,本条规定,股份有限公司只有在公司登记成立以后,才能向股东正式交付股票;公司登记成立前不得向股东交付股票。因为,如果允许公司在登记成立前就向股东交付股票,同时该股票在市场上进行了流通,一旦设立中的公司因为种种原因最后没有成立,该股票所代表的股东权利就不复存在,所有围绕该股票已经发生的交易都会受到影响,这种情况的发生将会严重影响市场的交易秩序。其他国家和地区的公司法对这一问题也都作出了类似的规定。当然,公司成立后,应当立即向股东交付股票,不得迟延。因此,本条规定,股份有限公司登记成立后,应即向股东正式交付股票。

第一百五十一条　公司发行新股,股东会应当对下列事项作出决议:

(一)新股种类及数额;

(二)新股发行价格;

(三)新股发行的起止日期;

(四)向原有股东发行新股的种类及数额;

(五)发行无面额股的,新股发行所得股款计入注册资本的金额。

公司发行新股,可以根据公司经营情况和财务状况,确定其作价方案。

【释义】　本条是关于公司发行新股和确定新股作价方案的规定。

新股发行,是指在公司成立以后再次发行股份的行为。公司是否需要发行新股,什么时候发行新股,发行新股的数量是多少,由公司根据自身的经营情况和资金需求情况以及市场状况等自主确定,属于公司自治的范围。根据发行方式的不同,新股发行包括向社会公开发行和不公开发行两种方式。公司公开发行新股,除依照本条的规定由股东会对相关事项作出决议外,还应当符合证券法的规定。

一、公司发行新股时股东会应当作出决议的事项

公司是否发行新股属于公司是否增加注册资本的事项,应当由股东会作出决议,但根据本法第 152 条的规定,公司也可授权董事会发行新股。本条第 1 款对股东会就发行新股作出决议的具体事项作了规定。根据该款规定,需要股东会作出决议的新股发行事项包括:(1)新股的种类及数额,即本次发行的新股是普通股还是类别股,股份的权利义务内容是什么,发行的数额是多少。(2)新股的发行价格。即本次新股发行,具体的发行价格是多少;如果是面额股,是平价发行还是溢价发行。(3)新股发行的起止日期,即本次发行新股的发行期限。对于采用公开募集的方式发行新股的,依照证券法

的有关规定,股票的代销、包销期限最长不得超过90日,股票发行采用代销方式,代销期限届满,向投资者出售的股票数量未达到拟公开发行股票数量70%的,为发行失败。因此,股东会必须对新股发行的期限作出明确规定。(4)向原有股东发行新股的种类及数额。对于股份有限公司,本法第227条第2款规定,股份有限公司为增加资本发行新股时,股东不享有优先认购权,公司章程另有规定或者股东会决议决定股东享有优先认购权的除外。但是,实践中确实存在股份有限公司向原有股东发行新股增加公司注册资本的情况,因此本条要求股份有限公司向原有股东发行新股的,应当由股东会对向原有股东发行新股的种类及数额作出决议。(5)发行无面额股的,新股发行所得股款计入注册资本的金额。公司发行新股是为了增加注册资本,如果发行面额股,增加的注册资本金额即为面额股的数量与面额股的票面金额之积,无须股东会专门作出决议。如果发行无面额股,其只有发行价格并未标明票面金额,因此需要由股东会决定发行所得股款计入注册资本的金额,同时根据本法第142条第3款的规定,确定的计入注册资本的金额应当为发行股份所得股款的1/2以上。

二、公司发行新股时确定作价方案的依据

股份有限公司发行新股的,应当确定其股票价格。根据本法第148条的规定,我国不允许面额股股票的折价发行,面额股股票的发行价格应当等于或者高于股票的票面金额。除了这一限制以外,法律对公司新股发行价格未规定限制条件,而是由公司自主决定。按照本条的规定,公司发行新股,可以根据公司的经营情况和财务状况来确定其作价方案。在实际操作中,公司在确定其新股作价方案时,需要考虑的因素很多,如公司的投资计划、公司的盈利状况、公司的发展前景等;通过公开发行的方式发行新股的,同时还要考虑股票市场的状况,如股票一级市场的供求情况以及二级市场的整体股价水平、股票市场的走势、股票的市盈率、同类股票的价格水平以及同期银行利率水平等因素。总而言之,股份有限公司发行新股所确定的作价方案应当是适当的,要保证新股的发行价格能够为投资者所接受,能够吸引到足够的投资者,筹集到公司所需要的资金。

依照本法有关条款的规定,公司新股的作价方案拟订后,要按照公司章程的规定由公司的股东会或者董事会以决议的形式予以确定。

第一百五十二条　公司章程或者股东会可以授权董事会在三年内决定发行不超过已发行股份百分之五十的股份。但以非货币财产作价出资的应当经股东会决议。

董事会依照前款规定决定发行股份导致公司注册资本、已发行股份数发生变化的，对公司章程该项记载事项的修改不需再由股东会表决。

【释义】　本条是关于董事会决议发行股份的规定。

从法理上来看，公司资本形成环节有法定资本制和授权资本制两种形式。法定资本制是指公司设立时，必须在章程中对公司的资本总额作出规定，并由股东全部认足，否则公司不能成立。授权资本制是指公司设立时，公司在章程中确定资本总额，不必全部发行，发起人只要认购已发行的股份，公司即可成立；未发行部分，授权董事会根据需要，在公司成立后随时募集。授权资本制允许公司分次发行公司股份，便于公司设立；公司成立后可以根据需要随时增加资本，而不必履行修改公司章程等程序；授权董事会发行股份，是大型公司从股东会中心向董事会中心的治理结构转型的内在要求，有利于增强公司在资本运作、反并购等方面的灵活性，节约公司治理成本。授权资本制可能对股东和公司产生以下影响：一是稀释现有股东的股票价值和表决权。实践中，为吸引投资者，实现融资目的，公司通常会低于市价发行新股，从而稀释原股东的股票价值。单次发行新股数量较多时，还可能稀释现有股东的表决权，甚至变更公司的控制权。二是董事错误决策发行新股或者滥用新股发行权会对股东权益产生不利影响。

关于发行职权的配置有两种立法例：一是公司章程或股东会授权给董事会决定，若未经授权，则由股东会决定，如《英国公司法》第 549 条、第 551 条，我国香港地区公司条例第 141 条；二是由董事会决定，例如美国《特拉华州普通公司法》第 152 条、《美国示范公司法》规定股份发行权原则上由董事会享有，但该次发行新股股份的投票权将超过公司已发行股份投票权的 20%时，该次发行新股应当由股东会普通决议通过。考虑到我国股份有限公司中除了公众公司或者规模较大的公司外，公司发行股份都由股东会决议，因此在发行权限上，规定董事会的发行权限来源于公司章程和股东会授权。此外还规定，以非货币财产作价出资的应当经股东会决议。

对发行期限或者比例是否作出限制也有两种模式：一是对授权发行比例

作出限制,《德国股份法》第202条规定,章程可以授权董事会在公司登记成立后5年内,发行不超过授权时公司资本半数的新股。《日本公司法》规定,公开公司授权股份总数不得超过已发行股份总数的4倍。《日本公司法》针对非公开公司采用授权资本制,规定发行期限必须通过股东会决议来授权,授权期限最长为1年,1年期满后,公司需要重新召开股东会审议和表决以终止授权或继续授权;禁止无限期或永久授权。二是不限制授权发行比例,如美国等。在征求意见过程中,一些意见提出,考虑到我国首次引入授权资本制,为了防止董事会在发行方面权限过大从而滥用发行权侵害股东的权益,建议法律对授权期限和比例作出限制。考虑到我国董事会任期为3年,因此规定授权期限为3年,比例不超过已发行股份的50%。该规定中的已发行股份是指公司章程和股东会作出决议时公司章程记载的已经发行的股份数额。

公司根据董事会决议发行新股会导致注册资本和已发行股份数发生变化,这两项都是公司章程记载事项。按照公司法的规定,公司章程修改应当经股东会决议,但是授权资本制的核心就在于董事会决议发行新股不必召开股东会决议,这能提高发行效率。因此,本条第2款规定,董事会依照前款规定决定发行股份导致公司注册资本、已发行股份数发生变化的,对公司章程该项记载事项的修改不需再由股东会表决。

第一百五十三条　公司章程或者股东会授权董事会决定发行新股的,董事会决议应当经全体董事三分之二以上通过。

【释义】 本条是关于董事会决定发行新股的决议的规定。

公司章程或者股东会授权董事会决定发行新股的,发行股份决议由董事会作出。决议内容应当按照本法第151条的规定,包括:新股种类及数额;新股发行价格;新股发行的起止日期;向原有股东发行新股的种类及数额;发行无面额股的,新股发行所得股款计入注册资本的金额。

董事会对发行股份作出决议应当符合董事会的召集和表决程序,按照本法第124条的规定,董事会会议应当有过半数的董事出席方可举行。董事会决议的表决,应当一人一票。董事会应当对所议事项的决定作成会议记录,出席会议的董事应当在会议记录上签名。发行新股的决议不采用全体董事过半数通过的规则，而是全体董事的2/3以上通过。

第一百五十四条　公司向社会公开募集股份，应当经国务院证券监督管理机构注册，公告招股说明书。

招股说明书应当附有公司章程，并载明下列事项：

（一）发行的股份总数；

（二）面额股的票面金额和发行价格或者无面额股的发行价格；

（三）募集资金的用途；

（四）认股人的权利和义务；

（五）股份种类及其权利和义务；

（六）本次募股的起止日期及逾期未募足时认股人可以撤回所认股份的说明。

公司设立时发行股份的，还应当载明发起人认购的股份数。

【释义】　本条是关于向社会公开募集股份实行注册制以及招股说明书的公告和内容要求的规定。

一、向社会公开募集股份实行注册制

本次公司法修改与2019年证券法修改相衔接，将对公司向社会公开募集股份的要求，由国务院证券监督管理机构“核准”改为“注册”。2019年证券法修改前，我国公司公开发行股份实行核准制，为适应资本市场发展需要，推进资本市场市场化改革，党的十八届三中全会决定明确提出了“推进股票发行注册制改革”的决策部署。2015年12月，第十二届全国人大常委会第十八次会议授权国务院对拟在上海证券交易所、深圳证券交易所上市交易的股票的公开发行，调整适用证券法关于股票公开发行核准制度的有关规定，实行注册制度，具体实施方案由国务院作出规定，报全国人大常委会备案。自2015年开始，我国在上海证券交易所科创板开展股票发行注册制改革试点，2019年证券法确立证券发行注册制度，并授权国务院对证券发行注册制的具体范围、实施步骤作出规定。《国务院办公厅关于贯彻实施修订后的证券法有关工作的通知》要求中国证监会及时总结科创板、创业板注册制改革经验，积极创造条件，适时提出在证券交易所其他板块和国务院批准的其他全国性证券交易场所实行股票公开发行注册制的方案,相关方案经国务院批准后实施。同时强调在证券交易所有关板块和国务院批准的其他全国性证券交易场所的股票公开发行实行注册制前,继续实行核准制。中国证监会 2023 年发布的《首次公开发行股票注册管理办法》《北京证券交易所向不特定合格投资者公开发行股票注册管理办法》《上市公司证券发行注册管理办法》《北京证券交易所上市公司证券发行注册管理办法》等规定明确交易所发行上市全面实行注册制,由交易所负责发行上市审核并报中国证监会注册。

注册制是比核准制更加市场化的股票发行制度。从国际上看,成熟市场普遍实行注册制。注册制以信息披露为核心,要求发行人充分披露投资者作出价值判断和投资决策所必需的信息,确保信息披露真实、准确、完整。根据《首次公开发行股票注册管理办法》等的规定,审核注册分为交易所审核和证监会注册两个环节,首先由证券交易所按照规定受理、审核公开发行股票申请,主要通过审核问询、回答问题的方式开展审核工作,督促发行人完善信息披露内容,并根据审核情况提出同意发行或终止审核的意见。中国证监会收到有关机构报送的审核意见、发行人注册申请文件及相关审核资料后,履行发行注册程序。

二、向社会公开募集股份的公司必须公告招股说明书

公告招股说明书是履行公司的信息披露义务的要求,也是对投资者的要约邀请。通过公告招股说明书,达到吸引社会公众认购股份的目的。同时,将招股说明书公之于众,可以使社会公众了解公司的情况,从而作出是否投资的决定,以保护公众投资者的利益,防止发起人或者公司采取不正当手段募集股份。需要说明的是,根据证券法第 9 条的规定,向不特定对象发行证券,以及向特定对象发行证券累计超过 200 人(依法实施员工持股计划的员工人数不计算在内),都属于公开发行。而本条规定的向社会公开募集股份,仅指向不特定对象发行证券,即向社会公众发行证券,而不包括后一种情形。

对于采取什么方式公告招股说明书,公司法中未作明确规定,但证券法第 86 条明确规定,依法必须披露的信息,应当在证券交易场所的网站和符合国务院证券监督管理机构规定条件的媒体发布,同时将其置备于公司住所、

证券交易场所,供社会公众查阅。而且证券法第 23 条中也规定,证券发行申请经注册后,发行人应当依照法律、行政法规的规定,在证券公开发行前公告公开发行募集文件,并将该文件置备于指定场所供公众查阅。因此,招股说明书在依法经注册以后,应在证券交易场所的网站和符合国务院证券监督管理机构规定条件的媒体,如某一特定报纸、网站等上发布,同时将其置备于公司住所、证券交易场所,供社会公众查阅。

三、招股说明书应当附有公司章程并载明特定事项

为了便于广大社会公众知悉发行股票的股份有限公司和将要发行的股票的情况,了解认购股份后将会享受的权利及承担的义务等,吸引社会公众认购股份,本条第 2 款规定,招股说明书的内容应当包括:

1. 发行的股份总数。招股说明书载明发行的股份总数,能够方便社会公众更好地了解公司股票发行的整体情况。对于面额股而言,便于认股人计算自己所认购股票代表的公司资本数额及其在公司资本总额中所占的比例;对于无面额股而言,便于认股人计算自己所认购的股票数在公司股份总数中所占的比例,从而更好地行使自己的权利。

2. 面额股的票面金额和发行价格或者无面额股的发行价格。面额股的票面金额是指面额股股票上所载明的每一份额的股份所代表的货币数额。面额股和无面额股的发行价格是指发行股票时每一股的价格。要求招股说明书载明面额股每股的票面金额和面额股及无面额股的发行价格,是便于潜在的认股人权衡,进而决定是否认购公司的股票。

3. 募集资金的用途。即所募资金用于什么事项。公司向社会公开募集股份,投资者认购公司股票在很大程度上受到公司拟投资项目的影响,投资者会理所当然地选择一些高收益、低风险、前景好的项目进行投资。招股说明书中的募集资金用途,实际上是对投资者的一种承诺,对公司今后的生产经营活动是有约束力的,公司不能将该资金挪作他用。与之相对应,我国证券法第 14 条明确规定,公司对公开发行股票所募集资金,必须按照招股说明书所列资金用途使用。改变招股说明书所列资金用途,必须经股东会作出决议。擅自改变用途而未作纠正的,或者未经股东会认可的,不得公开发行新股。

4. 认股人的权利和义务。一般来说,认股人的权利包括要求代收股款的

银行或者其他金融机构出具收款单据的权利、参加成立大会并依法行使表决权的权利、要求未按期募足股份或者未按期召开成立大会的发起人依法返还其股款的权利等。认股人的义务包括按照所认股数缴纳股款的义务、不得擅自抽回其股本的义务等。要求在招股说明书中载明认股人的权利和义务，目的是使投资者能够清楚地了解自己一旦认购股份，便与公司产生了权利义务关系，便于其更好地行使权利、履行义务，也使股份的募集能够更加顺利地进行。

5. 股份种类及其权利和义务。2023 年公司法允许发行类别股，其相较普通股在利润和剩余财产分配或者表决权等方面具有不同安排。因此，对于公司发行的是普通股还是类别股及其权利和义务，应当通过招股说明书予以明确，以便投资者更好地了解自己一旦认购所享有的权利和义务，作出投资安排。

6. 本次募股的起止日期及逾期未募足时认股人可以撤回所认股份的说明。指本次募股从什么时候开始，到什么时候结束，并说明如果在规定的日期内公司的股份没有募足，则认股人有权撤回其所认的股份，使其原来作出的购买股份的承诺不再有效。

载明上述内容的招股说明书，应当附有公司章程全文，不得有所遗漏，这样才能使社会公众对公司的情况有全面的了解，从而在充分了解有关信息的基础上，作出是否认购股份的决定。

四、对公司设立时公开发行股票招股说明书载明事项的特别要求

为了便于广大社会公众知悉发起人、将要设立的股份有限公司的情况，公司设立时发行股份的，还应当载明发起人认购的股份数。发起人认购的股份数是指发起人所认购股份的总额以及每个发起人所认购的股份数额。依照本法第 97 条的规定，除法律、行政法规另有规定外，以募集设立方式设立股份有限公司的，发起人认购的股份不得少于公司章程规定的公司设立时应发行股份总数的 35%。要求招股说明书载明发起人认购的股份数，目的是让社会公众了解发起人的出资情况。

第一百五十五条　公司向社会公开募集股份，应当由依法设立的证券公司承销，签订承销协议。

【释义】 本条是关于公开发行股份的方式的规定。

根据本条规定,公司向社会公开募集股份,只能采取由证券公司承销的方式。这样规定主要是因为向社会公开募集股份涉及人数众多,由发行人自己发行股票,工作量太大,不利于其足额募集股份;同时,通过证券公司承销证券,可以通过证券公司对发行文件的真实性、准确性、完整性进行核查,有利于保护公众投资者的合法权益。

所谓承销,是指证券公司在规定的期限内将发行人发行的股票销售出去,承销的证券公司按照约定收取一定的佣金或者约定的报酬的行为。承销有两种方式,一种是代销,另一种是包销。代销是指证券公司代发行人发售股票,在承销期结束时,将未售出的股票全部退还给发行人的承销方式。包销是指证券公司将发行人的股票按照协议全部购入或者在承销期结束时将售后剩余股票全部自行购入的承销方式。代销和包销的共同之处是把证券销售出去,其不同点在于,代销没有风险,卖不完的股票退还给发行人,而包销则是卖不完的股票要由承销商自己购买。至于采取哪种方式较为妥当,要根据发行人的具体情况和证券额以及投资者对该证券的认知状况决定。

本条所称依法设立的证券公司,是指经国务院证券监督管理机构审查批准、可以经营证券承销与保荐业务的证券公司。根据证券法的规定,公开发行证券的发行人有权依法自主选择承销的证券公司。所以,公司应当依法自主选择证券公司承销向社会公开募集的股票,并与所选择的证券公司签订承销协议,明确双方的权利义务。

根据证券法第 28 条的规定,发行人与证券公司签订的承销协议应当载明下列事项:当事人的名称、住所及法定代表人姓名;代销、包销证券的种类、数量、金额及发行价格;代销、包销的期限及起止日期;代销、包销的付款方式及日期;代销、包销的费用和结算办法;违约责任;国务院证券监督管理机构规定的其他事项。同时,证券法还规定,证券的代销、包销期最长不得超过 90 日。对于这些法定应当载明的事项,公司在与证券公司签订承销协议时,都应当在承销协议中予以载明。

第一百五十六条　公司向社会公开募集股份,应当同银行签订代收股款协议。

代收股款的银行应当按照协议代收和保存股款,向缴纳股款的认股人出具收款单据,并负有向有关部门出具收款证明的义务。

公司发行股份募足股款后,应予公告。

【释义】 本条是关于公司向社会公开募集股份时收取股款的方式和发行股份的股款募足后应当公告的规定。

一、公司向社会公开募集股份应当同银行签订代收股款协议

公司向社会公开募集股份,虽然是通过证券公司承销,但证券公司并不直接收取发售股份所得的股款。根据本条的规定,证券公司承销股票所得的股款,应当通过银行代收。因此,公司向社会公开募集股份,不仅应当与证券公司签订承销协议,而且应当同银行签订代收股款的协议,由银行代发起人收取其向社会公开募集股份所得的股款。

二、代收股款的银行所负的义务

代收股款的银行与公司签订的代收股款的协议,是代收股款的银行与发行人之间设立民事权利义务关系的合同,对此合同,双方都应当按照约定全面履行自己的义务。对代收股款的银行而言,其所负有的义务主要有:

1. 按照协议代收和保存股款。代收股款的协议签订之后,代收股款的银行就应当按照协议的规定,代公司收取其向社会公开募集股份所得的股款,并将该股款保存于本银行,以使公司所需的资本能够得到保证,从而使公司能够顺利成立或者扩充资本。

2. 向缴纳股款的认股人出具收款单据。认股人在缴纳股款后,应当有证明其已经缴纳股款的书面文件。为此,本条规定代收股款的银行对向其缴纳股款的认股人,负有出具收到该认股人已经缴纳股款的单据的义务,以使认股人能够持有已经缴纳股款的凭据。

3. 向有关部门出具收款证明。为使有关部门能够知悉公司的资金情况,以便对股份发行进行监督管理、对所收股款进行审核验资,本条规定代收股款的银行还负有向有关部门出具收款证明的义务。

三、发行股份的股款募足后应当公告

股份有限公司的股东人数较多,特别是公开发行股票的公司和上市公

司,存在众多的公众投资者。本条第3款规定,公司发行股份募足股款后,要将有关情况进行公告,是对认股人知情权的保障,以便于公司股东及社会公众了解公司资本募集情况,了解公司发行的股份是否在招股说明书载明的起止日期内募足。

第二节　股 份 转 让

第一百五十七条　股份有限公司的股东持有的股份可以向其他股东转让,也可以向股东以外的人转让;公司章程对股份转让有限制的,其转让按照公司章程的规定进行。

【释义】　本条是关于股份有限公司股份转让的原则规定。

一、股份有限公司股份以自由转让为原则

股份有限公司同有限责任公司相比,其最大的不同不在于股份有限公司的股东人数较多,也不在于股份有限公司的规模较大,而在于其股份转让的自由性,即股份有限公司的股份是可以自由转让的。有限责任公司的设立和存在,除了依附于股东的出资外,还依附于股东之间相互信任的人身关系。因此,有限责任公司对股东出资的转让是有限制的,如本法有关条款规定,有限责任公司的股东向股东以外的人转让其股权,其他股东对转让的股权享有优先购买权等。而股份有限公司则不同,尽管存在上市公司和非上市股份公司的区分,但股份有限公司资合性更为突出,这样更能吸引投资者。因此,公司法规定股份有限公司股份以自由转让为原则。

二、公司章程可以对股份转让作出限制

2023年公司法修改明确规定,公司章程对股份转让有限制的,其转让按照公司章程的规定进行。这是从法律层面对股份有限公司通过公司章程限制股份转让的合法性作了认可,进一步体现了公司法赋予公司更大的自治空间。实践中,已存在股份有限公司通过章程对股份转让作出限制,也由此产生涉及章程效力的法律纠纷。从我国股份有限公司实际情况看,既有股东人数众多的上市公司,也有股东人数较少的非上市公司,且数量上以后一类为主,这类公司有的也十分注重股东之间相互信任的人身关系,因此允许股份有限公司章程作出股份转让限制具有合理性。目前,域外国家公司法中也有类似规定,如《日本公司法》第107条规定,股份公司对于其所发行的全部股份,可由章程就通过转让取得相关股份须取得该股份公司的同意作出规定。《韩国商法典》第335条规定,股份可以转让给他人;但是关于股份的转让,可以以公司章程规定董事会同意来进行。

根据本条的规定,除了法律规定的限制外,公司章程也可对股份转让进行限制。股份转让的限制,通常包括转让对象、转让数量、转让时间、转让程序等方面。需要说明的是,限制并不等同于禁止,仍应当保障股东转让股份的合法权利。由于实践中的情况较为复杂,因此公司法未对相关内容作出规定,可由司法实践予以具体判断。

第一百五十八条　股东转让其股份,应当在依法设立的证券交易场所进行或者按照国务院规定的其他方式进行。

【释义】 本条是关于股份有限公司股份转让场所的规定。

一、股东转让股份应当在依法设立的证券交易场所进行

根据本条规定,股份有限公司的股东转让其股份主要应当在依法设立的证券交易场所进行。这里所说的依法设立的"证券交易场所"包括证券交易所和国务院批准的其他全国性证券交易场所,以及按照国务院规定设立的区域性股权市场。其中,区域性股权市场主要为非公开发行证券的发行、转让提供场所和设施。

1. 证券交易所。我国目前分别在上海、深圳、北京设立了3个证券交易所,即1990年设立的上海证券交易所、深圳证券交易所和2021年设立的北京证券交易所。证券交易所市场包括沪深两市的主板市场,深圳证券交易所设立的中小企业板和创业板市场,上海证券交易所设立的科创板市场以及北京证券交易所市场。其中,北京证券交易所由全国中小企业股份转让系统精选层发展而来。

2. 全国中小企业股份转让系统。设立于2013年的全国中小企业股份转让系统是经国务院批准,依据证券法设立的全国性证券交易场所,主要为创新型、创业型、成长型中小微企业发展服务,其前身是证券业协会于 2001 年设立的证券公司代办股份转让系统,由全国中小企业股份转让系统有限责任公司负责运营管理。全国中小企业股份转让系统一般称为“新三板”市场,境内符合条件的股份公司均可申请挂牌。目前在该系统交易的证券主要是非上市公司股票。

3. 区域性股权市场。证券法第 98 条规定,按照国务院规定设立的区域性股权市场为非公开发行证券的发行、转让提供场所和设施,具体管理办法由国务院规定。根据《国务院办公厅关于规范发展区域性股权市场的通知》和中国证监会 2017 年发布的《区域性股权市场监督管理试行办法》等有关规定,区域性股权市场经省级人民政府批准,为其所在的省级行政区域内中小微企业证券非公开发行、转让及相关活动提供设施与服务。目前,全国基本形成“一省一市场”的格局。

股份有限公司的股份转让,应当依照有关法律法规的规定在上述依法设立的证券交易场所内进行,股份转让的方式、投资者标准等也应当符合相关规定和要求。

二、授权国务院规定股份转让的其他方式

股份有限公司在实践中有很多种,包括股份公开发行和交易的股份有限公司,也包括股份向特定对象募集、不公开发行的股份有限公司;既包括上市公司,也包括非上市公司。由于股份转让的具体情况较为复杂,为维护股份自由转让原则,本条规定,股份有限公司的股份转让,除在依法设立的证券交易场所进行外,还可以其他适当的方式进行,具体方式授权国务院作出规定。

第一百五十九条　股票的转让,由股东以背书方式或者法律、行政法规规定的其他方式进行;转让后由公司将受让人的姓名或者名称及住所记载于股东名册。

股东会会议召开前二十日内或者公司决定分配股利的基准日前五日内,不得变更股东名册。法律、行政法规或者国务院证券监督管理机构对上市公司股东名册变更另有规定的,从其规定。

【释义】　本条是关于股票转让方式的规定。

一、股票转让以背书方式或者其他方式进行

根据本法有关规定,公司发行的股票应为记名股票,即股票上记载有股东姓名或者名称的股票。对于记名股票的转让,各国公司法一般都规定必须符合法律规定的形式,如背书、签订书面转让文件等。依照本条的规定,股份有限公司的股票,由股东以背书方式或者法律、行政法规规定的其他方式转让。所谓背书,是有价证券转让的一种法定形式,对记名股票转让而言,就是指记名股票上所记载的股东作为背书人,在股票上签章,并在股票背面或者股票所黏附的粘单上记载受让人即被背书人的名称或者姓名,以表示将该股票所代表的股东权利转让给受让人的行为。以背书方式转让的股票,由于其形式上的要求,必须为实物券式的股票。而实践中很多股份有限公司的股票采取无纸化的形式,对于这些股票,应依据本条规定,由股东以法律、行政法规规定的其他方式转让。如我国目前上市交易的公司股票是簿记券式,即以在证券登记结算机构记载股东账户的方式发行股票,不印制实物股票。这些股票的交易,依照有关法律、行政法规的规定,要按照交易者在证券公司开户、委托证券公司买卖、达成交易合同、进行清算交割、办理证券的登记过户手续等程序进行,每一股东的持股数表现为证券交易所电子系统中的电子信息。这种交易方式,即属于本条所规定的"法律、行政法规规定的其他方式"。

二、股票转让后由公司变更股东名册记载内容

记名股票转让后,必须由公司将受让人姓名或者名称及住所记载于股东名册。股东名册是确认记名股票股东身份的根据,也是记名股票股东向公司主张行使股东权利的依据。记名股票的股东按照其股票的记载享有股东权利,但是这种权利的行使是以记名股票的记载与股东名册的记载相一致为前提的,在二者不一致的情况下,以股东名册的记载为准。因此,在记名股票转让后,必须将有关事项记载于股东名册,否则公司有权拒绝受让人以股东的身份向公司主张行使股东权利。在记名股票转让后将有关事项记载于股东名册,也便于公司其他股东及其他有关人员了解公司的股份构成和股权分布情况。

三、不得变更股东名册的情形及例外规定

本法规定,召开股东会会议,应当将会议审议的事项于会议召开 20 日前

通知各股东，这就要求在股东会会议召开前的一段时间内，公司股东应当是确定的，只有这样才能保证股东会会议的顺利召开。因此，本条第2款规定，在股东会会议召开前20日内不得进行股东名册的变更。这段时间内，即使进行了股票的转让，受让人也不得要求公司在股东名册上对有关事项进行变更；仍然由原股票的转让人作为股东，参加股东会会议，行使股东权利。同时，在公司确定利润分配方案进行股利分配时，也需要保持股东的确定性，以便于操作。因此，本条还同时规定，在公司决定分配股利的基准日前5日内，也不得进行股东名册的变更；仍然由股票的转让人作为股东接受股利分配。当然，在股利分配结束后，股票的受让人可以依据股票转让合同的约定或者依据民法典有关不当得利等有关规定向转让人请求返还该部分股利。此外，基于上市公司的具体特点，本条还专门规定，法律、行政法规或者国务院证券监督管理机构对上市公司股东名册变更另有规定的，从其规定。

第一百六十条　公司公开发行股份前已发行的股份，自公司股票在证券交易所上市交易之日起一年内不得转让。法律、行政法规或者国务院证券监督管理机构对上市公司的股东、实际控制人转让其所持有的本公司股份另有规定的，从其规定。

公司董事、监事、高级管理人员应当向公司申报所持有的本公司的股份及其变动情况，在就任时确定的任职期间每年转让的股份不得超过其所持有本公司股份总数的百分之二十五；所持本公司股份自公司股票上市交易之日起一年内不得转让。上述人员离职后半年内，不得转让其所持有的本公司股份。公司章程可以对公司董事、监事、高级管理人员转让其所持有的本公司股份作出其他限制性规定。

股份在法律、行政法规规定的限制转让期限内出质的，质权人不得在限制转让期限内行使质权。

【释义】　本条是关于股份有限公司股份转让限制的规定。

本条对股份有限公司股份转让的限制主要包括以下三个方面：

一、公司公开发行股份的，对公开发行股份前公司已经发行的股份的转让限制

依照本法有关条款的规定，股份有限公司发行股份包括公开发行和非公

开发行两种方式;依照证券法的规定,依法公开发行的股票应当在依法设立的证券交易所上市交易或者在国务院批准的其他证券交易场所转让。从我国当前的实际情况看,股份有限公司的股票在证券交易所上市交易后,其价格往往比上市前的股票价格高出很多,因此出现了低价抢购公司公开发行前的股份即所谓原始股、在公司上市后大量抛售以赚取巨额差价的现象,扰乱了证券市场的秩序,也影响公司的正常运营。因此,本条规定,公司公开发行股份并在证券交易所上市交易的,公开发行股份前的股份自上市交易之日起1年之内不得转让。

本次公司法修改删去了发起人持有的公司股份自公司成立之日起1年内不得转让的规定。公司法已对发起人设立责任和出资责任作了规定,对于发起人转让股份进行限制已无必要,允许其在公司成立1年内转让本公司股份,放宽对发起人财产权利的过分限制,符合公司经营实际。同时,修改后的公司法增加规定,法律、行政法规或者国务院证券监督管理机构对上市公司的股东、实际控制人转让其所持有的本公司股份另有规定的,从其规定。这是根据上市公司的情况较为复杂的实际作出的规定。对此,证券法第36条规定,上市公司持有5%以上股份的股东、实际控制人、董事、监事、高级管理人员,以及其他持有发行人首次公开发行前发行的股份或者上市公司向特定对象发行的股份的股东,转让其持有的本公司股份的,不得违反法律、行政法规和国务院证券监督管理机构关于持有期限、卖出时间、卖出数量、卖出方式、信息披露等规定,并应当遵守证券交易所的业务规则。

二、对董事、监事、高级管理人员转让其所持有的本公司股份的限制

这一限制主要基于两个理由:第一,董事、监事、高级管理人员是公司从事生产经营活动的主要力量,应加强其与公司之间的联系,将公司的利益与其个人利益联系在一起,以促使其尽职尽责地履行职务;第二,董事、监事、高级管理人员负责公司的日常运营,掌握大量的公司信息,如果允许其随意转让本公司股份,可能会出现董事、监事、高级管理人员利用其所掌握的信息进行内幕交易、损害公司利益以及股东利益的情况。

根据本条第2款的规定,对董事、监事、高级管理人员转让其所持有的本公司股份的限制包括以下内容:(1)董事、监事、高级管理人员应当向公司申报其所持有的本公司股份及变动情况,不得隐瞒。这是对其转让进行监督的

前提和基础。(2)董事、监事、高级管理人员在就任时确定的任职期间每年转让的股份不得超过其所持有的本公司股份总数的25%。(3)董事、监事、高级管理人员持有的本公司股份,在公司股票在证券交易所上市交易之日起1年内不得转让。(4)董事、监事、高级管理人员所持有的本公司股份,在上述人员从公司离职之日起半年内不得转让。(5)在上述限制以外,公司章程可以对董事、监事、高级管理人员转让其所持有的本公司股份作出其他限制性规定,如以公司章程的形式规定董事、监事、高级管理人员在任职期间一律不得转让股份等。

需要说明的是,本次公司法修改将董事、监事、高级管理人员转让其持有的股份不超过本公司股份总数的25%的期间由“任职期间”改为了“就任时确定的任职期间”,这一修改旨在明确任职期间是就任时确定的期间,并非实际任职期间,是一个就任时就固定的期间。实践中,有的董事、监事、高级管理人员在就任时确定的任职期间尚未届满的情形下,由于辞职或解任等原因不再担任原职务,但由于此前工作原因仍然知悉公司今后一段时间的经营、投资等公司信息,仍有进行内幕交易等的可能,因此除受自离职之日起半年内不得转让本公司股份的限制外,仍有必要在其任职时确定的可预见的任职期间内受到股份转让比例的限制。

三、对限制转让期内出质股份的质权人行使质权的限制

根据民法典第425条、第446条的规定,股份质权是指为担保债务的履行,债务人或者第三人将其股份出质给债权人占有,债务人不履行到期债务或者发生当事人约定的实现质权的情形的,债权人有权就该股份优先受偿。同时,根据民法典第443条的规定,以股份出质的,质权自办理出质登记时设立。实践中,按照中国证监会制定的《证券登记结算管理办法》和中国证券登记结算有限责任公司制定的《非上市公众公司股份登记存管业务实施细则(试行)》的规定,上市公司和非上市公众公司股份出质的登记机关为中国证券登记结算有限责任公司;按照国家市场监督管理总局制定的《股权出质登记办法》的规定,除已在证券登记结算机构登记的股份有限公司的股份外,其他股份有限公司的股份出质的登记机关为公司登记机关,但实践中地方性的股权交易中心也开展针对股份有限公司的股份出质登记。

本条第3款是2023年公司法新增加的规定,目的是防止限制转让期内

的股份持有人通过将股份出质,变相规避股份限售监管要求。根据民法典第386条的规定,担保物权人在债务人不履行到期债务或者发生当事人约定的实现担保物权的情形下,依法享有就担保财产优先受偿的权利,但是法律另有规定的除外。本款规定具有以下含义:限售期的股份可以出质,其担保功能并未受到限制,只是实现质权需要受到股票限售期的约束。受本款约束的股份限于法律、行政法规规定限售期的股份,不包括规章和公司章程中规定的股份。

第一百六十一条　有下列情形之一的,对股东会该项决议投反对票的股东可以请求公司按照合理的价格收购其股份,公开发行股份的公司除外:

(一)公司连续五年不向股东分配利润,而公司该五年连续盈利,并且符合本法规定的分配利润条件;

(二)公司转让主要财产;

(三)公司章程规定的营业期限届满或者章程规定的其他解散事由出现,股东会通过决议修改章程使公司存续。

自股东会决议作出之日起六十日内,股东与公司不能达成股份收购协议的,股东可以自股东会决议作出之日起九十日内向人民法院提起诉讼。

公司因本条第一款规定的情形收购的本公司股份,应当在六个月内依法转让或者注销。

【释义】　本条是关于股东可以退出公司的规定。

修改前的公司法规定了股份有限公司回购股份的情形,除了股东因对股东会作出的公司合并、分立决议持异议,要求公司收购其股份外,并未规定其他情形下股东可以请求公司收购其股份。实践中,一些股份有限公司股东人数比较少,封闭性强,不存在实际上可以公开转让股份的市场,中小股东缺少退出途径。同时,此次修改适应实践需要,明确股份有限公司也可以对股份转让作出限制。在股份转让受限的公司中,中小股东与有限责任公司的股东一样,难以通过公开市场出售股份,退出公司。因此,此次修改参照有限责任公司的规定,明确股份有限公司股东请求公司回购股份的情形。

股份有限公司股东请求公司收购其股份除以下三点与有限责任公司不

同外，其他规定与有限责任公司相同：一是仅适用于公开发行股份以外的股份有限公司股东。公开发行股份的公司股东可以通过公开市场以市场价格出售股份退出公司，没有必要赋予其特定情形下请求公司收购股份的权利。二是没有对控股股东滥用权利时其他股东请求公司收购股份作出规定，主要考虑是股东滥用权利这种侵害股东权利的情形主要发生在有限责任公司。三是本条第1款第2项仅规定公司转让主要财产，不同于有限责任公司中的“公司合并、分立或者转让其主要财产”，相关内容规定在本法第162条第1款中。

第一百六十二条　公司不得收购本公司股份。但是，有下列情形之一的除外：

（一）减少公司注册资本；

（二）与持有本公司股份的其他公司合并；

（三）将股份用于员工持股计划或者股权激励；

（四）股东因对股东会作出的公司合并、分立决议持异议，要求公司收购其股份；

（五）将股份用于转换公司发行的可转换为股票的公司债券；

（六）上市公司为维护公司价值及股东权益所必需。

公司因前款第一项、第二项规定的情形收购本公司股份的，应当经股东会决议；公司因前款第三项、第五项、第六项规定的情形收购本公司股份的，可以按照公司章程或者股东会的授权，经三分之二以上董事出席的董事会会议决议。

公司依照本条第一款规定收购本公司股份后，属于第一项情形的，应当自收购之日起十日内注销；属于第二项、第四项情形的，应当在六个月内转让或者注销；属于第三项、第五项、第六项情形的，公司合计持有的本公司股份数不得超过本公司已发行股份总数的百分之十，并应当在三年内转让或者注销。

上市公司收购本公司股份的，应当依照《中华人民共和国证券法》的规定履行信息披露义务。上市公司因本条第一款第三项、第五项、第六项规定的情形收购本公司股份的，应当通过公开的集中交易方式进行。

公司不得接受本公司的股份作为质权的标的。

【释义】 本条是关于公司收购本公司股份的限制性规定。

一、以禁止收购本公司股份为原则

股份回购,是指公司收购本公司已发行的股份,是国际通行的公司实施并购重组、优化治理结构、稳定股价的必要手段,已是资本市场的一项基础性制度安排。但是,公司收购自己的股份,将使公司成为自己的股东,混淆了公司与股东之间的法律关系,非常容易出现公司的董事或者经理等人员利用负责公司运营的权利,通过其所实际掌握的公司拥有的本公司股份影响公司决策,损害公司股东或者债权人利益的情况。同时,公司拥有本公司股份,将使该股份所代表的资本实际上处于虚置的地位,违反了公司资本充实的原则。因此,各国公司法一般都对公司拥有本公司股份进行限制,原则上禁止,特殊情况允许。本条也作了类似的规定。

二、公司可以收购本公司股份的例外情形

根据本条规定,公司除了下列情形外,不得收购本公司股份:(1)减少公司注册资本。依照本法有关条款的规定,公司成立以后股东是不得抽回出资的。公司成立以后,要减少公司的注册资本,只能通过以公司的名义购买本公司股份,再将该部分股份注销的形式进行。因此,对于公司为减少注册资本而收购本公司股份的情形,法律是允许公司收购本公司股份的。(2)与持有本公司股份的其他公司合并。公司的股份可以为其他公司所持有,当公司与拥有本公司股份的其他公司进行吸收合并时,被合并的其他公司的所有资产都归公司所有,其他公司所拥有的本公司股份自然也为本公司所有。(3)将股份用于员工持股计划或者股权激励。按照国务院证券监督管理机构的有关规定,员工持股计划是指公司根据员工意愿,通过合法方式使员工获得本公司股票并长期持有,股份权益按约定分配给员工的制度安排,员工持股计划的参加对象为公司员工,包括管理层人员;股权激励是指上市公司以本公司股票为标的,对其董事、高级管理人员及其他员工进行的长期性激励,激励对象可以包括上市公司的董事、高级管理人员、核心技术人员或者核心业务人员等。公司推行员工持股计划或者股权激励,也可以通过发行新股进行,但可能稀释未来股权收益。而通过股份回购进行,有利于提升股价,也不会稀释未来股权收益,既维护了股东既有利益,也有利于对员工的激励。

(4)股东因对股东会作出的公司合并、分立决议持异议,要求公司收购其股份。为保护异议股东权利,当股东对股东会作出的公司合并、分立决议持异议时,可以要求公司回购其股份。(5)将股份用于转换公司发行的可转换为股票的公司债券。可转换为股票的公司债券是以债券形式发行的,在一定时期内依据约定的条件可以转换为股票的债券。公司为转换可转债的需要回购股份,避免发行新股稀释未来股权收益,有利于股东和可转债券持有人的利益。(6)上市公司为维护公司价值及股东权益所必需。这样规定系出于上市公司适时采取股份回购措施稳定股价等实际需要。

三、公司收购本公司股份的决议主体及方式

公司因减少注册资本、与其他公司合并而收购本公司股份,依照本条第2款的规定,应当由股东会作出决议,这也和股东会的职权相吻合。而股东的股份回购请求权属于股东的权利,股东依法提出这一要求时,公司就应收购其股份,不需要股东会作出决议。为便于公司及时把握市场机会,适时制定并实施股份回购计划,对于公司因将股份用于员工持股计划或者股权激励、用于转换公司发行的可转换为股票的公司债券,以及上市公司为维护公司价值及股东权益所必需而收购本公司股份的,公司法简化了股份回购程序,规定可以按照公司章程的规定或者股东会的授权,经2/3以上董事出席的董事会会议决议,不必经股东会决议。

四、公司收购的本公司股份的处置

虽然允许公司在特定情况下收购本公司股份,但依照有关条款规定,回购的股份不享有表决权、不得参加利润分配。实际上这部分股份是处于虚置状态的,因此,公司在依法回购本公司股份后,应当及时处理,防止股份长期虚置,影响公司运营。根据本条第3款的规定,公司因减少注册资本而收购本公司股份的,应当自收购之日起10日内将该部分股份注销;公司因与其他公司合并以及因股东行使回购请求权而收购本公司股份的,应当自收购之日起6个月内转让或者注销;公司为员工持股计划或者股权激励、用于转换公司发行的可转换为股票的公司债券,以及上市公司为维护公司价值及股东权益所必需而收购本公司股份的,公司合计持有的本公司股份数不得超过本公司已发行股份总数的10%,且应当在3年内转让或者注销。

五、上市公司收购本公司股份的特别要求

为确保股份回购按照公开、公正、公平的原则进行,保护公司、股东、债权人及投资者的合法权益,便于对股份回购进行监督,本条第4款规定,上市公司收购本公司股份的,应当依照证券法的规定履行信息披露义务。同时,上市公司因员工持股计划或者股权激励、用于转换可转债、维护公司价值及股东权益等原因回购股份的,应当通过证券交易所内公开的集中交易方式进行。实施股份回购的上市公司应保持债务履行能力和持续经营能力,防止内幕交易、操纵市场等证券违法行为,防范市场风险,切实维护债权人和投资者的合法权益。

六、公司不得接受本公司的股份作为质权的标的

本条第5款是关于公司不得接受本公司的股份作为质权标的的规定。质权属于担保物权的一种,即债务人或者第三人将其股份出质给债权人占有,当债务人不履行到期债务或者发生当事人约定的实现质权的情形时,债权人有权就该股份优先受偿,质权人可以与出质人协议以质押财产折价,也可以就拍卖、变卖质押财产所得的价款优先受偿。因此,质权的设立,是以债权人可以取得质权标的物的所有权为前提的。而根据公司法的规定,除了法定特殊情况外,公司不得拥有本公司股份,因此本公司的股份不能作为质权标的,用来对公司债权进行担保;即使设立了以本公司股份为质权标的的担保,最后也无法实现。因此,本法禁止公司接受本公司的股份作为质权标的。

第一百六十三条　公司不得为他人取得本公司或者其母公司的股份提供赠与、借款、担保以及其他财务资助,公司实施员工持股计划的除外。

为公司利益,经股东会决议,或者董事会按照公司章程或者股东会的授权作出决议,公司可以为他人取得本公司或者其母公司的股份提供财务资助,但财务资助的累计总额不得超过已发行股本总额的百分之十。董事会作出决议应当经全体董事的三分之二以上通过。

违反前两款规定,给公司造成损失的,负有责任的董事、监事、高级管理人员应当承担赔偿责任。

【释义】 本条是关于公司为他人取得本公司或者其母公司股份提供财务资助的原则规定。

一、以禁止提供财务资助为原则，以允许为例外

财务资助，通常指公司对他人取得或将取得本公司股份的交易行为，以直接或间接方式提供诸如赠与、借款、担保、免除义务等具有财务属性的帮助。禁止财务资助体现了资本维持与资产维持原则，其目的在于遏制杠杆收购，防范抽逃出资，防止公司管理层滥用职权侵犯中小股东和债权人的利益，防止市场操纵股票价格等。但是，并非所有财务资助制度都对公司有百害而无一利。因此，多数国家对于财务资助采取原则禁止、例外允许的立法模式。此次公司法修改增加关于财务资助的规定即采取此种模式。

二、财务资助的形式

根据本条第 1 款的规定，禁止为他人提供财务资助的方式除了帮助他人取得本公司的股份外，还包括取得母公司的股份；既包括已发行股份，也包括新发行股份。对于禁止提供财务资助的对象，本款规定为他人，包括除公司以外的公司股东、董事、监事、高级管理人员等主体。对于禁止的财务资助形式，本条采用列举加概括的方式，规定不得提供赠与、借款、担保以及其他财务资助。根据民法典有关规定，赠与是指赠与人将自己的财产无偿给予受赠人，受赠人表示接受。借款是指借款人向贷款人借款，到期返还借款并支付利息。担保包括人的担保和物的担保。人的担保即保证，是指为保障债权的实现，保证人和债权人约定，当债务人不履行到期债务或者发生当事人约定的情形时，保证人履行债务或者承担责任；物的担保即设立担保物权，担保物权人在债务人不履行到期债务或者发生当事人约定的实现担保物权的情形下，依法享有就担保财产优先受偿的权利。

三、允许公司提供财务资助的情形

本条规定了两种可以提供财务资助的情形：

1. 为实施员工持股计划。公司实施员工持股计划有助于提升员工利益，具有正当目的，因此公司法对此予以豁免。

2. 满足法定条件的，允许公司提供财务资助，具体包括：(1) 目的条件，

即必须是为公司利益。(2)程序条件,即需经公司股东会或者公司章程或股东会授权的董事会决议,董事会决议应当经全体董事的 2/3 以上通过。如财务资助对象是董事、监事、高级管理人员或其关联人,还应当遵守本法第 182 条有关报告的规定;董事在表决时还应当遵守本法第 182 条及第 185 条有关表决回避的规定。对于上市公司董事会,无论资助对象是否属于前述主体,均应当遵守本法第 139 条有关联关系的董事回避表决的规定。(3)数额限制条件。为避免提供财务资助对本公司的持续经营造成影响,本条第 2 款规定财务资助的累计总额不得超过已发行股本总额的 10%。数额限制是累积的,不是单次的;累积的计算范围既包括为本公司提供财务资助,也包括为母公司提供财务资助。同时,限额以提供财务资助的公司的股本总额为基数。

四、违法提供财务资助的法律责任

对于公司财务资助行为,负有责任的董事、高级管理人员应当对由此给公司造成的损失承担赔偿责任;监事由于负有监督职能,在监督不力的过错范围内承担责任,因此本条第 3 款规定,由负有责任的董事、监事、高级管理人员承担赔偿责任。

第一百六十四条　股票被盗、遗失或者灭失,股东可以依照《中华人民共和国民事诉讼法》规定的公示催告程序,请求人民法院宣告该股票失效。人民法院宣告该股票失效后,股东可以向公司申请补发股票。

【释义】　本条是关于股票被盗、遗失或者灭失的处理规定。

根据本条规定,股票被盗、遗失或者灭失,股东可以依照民事诉讼法规定的公示催告程序,请求人民法院宣告该股票失效。

公示催告程序,是我国民事诉讼法规定的一种非诉程序,是指在票据持有人丧失票据的情况下,人民法院根据权利人的申请,以公告的方式,告知并催促利害关系人在指定期限内向人民法院申报权利,如不申报权利,人民法院依法作出宣告票据或者其他事项无效的程序。

根据本条和民事诉讼法的有关规定,股票被盗、遗失或者灭失,股东依照公示催告程序请求法院宣告该股票无效的,应经过以下程序:(1)提出申请,即股东向人民法院提出公示催告申请,并向人民法院递交申请书,写明股票的主要内容和申请的理由、事实。(2)人民法院决定受理申请的,应当同时通知公司停止该记名股票所代表股东权利的行使,并在3日内发布公告,催促利害关系人申报权利。公示催告的期间,由人民法院根据情况决定,但不得少于60日。(3)有关利害关系人认为股东的公示催告请求与事实不符合的,应当在公示催告期间向人民法院申报。如申报该股票并不是被盗、遗失或者灭失,而是被合法转让给自己等。(4)在公示催告期间没有人申报的,人民法院即根据申请人的申请作出判决,宣告该股票无效。

人民法院通过公示催告程序宣告股票无效后,股东可以依据本条规定,请求公司向其补发股票。

第一百六十五条　上市公司的股票,依照有关法律、行政法规及证券交易所交易规则上市交易。

【释义】 本条是关于上市公司股票交易的原则规定。

上市公司,是指所发行的股票经批准在依法设立的证券交易所上市交易的股份有限公司。2019年证券法按照市场化的改革方向,取消了关于股票申请上市条件的具体规定,改由证券交易所依法制定的上市规则规定具体的上市条件。依照证券法规定以及我国目前证券交易所的情况,股份有限公司申请其股票上市交易,应当符合上海证券交易所、深圳证券交易所和北京证券交易所规定的有关条件。因此,本条规定,上市公司的股票交易依照有关法律、行政法规和证券交易所的交易规则进行。

在股票上市程序方面,依照证券法规定,公开发行股票必须符合法律、行政法规规定的条件,并依法报经国务院证券监督管理机构或者国务院授权的部门注册。申请股票上市交易,应当向证券交易所提出申请,由证券交易所依法审核同意,并由双方签订上市协议。

在股票上市条件方面,依照证券法第47条的规定,证券交易所上市规则规定的上市条件,应当对发行人的经营年限、财务状况、最低公开发行比例和公司治理、诚信记录等提出要求。

另外,证券法第38条规定,上市公司的股票应当采用公开的集中交易方式或者国务院证券监督管理机构批准的其他方式上市交易。同时,证券法对股票转让作了限制,还规定了禁止内幕交易等规则。证券法的上述规定,有关证券监督的行政法规以及证券交易所的交易规则中关于上市公司股票交易的规定,都是上市公司的股票在进行交易时所必须遵守的。

第一百六十六条　上市公司应当依照法律、行政法规的规定披露相关信息。

【释义】　本条是关于上市公司信息披露的原则规定。

上市公司的股票在依法设立的证券交易所进行交易,面对着广大的投资者。为了方便投资者进行投资决策,保护投资者的合法权益,上市公司应当将公司的有关情况及时、准确地予以披露。因此,本条规定,上市公司必须依照法律、行政法规的规定披露相关信息。

证券法对上市公司的信息披露,有着更详尽、更具体的规定,主要包括:

1. 原则要求。上市公司依法披露的信息,应当真实、准确、完整,简明清晰,通俗易懂,不得有虚假记载、误导性陈述或者重大遗漏。对于股票同时在境内境外公开发行、交易的上市公司,其在境外披露的信息应当在境内同时披露。

2. 年度报告和中期报告。上市公司应按照国务院证券监督管理机构和证券交易场所规定的内容和格式编制定期报告。年度报告在每一会计年度结束之日起4个月内报送并公告,其中的年度财务会计报告应当经符合证券法规定的会计师事务所审计;中期报告在每一会计年度的上半年结束之日起2个月内报送并公告。2019年修订证券法时删去了对年度报告和中期报告内容的法定要求,授权由国务院证券监督管理机构和证券交易所规定。实践中,中国证监会发布了《上市公司信息披露管理办法》等文件;相关证券交易所也分别发布了信息披露指引,上市公司都应当遵守。

3. 临时报告。发生可能对上市公司股票交易价格产生较大影响的重大事件,投资者尚未得知时,公司应当立即将有关该重大事件的情况向国务院证券监督管理机构和证券交易场所报送临时报告,并予公告,说明事件的起因、目前的状态和可能产生的法律后果。公司的控股股东或者实际控制人对重大事件的发生、进展产生较大影响的,应当及时将其知悉的有关情况书面告知公司,并配合公司履行信息披露义务。重大事件包括以下方面:(1)公司的经营方针和经营范围的重大变化;(2)公司的重大投资行为,公司在1

年内购买、出售重大资产超过公司资产总额30%，或者公司营业用主要资产的抵押、质押、出售或者报废一次超过该资产的30%；(3)公司订立重要合同、提供重大担保或者从事关联交易，可能对公司的资产、负债、权益和经营成果产生重要影响；(4)公司发生重大债务和未能清偿到期重大债务的违约情况；(5)公司发生重大亏损或者重大损失；(6)公司生产经营的外部条件发生的重大变化；(7)公司的董事、1/3以上监事或者经理发生变动，董事长或者经理无法履行职责；(8)持有公司5%以上股份的股东或者实际控制人持有股份或者控制公司的情况发生较大变化，公司的实际控制人及其控制的其他企业从事与公司相同或者相似业务的情况发生较大变化；(9)公司分配股利、增资的计划，公司股权结构的重要变化，公司减资、合并、分立、解散及申请破产的决定，或者依法进入破产程序、被责令关闭；(10)涉及公司的重大诉讼、仲裁，股东大会、董事会决议被依法撤销或者宣告无效；(11)公司涉嫌犯罪被依法立案调查，公司的控股股东、实际控制人、董事、监事、高级管理人员涉嫌犯罪被依法采取强制措施；(12)国务院证券监督管理机构规定的其他事项。

此外，证券法还对信息披露违法时应承担的责任等作了规定。

第一百六十七条　自然人股东死亡后，其合法继承人可以继承股东资格；但是，股份转让受限的股份有限公司的章程另有规定的除外。

【释义】 本条是关于自然人股东死亡后其股东资格由谁承继的规定。

遗产继承是财产转让的合法形式之一。依照民法典第124条和第1122条的规定，自然人合法的私有财产，可以依法继承。遗产是自然人死亡时遗留的个人合法财产。依照法律规定或者根据其性质不得继承的遗产，不得继承。而股权就其本质属性来说，既包括股东的财产权，也包括基于财产权产生的身份权即股东资格，该身份权体现为股东可以就公司的事务行使表决权等有关参与公司决策的权利。股东所持有的股份是股东个人合法财产，也将依照民法典的规定，由他人依法继承。但是，民法典规定的继承，对于具有人身专属性的身份关系并没有作出规定。依照民法典规定继承了股东遗产的人，能否具有股东资格成为公司的股东，还需要公司法予以明确。本条对股份有限公司股东资格的继承作了原则规定，即自然人股东的合法继承人可以继承股东资格。同时也允许股份转让受限的股份有限公司的章程作出其他安排。

一、自然人股东的合法继承人可以继承其股东资格

这样规定一方面考虑到股东身份即股东资格是基于股东的财产权而产生的,一般来说,其身份权应当随其财产权一同转让;另一方面也考虑到被继承人作为公司的股东,曾对公司作出过贡献,其死后如无遗嘱,由其合法继承人继承其股东资格有合理性,也符合我国传统。

二、公司章程可以作出除外规定

虽然自然人股东的合法继承人原则上可以继承其股东资格,但公司章程对此作出明确规定的,应当按照公司章程的规定执行。这一规定原则上确保了股份有限公司自然人股东继承人对股东资格的继承权,同时赋予符合条件的股份有限公司意思自治。这是考虑到自然人股东死亡后,其继承人毕竟已不是原股东本人,股份实质上发生了转让。在此情况下,其他股东对原股东的信任并不能自然转变为对继承人的信任,他们不一定愿意与继承人合作,这可能导致股东之间的纠纷,甚至形成公司僵局。为此,从实际出发,应当允许章程以股东认为切实可行的办法,解决股东资格继承问题。比如规定,当股东不同意某人继承已死亡的股东的资格时,可以采用股份转让的办法处理股份继承问题等。

本条是此次修改公司法新增规定,借鉴了有限责任公司继承股东资格的规定,但又有所不同,仅限股份转让受限的股份有限公司章程对自然人股东的合法继承人继承公司股份作出限制规定,其他股份转让未受限的股份有限公司章程作出有关规定的应属无效,此种限定的目的在于尽可能确保股份有限公司的股份能自由流转。应当注意,公司章程只能限制继承人继承股东资格,不得违反民法典有关继承的基本原则,剥夺继承人获得与股权价值相适应的财产对价的权利。公司章程对股东资格继承的限制,也只能以合理为标准。这种合理,应当体现为公司利益、其他股东利益、已死亡股东生前的意愿及其继承人的利益之间的协调与平衡。至于公司章程中未约定继承办法的,应当按照本条规定的一般原则由继承人继承死亡股东的股东资格。

第七章　国家出资公司组织机构的特别规定

第一百六十八条　国家出资公司的组织机构，适用本章规定；本章没有规定的，适用本法其他规定。

本法所称国家出资公司，是指国家出资的国有独资公司、国有资本控股公司，包括国家出资的有限责任公司、股份有限公司。

【释义】　本条是关于国家出资公司法律适用和概念的规定。

2023 年公司法对国家出资公司的规定，将 2018 年公司法的国有独资公司专节改为国家出资公司专章，既包括国家出资的有限责任公司，也涵盖国家出资的股份有限公司，既包括国有独资公司，也包括国有资本控股公司。同时，考虑到国家出资公司与一般公司的主要区别在于其组织机构不同于一般公司，特别是国有独资公司不设股东会，履行出资人职责的机构可以授权公司董事会行使股东会的部分职权。因此，本章主要聚焦于国家出资公司组织机构的特别规定，名称由 2018 年公司法的“国有独资公司的特别规定”修改为“国家出资公司组织机构的特别规定”。

企业国有资产法中的国家出资企业，是指国家出资的国有独资企业、国有独资公司，以及国有资本控股公司、国有资本参股公司。公司法对国家出资公司组织机构的规范主要聚焦于国有独资公司和国有资本控股公司。因此，本法所称的国家出资公司不同于企业国有资产法，是指国家出资的国有独资公司、国有资本控股公司。

国家出资公司的组织机构，适用本章规定；本章没有规定的，适用本法其他规定。例如本章第 173 条对国有独资公司董事会的职权和组成作了规定，但是未对国家出资公司是否可以不设董事会，仅设置 1 名董事作出规定。国家出资公司符合本法第 75 条和第 128 条的规定，可以不设董事会，设 1 名董事，行使本法规定的董事会的职权。除了本章第 176 条对国有独资公司不设监事会或者监事作出规定外，国家出资公司中的国有控股公司可以按照本法第 69 条和第 121 条第 1 款的规定，按照公司章程的规定在董事会中设置由董事组成的审计委员会，行使本法规定的监事会的职权，不设监事会或者监事。

第一百六十九条　国家出资公司，由国务院或者地方人民政府分别代表国家依法履行出资人职责，享有出资人权益。国务院或者地方人民政府可以授权国有资产监督管理机构或者其他部门、机构代表本级人民政府对国家出资公司履行出资人职责。

代表本级人民政府履行出资人职责的机构、部门，以下统称为履行出资人职责的机构。

【释义】　本条是关于国家出资公司履行出资人职责的机构的规定。

一、国家出资公司由国务院或者地方人民政府分别代表国家依法履行出资人职责，享有出资人权益

依据本条规定，国家出资公司由国务院或者地方人民政府分别代表国家依法履行出资人职责，享有出资人权益。代表国家依法履行出资人职责，享有出资人权益，即依法对国家出资公司享有和行使资产收益、参与重大决策和选择管理者等权利。

企业国有资产法和《企业国有资产监督管理暂行条例》还对国务院和地方人民政府分别代表国家对国家出资企业履行出资人职责作了进一步详细规定。企业国有资产法第 4 条规定，国务院和地方人民政府依照法律、行政法规的规定，分别代表国家对国家出资企业履行出资人职责，享有出资人权益。国务院确定的关系国民经济命脉和国家安全的大型国家出资企业，重要基础设施和重要自然资源等领域的国家出资企业，由国务院代表国家履行出资人职责。其他的国家出资企业，由地方人民政府代表国家履行出资人职责。《企业国有资产监督管理暂行条例》第 5 条中规定，国务院履行出资人职责的企业，由国务院确定、公布。省、自治区、直辖市人民政府履行出资人职责的国有及国有控股、国有参股企业，由省、自治区、直辖市人民政府确定、公布，并报国务院国有资产监督管理机构备案；其他由设区的市、自治州级人民政府履行出资人职责的国有及国有控股、国有参股企业，由设区的市、自治州级人民政府确定、公布，并报省、自治区、直辖市人民政府国有资产监督管理机构备案。

二、国务院或者地方人民政府可以授权国有资产监督管理机构或者其他部门、机构代表本级人民政府对国家出资公司履行出资人职责

依据本条第1款规定，经国务院或者地方人民政府授权，国有资产监督管理机构或者其他部门、机构代表本级人民政府对国家出资公司履行出资人职责。因此，代表国务院或者地方人民政府对国家出资公司履行出资人职责的主要是国务院国资委和地方政府国资委。同时，还有一些经授权的其他部门、机构，例如财政部等。

依据本条第2款规定，国务院国资委和地方政府国资委以及其他经本级政府授权代表本级政府履行出资人职责的其他部门、机构，在本法中统称为履行出资人职责的机构。

第一百七十条　国家出资公司中中国共产党的组织，按照中国共产党章程的规定发挥领导作用，研究讨论公司重大经营管理事项，支持公司的组织机构依法行使职权。

【释义】　本条是关于国家出资公司坚持党的领导的规定。

《中国共产党章程》第33条规定，国有企业党委（党组）发挥领导作用，把方向、管大局、保落实，依照规定讨论和决定企业重大事项。国有企业和集体企业中党的基层组织，围绕企业生产经营开展工作。保证监督党和国家的方针、政策在本企业的贯彻执行；支持股东会、董事会、监事会和经理（厂长）依法行使职权；全心全意依靠职工群众，支持职工代表大会开展工作；参与企业重大问题的决策；加强党组织的自身建设，领导思想政治工作、精神文明建设、统一战线工作和工会、共青团、妇女组织等群团组织。

《中国共产党国有企业基层组织工作条例（试行）》对国有企业党组织工作的指导思想、工作原则、组织设置、主要职责、党的领导和公司治理等各方面的内容均作了具体规定。

国家出资公司中中国共产党的组织，包括国有独资公司、国有资本控股公司中中国共产党的组织，按照《中国共产党章程》的规定发挥领导作用，研究讨论公司重大经营管理事项,支持公司的组织机构依法行使职权。

第一百七十一条　国有独资公司章程由履行出资人职责的机构制定。

【释义】 本条是关于国有独资公司章程制定的规定。

国有独资公司,是指国家单独出资,由国务院或者地方人民政府授权的履行出资人职责的机构履行出资人职责的公司。章程是公司设立的法定必备文件。国有独资公司的设立也必须有章程。依据本法规定,公司的章程通常应由公司股东共同制定或者由发起人制订,成立大会通过。但是,国有独资公司只有1个股东即国家。因此,本条规定,国有独资公司的章程由履行出资人职责的机构制定。该规定与企业国有资产法的规定相一致。企业国有资产法第12条规定,履行出资人职责的机构依照法律、行政法规的规定,制定或者参与制定国家出资企业的章程。

公司章程是有关公司组织和行为的基本规则,对公司具有重要意义。章程为公司组织机构运行和董事、监事、高级管理人员履行职责提供了依据或行为准则,公司、股东、董事、监事、高级管理人员都必须遵守章程。公司股东会、董事会决议违反章程的,决议的效力会受到影响。董事、监事、高级管理人员执行职务违反章程的,可能会被追究相应的法律责任。对于一些事项,法律还允许公司通过章程进行补充规定或者作出不同于法律的规定,为公司自治留下了空间。履行出资人职责的机构应结合法律规定和实际需要,科学合理地制定国有独资公司章程,充分发挥章程在国有独资公司经营管理中的作用。

本条规定了国有独资公司的章程由谁制定,至于章程应记载哪些事项,本条未作规定。国有独资公司章程的记载事项应当根据其为有限责任公司或者股份有限公司分别适用本法第46条或者第95条的规定。

第一百七十二条　国有独资公司不设股东会,由履行出资人职责的机构行使股东会职权。履行出资人职责的机构可以授权公司董事会行使股东会的部分职权,但公司章程的制定和修改,公司的合并、分立、解散、申请破产,增加或者减少注册资本,分配利润,应当由履行出资人职责的机构决定。

【释义】 本条是关于国有独资公司不设股东会的规定。

一、国有独资公司不设股东会

国有独资公司只有一个投资主体,即国家,无法也没有必要设立股东会。因此,本条规定国有独资公司不设股东会。国有独资公司不设股东会并不意味着股东会的职责和功能不存在,而是通过其他形式予以体现。因此,从国有独资公司的特征出发,本条规定由履行出资人职责的机构行使国有独资公司股东会职权。

二、履行出资人职责的机构可以授权公司董事会行使股东会的部分职权

基于履行出资人职责的机构履行职责的特点和国有独资公司经营管理的实际,本条进一步规定,履行出资人职责的机构可以授权公司董事会行使股东会的部分职权,并规定了必须由履行出资人职责的机构决定的事项。根据实际情况,履行出资人职责的机构可以自行行使全部股东会职权或者将应由其行使的股东会职权部分地授权董事会行使。在授权董事会行使部分股东会职权的国有独资公司中,股东会的职权在实际行使上将分为两部分,一部分由履行出资人职责的机构行使,另一部分由履行出资人职责的机构授权国有独资公司董事会行使。

应当由履行出资人职责的机构行使的股东会职权主要有:公司章程的制定和修改,公司的合并、分立、解散、申请破产,增加或者减少注册资本,分配利润。一般认为,这涉及股东的核心利益,必须由股东会行使。公司法人治理结构是公司制的核心。完善的法人治理结构要求明确股东会、董事会等以及经理层的职责,形成各负其责、协调运转、有效制衡的公司法人治理结构。履行出资人职责的机构对国有独资公司履行出资人职责,行使股东会职权,涉及股东核心利益的事项由履行出资人职责的机构决定体现了出资人对国有独资公司的最终控制。对于本条规定以外的事项,履行出资人职责的机构可以授权国有独资公司董事会行使股东会的职权。

第一百七十三条　国有独资公司的董事会依照本法规定行使职权。

国有独资公司的董事会成员中,应当过半数为外部董事,并应当有公司职工代表。

董事会成员由履行出资人职责的机构委派;但是,董事会成员中的职工代表由公司职工代表大会选举产生。

董事会设董事长一人,可以设副董事长。董事长、副董事长由履行出资人职责的机构从董事会成员中指定。

【释义】 本条是关于国有独资公司董事会的规定。

一、国有独资公司董事会及其职权

企业国有资产法第17条第2款规定,国家出资企业应当依法建立和完善法人治理结构,建立健全内部监督管理和风险控制制度。为了完善公司的法人治理结构,建立和完善现代企业制度,适应新的国有资产管理体制的要求,依法规范地行使出资人权利,国有独资公司应当设立董事会。设立由集体负责的董事会有利于形成科学化、民主化的决策,使国有独资公司更好地适应平等竞争的社会主义市场经济。

本条对国有独资公司董事会的具体职权未作规定,而是规定国有独资公司的董事会依照本法规定行使职权。依据该规定,关于国有独资公司董事会的职权需注意以下两点:一是,国有独资公司董事会职权适用本法关于董事会职权的规定。具体而言,要结合国有独资公司是有限责任公司还是股份有限公司相应适用本法第67条或者第120条关于公司董事会职权的规定。二是,国有独资公司董事会行使履行出资人职责的机构授权董事会行使的部分股东会的职权。本法第172条规定,履行出资人职责的机构可以授权公司董事会行使股东会的部分职权。如果履行出资人职责的机构作出了授权,国有独资公司董事会应在授权范围内行使国有独资公司股东会的部分职权。

二、国有独资公司董事会成员

依据本条第2款、第3款的规定,国有独资公司的董事会成员主要来源于以下两方面:一是,由履行出资人职责的机构委派。这是国家作为出资人决定国有独资公司重大事项的体现,有利于维护出资人的合法权益。二是,董事会成员中的职工代表由公司职工代表大会选举产生。这是国有独资公司性质特殊性的体现,也是国有独资公司完善公司法人治理、实行职工民主管理的要求,有利于更好地发挥国有独资公司法人治理的作用,也有利于更好地发挥职工作用,维护和实现职工合法权益。

国有独资公司董事会成员必须符合以下条件:一是不得具有本法第 178 条规定的情形之一。二是须过半数为外部董事。外部董事,是指在担任董事职务的公司不同时担任其他职务的董事。外部董事不同于独立董事,独立董事独立性更高,除了不在公司担任除董事外的其他任何职务外,其与公司及其主要股东还必须不存在可能妨碍其进行客观判断的关系。三是由履行出资人职责的机构委派的董事还需要符合企业国有资产法的有关规定。例如,企业国有资产法第 23 条规定,履行出资人职责的机构任命或者建议任命的董事、监事、高级管理人员,应当具备下列条件:(1)有良好的品行;(2)有符合职位要求的专业知识和工作能力;(3)有能够正常履行职责的身体条件;(4)法律、行政法规规定的其他条件。该法第 24 条规定,履行出资人职责的机构对拟任命或者建议任命的董事、监事、高级管理人员的人选,应当按照规定的条件和程序进行考察。考察合格的,按照规定的权限和程序任命或者建议任命。四是董事会成员中应当有公司职工代表。这是法律的强制性要求。

三、国有独资公司董事会设董事长,可以设副董事长

依据本条规定,国有独资公司董事会设董事长 1 人,可以设副董事长。董事长、副董事长由履行出资人职责的机构从董事会成员中指定。这与一般有限责任公司和股份有限公司有所不同。本法第 68 条规定,有限责任公司董事长、副董事长的产生办法由公司章程规定。本法第 122 条规定,股份有限公司董事长和副董事长由董事会以全体董事的过半数选举产生。国有独资公司董事长、副董事长由履行出资人职责的机构从董事会成员中指定,这是与国有独资公司的特殊性以及其董事会履行股东会部分职权这一特殊要求相适应的。

第一百七十四条　国有独资公司的经理由董事会聘任或者解聘。经履行出资人职责的机构同意,董事会成员可以兼任经理。

【释义】 本条是关于国有独资公司经理的规定。

一、国有独资公司设经理

公司经理是公司的高级管理人员,辅助董事会执行业务。国有独资公司经理由董事会聘任或者解聘。国有独资公司的董事会成立以后,必须对经理的人选作出选择,聘任经理。在坚持党管干部原则并将其同市场化选聘企业经营管理者的机制相结合的情况下,董事会以经营知识、工作经验和创新能力等为标准,挑选和聘任适合于本公司的经理,决定经理的报酬及其支付方法,并对经理的业绩进行考核和评价。董事会监督经理的日常经营活动。董事会如果认为聘任的经理不适合本公司,可以依法召开董事会会议决定解聘该经理。

依据本法规定,经理根据公司章程的规定或者董事会的授权行使职权。经理列席董事会会议。经理的任职资格也应符合法律规定的条件。例如,本法第 178 条,企业国有资产法第 23 条、第 24 条等规定等。

二、国有独资公司董事会成员可以兼任经理

经理通常由职业经理人等担任。经理可以直接作出经营管理决策,不需要进行多数决。经理有独特的作用和履职特点。在公司内部设置不同组织机构的目的就是要结合各组织机构的特点,合理配置公司内部权力资源,使公司内部形成有效的监督制衡,防止出现内部专断,促进公司形成科学决策。一般情况下,董事会成员不应兼任经理。然而,特定情况下,根据实际需要,应当允许董事会成员兼任经理。本法一些条款作出了规定。例如,本法第 75 条规定,规模较小或者股东人数较少的有限责任公司,可以不设董事会,设 1 名董事,行使本法规定的董事会的职权。该董事可以兼任公司经理。第 128 条规定,规模较小或者股东人数较少的股份有限公司,可以不设董事会,设 1 名董事,行使本法规定的董事会的职权。该董事可以兼任公司经理。第 127 条规定,公司董事会可以决定由董事会成员兼任经理。从我国国有企业的实际情况出发,本着精简机构、人员和提高工作效率的原则,法律也允许国有独资公司董事会成员兼任经理。由于国有独资公司设置董事会的目的是促进国有资产保值增值,履行出资人职责的机构代表本级人民政府对国家出资公司履行出资人职责,并委派国有独资公司职工代表以外的董事会成员,因此,董事会成员是否可以兼任经理应由履行出资人职责的机构决定。企业国有资产法第 25 条第 2 款的规定,未经履行出资人职责的机构同意,国有独资公司董事长不得兼任经理,也基本上体现了这一精神。

第一百七十五条　国有独资公司的董事、高级管理人员，未经履行出资人职责的机构同意，不得在其他有限责任公司、股份有限公司或者其他经济组织兼职。

【释义】　本条是关于国有独资公司董事、高级管理人员未经同意不得兼职的规定。

本条规定国有独资公司的董事、高级管理人员未经履行出资人职责的机构同意，不得在其他有限责任公司、股份有限公司或者其他经济组织兼职。作这样的规定是为了促进国有独资公司董事、高级管理人员一心一意为国有独资公司工作，全力促进国有资产保值增值，防止国有独资公司董事、高级管理人员因兼职而疏于对国有独资公司的经营管理，给国有资产造成损失。

同时，依据本条规定，只要经过履行出资人职责的机构同意，国有独资公司的董事、高级管理人员也可以兼职。

本条规定与董事、经理的竞业禁止义务有所不同。竞业禁止义务是要求董事、经理未经同意不得自营或者为他人经营与其任职公司同类的业务，避免其从事损害本公司利益的活动，如果不发生与其所任职公司竞业的情形，且所从事的活动并不损害本公司的利益，法律并不限制一般公司的董事、经理兼任其他公司或者其他经济组织的职务。而本条规定则不论兼职是否存在竞业禁止的事由，也不论兼职是否客观上损害国有独资公司利益，原则上对兼职均予以禁止，除非经履行出资人职责的机构同意才可以兼职。由此可见，国有独资公司董事、高级管理人员的兼职限制比一般竞业禁止的规定更为严格，适用的范围更广泛。国有独资公司的董事、高级管理人员应当以高度负责的精神经营管理国有独资公司，促进国有资产保值增值。对于国有独资公司的董事、高级管理人员的兼职限制，企业国有资产法也有相关要求。该法第 25 条规定，未经履行出资人职责的机构同意，国有独资企业、国有独资公司的董事、高级管理人员不得在其他企业兼职。未经股东会、股东大会同意，国有资本控股公司、国有资本参股公司的董事、高级管理人员不得在经营同类业务的其他企业兼职。

第一百七十六条　国有独资公司在董事会中设置由董事组成的审计委员会行使本法规定的监事会职权的，不设监事会或者监事。

【释义】 本条是关于国有独资公司监督机构设置的规定。

1998年,《国务院稽察特派员条例》(已废止)正式引入对国有重点大中型企业实行的稽察特派员制度。稽察特派员由国务院派出,代表国家对国有重点大型企业行使监督权力。1999年党的十五届四中全会后,稽查特派员制度过渡为外派监事会制度。1999年公司法增加第67条规定,即国有独资公司监事会主要由国务院或者国务院授权的机构、部门委派的人员组成,并有公司职工代表参加。监事会的成员不得少于3人。2000年国务院制定的《国有企业监事会暂行条例》(已废止)规定,国有重点大型企业监事会由国务院派出,对国务院负责,代表国家对国有重点大型企业的国有资产保值增值状况实施监督。2003年,国务院制定《企业国有资产监督管理暂行条例》,规定由国务院国有资产监督管理委员会代表国务院向部分国有重点大型企业派出监事会。2008年制定的企业国有资产法第19条规定,国有独资公司、国有资本控股公司和国有资本参股公司依照公司法的规定设立监事会。2018年中共中央印发的《深化党和国家机构改革方案》提出,改革审计管理体制,保障依法独立行使审计监督权,是健全党和国家监督体系的重要内容。为整合审计监督力量,减少职责交叉分散,避免重复检查和监督盲区,增强监督效能,将国务院国有资产监督管理委员会的国有企业领导干部经济责任审计和国有重点大型企业监事会的职责划入审计署,相应对派出审计监督力量进行整合优化,构建统一高效审计监督体系,不再设立国有重点大型企业监事会。为落实《深化党和国家机构改革方案》的要求,本条规定,国有独资公司在董事会中设置由董事组成的审计委员会行使本法规定的监事会职权的,不设监事会或者监事。

第一百七十七条　国家出资公司应当依法建立健全内部监督管理和风险控制制度,加强内部合规管理。

【释义】 本条是关于国家出资公司应当健全内部管理制度的规定。

当今社会,公司处于全球化竞争的市场环境中,公司规模越来越大,甚至跨越国境,公司经营决策机关对于公司的一切事务不可能亲力亲为,这产生了内部职能分工和层层授权处理公司事务的需要;另外,在全球化背景下,公司面临的风险复杂多样,需要进行专业化的应对。这都需要公司建立健全内部监督管理和风险控制制度来加强公司内部管理。国家出资公司肩负着国有资产保值增值的使命,应当审慎进行经营管理。企业国有资产法第 17 条第 2 款规定,国家出资企业应当依法建立和完善法人治理结构,建立健全内部监督管理和风险控制制度。因此,本条特对国家出资公司作了规定,国家出资公司应当依法建立健全内部监督管理和风险控制制度。

合规管理是公司应对经营中面临的内外部风险的重要手段,随着市场竞争的加剧和公司自身的发展壮大,公司合规的需求也在不断增长。2022 年 8 月 23 日,国务院国有资产监督管理委员会颁布了《中央企业合规管理办法》,该办法适用于国务院国有资产监督管理委员会根据国务院授权履行出资人职责的中央企业,同时还要求地方国有资产监督管理机构参照《中央企业合规管理办法》指导出资企业加强合规管理工作。《中央企业合规管理办法》对于合规、合规风险和合规管理作了规定。依据《中央企业合规管理办法》的规定,合规,是指企业经营管理行为和员工履职行为符合国家法律法规、监管规定、行业准则和国际条约、规则,以及公司章程、相关规章制度等要求。合规风险,是指企业及其员工在经营管理过程中因违规行为引发法律责任、造成经济或者声誉损失以及其他负面影响的可能性。合规管理,是指企业以有效防控合规风险为目的,以提升依法合规经营管理水平为导向,以企业经营管理行为和员工履职行为为对象,开展的包括建立合规制度、完善运行机制、培育合规文化、强化监督问责等有组织、有计划的管理活动。

《中央企业合规管理办法》对中央企业的合规管理作了如下规定:一是明确合规管理相关主体职责。该办法规定了企业党委(党组)、董事会、经理层、首席合规官等主体的合规管理职责,明确了业务及职能部门、合规管理部门和监督部门合规管理“三道防线”职责。二是建立健全合规管理制度体系。要求中央企业结合实际,制定合规管理基本制度、具体制度或专项指南,构建分级分类的合规管理制度体系,强化对制度执行情况的检查。三是全面规范合规管理流程。对合规风险识别评估预警、合规审查、风险应对、问题整改、责任追究等提出明确要求,实现合规风险闭环管理。四是积极培育合规文化。要求中央企业通过法治专题学习、业务培训、加强宣传教育等,多方式、全方位提升全员合规意识,营造合规文化氛围。五是加快推进合规管理信息化建设。推动中央企业运用信息化手段将合规要求嵌入业务流程,利用大数据等技术对重点领域、关键节点开展实时动态监测,实现合规风险即时预警、快速处置。

国家出资公司应结合自身实际和相关规定加强公司的内部合规管理。

第八章　公司董事、监事、高级管理人员的资格和义务

第一百七十八条　有下列情形之一的，不得担任公司的董事、监事、高级管理人员：

（一）无民事行为能力或者限制民事行为能力；

（二）因贪污、贿赂、侵占财产、挪用财产或者破坏社会主义市场经济秩序，被判处刑罚，或者因犯罪被剥夺政治权利，执行期满未逾五年，被宣告缓刑的，自缓刑考验期满之日起未逾二年；

（三）担任破产清算的公司、企业的董事或者厂长、经理，对该公司、企业的破产负有个人责任的，自该公司、企业破产清算完结之日起未逾三年；

（四）担任因违法被吊销营业执照、责令关闭的公司、企业的法定代表人，并负有个人责任的，自该公司、企业被吊销营业执照、责令关闭之日起未逾三年；

（五）个人因所负数额较大债务到期未清偿被人民法院列为失信被执行人。

违反前款规定选举、委派董事、监事或者聘任高级管理人员的，该选举、委派或者聘任无效。

董事、监事、高级管理人员在任职期间出现本条第一款所列情形的，公司应当解除其职务。

【释义】　本条是关于公司董事、监事、高级管理人员任职资格的规定。

一、公司董事、监事、高级管理人员任职资格的限制

董事、监事、高级管理人员是公司组织机构的重要组成人员。公司的日常经营管理和监督最终要靠这些人员来执行和实施。董事、监事、高级管理

人员的能力和品行直接关系公司的经营成败和公司的财产安全。因此,世界各国和地区立法均不同程度地对这些人员的消极资格作了规定。一般涉及行为能力、特定的犯罪行为和职业禁止等。例如,《德国股份法》第 76 条第 3 款规定,董事只能是具有完全行为能力的自然人。下列人员不得成为董事:(1)其财产事务的处理全部或者部分受限于照管人同意保留的被照管人(《德国民法典》第 1903 条);(2)基于法院判决或者行政机关作出的具有执行力的决定不得从事某个职业或者职业领域、营业或者营业领域的人,只要企业的经营范围全部或者部分与禁止的范围相同;(3)因一项或者数项故意犯罪行为被判处至少 1 年有期徒刑的人,该犯罪行为包括:故意不申请启动支付不能程序(支付不能的拖延),《德国刑法典》第 283 条至第 283 条之 d 规定的故意犯罪行为(支付不能犯罪行为),或者《德国有限责任公司法》第 82 条规定的虚假陈述,《德国有限责任公司法》第 400 条、《德国商法典》第 331 条、《德国企业改组法》第 313 条或者《德国信息披露法》第 17 条规定的错误陈述,《德国刑法典》第 263 条至第 264 条之 a 或者第 256 条之 b 至第 266 条之 a 规定的犯罪行为;此项排除的期限为判决生效起 5 年,行为人因官方命令被羁押的时间不计算在内。《日本公司法》还特别规定法人不得成为董事。也有一些国家和地区立法对董事资格作了其他特别限制,例如持股要求,国籍,公职人员、军人不得兼任董事等。

根据本条规定,下列人员不得担任公司的董事、监事、高级管理人员:

1. 无民事行为能力或者限制民事行为能力的人。根据民法典的规定,无民事行为能力人是指不满 8 周岁的未成年人、8 周岁以上不能辨认自己行为的未成年人以及不能辨认自己行为的成年人。限制民事行为能力人是指除不能辨认自己行为以外的 8 周岁以上的未成年人和不能完全辨认自己行为的成年人。无民事行为能力人的民事法律行为要由他的法定代理人代理实施。限制民事行为能人可以独立实施纯获利益的民事法律行为或者与其年龄、智力相适应的民事法律行为;其他民事法律行为要由他的法定代理人代理实施,或者经其法定代理人的同意、追认。公司经营是比较重大、复杂的经济活动,市场环境瞬息万变,风险无处不在,公司的经营管理人员需要快速反应抓住商机,作出独立判断,有效规避风险,还需要尽到忠实义务和勤勉义务。依据本法第 125 条的规定,董事会会议一般应当由董事本人出席,董事应当对董事会的决议承担责任。这些都是无民事行为能力人和限制民事行为能力人所不能独自应对和承担的,让其承担责任也不符合法律设置行为能力制度保护无民事行为能力人和限制民事行为能力人的目的,为此,董事、监事、高级管理人员必须是完全民事行为能力人。

2. 因贪污、贿赂、侵占财产、挪用财产或者破坏社会主义市场经济秩序,被判处刑罚,或者因犯罪被剥夺政治权利,执行期满未逾 5 年,被宣告缓刑,自缓刑考验期满之日起未逾 2 年的人。这包括两种情况:一是因贪污、贿赂、侵占财产、挪用财产或者破坏社会主义市场经济秩序犯罪被判处刑罚的人。这些犯罪同经济生活密切相关。公司作为市场主体,从事生产经营活动是它的首要任务,与钱、物打交道必不可少。如果让犯有这些罪行的人担任公司重要职务,公司的财产安全就有可能受到威胁,股东和债权人的利益就有可能面临风险。因此,法律规定犯有这些罪行被判处刑罚,执行期满未逾 5 年的人不得担任公司的董事、监事、高级管理人员。二是因犯罪被剥夺政治权利的人。剥夺政治权利是指剥夺选举权和被选举权;言论、出版、集会、结社、游行、示威自由的权利;担任国家机关职务的权利;担任国有公司、企业、事业单位和人民团体领导职务的权利。被剥夺政治权利的人,在一定期限内也不适宜担任公司的董事、监事、高级管理人员,因此本法对其进行了限制。剥夺政治权利可以独立适用,也可以附加适用。根据刑法规定,对于危害国家安全的犯罪分子应当附加剥夺政治权利;对于故意杀人、强奸、放火、爆炸、投毒、抢劫等严重破坏社会秩序的犯罪分子,可以附加剥夺政治权利。对于被判处死刑、无期徒刑的犯罪分子,应当剥夺政治权利终身。在死刑缓期执行减为有期徒刑或者无期徒刑减为有期徒刑的时候,应当把附加剥夺政治权利的期限改为 3 年以上 10 年以下。剥夺政治权利的期限除被判处死刑和无期徒刑或者因此被减刑的以外,为 1 年以上 5 年以下。判处管制附加剥夺政治权利的,剥夺政治权利的期限与管制的期限相等。附加剥夺政治权利的刑期,从徒刑、拘役执行完毕之日或者从假释之日起计算。需要指出的是,在本条规定中,只要是因犯罪被剥夺政治权利,执行期满未逾 5 年的,就不得担任公司的董事、监事、高级管理人员,而不论其所犯何罪。

本次公司法修改增加了“自缓刑考验期满之日起未逾二年”的规定,主要是考虑到对于本条规定的情形,实践中还存在适用缓刑的情况,缓刑考验期满,原判的刑罚就不再执行,对于适用缓刑的情形“执行期满”的表述不太准确。同时,考虑到能够适用缓刑的情形一般相较于不适用缓刑的情形,社会危害性更小，其被限制担任董事、监事、高级管理人员的期限一般不应比不适用缓刑的情况更长，也考虑到对公司因违法被吊销营业执照负有责任的个人等也作了任职限制，规定之间不应畸轻畸重，因此，本条第1款第2项进一步明确了适用缓刑情形下的任职限制，并将其规定为“被宣告缓刑的，自缓刑考验期满之日起未逾二年”。

3. 担任破产清算的公司、企业的董事或者厂长、经理，对该公司、企业的破产负有个人责任的，自该公司、企业破产清算完结之日起未逾3年的人。破产清算是公司、企业退出市场的程序。对公司、企业的破产清算负有个人责任的董事或者厂长、经理，通常在经营管理能力方面有所欠缺，应当让他们提高能力后再从事公司经营管理的工作。因此，本条第1款第3项作了相应限制。企业破产法也规定了对企业破产负有责任的董事、监事、高级管理人员担任其他企业董事、监事、高级管理人员的任职限制。该法第125条规定，企业董事、监事或者高级管理人员违反忠实义务、勤勉义务，致使所在企业破产的，依法承担民事责任。有上述规定情形的人员，自破产程序终结之日起3年内不得担任任何企业的董事、监事、高级管理人员。

4. 担任因违法被吊销营业执照、责令关闭的公司、企业的法定代表人，并负有个人责任的，自该公司、企业被吊销营业执照、责令关闭之日起未逾3年的人。公司、企业被吊销营业执照、责令关闭，往往是因为公司、企业在经营过程中存在严重违法行为。对公司、企业因违法被吊销营业执照、责令关闭负有个人责任的法定代表人，往往缺乏法治观念和合法经营意识，应当让他们在增强法治观念和守法意识后再从事经营管理工作。因此，本条第1款第4项对此作了限制。

5. 个人因所负数额较大债务到期未清偿被人民法院列为失信被执行人的人。这些人或者是不讲诚信的人或者是不会经营的人。让这些被人民法院列为失信被执行人的人员担任董事等职务，一方面社会导向不好；另一方面也不利于公司的形象和对外经营。因此，本条第1款第5项对此作出一定限制。

二、违反限制进行选举、委派或者聘任，以及任职期间出现法定限制情形的后果、处理

1. 违反限制资格任职的后果。依据本条规定，公司违反规定选举、委派董事、监事或者聘任高级管理人员的,该选举、委派或者聘任无效。所谓无效,即不产生法律效力,公司登记机关可要求依法改选、委派或聘任新的人员。

2. 任职过程中出现限制情况的处理。依照本条规定,董事、监事、高级管理人员在任职期间出现法定限制情形的,公司应当依照法律规定解除其职务,并及时选举、委派新的董事、监事或者聘任新的高级管理人员。

第一百七十九条　董事、监事、高级管理人员应当遵守法律、行政法规和公司章程。

【释义】 本条是关于董事、监事、高级管理人员守法义务和遵守章程义务的规定。

广泛的职权对应着严格的义务和责任。遵守法律、行政法规和公司章程是董事、监事、高级管理人员最基本的义务。世界各国和地区均认可董事等应当遵守法律和公司章程。一些国家和地区作了明文规定,例如,《日本公司法》第355条规定,董事须遵守法令及章程以及股东大会的决议,并为股份公司忠实地履行其职务。我国台湾地区"公司法"第193条规定,董事会执行业务,应依照法令章程及股东会之决议。董事会之决议,违反前项规定,致公司受损害时,参与决议之董事,对于公司负赔偿之责;但经表示异议之董事,有纪录或书面声明可证者,免其责任。本法也对董事、监事、高级管理人员的守法义务和遵守章程义务作了规定。

一、董事、监事、高级管理人员应当遵守法律、行政法规

守法经营是经营管理公司最基本的义务。公司的组织和运行离不开规范公司组织和行为的公司法及《市场主体登记管理条例》等法律、行政法规。同时,在对外关系上,公司是一个独立的法律主体,其在市场上经营,在社会上行为,也需要遵守所有涉及公司的法律、行政法规,违反这些法律法规将给公司带来不利后果,例如,公司可能需要承担赔偿责任,受到行政处罚,声誉和形象受损,丧失资格、资质,失去商业机会等。这需要董事、监事、高级管理人员在履行职责时严格遵守涉及公司内部组织和外部行为的相关法律法规。

二、董事、监事、高级管理人员应当遵守公司章程

公司章程规定了公司的经营范围，公司的组织机构及其产生办法、职权，法定代表人的产生、变更办法及其职权，股东会、董事会、监事会等的议事方式和表决程序等，是公司的自治规则和行为指南。董事、监事、高级管理人员应当严格遵守公司章程。本法许多规定体现了这一要求，例如，本法规定，公司章程对董事、监事、高级管理人员具有约束力。董事任期届满未及时改选，或者董事在任期内辞任导致董事会成员低于法定人数的，在改选出的董事就任前，原董事仍应当依照法律、行政法规和公司章程的规定，履行董事职务。监事会对违反法律、行政法规、公司章程或者股东会决议的董事、高级管理人员提出解任建议。董事、监事、高级管理人员执行职务违反法律、行政法规或者公司章程的规定，给公司造成损失的，应当承担赔偿责任，等等。

第一百八十条　董事、监事、高级管理人员对公司负有忠实义务，应当采取措施避免自身利益与公司利益冲突，不得利用职权牟取不正当利益。

董事、监事、高级管理人员对公司负有勤勉义务，执行职务应当为公司的最大利益尽到管理者通常应有的合理注意。

公司的控股股东、实际控制人不担任公司董事但实际执行公司事务的，适用前两款规定。

【释义】　本条是关于忠实和勤勉义务的规定。

董事的义务产生于董事与公司之间的委托代理关系，董事作为公司的受托人，应当对公司负有受托义务。公司法或者司法实践普遍承认董事对公司的受托义务。例如，《日本公司法》第330条规定，公司与董事关系遵从有关委任规定，因此，董事被置于《日本民法典》第644条所规定的义务之下。《德国股份法》第93条第1项规定，董事会成员执行业务应尽到正派及谨慎。我国台湾地区“公司法”第23条第1项规定，公司负责人应忠实执行业务并尽善良管理人之注意义务，如有违反致公司受有损害者，负损害赔偿责任。我国香港地区公司条例第465条第2款规定，董事的注意义务指董事有责任以合理水平的谨慎、技巧及努力执行业务。

所谓忠实义务，是指公司董事、监事、高级管理人员在执行职务时，应当

将公司与股东的利益放在首位,而不应将个人利益置于公司或股东利益之上,不得为自己或第三人谋取利益。董事、监事、高级管理人员应当采取措施避免自身利益与公司利益冲突,当自身的利益与公司的利益相冲突时,必须以公司利益优先于自己利益为准则而采取行动,并不得利用职权谋取不正当利益。本法第 181 条至第 186 条就是对董事、监事、高级管理人员忠实义务的具体规范。

勤勉义务,是指公司董事、监事、高级管理人员执行职务应当为公司的最大利益尽到管理者通常应有的合理注意。为公司最大利益,指执行职务时应合理地相信其行为符合公司的最大利益,并以自己认为最符合公司利益的方式实施行为。尽到管理者通常应有的合理注意,要求董事应当具有必要的专业知识、技能和经验,能够恰当地履行自己的职责。董事、监事、高级管理人员在执行职务前应先充分了解所决策或者执行事项的背景与情况,再作出决定。该程序通常包括在会议前或会议中阅读相关书面资料、参与会议的讨论、寻求适当的专业顾问的意见等。如果董事、监事、高级管理人员长期缺席应出席的会议、未阅读适当数量的公司报告、未在必要时寻求适当的顾问意见等可能被认定为违反勤勉义务。合理的注意,是指董事、监事、高级管理人员应当以处于同一职位、处于相同情况下所能合理期待的注意程度执行公司职务。董事、监事、高级管理人员是否履行了勤勉义务,需要司法在个案中具体判断。董事、监事、高级管理人员如果没有尽到勤勉义务,给公司造成损害,需要对公司承担损害赔偿责任。

实践中,一些控股股东、实际控制人为了逃避董事责任或者逃避法律对董事资格限制的要求,不担任公司的董事,但是却实际决定公司事务的执行,履行类似董事的职责。而由于其本身没有经过公司的选举、任命程序成为董事,在其损害公司利益时,无法将其作为董事追究责任。为了对此类人进行规范,一些国家和地区有关公司的规定有所谓"事实董事"的规定。《英国公司法》第 250 条规定,董事是履行董事职责的任何人,无论其称谓如何。即使一个人没有被正式任命为董事,法院也可以据他所履行的董事职责将他视为事实董事,承担董事的义务与责任。我国台湾地区"公司法"第 8 条第 3 款规定,公司之非董事,而实质上执行董事业务或实质控制公司之人事、财务或业务经营而实质指挥董事执行业务者,与该法董事同负民事、刑事及行政罚之责任。本条第 3 款增加了对不担任公司董事但实际执行公司事务的控股股东、实际控制人的规定,明确其对公司负有忠实义务和勤勉义务。本条规定并不是创设控股股东、实际控制人的受托义务,而是因为控股股东、实际控制人实际执行公司事务而实际具备董事的职能,便将其纳入董事的范畴规范,要求其对公司承担忠实和勤勉义务,其违反该义务给公司造成损失的,需要承担赔偿责任。

第一百八十一条　董事、监事、高级管理人员不得有下列行为:
(一)侵占公司财产、挪用公司资金;
(二)将公司资金以其个人名义或者以其他个人名义开立账户存储;
(三)利用职权贿赂或者收受其他非法收入;
(四)接受他人与公司交易的佣金归为己有;
(五)擅自披露公司秘密;
(六)违反对公司忠实义务的其他行为。

【释义】　本条是关于禁止董事、监事、高级管理人员从事违反公司忠实义务的具体行为的规定。

董事、监事、高级管理人员对公司负有忠实义务。忠实义务要求董事、监事、高级管理人员在行使职权、处理公司事务时善意地为了公司的最大利益行事,而不能牟取个人利益或第三人利益等公司利益之外的利益。董事、监事、高级管理人员不得使自己处于与公司利益冲突的境地。当董事、监事、高级管理人员的利益与公司利益出现冲突时,董事、监事、高级管理人员应将公司利益置于优先位置,不得侵害公司利益。忠实义务涉及一切利益冲突的情形,涵盖范围非常广。本法第 180 条第 1 款对董事、监事、高级管理人员对公司的忠实义务作了一般规定。本条对一些典型的违反忠实义务的行为进行了列举,禁止董事、监事、高级管理人员从事下列违反忠实义务的行为。

一、侵占公司财产、挪用公司资金

侵占公司财产,是指将公司财产据为己有的行为。挪用公司资金,是指将公司的资金挪为本人或他人使用的行为。董事、监事、高级管理人员应当维护公司利益,保护公司资产完整,并努力促进公司经营成功,为公司创造利润。侵占公司财产和挪用公司资金,不仅没有正确行使职权,维护公司利益,反而侵犯了公司财产的完整性,严重侵害公司利益。这类严重违反忠实义务的行为应当禁止。

二、将公司资金以其个人名义或者以其他个人名义开立账户存储

将公司资金以其个人名义或者以其他个人名义开立账户存储增加了公司财产流失的风险,而且违反财务、会计制度,本条第2项将其作为违反忠实义务的典型行为之一,作了禁止性规定。

三、利用职权贿赂或者收受其他非法收入

董事、监事、高级管理人员行使职权只能为了公司的最大利益。利用职权行贿、受贿和收受其他非法收入,是严重的滥用职权行为,损害公司的信誉和形象,甚至触犯刑法,将为公司带来严重不利后果,本条第3项将其作为违反忠实义务的典型行为作了禁止性规定。对这些行为,一些法律也作了禁止性规定。例如,根据反不正当竞争法第7条和第19条的规定,经营者在经营过程中不得贿赂他人,以谋取交易机会或者竞争优势。刑法第163条就非国家工作人员受贿罪,第164条就对非国家工作人员行贿罪,第385条就受贿罪,第389条就行贿罪,第390条之一就对有影响力的人行贿罪,第391条就对单位行贿罪作了规定。

四、接受他人与公司交易的佣金归为己有

董事、监事、高级管理人员是为公司行为,在履职过程中取得的财产是公司的财产,应归公司所有,不得非法据为己有。董事、监事、高级管理人员接受他人与公司交易的佣金归为己有,是利用职权牟取私利、侵害公司利益的行为,违反其对公司的忠实义务,因此,本条第4项将其作为违反忠实义务的典型行为之一作了禁止性规定。

五、擅自披露公司秘密

公司的技术秘密、产品信息、客户信息等重要经营秘密信息以及其他具有重要价值的保密信息是公司经营的基础和形成市场竞争优势的重要资源。董事、监事、高级管理人员基于工作职责,在工作中知悉了公司的秘密,应对公司秘密采取必要的保密措施,并为公司的经营正当使用保密信息。董事、监事、高级管理人员不仅不保护公司的秘密不被泄露,反而擅自披露公司秘密,是严重的侵害公司利益的行为,本条第 5 项将其作为违反忠实义务的典型行为作了禁止性规定。

一些国家的公司法也对此作了规定。例如,《德国股份法》将保守公司秘密作为董事义务作了特别规定。《德国股份法》第 93 条规定,对于通过其在董事会的工作而获悉的公司的保密资料和秘密,特别是经营或者业务秘密,董事应该保守秘密。

擅自披露公司秘密是严重侵害公司利益的行为和违反商业道德的行为,我国许多法律对此也作了规范。例如,反不正当竞争法禁止侵犯商业秘密。侵犯商业秘密还可能构成刑法第 219 条规定的侵犯商业秘密罪。

六、违反对公司忠实义务的其他行为

该项是兜底性规定。除了前面列举的典型的违反忠实义务的行为之外,董事、监事、高级管理人员也不得从事其他本条未列举的违反忠实义务侵害公司利益的行为。如果违反忠实义务从事相关行为,董事、监事、高级管理人员也应承担相应的法律后果。需要注意的是,本法第 182 条、第 183 条和第 184 条规定也涉及董事、监事、高级管理人员与公司的利益冲突,违反相关规定,也构成对公司忠实义务的违反。不同之处在于,本条规定的行为是绝对禁止的行为,只要从事本条规定的行为即违反忠实义务,本法第 182 条、第 183 条、第 184 条的行为因具有一定程度上的合理性和积极意义,法律允许董事、监事、高级管理人员通过法律规定的程序在合理范围内从事这些行为。

第一百八十二条　董事、监事、高级管理人员,直接或者间接与本公司订立合同或者进行交易,应当就与订立合同或者进行交易有关的事项向董事会或者股东会报告,并按照公司章程的规定经董事会或者股东会决议通过。

董事、监事、高级管理人员的近亲属,董事、监事、高级管理人员或者其近亲属直接或者间接控制的企业,以及与董事、监事、高级管理人员有其他关联关系的关联人,与公司订立合同或者进行交易,适用前款规定。

【释义】 本条是关于董事、监事、高级管理人员等与公司交易的规定。

公司是拟制的人,通过董事、经理等具体实施行为。董事、监事、高级管理人员在行为时应当为了公司利益,除了从公司利益中间接获得的合法利益,例如,经营成功的合法的薪酬奖励等之外,不得谋取个人利益、第三人利益等公司利益之外的利益。董事、监事、高级管理人员在与公司交易过程中,作为交易一方,将很难保证其不把个人利益置于公司利益之上。过去,一些国家的公司法或者司法实践,曾对自我交易采取禁止的态度。然而,董事、监事、高级管理人员等与公司进行的交易,不一定必然损害公司利益。有些交易对公司可能有益且非常必要,例如,董事等恰好有公司需要而别人不能提供的资源。又如,公司经营处于低谷期,其他主体不愿与公司发生交易,而董事等愿意与公司交易,挽救公司危机等。现代多数国家和地区的公司法立法和司法实践认为,一概禁止此类交易并不明智,也不符合公司利益,因此,在法律上设置了特殊的制度,为从事此类交易规定了特别程序。本法也对董事、监事、高级管理人员等与公司交易作了特别规定。

一、董事、监事、高级管理人员,可以与本公司订立合同或者进行交易

与本法第181条禁止董事、监事、高级管理人员从事的行为不同,本条规定允许董事、监事、高级管理人员在履行向公司的报告义务和一定的批准要求后,与公司订立合同或进行交易。本条规定中的董事、监事、高级管理人员是指全体董事、监事、高级管理人员。

二、进行交易应当就与订立合同或者进行交易有关的事项向董事会或者股东会报告

董事、监事、高级管理人员在合同或者交易中具有与公司冲突的利益,如要进行该交易,法律要求董事、监事、高级管理人员向公司披露其存在利益冲突的事实和状况,以便公司机关进行客观评估、审慎决策和采取风险预防措施。这也是一些国家立法中的通常做法,例如,《日本公司法》第356条规定,董事拟为自己或第三人与股份有限公司从事交易,或者股份有限公司拟保证董事的债务及其他与董事以外的人之间从事股份有限公司与该董事利益冲突的交易的,董事须在股东大会上披露有关该交易的重要事实,并取得其同意。

关于本条规定的报告,应在交易之前由涉及利益冲突的董事、监事、高级管理人员事先进行。至于具体向董事会或者股东会报告,可以由章程作出规定。涉及利益冲突的董事、监事、高级管理人员需要报告拟从事交易的交易主体,交易标的物、数量、质量、价款,其与交易利益冲突的状况,以及交易的公平性等信息。报告需真实、准确,达到可供董事会、股东会作出决策的需要。

三、进行交易应当经董事会或者股东会决议通过

董事、监事、高级管理人员在本条规定的交易中与公司存在利益冲突,极有可能将个人利益凌驾于公司利益之上,因此,对于此类对公司存在极高风险的交易,法律要求经过董事会或股东会的决议,以便董事会和股东会对风险进行判断和控制,过滤掉有风险的交易。至于是由董事会还是股东会作出决议,可由公司章程作出规定,按照公司章程的规定进行。董事会、股东会作出决议以普通多数通过即可,公司章程如果规定了更高的多数要求,按照公司章程的规定。需要注意的是,除了章程规定之外,如果公司法或者其他法律有特殊规定,还应当遵守相关规定。例如,根据本法第 185 条的规定,董事会作出决议时,关联董事不得参与表决,他们的表决权不计入表决权总数。如果出席董事会会议的无关联关系董事人数不足 3 人,应当将该事项提交股东会进行决议。此时,必须由股东会进行决议。决议原则上要事先进行。董事参与决议不得违背其对公司承担的义务。

四、本条规定适用于董事、监事、高级管理人员的近亲属等与公司的交易

本条第 2 款规定对交易的主体进行了适当的扩展,以涵盖存在风险的类似交易。根据本条第 2 款的规定,董事、监事、高级管理人员的近亲属与公司进行的交易,董事、监事、高级管理人员或者其近亲属直接或者间接控制的企业与公司进行的交易,以及与董事、监事、高级管理人员有其他关联关系的关联人与公司进行的交易,也适用第 1 款的规定。此类交易中,向董事会或者股东会报告的主体是涉及与公司利益冲突的董事、监事、高级管理人员。

第一百八十三条　董事、监事、高级管理人员,不得利用职务便利为自己或者他人谋取属于公司的商业机会。但是,有下列情形之一的除外:

（一）向董事会或者股东会报告，并按照公司章程的规定经董事会或者股东会决议通过；

（二）根据法律、行政法规或者公司章程的规定，公司不能利用该商业机会。

【释义】 本条是关于董事、监事、高级管理人员利用公司商业机会的规定。

商业机会对公司发展至关重要。寻找并利用商业机会促进公司经营成功是董事等经营管理人员应尽的职责，也是股东委托董事等经营管理公司的目的。董事、监事、高级管理人员在履行职责过程中掌握了一些公司的商业机会，或者利用职位和公司资源创造了一些商业机会，这些属于公司的商业机会应当由公司使用。董事、监事、高级管理人员不得将其谋取供自己或者他人使用。这符合对董事、监事、高级管理人员履行职责的预期。如果董事、监事、高级管理人员秘密地自己使用了本属于公司的商业机会，或者将公司的商业机会提供给他人使用，这都侵害了公司的利益，违背了对公司的忠实义务。为了避免董事等为了追求个人利益而疏于利用公司商业机会促进公司成功，许多国家的立法和司法实践都将窃取公司商业机会作为违反董事义务的情形予以规制。然而，如果董事等利用某一商业机会并不与公司利益冲突，则没有必要完全禁止，一概禁止也不利于充分发挥社会成员的聪明才智增进社会福祉。因此，一些国家的立法和司法实践也允许在一定情形下，董事等可以通过正当方式使用特定的公司商业机会。本条对董事、监事、高级管理人员利用公司商业机会作了规定。

一、董事、监事、高级管理人员不得利用职务便利为自己或者他人谋取属于公司的商业机会

董事、监事、高级管理人员对公司负有忠实义务，不得利用职务便利为自己或者他人谋取属于公司的商业机会。这里的董事、监事、高级管理人员同本法第 182 条规定，也是指全体董事、监事、高级管理人员。董事、监事、高级管理人员的职权服务于公司的需要，只能为公司行使，利用职务便利为自己或者他人谋取属于公司的商业机会，属于不正当行使职权。这里的为自己或者他人，只要是为自己或者他人的利益计算即可，例如，相关行为的收益归董

事等自己或者是由其受益,而不限于必须以董事等自己的名义。关于公司的商业机会,只要是董事、监事、高级管理人员在履行职务过程中获取的,公司经营成功所需要的商业机会即可。具体某一商业机会是否属于公司的商业机会,由法院结合案件的具体情况根据商业机会的产生,董事、监事、高级管理人员的职责,公司需要具体商业机会的程度,董事、监事、高级管理人员利用商业机会的公正性等因素进行判断。

二、董事、监事、高级管理人员可以利用商业机会的情形

1. 向董事会或者股东会报告,并按照公司章程的规定经董事会或者股东会决议通过。董事、监事、高级管理人员利用公司的商业机会可能会与公司利益存在冲突。为了尽可能过滤掉存在的风险,本条规定,董事、监事、高级管理人员利用公司的商业机会应向董事会或者股东会报告,并经董事会或者股东会决议通过。对于本条规定的报告以及经董事会或者股东会决议通过的理解,与本法第 182 条规定的理解大体相似。具体向董事会还是股东会报告,经董事会决议还是股东会决议,由章程作出规定。同时,也需要注意本法第 185 条等法律的特殊规定。报告和决议原则上需事先进行。董事在作出决议时应尽到董事的相关义务。

一些国家的公司法对董事在一定情形下利用特定公司商业机会也作了规定,例如,《英国公司法》第 175 条第 1 款规定,公司董事必须避免这样的情形,即其享有或者能够享有与公司利益冲突或可能冲突的直接或间接利益。该条第 2 款规定,前款特别适用于任何财产、信息或机会的利用(公司能否利用该财产、信息或机会是不重要的)。第 4 款规定,下列情况下,该义务未被违反:如果情形不能合理地视为可能产生利益冲突;如果事项已经被董事授权。第 6 款规定,该授权是有效的,只要关于考虑该事项之会议的法定人数的任何要求,不将有关董事或任何其他利害关系董事计算在内,也得到满足;或者未经他们投票,该事项被通过,或者如果他们的投票不计算在内,该事项也会通过。

2. 根据法律、行政法规或者公司章程的规定,公司不能利用该商业机会。公司商业机会的概念比较抽象,情形比较复杂,董事、监事、高级管理人员利用公司的商业机会,最安全的做法是事先向董事会或者股东会报告,并经董事会或者股东会决议通过。也有一些商业机会,是公司显然不会利用的商业

机会,如基于法律、行政法规或者公司章程的规定,公司不能利用该商业机会。例如,根据法律、行政法规规定开展某种业务需要获得行政许可或者获得特定资质、资格,公司没有相应许可或资质、资格,也无意从事相关领域经营,而董事、监事、高级管理人员具有相关许可或资质,发现并利用了相关商业机会;又如,公司章程明确禁止公司从事某一业务,而董事、监事、高级管理人员发现并利用该类商业机会。

第一百八十四条　董事、监事、高级管理人员未向董事会或者股东会报告,并按照公司章程的规定经董事会或者股东会决议通过,不得自营或者为他人经营与其任职公司同类的业务。

【释义】 本条是关于董事、监事、高级管理人员竞业禁止的规定。

董事、监事、高级管理人员自营或者为他人经营与其任职公司同类的业务,将使其自己处于与公司的利益以及对公司的义务严重冲突的境地。董事、监事、高级管理人员是公司事务的具体承担者,他们熟悉公司的内情、知悉公司的秘密,甚至掌握公司经营的核心资源,如果他们利用其掌握的信息、资源自营或者为他人经营与公司存在竞争关系的业务,必将损及公司的利益。许多国家和地区的公司法都对董事等的竞业禁止作了规定。与其他存在利益冲突的情形一样,处于利益冲突的境地,不一定必然损害公司的利益,基于此,许多国家和地区的公司法在作出竞业禁止规定的同时,对于董事等通过法律规定的一定程序从事相关业务也作了规定。本法对于竞业禁止作了规定。

一、董事、监事、高级管理人员自营或者为他人经营同类业务应向董事会或股东会报告,并经董事会或股东会决议通过

董事、监事、高级管理人员自营或者为他人经营同类业务应向董事会或股东会报告,并经董事会或股东会决议通过。关于董事、监事、高级管理人员向董事会或者股东会报告,并经董事会或股东会决议通过的理解,与前两条规定大体一样。董事、监事、高级管理人员的报告与董事会或股东会的决议通过,具有事先防范和过滤风险的作用。董事、监事、高级管理人员向董事会和股东会报告,经董事会或股东会决议通过后,开展相关业务,也可以降低自身被追究责任的风险。董事会、股东会事先获悉利益冲突状况,可以对利益

冲突的董事等进行监督。在决策阶段，董事会、股东会可以对利益冲突董事等从事相关业务给公司带来的风险进行评估，风险较高时，不同意相关风险行为。在行为实施阶段，其他董事、公司股东等可以随时关注行为实施给公司带来的风险，发现有给公司造成损害的危险或给公司造成损害时，可以及时采取有效的应对措施，防范风险发生、消除不利影响。

一些国家和地区有关公司的规定也采取了同样的控制竞业风险的措施。《日本公司法》第356条规定，董事拟为自己或第三人从事属于股份有限公司事业类型交易的，须在股东大会上披露有关该交易的重要事实，并取得其同意。该法第365条规定，在董事会设置公司，董事拟为自己或第三人从事属于股份有限公司事业类型交易的，须在董事会上披露有关该交易的重要事实，并取得其同意。已进行交易的董事，须在该交易后及时向董事会报告有关该交易的重要事实。我国台湾地区"公司法"第209条规定，董事为自己或他人为属于公司营业范围内之行为，应对股东会说明其行为之重要内容，并取得其许可。股东会为前项许可之决议，应有代表已发行股份总数2/3以上股东之出席，以出席股东表决权过半数之同意行之。公开发行股票之公司，出席股东之股份总数不足前项定额者，得以有代表已发行股份总数过半数股东之出席，出席股东表决权2/3以上之同意行之。前二项出席股东股份总数及表决权数，章程有较高之规定者，从其规定。

二、未经报告或者决议通过，不得自营或者为他人经营同类业务

未向董事会或者股东会报告，并经董事会或者股东会决议通过，董事、监事、高级管理人员不得自营或者为他人经营与其任职公司同类的业务。这里规制的行为，既包括董事、监事、高级管理人员自己进行经营，也包括为他人经营，例如公司作为汽车销售公司，董事也自营汽车销售业务，或者在同为汽车销售公司的其他公司担任职位为其他公司进行汽车销售。日本、我国台湾地区学者一般认为，自营或者为他人经营是指经济效果归属于自己或他人而不局限于其形式。关于同类业务，应指与公司业务在实质上具有竞争关系的业务。特别是与公司在产品上、销售上存在竞争关系，客户资源上存在竞争关系的业务。该业务既包括公司正在从事的业务，也包括公司虽未从事，但正在准备从事的业务。具体业务是否为同类业务，人民法院应根据业务在本质上的竞争性和利益冲突性并结合案件事实进行认定。

需要指出的是，本条规定并不妨碍公司与董事、监事、高级管理人员在合同中对竞业限制进行约定，只要相关规定合法有效，董事、监事、高级管理人员也应按照合同的约定履行义务。

第一百八十五条　董事会对本法第一百八十二条至第一百八十四条规定的事项决议时，关联董事不得参与表决，其表决权不计入表决权总数。出席董事会会议的无关联关系董事人数不足三人的，应当将该事项提交股东会审议。

【释义】　本条是关于在特定情形中关联董事表决权回避的规定。

本法第182条至第184条规定的情形中，董事对相关事项存在利益冲突，相关事项需要提交董事会或者股东会决议。将与决议事项存在关联的董事排除出董事会对相关事项的决议，可以防止关联董事不是为了公司利益而是为了自己或他人利益行使表决权，促进董事会作出更为客观公正的决议。一些国家和地区对特定情形中的董事表决权回避也作了规定。例如，《日本公司法》第369条规定，董事会的决议，以可参加表决的董事的过半数（章程已规定高于该标准的比例时，该比例以上）出席，并以其过半数（章程已规定高于该标准的比例时，该比例以上）作出。对前款所规定决议有特别利害关系的董事，不得参加表决。《英国公司法》第175条第4款规定，下列情况下，该义务未被违反：（1）如果情形不能被合理地视为可能产生利益冲突；（2）如果事项已经被董事授权。该条第6款规定，该授权是有效的，只要（1）关于考虑该事项之会议的法定人数的任何要求，不将有关董事或任何其他利害关系董事计算在内，也得到满足；（2）未经他们投票，该事项被通过，或者如果他们的投票不计算在内，该事项也会通过。我国台湾地区“公司法”第206条规定，董事会之决议，除该法另有规定外，应有过半数董事之出席，出席董事过半数之同意行之。董事对于会议之事项，有自身利害关系时，应于当次董事会说明其自身利害关系之重要内容。董事之配偶、二亲等内血亲，或与董事具有控制从属关系之公司，就前项会议之事项有利害关系者，视为董事就该事项有自身利害关系。

本法对第182条至第184条规定的事项的董事会决议，也规定了利益冲突董事的表决权回避。

一、关联董事对本法第 182 条至第 184 条规定的事项不得参与表决,其表决权不计入表决权总数

关于关联董事,应指与董事会决议事项有影响其客观判断的关联的董事。关于本条规定的“不得参与表决”“其表决权不计入表决权总数”,依据本法第 27 条的规定,出席会议的人数或者所持表决权数未达到本法或者公司章程规定的人数或者所持表决权数可导致董事会决议不成立。同意决议事项的人数或者所持表决权数未达到本法或者公司章程规定的人数或者所持表决权数也可以导致董事会决议不成立。因此,出席董事会会议的人数和同意表决事项的人数甚为重要。关于有限责任公司的董事会决议,本法第 73 条规定,董事会的议事方式和表决程序,除本法有规定的外,由公司章程规定。董事会会议应当有过半数的董事出席方可举行。董事会作出决议,应当经全体董事的过半数通过。董事会决议的表决,应当一人一票。关于股份公司的董事会决议,本法第 124 条规定,董事会会议应当有过半数的董事出席方可举行。董事会作出决议,应当经全体董事的过半数通过。董事会决议的表决,应当一人一票。结合本条规定的“不得参与表决”“其表决权不计入表决权总数”,以及本法第 73 条和第 124 条的规定,本条规定应指关联董事不计入董事会应出席董事人数,也不计入表决通过所需的全体董事人数。

二、出席董事会的无关联关系董事人数不足 3 人的,应当将该事项提交股东会审议

当无关联关系董事人数不足 3 人时,董事会已经无法达到过半数的董事出席、过半数的董事通过的要求,无法正常作出决议。此时,应当将决议事项提交给股东会进行审议,并由股东会作出决议。

第一百八十六条　董事、监事、高级管理人员违反本法第一百八十一条至第一百八十四条规定所得的收入应当归公司所有。

【释义】 本条是关于公司对董事、监事、高级管理人员收入归入的规定。

在本法第 181 条至第 184 条规定的情形中,董事、监事、高级管理人员具有与公司冲突的利益,易于使董事、监事、高级管理人员受自我利益的驱动作出与公司利益相冲突的行为,损害公司利益。将董事、监事、高级管理人员违反本法第181条至第184条规定的收入归入公司,是剥夺其通过这些行为获取的利益,进而抑制其作出自利行为动机的重要措施之一。这可以对董事、监事、高级管理人员的自利行为起到威慑作用。同时,这一规定也可以在一定程度上回避这些情形中的损失计算难题。

一些国家和地区也采用了这一收入归入措施。例如,《德国股份法》第88条在关于竞业禁止的条文中规定,董事违反该禁止规定的,公司可以要求其进行损害赔偿。公司可以要求董事为其自己之计算而作出的交易视为为公司之计算而作出,并交出为他人之计算而从事的交易所取得的报酬,或者向公司转让其报酬请求权,以替代补偿。《英国公司法》也作了归入规定,该法第195条在关于违反应经股东会批准进行的重大财产交易的法律后果中规定,无论该安排或任何该交易是否已经被撤销,第4款所指定的每个人负有责任:(a)将该人直接或间接从安排或交易中获取的任何收入归还公司;(b)(与本条之下的任何其他负有这样责任的人共同连带地)向公司补偿从交易或安排中产生的任何损失或损害。同时规定,负有这样责任的人是:(1)公司或其控股公司的任何董事,其导致公司违反第190条而签订安排;(2)与公司或其控股公司的董事相关联的任何人,其导致公司违反该条而签订安排;(3)与任何该人相关联的公司或其控股公司的董事;(4)授权安排或依据该安排签订任何交易的公司任何其他董事。我国台湾地区"公司法"第209条规定,董事为自己或他人为属于公司营业范围内之行为,应对股东会说明其行为之重要内容,并取得其许可。董事违反该条第1项之规定,为自己或他人为该行为时,股东会得以决议,将该行为之所得视为公司之所得。但自所得产生后逾1年者,不在此限。该法第23条规定,公司负责人应忠实执行业务并尽善良管理人之注意义务,如有违反致公司受有损害者,负损害赔偿责任。公司负责人违反第1项之规定,为自己或他人为该行为时,股东会得以决议,将该行为之所得视为公司之所得。但自所得产生后逾1年者,不在此限。

依据本条规定,董事、监事、高级管理人员违反本法第181条至第184条规定的,所得的收入应当归公司所有。该收入不限于取得的金钱,因相关行为取得的不当经济利益,如收受的实物等都可以归入。

第一百八十七条　股东会要求董事、监事、高级管理人员列席会议的，董事、监事、高级管理人员应当列席并接受股东的质询。

【释义】 本条是关于董事、监事、高级管理人员列席股东会会议并接受质询的规定。

股东对股东会会议议题有关事项提出质疑，董事、监事、高级管理人员进行说明，是股东会正常运行的体现。股东的质询与董事、监事、高级管理人员的说明相对应。充分了解相关信息，是股东作出正确决策的前提，也是股东对公司经营管理进行有效监督、充分行使股东权利的基础。一些国家和地区的公司法规定了相关人员的说明义务。例如，《日本公司法》第314条规定，董事、会计参与、监事及执行官，在股东大会上股东要求就特定事项作出说明时，须就该事项作出必要的说明。但该事项属于与股东大会议题无关的事项，且通过该说明会严重损害股东的共同利益时，以及法务省令所规定的有其他正当理由的情形时，不在此限。《德国股份法》第118条规定，董事和监事应该参加股东大会。该法第131条规定，出于恰当评判大会议题之必要，经请求，董事会应在股东大会上就公司情况向每个股东作出答复。答复应符合认真、忠实汇报的原则。《德国股份法》还对董事会可以拒绝答复的情形作了规定。为了保护股东权利，本条作了董事、监事、高级管理人员应当应股东会要求列席股东会会议并接受股东质询的规定。

一、董事、监事、高级管理人员应股东会要求应列席股东会会议

根据本条规定，提出列席股东会会议要求的是股东会。股东会提出要求的，董事、监事、高级管理人员应当列席股东会会议。应要求列席会议也是董事、监事、高级管理人员的义务。不列席会议，董事、监事、高级管理人员将违反其应承担的义务。但是本条对于股东会应如何提出要求，按照什么程序提出要求，董事、监事、高级管理人员如何列席股东会会议没有作出详细规定。公司可以通过章程进一步明确。

二、董事、监事、高级管理人员应接受股东的质询

董事、监事、高级管理人员提供的信息质量，影响股东权利的行使。股东在股东会上对董事、监事、高级管理人员提出质询的，董事、监事、高级管理人

员应当如实提供所有相关资料,并进行答复说明。股东质询只能在股东会议上行使。股东质询应与股东会会议议题相关。董事、监事、高级管理人员是答复说明义务人,具体作出答复说明的人可根据必要性原则进行确定。涉及具体人员自身的事项应由其本人亲自作出答复说明,例如,与公司存在利益冲突的董事、监事、高级管理人员,应就冲突事项亲自作出说明。关于答复说明应当达到什么程度,本法未作具体规定。从保护股东权利正常行使的角度看,答复说明应当达到股东会对会议议题进行合理判断所需要的程度,应使股东会决策、监督获得真实全面的信息。当然,这应当是客观判断,应当根据一般社会常识进行,达到股东会会议进行决策所需要的客观程度即可,而不是满足特定股东个人的主观需求。

第一百八十八条　董事、监事、高级管理人员执行职务违反法律、行政法规或者公司章程的规定,给公司造成损失的,应当承担赔偿责任。

【释义】 本条是关于董事、监事、高级管理人员赔偿责任的规定。

董事、监事、高级管理人员享有管理、监督公司事务的职权,同时对公司负有忠实和勤勉义务。董事、监事、高级管理人员应当依照法律、行政法规和公司章程的规定行使职权,维护公司的利益。为了促使董事、监事、高级管理人员正确行使职权,忠实履职尽责,对公司因董事、监事、高级管理人员不正当行使职权给公司造成的损害提供救济,本条规定,董事、监事、高级管理人员执行职务违反法律、行政法规或者公司章程的规定,给公司造成损失的,应当承担赔偿责任。这是关于民事赔偿责任的规定。

根据这一规定,董事、监事、高级管理人员承担赔偿责任应当具备以下条件:第一,必须有使公司受到损害的事实存在。第二,必须有损害行为。损害行为必须是行为人违反法律、行政法规或者公司章程执行公司职务的行为。需要指出的是,本法第 180 条明确规定了董事、监事、高级管理人员对公司的忠实义务和勤勉义务。因此,上述人员不履行忠实义务和勤勉义务,也是违反法律的行为。第三,损害行为与损害事实之间必须有因果关系。第四,行为人必须有过错,也就是必须有过失或者故意。承担责任的方式,主要是赔偿公司因损害行为遭受的财产损失。

第一百八十九条　董事、高级管理人员有前条规定的情形的，有限责任公司的股东、股份有限公司连续一百八十日以上单独或者合计持有公司百分之一以上股份的股东，可以书面请求监事会向人民法院提起诉讼；监事有前条规定的情形的，前述股东可以书面请求董事会向人民法院提起诉讼。

监事会或者董事会收到前款规定的股东书面请求后拒绝提起诉讼，或者自收到请求之日起三十日内未提起诉讼，或者情况紧急、不立即提起诉讼将会使公司利益受到难以弥补的损害的，前款规定的股东有权为公司利益以自己的名义直接向人民法院提起诉讼。

他人侵犯公司合法权益，给公司造成损失的，本条第一款规定的股东可以依照前两款的规定向人民法院提起诉讼。

公司全资子公司的董事、监事、高级管理人员有前条规定情形，或者他人侵犯公司全资子公司合法权益造成损失的，有限责任公司的股东、股份有限公司连续一百八十日以上单独或者合计持有公司百分之一以上股份的股东，可以依照前三款规定书面请求全资子公司的监事会、董事会向人民法院提起诉讼或者以自己的名义直接向人民法院提起诉讼。

【释义】　本条是关于股东代表诉讼的规定。

根据传统的民事诉讼理论，只有自己的合法权益受到违法行为侵害的人才具备起诉的资格。公司作为具有独立地位的法人，其合法权益受到侵害，应当由公司提起诉讼。但实际上，公司虽然具有独立的主体地位，但是其组织运行和经营管理还是由具体的人作出，而这些主体本身和公司的利益关系复杂，甚至在某些情形下，利益是冲突的。例如，在董事、监事、高级管理人员通过关联交易损害公司利益而有利于自身利益的情形下，期待公司对他们提起诉讼，实际上是自己告自己，几乎没有可能。对公司利益的侵害，必然间接侵害股东的权益，股东作为公司实际的受益人，基于股东权益被侵害的事实而享有对加害者的损害赔偿请求权。赋予股东代表公司提起诉讼的权利，有利于中小股东通过诉讼的手段维护公司和自身合法权益，监督公司管理层，改善公司治理。但是股东本身不是公司的经营者，为了避免股东恶意诉讼干扰公司经营活动，法律对股东代表公司提起诉讼也作了必要的限制。

一、关于股东对本公司董监高等提起代表诉讼的要件

根据本条规定,股东提起代表诉讼应当符合以下法定要求:

第一,提起代表诉讼的股东资格。根据本条规定,有限责任公司的股东以及股份有限公司连续 180 日以上单独或者合计持有公司 1%以上股份的股东,有权提起股东代表诉讼。

第二,提起代表诉讼的前置条件。根据本法规定,当发生董事、监事、高级管理人员违反法定义务,损害公司利益的情形时,股东应当依法先向有关公司机关(董事会、监事会)提出请求,请有关公司机关向人民法院提起诉讼。如果有关公司机关拒绝履行职责或者怠于履行职责,则股东为维护公司利益可以向人民法院提起代表诉讼。这一方面符合法定程序,另一方面也可以对股东诉讼做适当限制,避免滥诉给公司造成不利影响。因此,本条规定,董事、高级管理人员有本法第 188 条规定的情形,监事有本法第 188 条规定的情形的,股东可以书面请求监事会或者董事会向人民法院提起诉讼;监事会、董事会收到股东书面请求后拒绝提起诉讼,或者自收到请求之日起 30 日内未提起诉讼,或者情况紧急、不立即提起诉讼将会使公司利益受到难以弥补的损害的,股东有权为了公司的利益以自己的名义直接向人民法院提起诉讼。

第三,诉讼事由。股东代表诉讼主要是针对董事、监事、高级管理人员违反对公司的忠实和勤勉义务,给公司造成损害的行为提起的诉讼。公司董事、监事、高级管理人员以外的其他人侵犯公司合法权益,给公司造成损害的,股东也可以代表公司向人民法院提起诉讼。

二、关于股东双重代表诉讼制度

根据修改前的公司法,对子公司董事、监事、高级管理人员等提起代表诉讼的只能是持有子公司股份的母公司。如果母公司也未提起股东代表诉讼,母公司的股东并无权直接对子公司董事、监事、高级管理人员等提起股东代表诉讼。在母子公司关系的持股架构下,子公司利益遭受子公司董事等的侵害时,基于母子公司之间的投资关系,子公司利益的损失最终会造成母公司投资损失,并造成母公司股东的间接损失。如果不允许双重代表诉讼,则全资母公司的中小股东因母公司投资利益损失而受到的间接损害也将无法得

到有效保障。因此，2023年公司法增加了双重代表诉讼制度，允许母公司股东对全资子公司董事等行使双重代表诉讼，通过救济利益遭受损害的子公司，最终有效保障母公司股东的投资利益。同时，双重代表诉讼制度的追偿功能还能对侵害子公司利益的子公司董事等起到有效的威慑作用。

双重代表诉讼制度的适用条件：一是股东资格，即有限责任公司的股东、股份有限公司连续180日以上单独或者合计持有公司1%以上股份的股东可以提起诉讼。二是要履行前置程序。在母公司股东为了子公司利益以自己的名义提起双重代表诉讼时，仍然应当遵循穷尽公司内部救济的原则，请求的主体为全资子公司。即按照本条第1款的规定，起诉全资子公司的董事、高级管理人员的，有限责任公司的股东、股份有限公司连续180日以上单独或者合计持有公司1%以上股份的股东，需要书面请求全资子公司监事会向人民法院提起诉讼；起诉全资子公司的监事的，需要书面请求董事会向人民法院提起诉讼。他人侵犯全资子公司合法权益，给公司造成损失的，有限责任公司的股东、股份有限公司连续180日以上单独或者合计持有公司1%以上股份的股东可以书面请求董事会或者监事会向人民法院提起诉讼。三是诉讼事由。即针对董事、监事、高级管理人员违反对公司的忠实和勤勉义务，给公司造成损害的行为提起的诉讼。公司董事、监事、高级管理人员以外的其他人侵犯公司合法权益，给公司造成损害的，股东也可以代表公司向人民法院提起诉讼。

第一百九十条　董事、高级管理人员违反法律、行政法规或者公司章程的规定，损害股东利益的，股东可以向人民法院提起诉讼。

【释义】　本条是关于股东直接诉讼的规定。

股东是公司的投资人，有权维护自己在公司的合法权益。公司董事、高级管理人员违反法律、行政法规或者公司章程的规定，损害股东利益的，股东有权为自己的利益向人民法院提起诉讼。本条对股东为维护自身权益向人民法院提起诉讼作了规定。

董事、高级管理人员违反法律、行政法规或者公司章程的规定的行为既可能侵害了公司的权利，进而间接损害了股东的利益，也可能直接侵害了股东的利益。

董事、高级管理人员侵害公司利益，间接损害股东利益的，公司可以对董事、高级管理人员提起诉讼；符合本法第189条规定的条件的，符合条件的股东可以以自己的名义直接向人民法院提起诉讼。董事、高级管理人员的行为直接损害股东利益的，根据本条规定，股东可以依据公司法及民事诉讼法规定的起诉条件和程序向人民法院提起民事诉讼。

第一百九十一条　董事、高级管理人员执行职务，给他人造成损害的，公司应当承担赔偿责任；董事、高级管理人员存在故意或者重大过失的，也应当承担赔偿责任。

【释义】　本条是关于董事、高级管理人员对他人承担赔偿责任的规定。

按照民法和公司法的一般原理，公司作为独立法人，以其全部财产对外承担责任，董事、高级管理人员执行职务的行为被视为法人行为，因此，董事、高级管理人员不承担第三人责任，法人在承担责任后可向董事、高级管理人员进行追偿。但是，由于董事、高级管理人员在公司治理中发挥越来越重要的作用，其权力的扩大也增加了董事、高级管理人员侵犯第三人利益的情形，由于公司对第三人的损害赔偿责任限定在法人拥有的财产范围内，当公司没有足够财产对第三人承担责任时，完全豁免董事、高级管理人员尤其是存在故意或者重大过失的董事、高级管理人员的赔偿责任，一方面对债权人保护不利，另一方面对董事、高级管理人员非法行为惩处不力。因此，规定董事、高级管理人员对第三人责任最重要的作用就是强化对债权人的保护，降低债权人债权难以实现的风险。尤其当公司濒临破产时，强化董事、高级管理人员的勤勉义务，督促其防止公司财产不当流失、损害债权人利益。董事、高级管理人员第三人责任，有助于促使公司建立管理制度，促使董事、高级管理人员履行勤勉义务，降低公司的经营风险。因此，一些国家和地区规定了董事等公司负责人对第三人的责任。如《日本公司法》第429条规定，公司负责人等就执行其职务有恶意或重大过失时，该公司负责人等应承担赔偿由此给第三人造成损害的责任。《韩国商法典》第401条第1款规定，董事因恶意或者重大过失懈怠其任务的，该董事应对第三人承担连带赔偿责任。我国台湾地区“公司法”第23条第2款规定，公司负责人对公司业务之执行，如有违反法令致他人受到损害时，对他人应与公司负连带赔偿之责。

本条的适用条件：一是主体要件，行为人具有董事、高级管理人员身份。本条规范的目的是强化董事、高管勤勉义务，如果不具备董事、高级管理人员身份，只是公司的一般工作人员，则按照民法典第1191条的规定由公司承担责任。之所以没有规定监事的第三人责任，是因为监事作为公司内部监督机构的成员，其执行职务的行为一般不直接对外。二是必须是董事、高级管理人员执行职务的行为。如果侵犯第三人利益的行为虽然是由公司的董事、高级管理人员实施的，但该行为只是与职务行为无关的个人行为，则仅适用侵权法的一般规定，不适用本规定。三是主观状态是故意或者重大过失。故意是指董事、高级管理人员明知自己行为会给第三人带来某种损害后果，仍然希望或放任该损害后果的发生。例如，董事、高级管理人员明知某种行为是违法犯罪行为，却仍然形成公司决议并亲自参与实施该行为或者授意他人实施该行为。鉴于董事、高级管理人员在故意形态下对行为后果的违法性是明知的，因此，法律上对其的非难程度要高于过失。过失是指应注意能注意而不注意，即行为人能预见其行为的侵害结果而未为避免。所谓重大过失，是指显然欠缺一般人的注意程度，也就是说，在社会观念上一般人稍加注意即可避免的过失，而行为人却未能避免。一个人具有重大过失，通常是指他严重违反了一般的注意义务，不具有一般人所具有的最起码的谨慎和注意，主观上具有较强的可非难性。四是第三人因为董事、高级管理人员的职务行为受到损害。董事、高级管理人员对第三人承担责任制度的主要目的是填补第三人的损失。损害是损害赔偿责任的前提。如果侵权行为发生后被侵犯对象并未受到损害就不存在侵权损害赔偿的问题。五是责任承担方式。董事、高级管理人员执行职务行为给第三人造成的损失公司应当承担赔偿责任。仅在满足前述规定时，董事、高级管理人员才对第三人直接承担赔偿责任。董事、高级管理人员承担损害赔偿责任的范围要根据其过错程度确定。

第一百九十二条　公司的控股股东、实际控制人指示董事、高级管理人员从事损害公司或者股东利益的行为的，与该董事、高级管理人员承担连带责任。

【释义】　本条是关于控股股东、实际控制人指示责任的规定。

经公司依法选任的董事，本应自行执行董事职务，参与公司决策，并对公司负忠实和勤勉义务。但是,实践中,一些董事虽然作为合法选任的董事,但实际上仅是挂名董事,并不实际参与公司决策,或者虽然不是挂名董事,但仅仅作为一个傀儡参与公司经营决策,实际操控公司经营的是公司的控股股东或者实际控制人。这些控股股东往往不满足于在股东会上行使表决权影响公司经营,而是想直接决定公司的业务。但是,他们为了避免承担董事对公司的责任,通过指示董事按照自己的意愿行事进而决定公司事务。按照修改前的公司法,除非控股股东符合滥用股东权利或者法人人格否认的情形,否则其不对公司或者债权人承担损害赔偿责任。而实际上,公司的事务都是他们决定的,特别是很多损害公司但是有利于控股股东、实际控制人自身利益的行为。为了强化经营管理者责任,规范藏在董事背后的实际决策者,使其权责相符,此次公司法修改增加了指示董事损害公司或者股东利益的控股股东、实际控制人应承担相应的责任,以保护公司和股东利益。比较法上有所谓“影子董事”的规定,如《英国公司法》将影子董事定义为“公司董事惯习听其指示或命令而为行为的人”。《韩国商法典》第401条之二关于“业务执行指示人责任”的规定中,将符合下列规定的人员,针对其指示的业务或者执行的业务,在适用第399条、第400条和第403条规定时,视为董事:利用对公司的影响力指示董事执行业务的人、以董事的名义直接执行业务的人及非董事而以具有代表公司权限的人的名义执行公司业务的人员。这种情形下,对公司或第三人负有损害赔偿责任的董事与前述人员,承担连带责任。

本条的适用具体要件:一是主体是控股股东、实际控制人。控股股东、实际控制人基于其表决权、投资关系、协议或者其他安排对公司具有影响力,具备指示董事、高级管理人员执行职务的可能。虽然控股股东以外的其他股东也可能选任董事,并就个别事项指示自己选任的董事从事一定行为,但是可能并不足以影响全部或者绝大部分董事。二是“指示”是对董事、高级管理人员通常的、惯常性的指示,而非一次性指示。董事听从指示人不是偶然现象,而是习惯于听从指示人的指示。“指示”的意义在于让董事按照指示人的意图而非公司的意图执行业务。指示可以直接作出,也可以间接、迂回、默示性作出。指示只要作出即可,书面和口头都可。对指示的认定,最终是以结果来判断,即是否能够实际左右董事、高级管理人员执行职务的行为。三是指示的行为损害公司或者股东利益。四是控股股东、实际控制人和被指示董事就给公司或者股东造成的损失承担连带责任。

第一百九十三条　公司可以在董事任职期间为董事因执行公司职务承担的赔偿责任投保责任保险。

公司为董事投保责任保险或者续保后，董事会应当向股东会报告责任保险的投保金额、承保范围及保险费率等内容。

【释义】 本条是关于董事责任保险的规定。

董事作为公司的受托人，对公司负有忠实义务和勤勉义务，董事执行职务，应当为公司谋取最大利益，并避免滥用职权或者侵害公司利益的行为。为防止董事滥用其经营决策权限，各国公司法都普遍对董事规定了义务与责任，以减少董事违法损害公司利益的行为。但是在错综复杂的商业环境中，董事作出商业决策通常伴随不可预知的风险与不确定性，因此商业决策难免会有所失误。如果对董事课以过重的义务与责任，可能导致董事决策过于谨慎保守，对公司的长远发展未必有利。因此，一些国家和地区规定公司可以为董事购买责任保险。通过保险理赔行为，减轻董事因其不当行为使公司、股东或第三人受损而本应由其承担的法律责任，对于董事而言，责任减免会对其产生激励作用，可以提升履职过程中对商业机会的积极判断能力和执行能力，以保险公司的支付能力来弥补涉事董事个人赔偿能力的不足。如美国《特拉华州普通公司法》第 145 条规定，公司有权为下列任何人购买和维持董事责任保险：该人是或过去是公司的董事、高级职员、雇员以及代理人，或者应公司要求现在正在或过去为其他公司、合伙组织、联合企业、信托组织或其他企业工作并成为它们的董事、高级职员、雇员以及代理人的人。我国香港地区公司条例规定，公司可以为董事购买排除欺诈行为外的责任保险，也可以购买包含所有法律诉讼费用的责任保险。《德国股份法》第 93 条第 2 项规定，若公司有投保董事责任险，则应规定董事应至少有损害之 10%至至少固定年薪之 1.5 倍的自负额。

从我国董事责任保险实践来看，中国证监会 2001 年发布《关于在上市公司建立独立董事制度的指导意见》。随后，2002 年中国证监会、国家经济贸易委员会发布的《上市公司治理准则》、2002 年中国人民银行发布的《股份制商业银行公司治理指引》、2004 年中国保监会发布的《关于积极推进责任保险发展有关问题的通知》等部门规章中，出现了只针对上市公司、商业银行的独立董事和董事的非强制性的“董事责任保险”制度规定。随后，2006 年的《国务院关于保险业改革发展的若干意见》将董事责任保险作为责任保险之一种,并通过"市场运作、政策引导、政府推动、立法强制"等方式大力提倡发展董事责任保险。2018 年,中国银行保险监督管理委员会《关于印发〈保险机构独立董事管理办法〉的通知》授权保险机构建立必要的独立董事责任保险制度。此次公司法修改,总结实践经验,借鉴比较法做法,增加了公司为董事购买责任保险的规定。

董事责任保险的具体适用要件:一是,被保险人为在公司任职的董事,不包括已经被解任或者辞任的董事。之所以将被保险人规定为董事,主要的原因是公司董事作为决策者,要对作出的决策承担相应的法律责任,决策行为面对的不确定性较大。当然,法律也没有限制公司为监事、高级管理人员购买责任保险,公司可以根据自身安排决定是否为监事、高级管理人员等购买责任险。二是,被保险范围为董事因执行职务应承担的损害赔偿责任。董事按照公司法的规定可能承担对公司、股东或者第三人的损害赔偿责任。三是,公司为董事投保责任保险或者续保后,董事会应当向股东会报告责任保险的投保金额、承保范围及保险费率等内容。公司法规定,董事会购买责任保险或者续保后,应当将责任保险相关内容报告股东会。法律并未限制公司购买责任保险由股东会或者董事会作出决议。公司可以在公司章程中规定,公司为董事购买责任保险应当由股东会或者董事会作出决议。

第九章　公 司 债 券

第一百九十四条　本法所称公司债券，是指公司发行的约定按期还本付息的有价证券。

公司债券可以公开发行，也可以非公开发行。

公司债券的发行和交易应当符合《中华人民共和国证券法》等法律、行政法规的规定。

【释义】 本条是关于公司债券定义和发行方式的规定。

一、公司债券的含义

公司债券，是指公司发行的约定按期还本付息的有价证券，有以下含义：

1. 公司债券是一种有价证券。与一般的借据、合同等债务凭证不同，公司法上的公司债券，应当是标有票面金额，能够证明持有人或指定主体对公司享有债权的标准化有价证券。公司债券应当符合以下特征：一是可流通性，即可以按照票面金额或其整数倍作为交易单位在依法设立的交易场所自由转让。二是要式性，即公司债券的格式和记载事项应当严格符合法定要求，其发行和交易应当满足法定条件。三是可收益性，投资者既可以通过持有公司债券的方式按照票面利率定期取得固定收益，并在债券到期后取得本金；也可以通过在市场上自由买卖的方式赚取差价。四是风险性，受公司经营情况和市场周期波动等内外部风险的影响，投资者购买公司债券并不能一定保证获得预期收益，甚至存在损失本金的可能。通常而言，证券市场上风险与收益成正比，公司债券相对政府债券风险较大，因此其收益率也高于政府债券。

2. 公司债券附有还本付息的约定。公司在发行债券时，应当通过公告或在债券上载明等方式，告知投资者债券的偿还期限、付息周期、票面利率等信息。公司债券经过发行认购,既是投资者购买的有价证券,也是代表发行公司和持有人之间债权债务关系的债务凭证。债券持有人是公司的债权人,无权参与或干涉公司经营管理,但有权决定涉及自身权益的相关事项。当公司经营信息涉及全体债券持有人的切身利益和债权偿付事宜时,公司应予以披露。

二、公司债券发行方式

本次公司法修订前,仅原则规定了公司债券应当依照法定程序发行。按照证券法的规定,包括债券在内的证券既可以公开发行,也可以非公开发行。本次修订对公司债券的发行方式相应作了细化,明确公司债券可以公开发行,也可以非公开发行。

关于公司债券的发行管理,证券法明确将包括公司债券在内的证券发行和交易行为纳入了适用范围,并对公司债券的公开发行和上市交易作了相应规定。公司法主要对公司债券的发行管理作衔接性规定,明确公司债券的发行和交易应当符合证券法等法律、行政法规的规定。

第一百九十五条　公开发行公司债券,应当经国务院证券监督管理机构注册,公告公司债券募集办法。

公司债券募集办法应当载明下列主要事项:

(一)公司名称;

(二)债券募集资金的用途;

(三)债券总额和债券的票面金额;

(四)债券利率的确定方式;

(五)还本付息的期限和方式;

(六)债券担保情况;

(七)债券的发行价格、发行的起止日期;

(八)公司净资产额;

(九)已发行的尚未到期的公司债券总额;

(十)公司债券的承销机构。

【释义】　本条是关于公开发行公司债券应当经注册并公告债券募集办

法的规定。

一、公开发行公司债券，应当经国务院证券监督管理机构注册

本次修订公司法，对本条规定的公司债券的发行程序要求作了两方面修改：一是将发行债券应当经核准改为公开发行债券应当经注册，二是明确公开发行债券的注册部门为国务院证券监督管理机构。2019 年修改证券法，贯彻落实党中央关于资本市场改革发展的决策部署，对证券发行制度进行改革完善，确立证券发行注册制，简化公司债券的发行条件，证券法明确规定公开发行包括公司债券在内的证券，应当依法报经国务院证券监督管理机构或者国务院授权的部门注册，并对非公开发行证券作了必要规定。2023 年第十四届全国人民代表大会第一次会议通过的国务院机构改革方案，将过去由国家发展改革委负责的企业债券发行审核职责划入中国证监会。本次公司法修订衔接证券法修改和国务院机构改革方案的相关规定，对公开发行债券的程序作了相应修改。

二、公开发行公司债券应公告公司债券募集办法

公司债券募集办法是公司为了募集公司债券而制作的载有法定内容的书面文件。制作和公告公司债券募集办法的法律意义在于：一是，公司债券募集办法是公司为筹集资金向非特定的公司债券认购人的一种要约邀请，表明公司将以何种条件发行公司债券，以期同意该条件的社会公众在自愿的情况下认购。二是，通过公司债券募集办法如实披露公司的财产状况，向社会公众提供与发行公司债券有关的基本情况，使该债券发行贯彻公开、公正、公平的原则，避免欺诈行为。三是，便于社会公众和政府有关部门对公司债券发行行为进行监督。

三、公司债券募集办法应载明的法定事项

1. 公司名称。表明公司债券的发行人是哪一个公司，以确定该公司为债券的募集人和偿债人。

2. 债券募集资金的用途。债券募集办法中列明的资金用途，表明公司募集资金的投向，是债券募集资金使用的法定依据，债券认购人及监管机构可以据此监督资金的使用情况。发行人不得随意改变债券募集资金的用途。

3. 债券总额和债券的票面金额。债券总额是指当次所发行的公司债券总金额,不包括公司已发行的公司债券余额。债券的票面金额是指在当次所发行债券中不同单位的票面金额,例如50元一张或者100元一张。如果同时发行几种债券的,应当分别列出每一种债券的票面金额。

4. 债券利率的确定方式。这是发行公司债券的重要条件之一,应当反映公司决议确定的利率计算方式。公司可以在有关部门限定的利率水平的范围内,自行确定本公司债券的利率。

5. 还本付息的期限和方法。公司债券应当按照约定按期还本付息,因此还本付息的期限和方式对于债券的发行十分重要,应当在债券募集办法中明确载明。实践中还本付息方式很多,如息票方式(通过裁剪息票的方式定期从发行人处获得利益)、本息合一方式(债券到期后一次性还本付息)等。具体期限和方式由发行人根据自身情况自主确定,并在债券募集办法中明确载明。

6. 债券担保情况。应当载明具体的担保人、担保方式等情况,担保应符合民法典等法律、行政法规的规定。

7. 债券的发行价格、发行的起止日期。这项规定是认购人支付认购款项和确定认购时间的基本依据。

8. 公司净资产额。公司净资产额是债券认购人衡量公司债务偿付能力的重要依据,公司法保留了在募集说明书中载明公司净资产额的要求。

9. 已发行的尚未到期的公司债券总额。未到期公司债券总额是债券认购人判断当前公司债务负担的重要依据,本次公司法修订同样保留了载明该项内容的要求。

10. 公司债券的承销机构。一般情况下,总金额比较大的债券发行往往通过一些承销机构进行承销。为了向公司债券的认购人表明公司同负责债券承销的承销机构的关系,在公司债券募集办法中应记载承销机构的名称及承销协议。

第一百九十六条　公司以纸面形式发行公司债券的,应当在债券上载明公司名称、债券票面金额、利率、偿还期限等事项,并由法定代表人签名,公司盖章。

【释义】 本条是关于以纸面形式发行公司债券应载明的事项的规定。

公司债券具有债务凭证的功能,代表公司与债券认购人之间的债权债务关系。因此,应当能够以某种形式反映与债权债务相关的各类信息,其中以纸面形式发行的债券,应当依法在票面载明相关信息,体现债券对公司的法律约束力。考虑到实践中实物券的一般形态就是纸面形式的公司债券,且公司法第149条中实物股票也采用了"纸面形式"的表述,为保持条文表述的一致,避免歧义,本次修订将修改前公司法中的"实物券"明确为纸面形式的公司债券。

结合公司发行债券过程中债券持有人应当知悉的信息,以及民法典中一般借贷合同应当包含的内容,公司法规定,纸面形式的公司债券应当载明以下事项:(1)公司名称;(2)每种债券的票面金额和利率;(3)债券的种类;(4)公司债券的偿还方式及期限;(5)利息支付方法;(6)债券的编号和发行日期;(7)附有担保的债券,有关担保的事项;(8)可转换公司债券,应在票面上载明可转换公司债券字样。对于票面上的法定记载事项,应当以公司依法作出的决议为依据,并且应当与公司债券持有人名册,以及公开发行债券中债券募集办法所记载事项的内容相一致。为表明公司遵守实物券所载事项的法律约束,实物券票面上应当有公司法定代表人的签名,并加盖公司的印章。

第一百九十七条　公司债券应当为记名债券。

【释义】 本条是关于公司债券应当记名的规定。

债券按照券面是否记载持有人姓名或者名称,可分为记名债券和无记名债券。记名债券是指券面上记载有公司债券持有人的姓名或者名称的债券。当公司债券持有人是自然人时,记名债券记载的是该自然人的姓名;当公司债券持有人是法人时,记名债券记载的是该法人的名称。由于记名债券记载了债券持有人的姓名或者名称,所以记名债券能够有效地保障债券持有人对债券的所有权。当记名债券被盗、遗失或者灭失时,债券持有人可以依照民事诉讼法规定的公示催告程序,请求人民法院宣告失效,依法进行补救。无记名债券是指券面上不记载公司债券持有人的姓名或者名称的债券。相比记名债券,无记名债券具有流动性较好、可为投资者的身份保密等优势,但由于其拥有人的身份难以证明,长期以来也经常被各类不法分子用作洗钱等违法犯罪活动的工具。有关国家、国际组织均将治理包括无记名债券在内的各类无记名证券作为反洗钱的重要方面。美国1982年制定《税收公平和财政责任法案》,推动无记名债券逐步退出美国市场。泰国启动债券投资者注册计划,提高债券市场最终受益人的信息透明度。金融行动特别工作组等国际机构正积极推动成员方落实受益所有权登记制度。

本次公司法修订,根据有关方面提出的意见,从配合反洗钱工作实践需要出发,删去了公司可以发行无记名债券的规定,明确公司债券应当为记名债券。

第一百九十八条　公司发行公司债券应当置备公司债券持有人名册。

发行公司债券的,应当在公司债券持有人名册上载明下列事项:

(一)债券持有人的姓名或者名称及住所;

(二)债券持有人取得债券的日期及债券的编号;

(三)债券总额,债券的票面金额、利率、还本付息的期限和方式;

(四)债券的发行日期。

【释义】 本条是关于公司发行公司债券应当置备公司债券持有人名册的规定。

由于实践中越来越多的公司采用电子化方式发行公司债券,并委托登记结算机构开展债券和债券持有人名册的登记业务,不再发行实物债券并保留债券存根作为债券的原始凭证,一律要求发行公司债券的公司置备债券存根簿已不符合实践情况,因此本次公司法修订将置备公司债券存根簿改为置备公司债券持有人名册。从功能上看,债券持有人名册与债券存根簿基本相同,能够作为核实公司债券发行行为和债券持有人身份真实性的原始证据,债券持有人能够依据名册要求公司按照约定履行还本付息的义务,公司可以依据名册及时召集债券持有人会议,或向债券持有人通知与债券有关的重大事项。债券持有人名册的记载事项主要包括以下内容:债券持有人的姓名或者名称及住所;债券持有人取得债券的日期及债券的编号;债券总额,债券的票面金额,债券的利率,债券还本付息的期限和方式;债券的发行日期等。公司应当清楚、明确地记载上述事项,不得含糊不清或者有遗漏。

在登记结算机构可以代公司登记债券持有人信息的情况下,公司法还要求公司置备债券持有人名册，一是为债券持有人提供查询名册的便捷途径。公司作为债务人，保留债券债务信息备查是其应尽的义务，债券持有人可以按照需要选择向公司或者登记结算机构查询持有人名册。二是为了保障公司及时了解债券持有人及债券状态的变化情况，公司债券发行后，债券持有人和债券状态并不是一成不变的，置备并定期更新债券持有人名册，有助于公司及时了解债券持有人及债券质押等情况的变化，保障公司正确履行召集债券持有人会议、通知、催告等义务，防止错误支付本息等情况的发生。按照证券法的规定，证券登记结算机构应当向证券发行人提供证券持有人名册及有关资料。公司根据登记结算机构提供的资料置备持有人名册，不会额外增加公司负担。

第一百九十九条　公司债券的登记结算机构应当建立债券登记、存管、付息、兑付等相关制度。

【释义】　本条是关于公司债券登记结算机构应当建立相关制度的规定。

一、公司债券的登记结算机构

公司债券作为有价证券的一种，其登记结算机构就是证券法上的证券登记结算机构。证券法对证券登记结算机构的职能、性质、设立审批等已经作了明确规定：证券登记结算机构为证券交易提供集中登记、存管与结算服务，不以营利为目的，依法登记，取得法人资格。设立证券登记结算机构必须经国务院证券监督管理机构的批准。在证券交易所或者国务院批准的其他全国性证券交易场所交易的证券，应当全部存管在证券登记结算机构。《国务院关于进一步促进资本市场健康发展的若干意见》中明确提出了逐步强化对债券登记结算体系统一管理，防范系统性风险等相关要求。目前，可以开展公司债券登记、存管和结算的机构主要是中国证券登记结算有限责任公司和中央国债登记结算有限责任公司，分别负责不同市场和品种的公司债券登记结算业务。

二、公司债券登记结算机构应当建立相关的制度

关于证券登记结算机构建立相关机制措施，保障登记、存管、结算业务的正常开展,以及原始凭证和有关文件、资料的妥善保存等,证券法等法律和《证券登记结算管理办法》等规范性文件已经作了规定。如证券法规定,证券登记结算机构应当根据证券登记结算的结果,确认证券持有人持有证券的事实,提供证券持有人登记资料;保证证券持有人名册和登记过户记录真实、准确、完整等。因此,公司法主要从做好衔接的角度,原则性要求债券登记结算机构应当建立债券登记、托管、付息、兑付等相关的制度。《证券登记结算管理办法》规定,证券登记结算机构应当公开业务规则,根据业务规则实行行业自律管理,证券登记结算机构的业务规则包括:证券账户管理、证券登记、证券托管与存管、证券结算、结算参与人管理等与证券登记结算业务相关的各类规范。

第二百条　公司债券可以转让,转让价格由转让人与受让人约定。
公司债券的转让应当符合法律、行政法规的规定。

【释义】　本条是关于公司债券转让的规定。

一、公司债券可以转让

作为一种有价证券,可流通性是公司债券的基本属性之一,也是债券持有人获得债券收益的重要途径和保障。债券持有人有权根据需要决定是否通过转让债券挣取差价的方式获得收益。公司债券的转让价格,可能低于或高于公司债券的发行价格和票面金额,转让人与受让人既可以直接自行约定债券的受让价格,也可以约定价格的形成方式,如通过公开或非公开市场,采取竞价、拍卖、挂牌、委托出售等方式,以市场化机制形成相对公允的价格。总体看,公司债券的市场价格与发行公司的经营和财产状况密切相关,公司的经营状况良好,有坚实的债务偿付能力时,市场对该公司发行的债券认可度和需求量提高,债券价格随之上涨;反之,公司的偿债能力出现问题时,投资者普遍不愿意持有该公司发行的债券,其价格也必然下跌。

二、公司债券转让应当符合法律、行政法规的规定

公司债券的转让不是无限制的,不得违反法律、行政法规关于限制转让、转让方式、转让场所等方面的强制性规定,否则可能导致转让行为无效。证券法规定，证券的发行、交易活动，必须遵守法律、行政法规，禁止欺诈、内幕交易和操纵证券市场的行为；非依法发行的证券，不得买卖；公开发行的证券，应当在依法设立的证券交易所上市交易或者在国务院批准的其他全国性证券交易场所交易。除证券法外，作为证券市场的统一监管机构，中国证监会还制定了《公司债券发行与交易管理办法》，对公司债券的发行和交易作了具体规范，明确公开发行的公司债券，应当在依法设立的证券交易场所上市交易，非公开发行的公司债券仅限于专业投资者范围内转让，转让后持有同次发行债券的合格投资者合计不得超过 200 人。对于在证券交易所上市交易的公司债券，还应当依照证券交易所制定的交易规则进行交易。

第二百零一条　公司债券由债券持有人以背书方式或者法律、行政法规规定的其他方式转让；转让后由公司将受让人的姓名或者名称及住所记载于公司债券持有人名册。

【释义】 本条是关于公司债券转让方式的规定。

本次公司法修订后，公司债券应当为记名形式，因此原则上应当通过背书方式转让，在转让债券时，应当注明受让人的姓名或者名称，否则可能导致转让行为无效。除背书外，法律、行政法规对公司债券转让方式作出规定的，应当按照法律、行政法规规定的方式转让。如证券法规定，证券在证券交易所上市交易，应当采用公开的集中交易方式或者国务院证券监督管理机构批准的其他方式。

债券转让后，受让人成为新的债券持有人，为确保权利义务的正确行使，公司应当及时修改债券持有人名册，记载受让人的姓名或者名称及住所，确保债券持有人名册真实、有效，保障受让人能够及时获取与债券相关的重要信息，并通过债券持有人会议等途径行使自身权利。

第二百零二条　股份有限公司经股东会决议，或者经公司章程、股东会授权由董事会决议，可以发行可转换为股票的公司债券，并规定具体的转换办法。上市公司发行可转换为股票的公司债券，应当经国务院证券监督管理机构注册。

发行可转换为股票的公司债券,应当在债券上标明可转换公司债券字样,并在公司债券持有人名册上载明可转换公司债券的数额。

【释义】 本条是关于股份有限公司可以发行可转换公司债券的规定。

一、可转换公司债券的特点

可转换为股票的公司债券,简称可转换债券,是一种特殊的公司债券。与普通的公司债券的区别是,普通的公司债券在约定的债券期限届满时,发行债券的公司应当按照约定兑现债券,向债权人还本付息,解除债务关系。但可转换债券在约定的债券期限届满时,可以由债券持有人按照事先约定的转换办法,请求公司将其所持债券换发为公司股票,不向债权人还本付息,债券持有人由公司的债权人转变为股东。公司发行可转换债券的优势在于:一是能够更好地吸引投资者,特别是在公司经济效益比较好,股票市值比较高的情况下,相较于仅收取债券本息,投资者如能够选择转换为股票,有机会获取更为可观的长远收益。二是公司能够筹集较多的长期资金。普通债券期限届满后,公司必须还本付息,对应的资金随之退出公司;但可转换债券期限届满后,通过与持有人协商换发股票的方式,公司可以将资金转换为资本金长期留存,能够更有效地维持公司资本充实,防止短期内支付大额本息影响公司流动资金。

二、发行可转换债券的要求

1. 发行主体。本次公司法修订前,可转换债券的发行主体仅限于上市公司,本次修订将可转换债券的发行主体扩大到股份有限公司。

2. 发行程序。由于可转换债券在期限届满后可能转换为公司股票,导致公司股份发生变动。为了防止公司管理层等利用可转换债券变相发行股票,制定不合理发行价格或者影响公司控制权,侵害公司、股东和债权人的合法权益,可转换公司债券的发行程序和条件应当与股份发行相同。本次公司法修订,允许股份有限公司采用授权资本制的方式,授权董事会在一定额度内发行股份。为与股份发行的规定保持衔接,本条将发行可转换债券应当经股东会决议改为经股东会决议,或者经公司章程、股东会授权由董事会决议。

3. 转换办法。一般来说,转换办法应当包括以下内容:(1)转换比率或转换价额。所谓转换比率,是指以多少公司债券转换多少股票,例如公司债券金额 100 元转换 5 股;所谓转换价额,是指公司债券金额与股票市值之比,以此来折换股份,但需事先确定股票市值的基准日。(2)转换为何种股份。在公司发行类别股的情况下,需要明确债券在期限届满时能够转换为何种股份。(3)转换期限。确定转换期限是为了明确债券持有人行使其转化权的期间,在这个期间内,债券持有人可随时请求公司换发股票。

4. 注册要求。本次公司法修订,与证券发行注册制改革相衔接,将公开发行可转换债券应当经国务院证券监督管理机构"核准"改为"注册"。

5. 必须标明可转换债券字样。公司发行可转换债券时,应当在该类债券的票面上标明可转换公司债券的字样。这是为了明确公司向该类债券持有人按照约定换发股票的义务,以及债券持有人请求换发股票的权利。出于同样目的,公司也应当在公司债券持有人名册上如实记载发行的可转换债券数额。

第二百零三条　发行可转换为股票的公司债券的,公司应当按照其转换办法向债券持有人换发股票,但债券持有人对转换股票或者不转换股票有选择权。法律、行政法规另有规定的除外。

【释义】 本条是关于债券持有人对可转换债券选择权的规定。

与一般公司债券还本付息的义务类似,公司发行可转换债券的,应当根据请求,按照发行决议中确定的转换办法向债券持有人换发股票。可转换债券的换股效力自债券持有人依法提出请求时产生,债券持有人自公司股东名册或登记结算机构完成登记时,可以向公司主张股东权利。

一般情况下,持有人在债券期限届满时,可以根据市场实际情况决定是否请求公司换发股票,当然也可以要求公司履行还本付息的义务。但对于一些特殊的可转换债券,如银行等金融机构发行的可转换债券,相关法律、行政法规可能对其选择权问题作出规定,在特定情形下限制选择权的行使,如强制要求转股等。为此,本次公司法修订增加了法律、行政法规可以作出特别规定,对债券持有人行使换股选择权进行限制。

第二百零四条　公开发行公司债券的，应当为同期债券持有人设立债券持有人会议，并在债券募集办法中对债券持有人会议的召集程序、会议规则和其他重要事项作出规定。债券持有人会议可以对与债券持有人有利害关系的事项作出决议。

除公司债券募集办法另有约定外，债券持有人会议决议对同期全体债券持有人发生效力。

【释义】　本条是关于公开发行公司债券应当设立债券持有人会议的规定。

一、关于债券持有人会议的设立

法律性质上，公司债券持有人与公司是债权债务关系，债券持有人无权干涉公司的日常经营管理。但是，公司的财务和经营状况与公司的债务偿付能力息息相关，并进一步对公司债券的价格波动产生影响。为了防止公司在经营活动中罔顾债券持有人的合法权益，应当为债券持有人建立必要的监督渠道和手段，保障公司与债券持有人的权利平衡。特别是公开市场的债券投资者，数量众多，个体力量弱小，自行维权成本高、难度大，需要有效团结起来，协调统一他们的利益诉求，加强他们对公司重大事项的参与权和发言权。从境外情况看，《德国债券法》、《法国商法典》、《日本公司法》，以及我国台湾地区"公司法"等规定了设立债券持有人会议保护债券持有人的合法权益。《德国债券法》规定，变更债券募集说明书中关于债券偿付的重要安排及发行人、持有人各自权利义务等内容，应当经全体持有人签订协议一致同意，或者持有人会议集体多数决议的方式；《法国商法典》规定，同期发行的公司债券持有人可以组成一个具有民事资格的团体，维护持有人的共同利益；《日本公司法》规定，各类别公司债券的持有人分别组织持有人会议，对法律规定和涉及持有人利害的事项作出决议；我国台湾地区"公司法"规定，公司债券受托管理人，或持有同期公司债券 5%以上的持有人，可以为债券持有人的共同利益召集债券持有人会议。我国证券法在 2019 年修订后也增加了公开发行公司债券应当设立债券持有人会议的规定。为了充分保护债券持有人合法权益，结合境外经验和实践需求，并与证券法做好衔接，本次公司法修订增加规定，公开发行公司债券的，应当为同期债券持有人设立债券持有人会议，并在债券募集办法中对债券持有人会议的召集程序、会议规则和其他重要事项作出规定。

二、关于债券持有人会议的职能和决议效力

债券持有人会议,是由公司债券的全体持有人为了维护共同的合法权益组成的。因此债券持有人会议的主要职能就是在债券价值、偿付方式及发行人履约能力等情况发生重大变化时,对与债券持有人有利害关系的事项作出决议。如前文所述,境外有关国家和地区的债券、公司相关规定中对债券持有人会议的职能也基本作了类似的规定。

关于债券持有人会议的决议效力,一般而言,债券持有人会议的决议应当得到多数持有人的认可后方能通过,因此决议能够反映多数债券持有人的共识和利益,按照少数服从多数的原则,应当对全体债券持有人具有约束力。如果允许少数持有人因不同意决议单独与公司开展协商或提起诉讼,那么就难以起到债券持有人会议对公司集体协商、集体监督的效果,债券持有人会议的设立效果将大打折扣。因此《德国债券法》、《日本公司法》,以及我国台湾地区"公司法"都明确规定,经法院认可批准后,债券持有人会议决议对同期全体债券持有人发生效力。但是,考虑到实践中债券持有人会议也存在开会难、持有人参会率低、决议效率低下、易被公司操纵、决议难以执行等问题,为了防止对少数债券持有人权益的侵害,如果公司债券募集办法对不服从持有人会议决议的处理办法作了规定,为了尊重意思自治,公司法对此也不作限制。

在审议过程中,有的意见建议对债券持有人会议的召集情形、会议规则、表决程序等作出细化规定。考虑到实践中对相关事项还存在不同认识,本次修订仅对债券持有人会议的职能和决议效力作了原则规定,当事人可以在债券募集办法中对相关事项作出具体规定。

第二百零五条　公开发行公司债券的,发行人应当为债券持有人聘请债券受托管理人,由其为债券持有人办理受领清偿、债权保全、与债券相关的诉讼以及参与债务人破产程序等事项。

【释义】 本条是关于公开发行公司债券应当聘请债券受托管理人的规定。

一、公开发行公司债券应当为债券持有人聘请债券受托管理人

相较于专业投资机构,中小债券持有人数量众多且普遍投资分散,专业水平较弱,缺乏足够的时间和能力处理大型公司复杂的财务信息和数据报表,以及债券存续过程中发生的各类法律关系。虽然可以通过债券持有人会议的方式维护共同利益,但考虑到债券持有人会议召集程序和周期相对较长,且债券持有人利益观点众多,可能因为细节问题长期无法形成一致意见,难以对抗意志统一的公司,维护自身合法权利。有鉴于此,需要一个常设的专业机构,代表债券持有人监督发行债券的公司,并处理公司债券存续期内各类日常事务,这一机构就是债券受托管理人。

债券受托管理人制度起源于美英等国的信托法律,如美国债券受托管理人最初负责管理担保债券中的担保物,并在发生违约时处置担保物兑付债权,后在相关的司法判例中确认了受托管理人在债券关系中的地位。在1939年《美国信托契约法》中,美国对受托管理人的资格、权利义务、职责等内容作了全面规定。与美国类似,英国也在信托法律制度中对债券受托管理人作了规定。《日本公司法》和我国台湾地区"公司法",以及《韩国商法典》等借鉴美英等国的经验,明确规定发行公司债券应当聘请债券受托管理人,代债券持有人办理债券偿付、债权保全及其他公司债券的管理事务。《法国商法典》规定,可以通过在发行合同中指定,或者债券持有人集体推选的方式任命债券持有人代表,以债券持有人的集体名义进行债券管理活动,但债券持有人会议决议的限制事项除外。

随着我国债券市场的不断发展,债券受托管理人的地位和作用在相关的司法和监管实践中逐渐得到了认可。2019年修订证券法,增加了债券受托管理人制度的相关规定。为了适应债券市场发展的实践需要,并与证券法做好衔接,本次公司法修订增加规定,公开发行公司债券的,发行人应当为债券持有人聘请债券受托管理人。

二、债券受托管理人代表债券持有人的利益办理有关事项

受托管理人制度的设立初衷是借助其专业能力和独立地位对公司经营进行监督,避免债券持有人数量众多导致的决策低效和不便。因此,债券受托管理人应当严格为债券持有人的利益处理相关事务。实践中,公司债券在

募集认购阶段已经需要受托管理人对部分事项进行介入和判断,如公司财务状况是否真实、履约担保是否足额有效等,以便充分了解公司债券风险,为后续代债券持有人处理相关事宜提供依据。因此,本条规定了发行人应当为债券持有人聘请受托管理人的义务,在出现受托管理人与债券持有人存在利益冲突,可能损害债券持有人利益的情况时,债券持有人会议可以决议变更债券受托管理人。

概要而言,债券受托管理人的职责就是在债券持有人会议未召开时,凭借自身的专业能力处理与公司债券相关的主要事务,尽可能为债券持有人争取利益、防范风险,在发现影响债券持有人重大权益的事项时,及时召集债券持有人会议,并代表债券持有人采取维权措施。从我国债券市场的业务实践和有关监管规范来看,债券持有人的职责主要包括:关注发行人和保证人的资信状况、担保物状况、增信措施及偿债保障措施的实施情况,监督募集资金的使用情况,督导发行人履行信息披露义务,处理债券持有人与发行人之间的谈判或者诉讼,妥善保管债券担保财产,代表债券持有人提起、参加民事诉讼或者清算程序等。境外有关国家和地区对于债券受托管理人的职责可以主要概括为以下几类:接受债券清偿、保全债券相关的财产、代为提起或参加诉讼活动、召集债券持有人会议、监督和调查发行债券公司的经营及财务状况等。结合实践和境外立法的情况,公司法对债券受托管理人职责中直接关系债券清偿的事项作了概要规定,包括办理受领清偿、债权保全、与债券相关的诉讼以及参与债务人破产程序等,有关监管规范、自律规范和债券募集办法可在此基础上作进一步细化。

第二百零六条　债券受托管理人应当勤勉尽责,公正履行受托管理职责,不得损害债券持有人利益。

受托管理人与债券持有人存在利益冲突可能损害债券持有人利益的,债券持有人会议可以决议变更债券受托管理人。

债券受托管理人违反法律、行政法规或者债券持有人会议决议,损害债券持有人利益的,应当承担赔偿责任。

【释义】　本条是关于债券受托管理人义务和责任的规定。

一、债券受托管理人的义务

债券受托管理人代表债券持有人处理债券相关事务,应当按照法律、行政法规,以及债券募集办法和受托管理协议等的规定,尽可能为实现债券持有人的利益,勤勉、公正地履行职责,不得损害债券持有人的利益。总体而言,债券受托管理人的义务主要包括忠实义务和勤勉义务两类。

1. 债券受托管理人的忠实义务。债券受托管理人处理债券相关事务时,不得将自身利益置于债券持有人利益之上,不得与债券持有人发生利益冲突,或者在事前披露利益冲突的风险防范和处理办法;在不同债券持有人内部发生冲突时,债券受托管理人应当公平关注全部持有人的合法权益,不得有偏袒、歧视等行为。债券受托管理人应当事先避免此类情况,在客观原因导致无法避免时,应当及时向债券持有人披露相关信息,由全体债券持有人通过债券持有人会议决定是否更换。除证券法对债券受托管理人避免利益冲突作了明确规定外,《公司债券发行与交易管理办法》《公司债券受托管理人执业行为准则》等部门规章和自律规范也作了相应规定。从境外立法情况看,《法国商法典》规定,债券持有人代表不得有以下情形:债券发行人本身担任持有人代表,至少持有发行人 1/10 的股份,至少有 1/10 的股份被发行人持有,为发行人提供担保等。《日本公司法》规定,受托管理人应当为公司债券持有人公平和诚实地管理公司债券,受托管理人与公司债券持有人有利益冲突的,债券持有人会议就公司债券进行诉讼活动或其他维权活动时,可以请求法院选任特别代理人。《韩国商法典》规定,债券受托管理人为了公司债券持有人的利益,应当公平、诚实地管理公司债券,不得作出违反债券持有人利益的行为。《美国统一信托法》规定,当信托存在两个或多个受益人的情况下,受托人无论是投资管理还是分配信托财产都必须公正行事,适当关注每个受益人的利益;1939 年《美国信托契约法》规定,公司债券发生违约后,债券受托管理人与债券持有人之间如存在利益冲突,应在规定时间内披露并回避,由法院指定新的代理人履行受托管理人职责。

2. 债券受托管理人的勤勉义务。债券受托管理人处理债券相关事务时,应当按照善意管理人的标准,依托其专业能力和行业经营经验,积极谨慎地履行职责,主动维护债券持有人的利益。根据《公司债券受托管理人执业行为准则》等自律规范和监管要求,以及有关司法实践中的做法,债券受托管理人应当积极履行的职责包括：持续关注发行人的资信状况，监测发行人是否出现股权结构、经营状况、资产负债、诉讼纠纷等方面的重大事项；持续关注公司债券增信机构的资信状况、担保物价值和权属情况以及内外部增信机制、偿债保障措施的实施情况；持续监督并定期检查发行人募集资金的使用情况是否与相关规定及公司债券募集说明书的约定一致；持续督促发行人履行信息披露义务；以及发生重大事项时及时召集债券持有人会议等。从境外立法情况看，《日本公司法》规定，受托管理人应当以善良管理人的注意义务代表公司债券持有人管理公司债券事务。《韩国商法典》规定，债券受托管理人对于公司债券持有人，应当以善良管理人的注意义务来管理公司债券。1939 年《美国信托契约法》规定，公司债券未发生违约情况下，债券受托管理人应当按照受托管理协议的规定履行相关管理义务；发生违约时，应当积极采取救济手段保护投资者权益，包括帮助债券持有人与发行人进行协商沟通，采取强制执行手段收回债券资金，及时保全和变现抵押物，代表债券持有人参加和表决发行人的破产重组计划或清算等。

二、债券受托管理人违反义务的法律责任

债券受托管理人违反公司法、证券法等有关法律、行政法规规定的义务，或者债券持有人会议的决议，导致债券持有人遭受损失的，应当依法承担民事赔偿责任。具体而言，债券受托管理人违反忠实义务的行为，包括如同时作为债券承销机构和受托管理人，为取得承销收益而故意隐瞒债券重要信息，导致债券持有人承担重大风险；或者在债券清偿、保全、诉讼等活动中仅为了部分债券持有人的利益，违反债券持有人会议的决议，导致其他债券持有人遭受损失，以及债券受托管理人违反勤勉义务的行为，如消极履行职责，在已经有充分迹象表明债务人发生重大风险时未能及时提醒债券持有人或召集债券持有人会议等。债券受托管理人导致债券持有人遭受损失的，受托管理人均应当根据过错程度承担相应责任。

第十章　公司财务、会计

第二百零七条　公司应当依照法律、行政法规和国务院财政部门的规定建立本公司的财务、会计制度。

【释义】　本条是关于公司如何建立财务、会计制度的规定。

一、公司应当建立自己的财务、会计制度

公司的财务、会计制度是关于公司财务、会计行为规范的总称,包括财务制度和会计制度。所谓财务制度,是指公司资金管理、成本费用的计算、营业收入的分配、货币的管理、公司的财务报告、公司的清算及公司纳税等方面的规程。所谓会计制度,是指会计记账、会计核算等方面的规程,它是公司在生产经营过程中各种财务制度的具体反映。公司的财务制度是通过会计制度来实现的。公司应建立自己的财务、会计制度是公司立法中的一项重要的法律制度,是对公司的法定要求。

公司法要求公司建立财务、会计制度,其主要考虑有:一是保护公司股东的合法权益。公司有了健全的财务、会计制度,便于公司的股东及其委托的人查询有关账目,监督经营者的行为。二是保护公司债权人的合法权益。有限责任公司和股份有限公司的最大特点就是公司仅以自己所有的资产对外承担责任,而债权人的最大保证就是公司的资产。为保证公司的资产不受侵犯,公司须有自己的财务、会计制度,便于公司债权人依法了解公司的有关情况。三是便于国家执法部门监督。公司一经设立,就应履行法律、行政法规等规定的各项义务,如纳税义务等。国家执法部门对公司进行监督的重要手段之一就是检查公司的财务、会计制度及财务会计的运行情况。

二、公司建立财务、会计制度的基本依据

根据公司法的规定,公司建立财务、会计制度的基本依据有三种:

1. 法律。即全国人大及其常委会通过的法律，包括公司法、会计法及其他法律的有关规定。对此需要说明的是，会计法是公司建立财务、会计制度的重要依据，我国会计法是1985年1月21日第六届全国人民代表大会常务委员会第九次会议通过的，之后又进行了三次修改，分别是：1993年12月29日第八届全国人民代表大会常务委员会第五次会议《关于修改〈中华人民共和国会计法〉的决定》第一次修正；1999年10月31日第九届全国人民代表大会常务委员会第十二次会议修订；2017年11月4日第十二届全国人民代表大会常务委员会第三十次会议《关于修改〈中华人民共和国会计法〉等十一部法律的决定》第二次修正。会计法主要就会计核算，公司、企业会计核算的特别规定，会计监督，会计机构和会计人员，法律责任等作了规定。

2. 行政法规。即国务院通过或批准的法规，如国务院于2000年6月21日公布的《企业财务会计报告条例》，1988年9月8日公布、2011年1月8日修订的《现金管理暂行条例》等。

3. 国务院财政部门的规定。即财政部颁布的部门规章或规范性文件，如财政部制定的《企业会计准则》《企业财务通则》《小企业会计准则》等。

第二百零八条　公司应当在每一会计年度终了时编制财务会计报告，并依法经会计师事务所审计。

财务会计报告应当依照法律、行政法规和国务院财政部门的规定制作。

【释义】　本条是关于公司编制年度财务会计报告要求的规定。

一、财务会计报告及其构成

公司的财务会计报告，是指公司对外提供的反映公司某一特定日期财务状况和某一会计期间经营成果、现金流量的文件。可以说，财务会计报告是公司生产经营情况最直观、最重要的体现，通过编制财务会计报告可以向投资者（股东）、债权人、政府监管部门和社会公众等财务会计报告使用者提供有关的财务会计信息，反映公司管理层受托责任履行情况，有助于财务会计报告使用者作出相关决策。

按照《企业财务会计报告条例》的规定，财务会计报告分为年度、半年度、季度和月度财务会计报告。年度、半年度财务会计报告应当包括会计报表、会计报表附注、财务情况说明书。其中,会计报表应当包括:资产负债表,即反映企业在某一特定日期财务状况的报表,应当按照资产、负债和所有者权益(或者股东权益)分类分项列示;利润表,即反映企业在一定会计期间经营成果的报表,应当按照各项收入、费用以及构成利润的各个项目分类分项列示;现金流量表,即反映企业一定会计期间现金和现金等价物流入和流出的报表,应当按照经营活动、投资活动和筹资活动的现金流量分类分项列示;相关附表,即反映企业财务状况、经营成果和现金流量的补充报表,主要包括利润分配表以及国家统一的会计制度规定的其他附表。会计报表附注是为便于会计报表使用者理解会计报表的内容而对会计报表的编制基础、编制依据、编制原则和方法及主要项目等所作的解释。财务情况说明书主要包括企业生产经营的基本情况、利润实现和分配情况、资金增减和周转情况,以及对企业财务状况、经营成果和现金流量有重大影响的其他事项。

二、编制要求

公司法对编制公司财务会计报告的要求主要有以下几点:

1. 在每一会计年度终了时编制。按照会计法规定,会计年度自公历1月1日起至12月31日止。

2. 依法经会计师事务所审计。公司财务会计报告依照法律法规的规定应当经会计师事务所审计的,公司应当将财务会计报告交由会计师事务所审计。会计师事务所作为独立第三方,审计公司财务会计报告,作出公正客观的评价,有助于提高公司财务信息的真实性、准确性。

3. 依法制作。公司应按照会计法、公司法、证券法、《企业财务会计报告条例》等法律、行政法规、部门规章的规定制作财务会计报告。例如,按照会计法规定,财务会计报告应当由单位负责人和主管会计工作的负责人、会计机构负责人(会计主管人员)签名并盖章;设置总会计师的单位,还须由总会计师签名并盖章。单位负责人应当保证财务会计报告真实、完整。按照《企业财务会计报告条例》的规定,企业编制财务会计报告,应当依据真实的交易、事项以及完整、准确的账簿记录等资料,并按照国家统一的会计制度规定的编制基础、编制依据、编制原则和方法。企业不得违反《企业财务会计报告条例》和国家统一的会计制度规定,随意改变财务会计报告的编制基础、编制依据、编制原则和方法。企业在编制年度财务会计报告前,应当全面清查资产、核实债务。企业清查、核实后,应当将清查、核实的结果及其处理办法向企业的董事会报告,并根据国家统一的会计制度的规定进行相应的会计处理。对经查实后的资产、负债有变动的,应当按照资产、负债的确认和计量标准进行确认和计量,并按照国家统一的会计制度的规定进行会计处理。企业应当按照国家统一的会计制度规定的会计报表格式和内容,根据登记完整、核对无误的会计账簿记录和其他有关资料编制会计报表,做到内容完整、数字真实、计算准确,不得漏报或者任意取舍。

第二百零九条　有限责任公司应当按照公司章程规定的期限将财务会计报告送交各股东。

股份有限公司的财务会计报告应当在召开股东会年会的二十日前置备于本公司,供股东查阅;公开发行股份的股份有限公司应当公告其财务会计报告。

【释义】　本条是保障股东对公司财务会计报告知情权的规定。

股东作为公司的投资者,有权了解公司的经营情况和经营成果,并据此作出相应决策,因此向股东公开财务会计报告是公司应尽的义务。为保护股东的合法权益,确保股东的知情权,公司法对公司应向股东公开财务会计报告作了原则性的规定。

1. 公司法对有限责任公司的要求。按照本条规定,有限责任公司要将财务会计报告送交各股东。依照公司法第 42 条的规定,有限责任公司的股东在 50 人以下。由于股东人数较少,因此要求有限责任公司应当将财务会计报告直接送交各股东。对于送交的期限,本条并未作强制性的规定,只要求按照公司章程的规定执行即可。需要指出的是,为了减少纠纷,保护股东的合法权益,在制定公司章程时应对财务会计报告的送交期限作出相应规定。公司章程中既可以规定一个时段,也可以规定具体时间,如可以规定财务会计报告编制完成后多少日内或者召开股东会会议前多少日内送交股东,也可以规定每年具体某月某日送交股东。

2. 公司法对股份有限公司的要求。按照本条规定,股份有限公司要将财务会计报告置备于本公司。由于股份有限公司规模较大,股东人数众多,不可能像有限责任公司那样将财务会计报告一一送交各个股东。考虑到股份有限公司与有限责任公司一样负有向股东公开财务会计报告的义务,但在股东联络和送交方面确实存在一定的实际客观困难,因此本条对股份有限公司作出了区别规定,要求其应当在召开股东会年会的20日前将财务会计报告置备于本公司,以便供股东查阅。

3. 公司法对公开发行股份的股份有限公司的要求。按照本条规定,公开发行股份的股份有限公司应当公告其财务会计报告。由于涉及广大不特定的公众投资者的利益,公开发行股份的股份有限公司的财务状况理应为公众所知悉。因此,公开发行股份的股份有限公司不仅要将财务会计报告置备于本公司,而且还需将其财务会计报告予以公告,通过相关媒介尽可能地使广大股东和其他投资者能够查阅到公司的财务会计报告。证券法中有关信息披露的规定对此提出了具体要求,如明确上市公司、公司债券上市交易的公司、股票在国务院批准的其他全国性证券交易场所交易的公司,应当在每一会计年度结束之日起4个月内报送并公告年度报告;依法披露的信息,应当在证券交易场所的网站和符合国务院证券监督管理机构规定条件的媒体发布,同时将其置备于公司住所、证券交易场所,供社会公众查阅。此外,证券法还对未依法履行信息披露义务的行为规定了相应的行政处罚措施。

第二百一十条　公司分配当年税后利润时,应当提取利润的百分之十列入公司法定公积金。公司法定公积金累计额为公司注册资本的百分之五十以上的,可以不再提取。

公司的法定公积金不足以弥补以前年度亏损的,在依照前款规定提取法定公积金之前,应当先用当年利润弥补亏损。

公司从税后利润中提取法定公积金后,经股东会决议,还可以从税后利润中提取任意公积金。

公司弥补亏损和提取公积金后所余税后利润,有限责任公司按照股东实缴的出资比例分配利润,全体股东约定不按照出资比例分配利润的除外;股份有限公司按照股东所持有的股份比例分配利润,公司章程另有规定的除外。

公司持有的本公司股份不得分配利润。

【释义】 本条是关于公司税后利润分配的规定。

公司利润，是指公司在一定会计期间的生产经营成果，分为营业利润、投资收益和营业外收支净额。营业利润，是指核算期内营业收入减去营业成本和有关费用，再减去营业收入应负担的税收后的数额。投资收益，是指公司对外投资取得的利润、股利、利息等扣除发生的投资损失后的数额。营业外收支净额，是指与公司生产经营活动无直接关系的各项收入减去各项支出后的数额，其中营业外收入主要包括固定资产盘盈、处理固定资产收益等；营业外支出主要包括固定资产盘亏、处理固定资产损失、各项滞纳金和罚款支出、非常损失、职工保险费用支出、法定补偿金等。公司的税后利润应当按照下列顺序分配：

1. 弥补公司亏损。公司亏损，是指在一个会计年度内，公司的盈利低于公司的全部成本、费用及其损失的总和。在公司存续期间，公司应当经常保持与其资本相当的实有财产。当公司有利润时，应当首先用利润弥补公司的亏损，使公司资本得以维持。

2. 提取法定公积金。公积金又称储备金，是公司为了巩固自身的财产基础，提高公司的信用和预防意外亏损，依照法律和公司章程的规定，在公司资本以外积存的资金。依据公积金提取的来源，分为盈余公积金和资本公积金；依据公积金的提取是否基于法律的强制性规定，分为法定公积金和任意公积金。法定公积金包括法定盈余公积金和法定资本公积金。从学理角度划分，公司法所称的法定公积金是指法定盈余公积金，即从公司盈余中必须提取的资金。按照本条规定，公司当年的税后利润在弥补亏损后，如仍有剩余的，应当提取利润的10%列入公司法定公积金。当法定公积金累计额达到公司注册资本的50%以上时，可以不再提取。公司不得削减法定公积金的提取比例。

3. 提取任意公积金。公司除了提取法定公积金以外，可以根据公司的实际情况，经股东会决议另外再从税后利润中提取一定的公积金。此部分公积金是否提取及提取比例均由公司自行决定，不由法律强制要求，被称为任意公积金。

4. 向股东分配利润。股东作为投资者，其投资的目的就是获得利润。股东依法履行出资义务后，其依据自己的出资享有获取利润的权利受法律保护，任何人不得非法限制或剥夺股东的这项权利。公司的利润，在依法缴纳相关税款及提取公积金后,可以向股东分配。本条对有限责任公司和股份有限公司向股东分配利润分别作了规定,其中有限责任公司应当按照股东实缴的出资比例分配利润,在允许股东认缴出资的情况下,明确以实缴比例而非认缴比例作为分配利润的依据,有助于明晰股东的权利义务,减少纠纷;对股份有限公司则应当按照股东所持有的股份比例分配利润。同时,本条也对公司分配股东利润给予了一定的灵活性,允许公司更改向股东分配利润的比例,但为了保护股东权益作了较严格的限制,对有限责任公司考虑其人合属性需要经全体股东一致同意,对股份有限公司则要求必须在章程中作出相应规定。如果未经全体股东协商一致或者章程未作规定,应按法律的规定的比例向股东分配利润。此外,公司持有的本公司股份不得分配利润。

第二百一十一条　公司违反本法规定向股东分配利润的,股东应当将违反规定分配的利润退还公司;给公司造成损失的,股东及负有责任的董事、监事、高级管理人员应当承担赔偿责任。

【释义】 本条是关于公司违法向股东分配利润的责任承担的规定。

公司法第210条对利润分配顺序作了明确规定,要求公司的税后利润应当优先用于弥补亏损、提取法定公积金,然后才能向公司的股东分配,以保持公司资本的稳定性,维护债权人的利益。如果公司的股东会、董事会违反法律规定,在公司弥补亏损和提取法定公积金之前向股东分配利润,股东必须将违法分配的利润退还公司。

此外,除要求股东将违法分配的利润退还公司外,2023年公司法修订还增加规定,明确指出因违法向股东分配利润而给公司造成损失的,股东及负有责任的董事、监事、高级管理人员应当承担赔偿责任。具体的赔偿责任应当根据相关当事人在违法分配利润事实中的过错程度确定。

第二百一十二条　股东会作出分配利润的决议的,董事会应当在股东会决议作出之日起六个月内进行分配。

【释义】 本条是关于利润分配期限的规定。

公司法通过对董事会、股东会职权的界定对公司利润分配的程序作了规定，如公司法第 67 条规定由董事会制订公司的利润分配方案，第 59 条规定由股东会审议批准公司的利润分配方案。因此，在股东会作出利润分配的决议后公司即可以向股东分红。但在实践中，有的公司存在股东之间的矛盾或者经营策略的分歧等原因，在股东会作出相关决议后仍以各种理由迟迟不向股东分配利润，侵犯了股东获取投资收益的正当权利。同时，由于相关法律法规没有对利润分配期限作出明确要求，对于应在股东会作出决议后多长时间内向股东分配利润产生了不一致的认识，导致了一些纠纷，在司法审判中也存在一定争议。为了维护股东合法权益，降低争议解决成本，进一步优化营商环境，2023 年公司法修订根据各方面意见对此专门增加规定，明确董事会应当在股东会作出分配利润决议之日起 6 个月内向股东分配利润。

第二百一十三条　公司以超过股票票面金额的发行价格发行股份所得的溢价款、发行无面额股所得股款未计入注册资本的金额以及国务院财政部门规定列入资本公积金的其他项目，应当列为公司资本公积金。

【释义】　本条是关于资本公积金的规定。

资本公积金，是指直接由资本或资产等原因形成的公积金。公司法主要对股份有限公司股东实际出资超出公司注册资本所形成的资本公积金作了规定。

公司法第 96 条明确了股份有限公司的注册资本为在公司登记机关登记的已发行股份的股本总额，同时第 148 条允许面额股股票的发行价格可以超过票面金额。即如果股份有限公司以高于票面金额的价格发行面额股，其实收的股东出资将会超出所发行股份的股本总额（注册资本），超出的溢价部分就应当计入公司的资本公积金。

此外，2023 年公司法修订增加了无面额股制度，为股份有限公司发行股份提供了更多选择，股份有限公司可以根据章程的规定自主选择采用面额股或者无面额股的形式发行股票。对于发行无面额股的，本法第 142 条第 3 款规定应当将发行股份所得股款的 1/2 以上计入注册资本，即发行无面额股所实收的股东出资可能并不会全部计入注册资本，对未计入注册资本的部分应当列入公司的资本公积金。

除上述两种情形外，国务院财政部门也通过财务、会计制度对应当列入资本公积金的项目作了相应规定,如接受捐赠或补助的资产,资产评估确认的价值或者合同、协议约定的价值与原账面净值的差额等。

第二百一十四条　公司的公积金用于弥补公司的亏损、扩大公司生产经营或者转为增加公司注册资本。

公积金弥补公司亏损,应当先使用任意公积金和法定公积金;仍不能弥补的,可以按照规定使用资本公积金。

法定公积金转为增加注册资本时,所留存的该项公积金不得少于转增前公司注册资本的百分之二十五。

【释义】　本条是关于公积金用途的规定。

公积金,是公司从利润或其他收入中提取的一种储备金,其主要用途是弥补未来公司亏损、扩大生产经营规模和转增资本。公积金制度有利于扩大公司的财产基础,实现公司的长足发展经营,维护债权人的合法权益。公积金是所有者权益(股东权益)的组成部分,本质上属于公司股东所有,其使用要符合全体股东的利益。公积金包括法定公积金、任意公积金和资本公积金。公积金的用途有:

1. 弥补公司亏损。公司有了亏损,必须在弥补以后,才能维持公司正常的生产经营活动和稳定健康的发展。2023年公司法删去了资本公积金不能弥补亏损的规定,允许资本公积金用于弥补公司亏损。公司法还对弥补亏损的顺序作了规定,公积金弥补公司亏损,应当先使用任意公积金和法定公积金;仍不能弥补的,可以按照规定使用资本公积金。此处的"按照规定",是指公司法授权国务院财政部门等有关部门就资本公积补亏制定的具体规则。其主要考虑是,资本公积金科目项下内容非常多,故何种具体项目可以用来弥补亏损,都应当按照上述规定执行。根据公司法第59条的规定,弥补亏损方案应当经股东会审议批准。因此,无论使用何种公积金弥补亏损,董事会都应当先制订弥补亏损方案,并提交股东会决议。

2. 扩大公司生产经营。从财务的角度看,公积金扩大公司生产经营的功能,只是一个原则性的规定。

3. 增加公司注册资本。公司可以通过股东会会议的特别决议或者全体股东的决定将公积金的一部分扩充为公司的资本。需要说明的是,法定公积金转为资本时，所留存的该项公积金不得少于转增前公司注册资本的25%，这项限制的范围包括有限责任公司和股份有限公司。增加公司注册资本也应当经股东会决议。股份有限公司公司章程或者股东会授权董事会决议发行股份的，则由董事会按照公司法规定决议。

第二百一十五条　公司聘用、解聘承办公司审计业务的会计师事务所，按照公司章程的规定，由股东会、董事会或者监事会决定。

公司股东会、董事会或者监事会就解聘会计师事务所进行表决时，应当允许会计师事务所陈述意见。

【释义】 本条是关于公司聘用、解聘会计师事务所的规定。

原公司法规定只有股东会、董事会可以决定聘用、解聘会计师事务所。2023年公司法修订主要在本条中增加了监事会可以决定聘用、解聘会计师事务所的规定，其主要考虑是：依照公司法第78条的规定，检查公司财务是法律赋予监事会的职权之一，但财务会计工作具有较强的专业性，为了保障监事会切实履行检查公司财务的职权，有必要赋予监事会选择专业机构的权力以协助其完成好公司财务检查工作。

依照本条规定，公司聘用、解聘承办公司审计业务的会计师事务所，可以由股东会、董事会、监事会作出决定。为明确此项决定权具体由哪个机构行使，公司应当在章程中对此作出规定。

本条规定只适用于承办公司审计业务，即接受公司委托，对公司财务会计报告进行独立审计，出具审计意见的会计师事务所，不适用于仅为公司提供会计咨询业务的会计师事务所。

为了保证会计师事务所能够独立、客观、公正地进行审计，便于股东全面、客观地了解事实，防止公司随意解聘会计师事务所，本条规定，公司股东会、董事会或者监事会就解聘会计师事务所进行表决时，应当允许会计师事务所陈述自己的意见。

第二百一十六条　公司应当向聘用的会计师事务所提供真实、完整的会计凭证、会计账簿、财务会计报告及其他会计资料，不得拒绝、隐匿、谎报。

【释义】 本条是关于公司应当如实向会计师事务所提供会计资料的规定。

确保会计资料的真实、完整,是公司应当履行的法定义务,也是会计法的基本要求。如会计法规定,公司必须依法设置会计账簿,并保证其真实、完整;任何单位和个人不得伪造、变造会计凭证、会计账簿及其他会计资料,不得提供虚假的财务会计报告;任何单位或者个人不得以任何方式授意、指使、强令会计机构、会计人员伪造、变造会计凭证、会计账簿和其他会计资料,提供虚假财务会计报告。

会计师事务所对公司的财务进行审计并作出审计报告,需要公司提供真实、完整的会计凭证、会计账簿、财务会计报告及其他会计资料。所谓真实,是指会计凭证、会计账簿、财务会计报告及其他会计资料反映了实际情况,相关数据应当与公司实际经营情况相符或者合乎逻辑推测;所谓完整,是指会计凭证、会计账簿、财务会计报告及其他会计资料没有遗漏。如果公司提供的会计资料不真实、不完整,将影响会计师事务所财务审计工作的公正性和客观性。为了保证会计师事务所能够获得真实、完整的会计资料,本条对公司如实提供会计凭证、会计账簿、财务会计报告等会计资料的义务作出明确规定,如果公司拒绝提供或者隐匿、谎报相关会计资料,应当按照会计法等法律法规承担相应的法律责任。

第二百一十七条　公司除法定的会计账簿外,不得另立会计账簿。对公司资金,不得以任何个人名义开立账户存储。

【释义】 本条是对公司会计账簿设立和资金账户开立的禁止性规定。

会计账簿是记载和反映公司财产状况和营业状况的各种账簿、文书的总称。在法定会计账簿之外另立会计账簿,就是私设会计账簿。具体来讲,就是在法定的会计账簿之外另设一套或者多套会计账簿,将一项经济业务的核算在不同的会计账簿之间采取种种手段作出不同的反映,或者将一项经济业务不通过法定的会计账簿予以反映,而是通过另设的会计账簿进行核算。会计账簿不仅是公司股东、管理者准确掌握经营情况的重要手段,也是债权人、社会公众及其他利益相关者了解公司财产和经营状况的主要途径,在国家税收管理和诉讼程序中还是决定税额的主要依据和重要的诉讼证据。私自设立会计账簿,不仅会损害公司的股东、债权人和社会公众的利益,还会损害国家利益,是一种严重的违法行为。会计法明确规定,各单位发生的各项经济业务事项应当在依法设置的会计账簿上统一登记、核算,不得违反会计法和国家统一的会计制度的规定私设会计账簿登记、核算。公司法对此也作出衔接性规定,明确禁止公司在法定会计账簿之外另立会计账簿。

将公司资金以个人名义存储银行,逃避了有关主管部门对公司经济往来的监管,也给一些人侵吞公司资金提供了机会。为了维护国家经济管理秩序,保证公司资产、股东权益和债权人利益不受侵害,本条明确禁止对公司资金以任何个人名义开立账户存储。2023 年公司法修订对本条第 2 款作了文字修改,将“公司资产”改为了“公司资金”,以使表述更为准确。

第十一章　公司合并、分立、增资、减资

第二百一十八条　公司合并可以采取吸收合并或者新设合并。

一个公司吸收其他公司为吸收合并，被吸收的公司解散。两个以上公司合并设立一个新的公司为新设合并，合并各方解散。

【释义】　本条是关于公司合并形式的规定。

公司合并，是指两个或者两个以上的公司通过订立合并协议，依照公司法等有关法律、行政法规的规定，合并为一个公司的法律行为。公司合并的形式，是指公司合并过程中合并各方以什么形式合并为一个公司。根据本条的规定，公司合并可以采取以下两种方式：

1. 吸收合并。吸收合并又称存续合并，是指两个或者两个以上的公司合并时，其中一个或者一个以上的公司并入另一个公司的法律行为。接受被合并公司的公司，应当于公司合并以后到公司登记机关办理变更登记手续，继续享有法人地位；被合并的公司成为另一个公司的组成部分，应当解散，并到公司登记机关办理注销手续使其法人资格消灭。例如，甲公司和乙公司合并以后，甲公司仍然存在，乙公司解散，乙公司并入甲公司内部。甲公司到公司登记机关办理变更登记手续；乙公司到公司登记机关办理注销登记手续。如果合并的几个公司强弱悬殊，一般会采取吸收合并的方式，由实力强大的公司吸收另一个或几个公司。

2. 新设合并。新设合并，是指两个或者两个以上的公司组合成为一个新公司的法律行为。这种合并是以原来所有公司的法人资格消灭为前提的。以这种形式进行合并以后，原公司应当到公司登记机关办理注销登记手续。新设立的公司应当到公司登记机关办理设立登记手续，取得法人资格。当然，新设立的公司应当符合公司法规定的设立公司的条件。当两个或者多个地位大致相同的公司同时存在，并且任何一个公司都不愿意被并入另一个公

司时,新设合并就是比较常见的合并方式。

第二百一十九条　公司与其持股百分之九十以上的公司合并,被合并的公司不需经股东会决议,但应当通知其他股东,其他股东有权请求公司按照合理的价格收购其股权或者股份。

公司合并支付的价款不超过本公司净资产百分之十的,可以不经股东会决议;但是,公司章程另有规定的除外。

公司依照前两款规定合并不经股东会决议的,应当经董事会决议。

【释义】 本条是关于特定情形下公司合并由董事会决议的规定。

依照公司法有关规定,公司合并应当经公司股东会决议,有限责任公司必须经过代表 2/3 以上表决权的股东通过;股份有限公司必须经出席会议的股东所持表决权的 2/3 以上通过;国有独资公司应由履行出资人职责的机构决定。因此,参与合并各方的公司股东会或者其他机构均要作出决议或者决定。但对于一方持有另一方股权或者股份达一定比例的公司之间的合并而言,合并计划被持股公司的股东会决议通过几乎没有悬念,股东会表决仅流于形式。为降低此类合并的交易成本,提高合并效率,部分国家和地区在公司法中规定了合并的简易程序。我国 2023 年公司法修改增加了与其持股权或者股份 90%以上的公司合并和支付价款不超过本公司净资产 10%的公司合并由董事会决议的规定。

依照本条第 1 款和第 2 款的规定,可由董事会对公司合并进行决议的情形分为两种:

1. 根据合并参与方的持股结构,公司与其持股 90%以上的公司合并的,被合并的公司依照本条规定不需经过股东会决议,但是应当通知其他股东。这里的"被合并的公司",是指参与合并的公司中被另一方持股 90%的公司。对于此种合并,直接由法律规定经被合并公司董事会决议。对于被合并公司的其他股东而言,如果认同合并,即按照合并协议的有关约定接受合并条件。如果不认同合并,其有权请求公司按照合理的价格收购其股权或者股份,这样也符合公司法有关异议股东请求公司回购股权或股份的规定。

2. 根据合并支付的对价,即公司合并支付的价款不超过本公司净资产 10%的。此种情况下,由于参与合并的公司之间的规模相差较大,占据主导地位的公司支付的价款不算巨大,由董事会决议能提高公司的决策效率,但由于此种合并并非像与持有其公司90%以上股权或者股份的公司合并那样没有悬念,也存在需要由公司股东会进行决议的可能,有必要给予公司自主确定决议主体的空间。因此本条规定,公司合并支付的价款不超过本公司净资产10%的,可以不经股东会决议;但是,公司章程另有规定的除外。需要注意的是,只有公司章程明确规定此种情形下合并由股东会决议才不由董事会决议,否则由董事会决议。

对于依照本条第1款、第2款规定不需要经过股东会决议的合并,应由公司董事会进行决议。根据公司法的有关规定,董事会作出决议,应当经全体董事的过半数通过。

第二百二十条　公司合并,应当由合并各方签订合并协议,并编制资产负债表及财产清单。公司应当自作出合并决议之日起十日内通知债权人,并于三十日内在报纸上或者国家企业信用信息公示系统公告。债权人自接到通知之日起三十日内,未接到通知的自公告之日起四十五日内,可以要求公司清偿债务或者提供相应的担保。

【释义】　本条是关于公司合并程序和债权人异议权的规定。

公司合并涉及公司、股东和债权人等相关人的利益,应当依法进行。根据本条和公司法其他条文的规定,公司合并的程序通常如下:

1.签订公司合并协议。公司合并协议,是指由两个或者两个以上的公司就公司合并的有关事项订立的书面协议。协议的内容应当载明法律、行政法规规定的事项和双方当事人约定的事项,一般来说应当包括以下内容:(1)公司的名称与住所。这里所讲公司的名称和住所包括合并前的各公司的名称与住所和合并后存续公司或者新设公司的名称与住所。公司名称应当与公司登记时的名称相一致,并且该名称应当是公司的全称;公司的住所应当是公司的实际住所。(2)存续或者新设公司因合并而发行的股份总数、种类和数量或者投资总额以及每个出资人所占投资总额的比例等。(3)合并各方现有的资本及对现有资本的处理方法。(4)合并各方所有的债权、债务的处理方法。(5)存续公司的公司章程是否变更、公司章程变更后的内容、新设公司的章程如何制定及其主要内容。(6)公司合并各方认为应当载明的其他事项。

2. 编制资产负债表和财产清单。资产负债表是反映公司资产及负债状况、股东权益的主要的公司会计报表。资产负债表是合并中必须编制的报表,合并各方应当真实、全面地编制此表,以反映公司的财产情况,解散的公司不得隐瞒公司的债权债务。公司还要编制财产清单,清晰地反映公司的财产状况,财产清单应当翔实、准确。

3. 形成合并决议。公司合并会影响股东利益,如股权结构的变化。根据公司法第 66 条、第 116 条和第 172 条的规定,公司合并应当由股东会作出特别决议。有限责任公司须经代表 2/3 以上表决权的股东通过才能进行;股份有限公司须经出席会议的股东所持表决权的 2/3 以上决议通过才能进行;国有独资公司须由履行出资人职责的机构决定才能进行。当然,依照公司法第 219 条的规定,公司合并也可以由公司董事会作出决议。

4. 向债权人通知和公告。公司应当自作出合并决议之日起 10 日内通知债权人,并于 30 日内在报纸上或者国家企业信用信息公示系统公告。通知和公告的目的主要是告知公司债权人,以便让他们决定是否对公司的合并提出异议。

5. 合并登记。合并登记分为解散登记和变更登记。公司合并以后,解散的公司应当到公司登记机关办理注销登记手续;存续的公司应当到公司登记机关办理变更登记手续;新成立的公司应当到公司登记机关办理设立登记手续。公司合并只有在进行登记后,才能得到法律上的承认。

本条还规定了公司债权人的异议权。公司合并会影响债权人的利益,如果是强强联合,会使债权人债权总体担保的范围扩大,对债权人影响不大;如果是业绩一好一坏的公司合并,原业绩好的公司的债权人可能会受到负面影响。根据本条规定,公司合并应当向债权人进行通知和公告。债权人自接到通知之日起 30 日内,未接到通知的自公告之日起 45 日内,可以要求公司清偿债务或者提供相应的担保。如果公司债权人在法定的时间内未提出异议,则可视为对公司合并的默认,对自己债务人更换的默认。

第二百二十一条　公司合并时,合并各方的债权、债务,应当由合并后存续的公司或者新设的公司承继。

【释义】 本条是关于公司合并时各方的债权、债务承继的规定。

债权、债务的承继,是指合并后存续的公司或者新设立的公司,必须无条件地接受因合并而消灭的公司的对外债权与债务。公司进行生产经营,不可避免地会对外产生债权债务,而公司合并后,至少有一个公司丧失法人人格,而且存续或者新设立的公司也与以前的公司不同,对于公司合并前的债权债务,必须要有人承继。根据主体的承继性原则,公司合并时,合并各方的债权、债务,应当由合并后存续的公司或者新设的公司承继。根据本条规定,合并后的公司有权对原来公司的债权进行清理并予以收取,同时必须接受原来公司的债务,有义务对债权人进行清偿。

第二百二十二条　公司分立,其财产作相应的分割。

公司分立,应当编制资产负债表及财产清单。公司应当自作出分立决议之日起十日内通知债权人,并于三十日内在报纸上或者国家企业信用信息公示系统公告。

【释义】 本条是关于公司分立财产分割和分立程序的规定。

一、公司分立

公司分立,是指一个公司依据法律、行政法规的规定,分成两个或者两个以上的公司的法律行为。公司分立有以下特点:(1)公司分立是公司本身的行为。公司分立由公司的投资人决定,不需要与任何第三人协商,只需由公司的股东会决定,作出分立决议即可。(2)公司分立是依法进行的法律行为。公司分立要依照公司法及有关法律、法规的规定进行,否则其分立无效。(3)依法分立的公司,各为独立的法人。

二、公司分立的形式

公司分立有解散分立和存续分立两种形式,公司法未对公司分立形式作出明确规定。

1. 解散分立。所谓解散分立,是指将原来一个具有法人资格的公司分割成两个或者两个以上的具有法人资格的公司的法律行为。解散分立以原来公司法人资格的消灭为前提。消灭的公司应当办理公司注销登记手续;分立的公司,应当办理公司设立登记手续。但需要说明的是,分立后的公司要符合公司设立的法定条件。

2.存续分立。所谓存续分立,是指原公司仍然存在且将原公司的一部分分出去成立一个新公司的法律行为。分出去的公司法人资格不以原有公司法人资格的消灭为前提。但是原有公司由于分出去一部分,原有公司的股东人数、资金数额、生产规模等方面均会发生变化。在这种情况下,原来的公司应当进行变更登记,分出去的一部分要进行设立登记,进行设立登记时应符合公司成立的法定条件。

三、公司分立,其财产作相应的分割

公司分立时,应当就财产的分割问题达成一致。本条只规定了财产要作相应的分割,至于实践中具体如何做到相应分割,本法没有作明确的规定。这个问题主要由股东会讨论,通过分立决议,然后由分立各方就财产问题按照平等自愿的原则达成协议。需要说明的是,这里所说的"财产"是指广义的财产,既包括积极财产,如债权,又包括消极财产,如债务;既包括有形财产,如设备,又包括无形财产,如商誉。

四、公司分立程序

公司分立的程序和公司合并的程序基本相同,根据本条规定,公司分立应履行以下程序:(1)进行财产分割。公司分立前分立各方应签订分立协议,对公司的债权、债务等作出妥善处理,对其财产作相应分割,同时还应编制资产负债表及财产清单。(2)通知债权人。公司分立涉及债权人的利益,公司作出分立决议以后,应当自作出分立决议之日起10日内通知债权人,并于30日内在报纸上或者国家企业信用信息公示系统公告。与公司合并不同的是,在对债权人保护的方式上,公司合并时债权人享有异议权,可以要求公司清偿债务或者提供相应的担保,而公司分立时法律只是强调了公司的通知义务,并没有赋予债权人同样的权利。但这并不表明法律对公司分立时债权人权利的漠视;相反,根据本法第223条的规定,除公司在分立前与债权人就债务清偿达成书面协议另有约定外,公司分立前的债务由分立后的公司承担连带责任,对债权人的利益进行了更切实际的保护。此外,公司分立后应办理相应的登记手续。

第二百二十三条　公司分立前的债务由分立后的公司承担连带责任。但是,公司在分立前与债权人就债务清偿达成的书面协议另有约定的除外。

【释义】　本条是关于公司分立前的公司债务承担问题的规定。

公司分立时,债权人对公司分立不能施加实质影响,但是,公司分立一般都会影响全体债权人的利益:首先,公司分立会导致公司资产减少;其次,无论是解散分立还是存续分立,分立的公司原则上都可以自由决定如何分配公司财产,包括债权、债务的分割,因此,完全有可能单方面把债务分割给一个并不具备与债务等值财产的公司。为了更好地保护债权人的利益,同时又避免因保护债权人的利益而剥夺公司分立的自由,本条规定,公司分立前的债务由分立后的公司承担连带责任。但是,公司在分立前与债权人就债务清偿达成的书面协议另有约定的除外。

根据本条规定,公司分立前债务的承担有以下两种方式:

1. 按约定办理。债权人与分立前的公司就债权清偿问题达成书面协议的,按照协议办理。如一方不履行协议,另一方可依法定程序请求履行协议。

2. 承担连带责任。公司分立前未与债权人就清偿债务问题达成书面协议的,分立后的公司承担连带责任。债权人可以向分立后的任何一方请求自己的债权,要求履行偿还债务。被请求的一方不得以各种非法定的理由拒绝履行偿还义务。否则,债权人有权依照法定程序向人民法院起诉,由人民法院依法作出裁判。

第二百二十四条　公司减少注册资本,应当编制资产负债表及财产清单。

公司应当自股东会作出减少注册资本决议之日起十日内通知债权人,并于三十日内在报纸上或者国家企业信用信息公示系统公告。债权人自接到通知之日起三十日内,未接到通知的自公告之日起四十五日内,有权要求公司清偿债务或者提供相应的担保。

公司减少注册资本,应当按照股东出资或者持有股份的比例相应减少出资额或者股份,法律另有规定、有限责任公司全体股东另有约定或者股份有限公司章程另有规定的除外。

【释义】 本条是关于公司减少注册资本的规定。

一、减少注册资本的含义

公司减少注册资本,是指公司依法对注册资本通过一定的程序进行削减的法律行为,简称减资。减资依公司净资产流出与否,分为实质性减资和形式性减资。实质性减资,是指公司减少注册资本的同时,将一定金额返还给股东,从而也减少了净资产的减资形式。公司运营过程中可能存在预定资本过多的情况,从而造成资本过剩。允许公司减少注册资本,投资者就有机会将有限的资源转入生产更多利润的领域,从而能够避免资源的浪费。形式性减资,是指只减少注册资本额,注销部分出资或者股份,不将公司净资产流出的减资形式,这种减资形式不产生资金的流动,旨在使公司的注册资本与净资产的水准接近。

二、减少注册资本的程序

根据本条规定,公司减少注册资本有以下几个程序:

1. 编制资产负债表和财产清单。公司减资无论是对公司股东还是公司债权人来说,影响都很大,本法赋予了股东和债权人在公司减资过程中进行自我保护的方法。但是,无论是股东进行投票还是公司债权人要求公司清偿债务或者提供担保,前提都是对公司的经营状况尤其是财务状况有一定了解才可作出理智的决定,因此本条规定,公司需要减少注册资本时,必须编制资产负债表及财产清单。

2. 股东会作出减资决议。公司减资,往往伴随着股权结构的变动和股东利益的调整,在公司不依股东持股比例减资,尤其是在注销的情况下,更是如此;因此公司减资可能会直接引发公司股东之间的利益冲突。为了保证公司减资能够体现绝大多数股东的意志,根据公司法第 66 条、第 116 条和第 172 条的规定,公司减资应当由股东会作出特别决议,即有限责任公司须经代表 2/3 以上表决权的股东通过才能进行;股份有限公司须经出席会议的股东所持表决权的 2/3 以上决议通过才能进行;国有独资公司须由履行出资人职责的机构决定才能进行。

3. 向债权人通知和公告。公司应当自作出减少注册资本决议之日起 10 日内通知债权人,并于 30 日内在报纸上或者国家企业信用信息公示系统公告。这一程序与公司增资的规定相同,主要是为了保护公司债权人的利益。

4. 减资登记。公司减资以后,应当到公司登记机关办理变更登记手续,公司减资只有进行登记后,才能得到法律上的承认。

对于法律、行政法规或者国务院决定对公司注册资本最低限额有规定的,公司减资后的注册资本不得低于法定的最低限额。

三、对债权人的保护

公司减资对债权人的影响甚巨,公司的实质减资,导致公司净资产减少,等同于股东优先于债权人回收所投入的资本。因此,公司减资时一定要注重保护债权人的利益。根据本条规定,债权人自接到通知之日起30日内,未接到通知的自公告之日起45日内,有权要求公司清偿债务或者提供相应的担保。如果债权人没有在此期间内对公司主张权利,公司可以将其视为没有提出要求。

四、公司减少注册资本以等比例减资为原则

公司股东之间股权平等,因此公司减少注册资本以所有股东等比例减资为原则,这有助于对中小股东的保护。依照本条第3款的规定,原则上,有限责任公司按照股东出资的比例相应减少出资额,股份有限公司按照股东持有股份的比例相应减少股份。在例外情况下,可以不按前述比例等比例减资,具体包括:(1)法律另有规定,即公司法或者其他法律另有规定,如公司法第89条、第161条规定的股东回购请求,第52条规定的股东失权等。(2)有限责任公司全体股东另有约定或者股份有限公司章程另有规定。这里对有限责任公司和股份有限公司采取不同的要求,有限责任公司需要全体股东一致同意作出其他约定,股份有限公司则由章程规定,不需要全体股东一致同意。这也与公司法第227条规定的公司增资时股东是否享有优先购买权的相关规则相一致。

第二百二十五条　公司依照本法第二百一十四条第二款的规定弥补亏损后,仍有亏损的,可以减少注册资本弥补亏损。减少注册资本弥补亏损的,公司不得向股东分配,也不得免除股东缴纳出资或者股款的义务。

依照前款规定减少注册资本的,不适用前条第二款的规定,但应当自股东会作出减少注册资本决议之日起三十日内在报纸上或者国家企业信

用信息公示系统公告。

公司依照前两款的规定减少注册资本后，在法定公积金和任意公积金累计额达到公司注册资本百分之五十前，不得分配利润。

【释义】 本条是关于形式减资的规定。

形式减资，也叫简易减资或者名义减资，是指只减少资本额，即减少会计账面的所有者权益，不向股东返还资金或者免除股东出资义务。形式减资有如下意义：(1)使公司的实际资产数与注册资本尽量趋于一致，便于债权人了解公司偿债能力。当公司由于亏损而导致实际资产与资本不一致时，就有必要调整资本，使公司债权人了解公司的实际偿债能力。(2)通过形式减资减少已发行股份数，可以提高每股盈余。通过减少已发股份总数的方式减资，在公司盈余不变的情况下，可以提高每股盈余，提升公司股价。(3)形式减资最重要的目的还是弥补亏损，改善公司财务结构。仅单纯地进行形式减资，虽然可以弥补公司财务报表上的亏损额，但公司的财务状况并不会因此获得实质的改善。形式减资的主要目的，还是着眼于减资后能吸引新资金进入，改善公司财务结构。

形式减资的适用要件为，公司按照规定弥补亏损后仍有亏损。按照公司法第 214 条第 2 款的规定，公积金弥补公司亏损，应当先使用任意公积金和法定公积金；仍不能弥补的，可以按照规定使用资本公积金。公司在依次使用公司的任意公积金、法定公积金、资本公积金弥补亏损后，仍然还有亏损的，才可以适用本条规定的减资规则。

减少注册资本弥补亏损，根据《企业会计准则——基本准则》第 26 至 29 条的规定，资产负债表所有者权益项下体现的是实收资本，而非认缴资本，认缴而未实缴的部分不能纳入资产负债表中。因此，减少注册资本减少的是股东已经实际缴纳的资本。形式减资既不能向股东分配，也不免除股东的出资义务，也即本条规定的减资不会导致公司的资本流向股东。

形式减资也需要经过股东会决议并履行相应的公告程序。按照公司法第 224 条第 2 款的规定，公司应当自股东会作出减少注册资本决议之日起 10 日内通知债权人，并于 30 日内在报纸上或者国家企业信用信息公示系统公告。形式减资并不实质向股东返还资金或者减少股东出资，不会损害债权人利益，因此不要求公司通知债权人，仅需要履行公告义务即可。但是，减少注册资本和弥补亏损是股东会的决议事项,因此形式减资也需要经过股东会决议。

形式减资后分配利润存在限制条件。如果公司经按照规定采用法定公积金、任意公积金和资本公积金弥补亏损后仍存在亏损,公司应当先用当年税后利润弥补亏损,直至亏损弥补完毕,并且按照规定提取10%的利润作为法定公积金之后才可以分配利润。形式减资虽然没有向股东分配利润或者免除股东的出资义务,但其结果是使亏损公司可以因为账面亏损被弥补而可以提前向股东分配利润。因此,法律对采用形式减资后的公司分配利润作了限制,即在法定公积金和任意公积金累计额达到公司注册资本50%前,公司不得向股东分配利润。

第二百二十六条　违反本法规定减少注册资本的,股东应当退还其收到的资金,减免股东出资的应当恢复原状;给公司造成损失的,股东及负有责任的董事、监事、高级管理人员应当承担赔偿责任。

【释义】 本条是关于违法减资的法律责任的规定。

减少注册资本,是指将公司的资本退还给股东或者免除股东的出资义务。公司注册资本会影响到股东和债权人的利益。对于股东而言,股东的出资额或者其股份比例是其行使权利和分配利润的基础,减少注册资本涉及股东出资额或者股份的变化,会影响股东权利。因此,法律规定减少注册资本应当经过股东会决议,且应当按照股东出资或者持有股份的比例减少注册资本。对于债权人而言,公司注册资本是对债权人承担责任的担保,减少注册资本会降低公司清偿债务能力。因此,减资应当遵守法定的债权人保护程序。按照公司法第59条、第67条和第224条的规定,公司减少注册资本,应当履行以下程序:一是决议程序,由公司董事会或者高管等编制资产负债表及财产清单,董事会制订减少注册资本的方案交由股东会作出减资决议。二是执行程序,公司应当自股东会作出减少注册资本决议之日起10日内通知债权人,并于30日内在报纸上或者国家企业信用信息公示系统公告;债权人自接到通知之日起30日内,未接到通知的自公告之日起45日内,有权要求公司清偿债务或者提供相应的担保。因此,违反公司法规定减资既包括未按照法定程序对减资作出决议,也包括未履行债权人保护程序,还包括未按照等比例减资规定减资。实践中,公司违法减资的行为主要是公司作出减资决议后未通知债权人或者未按照规定公告;或者虽然已通知债权人或者公告,但是未按照债权人要求清偿债务或者提供相应的担保。

违法减资会造成以下后果:一是,对于减少已经实缴的注册资本的,股东应当退还资金,对于减少认缴未实缴的注册资本的,减免股东出资的应当恢复原状;给公司造成损失的,股东应当承担赔偿责任,损失是指因为违法减资占用公司资金的成本。二是,董监高可能需要承担赔偿责任。董监高作为公司的经营决策和管理人员,对公司负有勤勉义务,在减资程序中,董监高有义务根据公司经营情况判断减资是否符合公司利益,是否会损害债权人利益,还要按照法定程序通知债权人和公告。若董监高在减资程序中没有作出合理判断并遵守法定程序,就没有尽到其勤勉义务,应当对公司的损失承担赔偿责任。此处的赔偿责任是过错责任,即按照董监高在违法减资过程中的过错程度确定其责任。

第二百二十七条　有限责任公司增加注册资本时,股东在同等条件下有权优先按照实缴的出资比例认缴出资。但是,全体股东约定不按照出资比例优先认缴出资的除外。

股份有限公司为增加注册资本发行新股时,股东不享有优先认购权,公司章程另有规定或者股东会决议决定股东享有优先认购权的除外。

【释义】　本条是关于股东优先认购权的规定。

优先认购权,是指公司原股东在有限责任公司增资或者股份有限公司发行新股时优先于其他人,按自己的原有出资比例或者持股比例认缴出资或者认购股份。优先认购权的主要作用是避免公司增资或者新发行股份稀释现有股东的表决权。公司发行新股,原有股东若不能按其持股比例优先认购新股,则其持股比例将下降,表决权数也将相应减少,原有股东所享有的股利与剩余财产分配也将有相应幅度的减少。但赋予股东优先认购权可能会增加公司的融资成本,导致公司筹资灵活性不足,影响公司融资效率。是否赋予股东优先认购权涉及股东权利保护和公司筹资便利关系的平衡,从比较法看有两种模式:一是,优先认购权并非股东固有权利,除非公司章程或者股东会决议赋予股东优先认购权,如《美国示范公司法》、美国《特拉华州普通公司法》、《日本公司法》等;二是,有限认购权是股东固有权利,如英国、法国、韩国等赋予股东法定优先认购权，除非公司章程或者股东会决议对其予以排除。

从我国两类公司实际情况来看，有限责任公司的股东人数较少、人合性强，对外融资需求不大，股权流动性弱，股东在公司表决权中所占比例对其权利有重要影响，因此有限责任公司增资时优先认购权对股东权利有重大影响，公司法赋予股东优先认缴的权利。而股份有限公司，特别是公众公司或者上市公司，其股东人数多，股权分散，股权是否被稀释并非多数股东关心的问题，且公司对外融资需求大，且此次公司法修改在股份有限公司引入授权资本制，允许公司章程或者股东会授权董事会发行股份。在董事会根据公司需要和市场情况决议发行股份时，必然需要快速筹集资本，如果赋予股东优先认购权，可能会影响筹资的效率。修改前的公司法没有明确股份有限公司股东是否有法定优先购买权，只在第 133 条规定，公司发行新股，股东大会应当对向原有股东发行新股的种类及数额作出决议，这一规定在 2023 年公司法第 151 条中仍然保留。

2023 年公司法对优先认购权有两个修改：一是，在有限责任公司中，维持 2018 年公司法赋予股东的法定优先认缴权，允许全体股东约定不按照出资比例优先认缴出资的除外。增加股东优先认缴增资的条件是“在同等条件下”，也就意味着在有限责任公司增加注册资本购买第三人的非现金资产，如知识产权或者公司需要的非货币财产，或者实施职工股权激励，或者因吸收合并其他公司而导致资本增加时，公司的原有股东无法行使优先认缴的权利。从比较法来看，很多国家和地区的公司法对于股东优先购买权也都限定在募集现金时，也就是公司发行新股购买非现金资产的，原股东不享有优先认购权。如《意大利民法典》第 2441 条、《英国公司法》第 565 条均规定，股份公司的股东仅在公司发行新股募集现金时，才享有优先认股权。二是，对于股份有限公司，在 2018 年公司法规定的基础上明确指出，股份有限公司为增加资本发行新股时，股东不享有优先认购权，但是公司章程另有规定或者股东会决议赋予股东优先认购权的除外。

第二百二十八条　有限责任公司增加注册资本时，股东认缴新增资本的出资，依照本法设立有限责任公司缴纳出资的有关规定执行。

股份有限公司为增加注册资本发行新股时，股东认购新股，依照本法设立股份有限公司缴纳股款的有关规定执行。

【释义】 本条是关于增加公司注册资本时股东缴纳出资和股款的规定。

一、公司增加注册资本

公司增加注册资本,是指经过股东会决议,或者股份有限公司董事会经公司章程或者股东会授权作出决议,使公司的注册资本在原来的基础上予以增加的法律行为。公司增加注册资本主要有两种途径:一是吸收外来新资本,包括增加新股东或股东追加投资;二是用公积金增加资本或利润转增资本。本条规定中的增加注册资本是指第一种方式。

二、公司增加注册资本须履行的法定义务

1. 有限责任公司应执行法定的缴纳出资的规定。根据公司法的规定,有限责任公司增加注册资本时,股东认缴新增资本的出资,依照公司法设立有限责任公司缴纳出资的有关规定执行。如股东要依法缴纳所认缴的出资,以货币出资的,要依照法定要求存入公司账户,以实物、知识产权、土地使用权、股权、债权出资的,依法办理财产转移手续。需要说明的是,按照公司法的规定,有限责任公司由 50 名以下股东组成,所以若公司增加注册资本时吸收新的股东参加,其股东人数之和不能超过 50 人,同时增加注册资本后要相应地修改公司章程并变更登记事项中的注册资本。

2. 股份有限公司应执行法定的缴纳股款的规定。按照公司法的规定,股份有限公司为增加注册资本发行新股时,股东认购新股应当依照公司法设立股份有限公司缴纳股款的有关规定执行,认购人应当按照认购股份实缴出资。如向社会公开募集新股,应当公告招股说明书,并制作认股书,认股人按照所认购股份足额缴纳股款,新增股款缴足后要经法定验资机构验资并出具证明。同时,股份有限公司增加注册资本,要相应地对公司章程进行修改,并变更登记事项中的注册资本。

公司增加注册资本时,股东未按照规定履行出资义务的,要按照公司设立时的相关规定承担相应的法律责任。

第十二章　公司解散和清算

第二百二十九条　公司因下列原因解散：

（一）公司章程规定的营业期限届满或者公司章程规定的其他解散事由出现；

（二）股东会决议解散；

（三）因公司合并或者分立需要解散；

（四）依法被吊销营业执照、责令关闭或者被撤销；

（五）人民法院依照本法第二百三十一条的规定予以解散。

公司出现前款规定的解散事由，应当在十日内将解散事由通过国家企业信用信息公示系统予以公示。

【释义】　本条是关于公司解散原因及公示的规定。

一、公司解散原因

公司解散，是指已经成立的公司，因公司章程或者法定事由出现而停止公司的经营活动，并开始公司的清算，使公司法人资格消灭的法律行为。公司解散是一个时间过程，公司解散虽然会导致公司法人归于消灭的结果，但是其法人的最终消灭还需要从法律上经历一定的期间，这一期间是公司最终消灭的前置步骤。在这一期间内，公司作为法人的资格并没有消灭，从法律上被视为为进行清算而存在的公司，此时公司行为能力受到限制，只能进行与清算有关的活动，不得开展与清算无关的经营活动。此外，根据公司法第232条的规定，因公司合并或者分立需要解散的，不需要进行清算。

根据公司是否自愿解散，可以将公司解散分为自行解散和强制解散两种情况。自行解散，也称为自愿解散，是指依公司章程或股东会决议而解散。这种解散与外在因素无关，而是取决于公司股东的意志，股东可以选择解散或者不解散公司。强制解散，是指因政府有关机关的决定或法院判决而发生的解散。公司解散的原因包括：

1. 公司章程规定的营业期限届满或者公司章程规定的其他解散事由出现。公司的营业期限是公司存续的时间界限，公司章程可以规定公司的营业期限。公司法规定，公司营业执照签发日期是公司的成立日期，公司的营业期限从公司营业执照签发之日起计算。公司的营业期限届满，公司应当停止活动，进入解散阶段。如果公司的营业期限届满仍有存在的必要，经公司的权力机构修改公司章程中的营业期限，公司的解散事由消灭，可以继续经营。公司章程也可以根据本公司的具体情况，规定某些特定的事由作为公司解散的原因，一旦公司出现了公司章程中规定的应当解散的原因，公司就应当停止生产或者经营活动，进入公司解散程序。

2. 股东会决议解散。公司的权力机构是公司的股东会，股东会有权对公司的重要事务作出决议。公司停止经营活动、消灭法人资格是公司的重要事务，应当由公司的股东会作出决议。如果公司的股东会作出解散公司的决议，公司应当执行。有限责任公司须经代表公司 2/3 以上表决权的股东通过；股份有限公司须经出席会议的股东所持表决权的 2/3 以上通过。股东会决议解散公司不受公司章程规定的解散事由的约束，可以在公司章程规定的解散事由出现前，根据股东的意愿决议解散公司；当然，公司也可以修改公司章程，改变事先约定的解散事由。

3. 因公司合并或者分立需要解散。当公司吸收合并时，吸收方存续，被吸收方解散；当公司新设合并时，合并各方均解散。当公司分立时，如果原公司存续，则不存在解散问题；如果原公司分立后不再存在，则原公司应解散。公司的合并、分立决议均应由股东会作出特别决议。

4. 依法被吊销营业执照、责令关闭或者被撤销。吊销营业执照，是指剥夺被处罚公司已经取得的营业执照，使其丧失继续从事生产或者经营的资格。责令关闭，是指行为人违反了法律法规的规定，被行政机关作出停止生产或者经营的处罚决定，从而停止生产或者经营。被撤销，是指由行政机关撤销有瑕疵的公司登记。公司因违反法律、行政法规等被吊销营业执照、责令关闭或者被撤销的，应当解散。这种解散属于行政性强制解散，即公司在经营活动中严重违反了市场监管、税收、劳动、市场、环境保护等对公司行为进行规制的法律法规时，为了维护社会秩序，有关违法事项的主管机关可以作出决定以终止该公司的主体资格,使其永久不能进入市场进行经营。公司法规定的公司因行政命令而产生的解散包括:公司因违法活动而被责令解散,及公司成立后无正当理由超过6个月未开业或开业后自行停业连续6个月以上而被公司登记机关吊销营业执照等情形。

5. 人民法院依照公司法第231条的规定予以解散。当公司出现公司法第231条规定的情况,即公司经营管理发生严重困难,继续存续会使股东利益受到重大损失,通过其他途径不能解决,人民法院可以根据持有公司全部股东表决权10%以上的股东的请求解散公司。

二、公司解散事由的公示

依照本条第2款的规定,公司出现本条第1款规定的解散事由时,应当在10日内将解散事由通过国家企业信用信息公示系统予以公示。这是2023年公司法修改新增加的要求,由于公司解散原则上要进行清算,要求公司进行公示,有助于相关利害关系人及时知晓公司解散的原因,以方便其在公司不组织清算时,督促公司及时进行清算或者申请人民法院指定有关人员组成清算组进行清算,防止因为公司不清算而侵害其权益。

第二百三十条　公司有前条第一款第一项、第二项情形,且尚未向股东分配财产的,可以通过修改公司章程或者经股东会决议而存续。

依照前款规定修改公司章程或者经股东会决议,有限责任公司须经持有三分之二以上表决权的股东通过,股份有限公司须经出席股东会会议的股东所持表决权的三分之二以上通过。

【释义】 本条是关于通过修改公司章程或股东会决议而使公司不解散的规定。

一、股东可以通过修改公司章程规定的解散事由或者股东会决议而使公司存续

如果公司章程规定了公司的营业期限,公司的营业期限届满,公司应当停止生产或者经营活动。同样,公司章程规定了公司解散的事由,当公司出现这些事由时,公司也应当停止生产或者经营活动。但是,如果公司认为应当继续生产或者经营，可以修改公司章程规定的营业期限或者修改公司章程规定的解散事由，使公司继续存在。股东会作为公司内部的权力机构，可以依法决议解散公司，根据其意愿，当然也可以通过决议使公司存续。

2023 年公司法修改，对公司通过修改公司章程以及股东会决议使公司存续增加了“尚未向股东分配财产”的前提条件。这是因为，依照公司法第 229 条和第 236 条的规定，因公司章程规定的营业期限届满或者公司章程规定的其他解散事由出现以及股东会决议解散的公司应当清算。清算过程中，公司财产在分别支付清算费用、职工的工资、社会保险费用和法定补偿金，缴纳所欠税款，清偿公司债务后的剩余财产，由公司按比例向股东分配，因此在公司解散并进行清算后，一旦清算组对股东分配财产，即意味着股东出资权益的返还，股东依据其出资额或者持股份额领取公司剩余财产后，其股东权益便不再存在，此时股东会再作出决议也不再具有法律效力。此外，该规定也是为了降低公司因本条规定而存续的成本，如果公司都已向股东分配财产后再使公司存续，就会涉及财产返还等问题，徒增成本。依照本条第 1 款的规定，只要公司解散后尚未向股东分配财产，均可按照本条规定使公司存续。尚未向股东分配财产的情形，既包括未开始清算也包括已开始清算，既包括自行清算也包括司法强制清算，只要财产未实际向股东分配即可。

二、为使公司存续而修改公司章程或者作出股东会决议的决议规则

由于修改公司的章程是公司特别重大的事务，因此依照公司法有关规定，在有限责任公司必须经过代表 2/3 以上表决权的股东通过，在股份有限公司必须经过出席股东会会议的股东所持表决权的 2/3 以上通过。由于在公司法其他规定中，未对股东会决议解散后再就公司存续进行决议的表决作出规定，因此本条第 2 款明确了股东会决议公司存续也应按照特别多数决原则。

另外，对于因本条规定的情形而使公司存续的，在股东会表决中投反对票的股东权利保护问题，依照公司法第 89 条和第 161 条的规定，对于公司章程规定的营业期限届满或者章程规定的其他解散事由出现，股东会通过决议修改章程使公司存续的，投反对票的股东可以请求公司按照合理价格收购其股权或者股份。对于股东会决议解散后再决议存续的情形，在股东会决议中投反对票的股东也应有权请求公司按照合理价格收购其股权或者股份。

第二百三十一条　公司经营管理发生严重困难，继续存续会使股东利益受到重大损失，通过其他途径不能解决的，持有公司百分之十以上表决权的股东，可以请求人民法院解散公司。

【释义】 本条是关于人民法院强制解散公司的规定。

司法强制解散公司，是一种以公权力为主导的司法干预制度，其目的是通过司法权的介入，强制公司解散，以保护在公司中受压制的小股东的利益。当公司出现股东无力解决的不得已事由，公司董事的行为危及公司存亡，或当公司业务遇到显著困难，公司的财产遭受重大损失时，法院依据持有一定比例的出资额或股份的股东等利害关系人的请求，作出解散公司的裁决。根据本条规定，请求人民法院解散公司需满足以下条件：

1. 公司经营管理发生严重困难，是指因股东间或者公司管理人员之间的利益冲突和矛盾导致公司的有效运行失灵，股东会或者董事会因对方的拒绝参加会议而无法有效召集，任何一方的提议都不被对方接受和认可，即使能够举行会议也无法通过任何议案，公司的一切事务处于一种瘫痪状态。具体情况可以分为以下三类：(1)基于资本多数决导致公司的经营管理出现严重困难，即股东会因在表决中无法达到法定或者公司章程约定的资本多数而不能作出决议；(2)基于人数多数决导致公司的经营管理出现严重困难，即董事会在表决中无法达到法定或者公司章程约定的表决人数而不能作出决议；(3)基于全体一致决导致公司的经营管理出现严重困难，即股东会或者董事会因在表决中无法达到全部表决股份或者全体成员一致通过而不能作出决议。公司的经营管理发生严重困难，是公司内部的事情，应当先从公司内部解决。如果通过自力救济、行政管理、仲裁等手段能够解决公司经营管理发生的严重困难问题，则公司无须解散。公司的经营管理发生严重困难，会使公司及其股东的利益受到损害。如果公司及其股东的利益受到损害不严重，解散公司是一种不利益的行为，只有在公司及其股东的利益会受到重大损失，并且通过其他途径不能解决时，才应当解散公司，保护公司及其股东的利益。对于公司经营管理困难与否、是否严重需依具体个案判断，由司法实践进行总结。人民法院在适用司法解散时，也应当慎重，因为一旦适用司法解散，公司即进入清算程序，法人资格即将消灭，对公司的影响是毁灭性的。

2. 请求人民法院解散公司需由具备一定条件的股东提出。如果公司经营管理出现困难,而任何股东在此时都可以申请公司解散,将使公司的经营处于不稳定中,不利于公司的发展和许多相关利益主体的利益。为了避免出现此种情况,根据本条规定,可以提出解散公司请求的应当是单独或者合并持有公司全部股东表决权10%以上的股东。上述股东提出解散公司,只能向人民法院提出。有管辖权的人民法院收到请求,应当受理,并根据公司的实际情况作出是否解散公司的裁决。

第二百三十二条　公司因本法第二百二十九条第一款第一项、第二项、第四项、第五项规定而解散的,应当清算。董事为公司清算义务人,应当在解散事由出现之日起十五日内组成清算组进行清算。

清算组由董事组成,但是公司章程另有规定或者股东会决议另选他人的除外。

清算义务人未及时履行清算义务,给公司或者债权人造成损失的,应当承担赔偿责任。

【释义】 本条是关于公司解散时清算义务人和成立清算组的规定。

一、公司应当清算的情形

公司清算,是指公司解散后,依照法定程序清理公司债权、债务,处理公司剩余财产,待了结公司各种法律关系后,向公司登记机关申请注销登记,使公司法人资格消灭的行为。公司清算的目的是保护股东和债权人的利益,公司除因合并或者分立解散,其债权、债务已全部由合并或者分立后存续或者新设的公司承继,不需要进行清算外,公司解散必须依法清算,清算是公司终止的必经程序。公司清算包括普通清算和特别清算。普通清算,是指由公司自行组织清算机构依法进行的清算。普通清算一般适用于自愿解散且公司资产能够抵偿其债务的情况。特别清算,是指公司解散时不能自行组织清算,或者在普通清算过程中发生显著障碍,由有关政府部门或者法院介入进行的清算。此外,公司清算还可分为破产清算和非破产清算。

公司法规定了五种公司解散原因,其中公司因合并或者分立需要解散时,其债务全部由公司合并或者分立后存续或者新设的公司承继,故不用成立清算组进行清算。因此,本条只规定公司因其他四种原因解散的,应当清算。

二、清算义务人及其责任

民法典第 70 条规定,法人解散的,除合并或者分立的情形外,清算义务人应当及时组成清算组进行清算。法人的董事、理事等执行机构或者决策机构的成员为清算义务人。法律、行政法规另有规定的,依照其规定。2023 年公司法修改据此新增清算义务人概念,并明确规定董事为清算义务人,要求清算义务人应当在解散事由出现之日起 15 日内组成清算组进行清算。

清算义务人,是指公司解散后依法负有启动清算程序的主体,其义务是根据法律规定及时启动相应的清算程序以终止法人。清算义务人也可称为公司清算的组织主体,不同于清算组。如果公司解散后未进行清算,也就不存在清算组,但除依法不需要进行清算的情形外,清算义务人始终存在,包括司法强制解散的情形。由于此前立法缺乏清算义务人的相关规定,大量公司解散后应当清算而不清算,甚至故意借解散之机逃废债务的现象比较突出,这些"僵尸企业"的存在,危害着市场经济秩序和社会秩序的健康运行。明确清算义务人的概念及其责任,有助于督促清算义务人及时履行清算义务。本条将董事明确为公司的清算义务人,这是由于董事对公司负有忠实义务和勤勉义务,且对公司的运作状况最为了解,当法人解散事由出现时,董事有义务依法及时启动清算程序,以保证公司财产不因无人管理而遭受损失。

根据本条第 3 款规定,清算义务人未及时履行清算义务,给公司或者债权人造成损失的,应当承担赔偿责任。对此,需要把握以下几点:(1)清算义务人的清算义务,根据本条第 1 款的规定,在解散事由出现之日起 15 日内组成清算组即为履行了清算义务。如果组成的清算组不清算,则属于清算组不履行职责的责任问题。(2)有权请求赔偿的主体为公司或者债权人。(3)赔偿责任系基于侵权责任原理,在判断责任构成时,应当按照清算义务人主观上有过错,客观上未及时履行清算义务、造成损害,损害与清算义务人未及时履行清算义务之间存在因果关系进行把握。

三、清算组的组建

清算组是负责公司清算事务的组织,是在公司清算过程中依法成立的执行清算事务,并对外代表清算中的公司的机构。公司因公司章程规定的营业期限届满或者公司章程规定的其他解散事由出现，股东会决议解散，依法被吊销营业执照、责令关闭或者被撤销，人民法院依照公司法第 231 条的规定予以解散，即进入清算阶段。由于组建清算组需要一定的时间，因此本条规定清算义务人应当在解散事由出现之日起 15 日内成立清算组，开始清算。

关于普通清算中清算组成员的构成，2023 年公司法修改改变此前有限责任公司的清算组由股东组成，股份有限公司的清算组由董事或者股东大会确定的人员组成的规定，统一规定除公司章程另有规定或者股东会决议另选他人外，清算组由董事组成。这是由于董事参与公司经营管理，相对于股东来说更加了解公司的具体事务，同时赋予公司在清算组成员组成上一定的自主性，公司章程或者股东会决议也可选择由股东、监事、高级管理人员，依法设立的律师事务所、会计师事务所、破产清算事务所等社会中介机构，依法设立的律师事务所、会计师事务所、破产清算事务所等社会中介机构中具备相关专业知识并取得执业资格的人员等组成清算组。需要注意的是，公司章程或者股东会决议另选他人的，只有最后被确定成为清算组成员的相关人员才承担清算组的职责。

第二百三十三条　公司依照前条第一款的规定应当清算，逾期不成立清算组进行清算或者成立清算组后不清算的，利害关系人可以申请人民法院指定有关人员组成清算组进行清算。人民法院应当受理该申请，并及时组织清算组进行清算。

公司因本法第二百二十九条第一款第四项的规定而解散的，作出吊销营业执照、责令关闭或者撤销决定的部门或者公司登记机关，可以申请人民法院指定有关人员组成清算组进行清算。

【释义】　本条是关于特别清算的规定。

特别清算，是指当解散的公司实行普通清算有明显障碍时，由法院指定有关人员组成清算组进行清算的清算方式。在公司法中，普通清算与特别清算的主要区别就是清算组成员的组成方式不同。根据本条规定，只有当公司逾期不成立清算组或者成立清算组后不清算时，利害关系人才可以申请人民法院指定有关人员组成清算组进行清算，该公司所在地人民法院应当受理该申请，并及时组织清算组成进行清算。这里的利害关系人可以是债权人，也可以是股东。此外,对于公司因依法被吊销营业执照、责令关闭或者被撤销而解散的,根据本条第2款的规定,作出吊销营业执照、责令关闭或者撤销决定的部门或者公司登记机关,可以申请人民法院指定有关人员组成清算组进行清算。这样规定是为了保护债权人的合法利益,通过扩大申请主体范围尽可能启动公司清算程序。

对于清算组具体人员的选任条件和任职资格,公司法未作限定,法人等组织和自然人均可出任清算组成员。司法实践中,清算组成员可以是:(1)公司股东、董事、监事、高级管理人员;(2)依法设立的律师事务所、会计师事务所、破产清算事务所等社会中介机构;(3)依法设立的律师事务所、会计师事务所、破产清算事务所等社会中介机构中具备相关专业知识并取得执业资格的人员。

第二百三十四条　清算组在清算期间行使下列职权:

(一)清理公司财产,分别编制资产负债表和财产清单;

(二)通知、公告债权人;

(三)处理与清算有关的公司未了结的业务;

(四)清缴所欠税款以及清算过程中产生的税款;

(五)清理债权、债务;

(六)分配公司清偿债务后的剩余财产;

(七)代表公司参与民事诉讼活动。

【释义】　本条是关于清算组职权的规定。

由于在公司解散之后,公司的业务执行机关,如董事会、经理等,即失去了原先的业务执行职权,公司的后续事务由清算组接管。因此,在清算期间,清算组是公司业务的执行机构,全面负责公司相关业务的处理。公司清算在经济上要公正地处分公司的财产,在法律上要消灭公司的法人资格,是一项工作量大并且复杂的工作。为了保证清算的各项工作顺利进行,提高清算效率,减少清算损失,维护债权人、股东及其他利益相关人的合法权益,赋予清算组必要的职权是应当的。

依照本条规定,清算组在清算期间行使下列职权:

1. 清理公司财产,分别编制资产负债表和财产清单。清算组成立以后,应当对公司的财产进行全面清理和核查。清算组查实公司的全部资产后,分别编制资产负债表和财产清单。资产负债表,是指全面反映公司资产、负债和股东权益的会计报表,由公司资产、负债和股东权益三部分组成。财产清单,是指公司全部资产的明细表,包括公司的固定资产、流动资产、无形资产和其他资产。查清公司的资产是公司进行清算的前提条件,没有查清公司的资产,清算工作就无法继续进行。

2. 通知、公告债权人。公司解散,债权人的利益应当得到保护,因此应当将公司解散的情况通知其债权人,以便债权人及时行使权利。公司解散,公司的董事会停止行使职权,其职权由公司的清算组接管,通知公司债权人行使债权,应当是公司清算组的职责。对于住所明确的债权人,清算组应当及时书面通知其公司解散的情况;对于住所不明确的债权人,清算组应当发出公告,以便债权人尽快参与公司财产的清算和分配。

3. 处理与清算有关的公司未了结的业务。所谓与清算有关的公司未了结的业务,主要是指公司解散之前已经订立的,但是目前尚未履行的有关合同事项;拖欠公司职工的工资、劳动保险费用;未结算的债权、债务及有关的纳税事宜等。

清算组在处理公司未了结的业务时,有权根据清算工作的需要决定进行或者停止进行一些公司业务。清算组决定不进行未了结的公司业务给对方造成损失的,应当从公司的财产中给予赔偿。清算组处理与清算有关的公司未了结的业务,应当遵守法律、行政法规的规定,并应当有利于保护公司债权人的合法权益,有利于尽快结束公司的业务,有利于减少股东的损失。

4. 清缴所欠税款以及清算过程中产生的税款。税收是国家财政收入的主要来源,一切负有纳税义务的单位和个人都应当依法履行纳税义务。公司解散,清算组应当清查公司的纳税事项,发现应当缴纳的税款未缴纳的,应当报请有关税务部门查实,并依法缴纳所欠的税款。公司在清算中产生的税款,清算组也应当依法缴纳。

5. 清理债权、债务。债权、债务是按照合同的约定或者依照法律的规定,在当事人之间产生的特定的权利和义务关系。债权人有权要求债务人按照合同的约定或者依照法律的规定履行义务。清算组清理公司的债权和债务,可以为公司的债务清偿做好准备。清理债权、债务涉及广大股东和债权人的利益,清算组应当依照公司法的规定进行。

6.分配公司清偿债务后的剩余财产。所谓公司的剩余财产,是指公司的财产在支付清算费用、职工的工资、社会保险费用和法定补偿金、缴纳公司所欠的税款、清偿公司债务后余下的财产。公司的剩余财产在有限责任公司按照股东的出资比例分配,在股份有限公司按照股东持有的股份比例分配。

7.代表公司参与民事诉讼活动。在清算期间,清算组代表公司从事对外事务。如果在清算过程中,公司要起诉或者被起诉,应由清算组代表公司进行。清算组在其职权范围内代表公司参与民事诉讼活动受法律的保护。

第二百三十五条　清算组应当自成立之日起十日内通知债权人,并于六十日内在报纸上或者国家企业信用信息公示系统公告。债权人应当自接到通知之日起三十日内,未接到通知的自公告之日起四十五日内,向清算组申报其债权。

债权人申报债权,应当说明债权的有关事项,并提供证明材料。清算组应当对债权进行登记。

在申报债权期间,清算组不得对债权人进行清偿。

【释义】 本条是关于公司债权人申报债权的规定。

一、清算组通知、公告债权人

公司清算的目的和重要内容之一,是清理和了结公司的对外债务,因此清算组成立后应当通知公司的债权人尽快申报债权,以便顺利清偿债务。清算组应当从成立之日起10日内以书面的方式通知债权人申报债权,并在60日内在报纸上或者国家企业信用信息公示系统公告公司解散事项,告知债权人申报债权。

二、债权人申报债权

债权人应在规定的期间内向清算组申报债权。具体来说,公司的债权人应当从接到通知之日起30日内,未接到通知的应当从公告之日起45日内,向公司的清算组申报债权。公司债权人在规定的期限内向公司清算组申报债权时,应当说明债权的有关事项,特别应当说明债权的产生日期、性质、数额和到期日期等事项,并提供如债券、借据或者其他债权凭证之类的证明材料。公司清算组应当对申报的债权逐项登记。

三、禁止个别清偿

在公司的债权人申报债权期限没有结束之前，公司的债务还处于不明确之中，如果公司清算组在此时对公司已经明确的债权人进行清偿，有可能会导致后申报债权的债权人不能得到清偿。依照法律、行政法规的规定，一般债权人处于同一清偿顺序，为维护公司债务清偿的公平性，在申报债权期限结束之前，清算组不得对公司的债权人进行清偿。

第二百三十六条　清算组在清理公司财产、编制资产负债表和财产清单后，应当制订清算方案，并报股东会或者人民法院确认。

公司财产在分别支付清算费用、职工的工资、社会保险费用和法定补偿金，缴纳所欠税款，清偿公司债务后的剩余财产，有限责任公司按照股东的出资比例分配，股份有限公司按照股东持有的股份比例分配。

清算期间，公司存续，但不得开展与清算无关的经营活动。公司财产在未依照前款规定清偿前，不得分配给股东。

【释义】　本条是关于公司的清算方案、剩余财产分配比例和清算期间公司的法律地位的规定。

一、制订清算方案

制订公司的清算方案，是清算组的一项义务。所谓清算方案，是指清算组据以处理公司清算事务，了结公司债权、债务的法定文件。清算组必须在清理公司财产、编制公司的资产负债表和财产清单后，根据债权人债权申报情况，制订公司的清算方案。清算方案的主要内容包括：公司资产和负债情况、财产清单、财产作价依据，债权债务清单和债权债务处理办法以及剩余财产分配办法等。清算组制订的清算方案，公司依法组织清算的，应当报股东会确认；人民法院组织清算组进行清算的，应当报人民法院确认。股东会或者人民法院认为清算方案有瑕疵，不予以确认的，清算组应当修改清算方案，直到股东会或者人民法院认可。清算方案经过股东会或者人民法院确认，清算组应当执行。清算方案没有经过股东会或者人民法院的确认，不具有法律效力,清算组不能执行,否则应当承担相应的法律责任。

二、依据本条规定,清算组处分公司的财产应遵循一定的原则

1. 顺序清偿原则。公司财产的支付应按照支付清算费用、职工的工资、社会保险费用和法定补偿金,缴纳所欠税款,清偿公司债务,剩余财产的分配的顺序进行清偿。

2. 先债权后股权原则。清算组必须在清偿公司全部债务后再向股东分配公司的剩余财产。

3. 风险收益统一原则。取得公司剩余财产的分配权,是公司股东自益权的一项重要内容,是公司股东的基本权利,清算组在处分公司剩余财产时必须按照股东的出资比例或者持股比例进行分配,处分公司的剩余财产不得违反风险与收益统一的原则。

三、清算期间公司的法人地位与行为能力的限制

公司解散并不意味着公司法人资格立即消灭。公司于清算期间被称为“清算中的公司”,又称清算法人,仍然维持法人的地位,但是公司从事经营活动的权利已被剥夺,其职能被限定在清算目的范围内。对“清算中的公司”的法律地位,学者有不同看法:一是,“拟制存续说”。该学说认为公司解散即消灭了公司的法人资格,只是为了清算的目的,而拟制公司的存在。在公司清算期间,“清算人代表公司”,可以以“清算中的公司”的名义参与诉讼。二是,“同一法人说”。该学说认为公司在解散事由出现后直至清算结束办理注销登记的期间,公司的法律地位不变,只不过其权利能力受到限制,公司仍具有独立的法律人格。三是,“清算法人说”。该学说认为公司因解散事由出现而被消灭主体资格,会导致公司财产无主化,为防止出现“权利真空”,法律专为公司清算目的而设立了清算法人,清算法人不依附于原公司而独立存在。无论采用何种学说解释,公司在清算期间,其法人地位仍然存在,但行为能力受到限制,只能从事与清算有关的业务,不能开展与清算无关的经营活动,本条第3款对此予以明确。

第二百三十七条　清算组在清理公司财产、编制资产负债表和财产清单后,发现公司财产不足清偿债务的,应当依法向人民法院申请破产清算。

人民法院受理破产申请后,清算组应当将清算事务移交给人民法院指定的破产管理人。

【释义】 本条是关于公司解散清算转化为破产清算的规定。

公司解散时,应当收取各种债权,清偿各种债务。当公司的财产大于公司的债务时,公司债权人的利益都能够得到保障,清算组应当继续进行清算工作。然而公司解散时,公司的财产并不总是大于公司的债务,也有可能少于公司的债务。当公司的财产少于公司的债务时,公司的财产已经不足以清偿公司的债务,公司已经处于资不抵债的境地。又由于公司在清算期限内的行为能力受到限制,无法开展与清算无关的经营活动,因此公司已经无法挽回损失。事实上,此时的公司已经不能清偿到期债务。也就是说,此时的公司已经处于破产的界限,应当予以破产。

清算组在清理公司财产、编制资产负债表和财产清单后,公司对是否能够清偿自己的债务已十分清楚。如果公司能够清偿债务,清算组可以继续进行清算工作;如果公司不能清偿债务,那么公司已经处于破产状态,应当进入破产程序。为保护公司债权人的利益,清算组发现公司财产不足以清偿债务时,应当依法向人民法院申请公司破产清算。

本条规定公司在清算过程中发现资不抵债时,由清算组申请破产清算被法院受理后,清算组应当将清算事务移交给人民法院指定的破产管理人。依照企业破产法的有关规定,人民法院裁定受理破产申请的,应当同时指定管理人。因此,法院受理破产申请的同时,即产生破产管理人。这样规定,是为了加强对公司财产的管理,防止清算组随意处置财产,保护债权人的利益,公司法规定有必要与企业破产法规定进行衔接,由破产管理人作为专门机构具体实施对公司财产的管理、处分、整理、变价、分配等工作。

第二百三十八条　清算组成员履行清算职责,负有忠实义务和勤勉义务。

清算组成员怠于履行清算职责,给公司造成损失的,应当承担赔偿责任;因故意或者重大过失给债权人造成损失的,应当承担赔偿责任。

【释义】 本条是关于清算组成员负有义务和承担责任的规定。

一、清算组成员负有忠实义务和勤勉义务

清算组在清算期间依法行使一定的职权,同时清算组也应履行相应的义务,以便清算工作能顺利地进行。清算组成员作为公司的执行机关或公司股东和债权人的委任人,其负有与公司董事相同的诚信义务,包括忠实义务和勤勉义务。所谓忠实义务,是指清算组成员在履行自己职责的过程中,必须最大限度地维护公司、公司股东和债权人的利益,不得为自己谋取私利。所谓勤勉义务,又称为注意义务,是指清算组成员在履行自己职责的过程中,应尽一个普通谨慎之人的合理注意,对公司、公司股东和债权人承担适当、合理履行职责和行使权力的义务,如果清算组没有尽到此种义务,则公司或公司债权人有权要求清算组成员对自己的损失承担责任。

本条规定清算组成员履行清算职责,负有忠实义务和勤勉义务,就要求清算组成员严格依照法律、行政法规规定的清算原则、清算方法和清算程序处理清算事务,以诚实信用的态度对待清算工作,认真负责地维护公司和债权人的合法权益。在清算工作中,清算组成员应维护公司资产,保护公司的合法财产不受侵害,积极追回公司的各项债权。在制订清算方案、清偿债务、分配剩余财产的过程中,清算组成员应秉公办理,做到公平、合理、合法。例如,清算组成员不得利用职权收受贿赂或其他非法收入,为他人谋取非法收益,同时清算组成员不得利用职权侵占公司财产。

二、清算组成员承担赔偿责任的情形

清算组成员从事清算工作应认真、负责,如果清算组成员怠于履行清算职责,给公司造成损失的,公司可请求清算组成员承担赔偿责任;因故意或者重大过失而给债权人造成损失的,公司的债权人可请求清算组成员承担赔偿责任。2023年公司法修改,将清算组成员造成公司损失应当承担赔偿责任的情形,由“故意或者重大过失”扩大到“怠于履行清算职责”,进一步强化了清算组成员的清算义务,有利于督促清算组成员履行清算职责,维护公司权益。

“怠于”意为消极的不作为,既可能是故意或者重大过失,也可能是一般过失。清算组成员怠于履行职责,是指在能够履行清算职责的情况下,清算组成员故意拖延、拒绝履行清算职责,或者因过失导致无法进行清算的消极

行为。清算组成员的故意行为,是指清算组成员明知自己的行为会产生损害公司或者债权人利益的后果,而希望或者放任这种结果发生。如明知一笔属于公司的债权抓紧催收可以收回,而不努力催收;明知在债权申报期限届满前清偿公司债务会损害部分债权人的利益,而坚持这样做等。清算组成员的重大过失行为,是指清算组成员处理清算事务时,法律有要求其特别注意的规定,而清算组成员因为疏忽大意没有对该法律规定特别注意,或者虽然注意了,但是轻信可以避免,以致发生了不该发生的法律后果。如公司法规定,清算组应当自成立之日起 10 日内通知债权人申报债权,并于 60 日内在报纸上或者国家企业信用信息公示系统公告。而办理此事的清算组成员因疏忽大意没有办理公告,致使部分债权人未能如期申报债权等。

第二百三十九条　公司清算结束后,清算组应当制作清算报告,报股东会或者人民法院确认,并报送公司登记机关,申请注销公司登记。

【释义】 本条是关于清算报告和注销公司登记的相关规定。

一、公司清算结束后,清算组应当制作清算报告,并报股东会或者人民法院确认

清算组向股东分配公司剩余财产后,公司清算即告结束。清算组应当制作完整的清算报告,报送给股东会或者人民法院。清算报告是清算组对清算工作的总结和汇报,包括清算组对公司资产的认定,对解散事由出现前未了结业务的处理以及对债权、债务的结算情况,对剩余财产的分配情况等。

股东会或者人民法院经审查未发现问题的,应当予以确认,清算组不再对清算事务承担责任。如果在审查时发现清算过程中存在违法行为,股东会或人民法院有权要求清算组作出解释。如果是在清算过程中,因不可抗力等特别原因确实无法收回的债权,清算组决议放弃,依法经确认后,清算组对该项放弃的债权不再承担追收的责任。但是如果不是因为不可抗力等个别原因,而是因清算组成员怠于主张或者放弃的债权,清算组应对由此给公司造成的损失承担赔偿责任。

二、清算组应当将清算报告报送公司登记机关,申请注销公司登记

清算组制作的清算报告经股东会或者人民法院确认后,清算组应将清算报告报送公司登记机关,并申请注销公司登记。这也是公司清算组的最后一项工作。公司登记机关办理设立登记是公司取得法人资格的前提,而消灭公司的法人资格则要以公司登记机关注销其公司登记为依据。因此,公司清算结束,并不意味着公司法人资格的消灭,清算组还应当自清算结束后向公司登记机关申请注销登记。公司申请注销登记前,应当依法办理分公司注销登记。按照《市场主体登记管理条例实施细则》的规定,非通过简易注销或者强制注销程序申请公司注销登记的,应当向公司登记机关提交下列材料:(1)申请书;(2)依法作出解散、注销的决议或者决定,或者被行政机关吊销营业执照、责令关闭、撤销的文件;(3)清算报告、负责清理债权债务的文件或者清理债务完结的证明;(4)税务部门出具的清税证明。

第二百四十条　公司在存续期间未产生债务,或者已清偿全部债务的,经全体股东承诺,可以按照规定通过简易程序注销公司登记。

通过简易程序注销公司登记,应当通过国家企业信用信息公示系统予以公告,公告期限不少于二十日。公告期限届满后,未有异议的,公司可以在二十日内向公司登记机关申请注销公司登记。

公司通过简易程序注销公司登记,股东对本条第一款规定的内容承诺不实的,应当对注销登记前的债务承担连带责任。

【释义】　本条是关于简易注销公司登记的规定。

公司在退出市场正式终止前,须依法解散、成立清算组进行清算,清理公司财产、清缴税款、清理债权债务,支付职工工资、社会保险费用等,待公司清算结束后,应制作清算报告并办理注销公司登记,公司终止,法人资格灭失。这一流程环节多,耗时长,特别是对于一些成立后就没有开展经营或者没有债务的公司,仍要全面履行清算程序,耗费成本较大。

为了方便这些公司退出市场,近些年市场监管部门开展了简易注销的试点,企业简易注销登记改革是针对特定市场主体(未开业和无债权债务企业)探索的一种新的注销方式,企业在申请注销时无须提交清算报告,仅需承诺其未产生债权债务或已将债权债务清偿完毕即可。简易注销程序已经成为企业退出市场的重要方式之一,对于优化营商环境发挥了重要作用。相较于普通注销,简易注销缩短了市场主体退出周期、简化了登记手续、降低了退出成本,提高了登记效率。2022年《市场主体登记管理条例》也对简易注销的程序作了规定,另外市场监管总局、海关总署、税务总局发布的《企业注销指引(2023年修订)》,也对简易注销的程序作了详细的规定。2023年公司法修改将实践中比较成熟的做法在法律中予以规定,为便利公司退出提供法制保障。

根据公司法的规定,公司未产生债权债务或者已将债权债务清偿完结,经全体股东承诺,可以按照规定通过简易程序注销公司登记。之所以强调“按照规定”,一方面是在公司法中确立了简易注销程序的基本制度框架,另一方面也是授权有关部门对简易注销程序的具体规则予以细化。

简易注销的具体程序如下:(1)全体股东书面承诺对公司未产生债权债务或者已将债权债务清偿完结的真实性承担法律责任。(2)公司应当将承诺书及注销登记申请通过国家企业信用信息公示系统予以公告,公告期限不少于20日。在公告期内无相关部门、债权人及其他利害关系人提出异议的,市场主体可以于公告期届满之日起20日内向登记机关申请注销公司登记。

为保证公司债权人的利益,本条第3款规定,公司通过简易程序注销公司登记,股东对公司未产生债权债务或者已将债权债务清偿完结承诺不实的,应当对注销登记前的债务承担连带责任。

第二百四十一条　公司被吊销营业执照、责令关闭或者被撤销,满三年未向公司登记机关申请注销公司登记的,公司登记机关可以通过国家企业信用信息公示系统予以公告,公告期限不少于六十日。公告期限届满后,未有异议的,公司登记机关可以注销公司登记。

依照前款规定注销公司登记的,原公司股东、清算义务人的责任不受影响。

【释义】　本条是关于强制注销公司登记的规定。

一、关于强制注销制度的实践运行情况

2019年6月22日,国家发展改革委、最高人民法院等13部门印发的《加快完善市场主体退出制度改革方案》提出,研究建立市场主体强制退出制度,完善相关法律法规,对因经营异常、违法失信而被吊销营业执照、责令关闭的企业和个体工商户等市场主体,依照法定程序实施强制退出。2018 年至今,国家市场监督管理总局在多个省市区开展市场主体强制退出试点。多数地方将强制退出适用于吊销未注销满 2~3 年未组织清算的公司,有的地方还进一步扩展到通过登记住所(经营场所)无法联系、两个年度以上(含两个年度)未依法报送年度报告的公司。强制退出实施程序如下:通过国家企业信用信息公示系统催告、督促相关市场主体依法组织清算并在规定的期限内办理清算组备案,或者及时办理注销登记;对经催告仍逾期不申请注销登记的吊销未注销企业,分别向相关部门就是否存在欠缴税款记录、不动产登记记录、在缴社保人员和欠薪记录、待执行案件和在诉案件记录开展协查;对经核查无上述信息记录的吊销未注销企业,通过国家企业信用信息公示系统和当地媒体进行公告,告知当事人有要求举行听证的权利,当事人未提出申请听证或者申请听证的理由不成立的,由市场监管部门实施强制注销;企业被注销后,如有债权人主张履行债务、利害关系人认为严重损害其合法权益、发现注销登记决定确有错误等情形的,市场监管部门可以将已强制注销的企业恢复为吊销未注销状态。

《上海市浦东新区市场主体退出若干规定》自 2021 年 11 月 1 日起施行。根据该规定,市场主体被吊销营业执照、责令关闭或者撤销的,清算义务人应当依法组织清算;满 6 个月未办理清算组公告或者申请注销登记的,登记机关可以作出强制除名决定。强制除名决定生效后,市场主体的营业执照(正本、副本)作废;以统一社会信用代码(注册号)代替市场主体的名称。强制除名决定生效届满 6 个月,市场主体仍未办理清算组公告或者申请注销登记的,登记机关应当通过公示系统或者政府网站催告,并启动强制注销程序。登记机关应当通过登记系统查询市场主体是否存在股权(财产份额)被冻结、出质以及投资设立其他市场主体的情况,并向同级人民法院、人力资源社会保障、税务部门和自然资源确权登记部门征询市场主体是否涉及审理、办理或者执行中的案件、拖欠职工工资、欠缴社会保险、欠缴税款及未结涉税事项等情形以及不动产权利登记情况。市场主体不存在上述情形或者相关部门收到征询意见函后未作答复的,登记机关应当通过公示系统或者政府网站发布拟作出强制注销决定的公告,公告期为 60 日。公告期满,登记机关应当作出强制注销决定,并向社会公布。

二、关于强制注销制度的适用条件

从我国商事制度简易注销和强制退出的试点情况来看，简易注销只能依市场主体主动申请，登记机关不能提出简易注销程序，其职权限于形式审查申请材料、受理异议申请并作出准予或不准予简易注销登记的决定，如果相关主体不申请简易注销，登记机关无法将其彻底清出市场。因此，有必要赋予登记机关强制注销的权力。公司法修改总结地方试点经验，规定了强制注销制度。

强制注销的适用条件如下：一是，适用的情形是公司被吊销营业执照、责令关闭或者被撤销，满 3 年未向公司登记机关申请公司注销登记。按照公司法第 229 条和第 232 条的规定，公司被吊销营业执照、责令关闭或者被撤销的，公司应当在 10 日内将解散事由通过国家企业信息信用公示系统予以公示，董事应当在解散事由出现之日起 15 日内组成清算组进行清算。实践中一些被吊销营业执照、责令关闭或者被撤销的公司不按照上述规定组成清算组进行清算。利害关系人、作出撤销决定的部门或者公司登记机关也没有按照公司法第 233 条的规定申请人民法院指定有关人员组成清算组进行清算。这些公司被吊销营业执照、责令关闭或者被撤销满 3 年后，仍然不向公司登记机关申请注销公司登记，公司登记机关可以依职权注销。

二是，履行公告异议程序。公司登记机关启动强制注销程序的，应当通过统一的国家企业信用信息公示系统将强制注销该公司的情况予以公告，公告期限不少于 60 日。公告期限届满后，无相关部门、债权人及其他利害关系人提出异议的，公司登记机关可以直接注销公司登记。

三是，公司被强制注销的，原公司股东、清算义务人的责任不受影响。公司被强制注销后，如果公司实际上存在未了结的债权债务，债权人提起诉讼，公司股东按照公司法规定在其出资范围内应当承担的与出资相关的责任都不受影响。如果公司股东还符合公司法第 23 条法人人格否认条件，还应当对公司债务承担连带责任。按照公司法第 232 条之规定，董事为公司清算义务人，应当在解散事由出现之日起 15 日内组成清算组进行清算。清算义务人未及时履行清算义务，给公司或者债权人造成损失的，应当承担赔偿责任。上述责任并不因公司被强制注销而免除。

第二百四十二条　公司被依法宣告破产的，依照有关企业破产的法律实施破产清算。

【释义】　本条是关于公司宣告破产及破产清算适用法律的规定。

公司破产，是指公司不能清偿到期债务时，为保护债权人的利益，依法定程序，将公司的财产依法在全体债权人之间按比例公平分配的制度。是否宣告公司破产事关股东和债权人利益，因此，公司不能自行宣告破产，债权人也无权宣告公司破产。依据我国法律规定，有权宣告公司破产的机关为人民法院，债权人可以向人民法院申请宣告债务人破产还债，债务人也可以向人民法院申请宣告破产还债。公司破产案件由公司（债务人）所在地人民法院管辖。公司破产清算的具体规范不属于公司法调整的内容，人民法院处理公司破产案件可依照有关企业破产的法律实施破产清算。

第十三章　外国公司的分支机构

第二百四十三条　本法所称外国公司，是指依照外国法律在中华人民共和国境外设立的公司。

【释义】　本条是关于外国公司定义的规定。

公司法对外国公司的分支机构作出规定，既参照了世界上一些国家的通常立法例，也充分考虑了我国的实际情况。国外有关公司的民商事法律，一般是从外国公司的角度对其进行规范的。我国公司法从国情出发，为了使人们能够更准确理解法律规定的内容，直接对外国公司的分支机构作出规定，这样既便于实务操作，也便于监督管理。

虽然公司法只对外国公司的分支机构进行规范，但该分支机构是以外国公司的存在为前提的，因此本章首先对外国公司作了界定。所谓外国公司是相对于本国公司而言的，按照本条规定，外国公司是依照外国法律在中国境外设立的公司，即依照所在国的法律取得所在国公司法人资格的公司。外国公司的分支机构，是指外国公司依照我国公司法在我国境内设立的分支机构，虽然该分支机构是依据中国法律在中国境内设立的，但由于其隶属于某一外国公司，因此该分支机构与设立该分支机构的外国公司具有相同国籍，不具有中国法人资格。我国公司法与其他国家相关法律一样，对外国公司的分支机构作出规定，目的是对外国公司在本国的经营活动进行规范，而不是为了规范外国公司本身。

还有一点需要指出，除分支机构外，一些外国公司在我国境内设立了常驻代表机构。虽然外国公司的常驻代表机构同样是由外国公司设立，也不具有中国的法人资格，但该常驻代表机构并不是公司法所称的外国公司的分支机构。两者的主要区别在于，外国公司的分支机构可以从事经营性活动，而外国公司的常驻代表机构从事的是与该外国企业业务有关的非营利性活动。

外国公司常驻代表机构的设立和管理等相关活动,应适用国务院制定的《外国企业常驻代表机构登记管理条例》等规定。

第二百四十四条　外国公司在中华人民共和国境内设立分支机构,应当向中国主管机关提出申请,并提交其公司章程、所属国的公司登记证书等有关文件,经批准后,向公司登记机关依法办理登记,领取营业执照。

外国公司分支机构的审批办法由国务院另行规定。

【释义】 本条是关于外国公司在中国境内设立分支机构批准和登记程序的规定。

外国公司在中国境内设立分支机构应当经过批准。为了对外国公司分支机构实施必要的监督管理,明确外国公司分支机构在我国的法律地位,本条要求外国公司只要在我国境内设立分支机构,都必须就该设立行为向我国主管机关提出申请。外国公司申请批准应当提交其公司章程、所属国主管机关签发的公司登记证书等文件,以明确该外国公司的国籍及责任形式。我国主管机关对外国公司提交的有关证明文件依法进行审查后,对符合我国法律法规规定的条件的,应当依法批准其设立分支机构。对外国公司分支机构的审批办法,本法未作统一规定,而是授权由国务院另行规定,主要有以下考虑:一是,有关主管机关对外国公司分支机构市场准入的审批权限,需要由国务院确定;二是,某些行业或者地区目前暂不允许或者不适宜设立外国公司分支机构,这些具体限制措施需要由国务院根据我国实际情况进行规定,并根据情况适时调整。因此,本条第2款明确由国务院另行规定外国公司分支机构的审批办法。目前,国务院相关行政法规对一些行业设立外国公司分支机构的审批作了具体规定,如《外资银行管理条例》《外资保险公司管理条例》明确设立外国银行分行、外国保险公司分公司应当分别由银行业监督管理机构、保险监督管理机构审查批准,并对设立条件、申请材料、审批程序等作了规定。

外国公司在获得分支机构设立批准后,持批准文件及有关证明文件,向公司登记机关申请办理登记手续,领取营业执照。营业执照是外国公司分支机构在中国境内从事经营活动的合法凭证,自领取营业执照之时起,外国公司分支机构即告成立。外国公司办理分支机构登记的,应当按照《市场主体登记管理条例》《外商投资企业授权登记管理办法》关于登记事项、登记程序和登记权限的规定，向国家市场监督管理总局或者其授权的地方市场监督管理部门申请办理登记。

第二百四十五条　外国公司在中华人民共和国境内设立分支机构，应当在中华人民共和国境内指定负责该分支机构的代表人或者代理人，并向该分支机构拨付与其所从事的经营活动相适应的资金。

对外国公司分支机构的经营资金需要规定最低限额的，由国务院另行规定。

【释义】　本条是关于外国公司分支机构设立条件的规定。

按照本条第 1 款的规定，外国公司在中国境内设立分支机构，应当在中国境内指定负责该分支机构的代表人或代理人。外国公司在中国设立分支机构，并通过该机构从事生产经营活动，必须由设立该分支机构的外国公司法定代表人签署授权证书或者委托书，指定代表人或代理人。这里的代表人，是指外国公司指定的、代表该外国公司分支机构行使职权的负责人。这里的代理人，是指由外国公司授权负责该外国公司分支机构的人。外国公司的分支机构只是一个机构或者场所，需要由一个自然人代表它去从事各种活动，该自然人就是外国公司分支机构的代表人或者经外国公司授权的代理人。同时，外国公司分支机构作为一个机构或者场所，也需要有进行内部管理的负责人。因此，本法规定外国公司在中国境内设立分支机构应当指定代表人或者代理人。需要指出的是，该代表人或者代理人可以是中国公民，也可以是非中国公民。该代表人或者代理人对外代表外国公司在中国的分支机构，参加民事活动和诉讼活动。

同时，本条第 1 款还规定，外国公司在中国境内设立分支机构，应当向该分支机构拨付与其所从事的经营活动相适应的资金。资金是开展经济活动的基础，外国公司分支机构在中国境内从事生产经营活动，也应当具有与其生产经营活动相适应的资金。如果外国公司分支机构没有相应的资金，而设立该分支机构的外国公司又位于中国境外，其主要财产也在中国境外，中国法律对该外国公司的效力受到地域的限制，这样就容易增加交易风险，因此，为了使外国公司的分支机构在中国境内拥有实际的财产，保障交易相对人的安全,有必要规定外国公司必须对该分支机构拨付相应的资金。外国公司未拨付相应资金的,不得在中国境内设立分支机构。

由于从事不同行业、不同规模的生产经营活动对资金的需求不同,为了合理配置资源、防止经营欺诈、保障交易安全,外国公司分支机构经营资金的数额不能完全由外国公司随意决定。因此,本条第 2 款规定,外国公司在中国境内设立分支机构,所需资金规模的最低限额应当区分不同情况由国务院规定,以保证外国公司分支机构不但拥有实际的财产,且资金数额也应当与其所从事的经营活动相适应,并能够承担相应的法律责任。国务院如对外国公司分支机构在相关行业准入方面明确规定资金限额要求,外国公司应当遵照执行。如国务院制定的《外资银行管理条例》《外资保险公司管理条例》分别对外国银行分行、外国保险公司分公司经营资金的最低限额提出了明确要求,规定外国银行分行、外国保险公司分公司应当由其总行、总公司无偿拨给不少于 2 亿元人民币或者等值的自由兑换货币的营运资金。

第二百四十六条　外国公司的分支机构应当在其名称中标明该外国公司的国籍及责任形式。

外国公司的分支机构应当在本机构中置备该外国公司章程。

【释义】 本条是对外国公司分支机构名称的要求及置备公司章程的规定。

按照本条第 1 款的规定,外国公司的分支机构应当在其名称中标明该外国公司的国籍及责任形式。公司的名称是公司用以经营并区别于其他公司或者企业的标志。外国公司分支机构作为在中国境内从事生产经营活动的市场主体,也应有自己的名称,以区别于其他民事主体。为了使交易对象准确了解外国公司分支机构的法律性质,本条要求外国公司分支机构在其名称中标明该外国公司的国籍和责任形式。公司的国籍,是指一个公司具有的某一国家的法人资格,通常情况下公司依据哪国法律在哪国境内登记设立即具有该国国籍。关于公司的责任形式,我国公司法规定了有限责任公司和股份有限公司两种形式,但是其他国家和地区的一些立法例对公司形式的规定与我国不完全相同,如有的大陆法系国家还规定了无限公司和两合公司,英美法系国家一般将公司分为封闭公司和开放公司,外国公司分支机构需要在名称中准确标明其所属公司在所在国登记的责任形式。此外，外国公司分支机构的名称中一般还需要标明其所属公司的名称，同时标明反映外国公司分支机构的字样，如“分公司”“分行”等，以表明其分支机构并非独立的法人。

按照本条第2款的规定，外国公司的分支机构应当在本机构中置备该外国公司章程。公司章程是规范公司的组织与行为，明确公司与股东之间、股东与股东之间的权利义务关系的重要文件，是公司组织和活动的基本准则。由于外国公司分支机构并非独立法人，在生产经营活动中产生的相关责任需要由设立该分支机构的外国公司承担，因此有必要要求外国公司分支机构将其所属公司的章程置备于本机构内，以便相关交易相对人能够了解该外国公司的责任形式、内部组织机构、议事规则程序等，根据章程所载明的事项作出自己的商业判断，从而决定是否与该外国公司分支机构发生经济关系。同时，外国公司分支机构在本机构中置备该外国公司的章程，也有利于公司登记机关、税务机关和其他有关主管部门对该外国公司分支机构的监督管理。

第二百四十七条　外国公司在中华人民共和国境内设立的分支机构不具有中国法人资格。

外国公司对其分支机构在中华人民共和国境内进行经营活动承担民事责任。

【释义】　本条是关于外国公司分支机构法律地位及责任承担的规定。

按照本条第1款的规定，外国公司在中国境内设立的分支机构不具有中国法人资格。依照公司法设立的外国公司分支机构具有以下法律特征：一是，外国公司分支机构是所属外国公司的一个组成部分，是外国公司在中国设立的派出机构，不是外国公司依据中国法律在中国境内单独登记注册设立的子公司；二是，外国公司分支机构没有独立的财产，不进行独立核算，分支机构的经营收入与业务开支核算纳入其所属公司统一进行核算；三是，外国公司分支机构不具有独立公司法人的内部组织机构，一般由其所属公司委派代表人或者代理人管理，不实行独立的股东会、董事会、监事会制度；四是，外国公司分支机构的名称不使用与其所属公司相区别的独立名称；五是，外国公司分支机构不独立承担民事责任，而是以其所属公司的名义享受权利、承担义务。外国公司分支机构的法律特征不符合我国民法典所规定的法人应当具备的条件,因此不具有中国法人资格。法人分支机构是法人的组成部分,不具有独立法人资格,是国际上通行的法律原则。但外国公司法人的分支机构在外部形式上常表现出与法人组织类似的特点,如需要经过核准登记才能开展经营活动、有可以支配和使用的财产或经费,尤其是外国公司分支机构设在远离其所属公司的别国或者地区从而表现出一定的独立性,容易使人误解其法律地位或模糊其与外国公司法人之间的法律关系。因此,公司法专门对外国公司分支机构的法律地位作出规定,明确其不具有法人资格。

按照本条第2款的规定,外国公司对其分支机构在中国境内进行的经营活动承担民事责任。根据外国公司分支机构的法律特征,由于其不具有中国法人资格,该分支机构在中国境内从事生产经营活动均是以外国公司的名义进行的,由此产生的权利义务也应归属于设立该分支机构的外国公司,因此其民事责任应当由其所属外国公司来承担。实践中,外国公司分支机构在中国境内从事生产经营活动产生债务时,一般首先由分支机构进行清偿,在分支机构不能清偿时再由所属外国公司进行清偿,所属外国公司也可以直接清偿。

第二百四十八条　经批准设立的外国公司分支机构,在中华人民共和国境内从事业务活动,应当遵守中国的法律,不得损害中国的社会公共利益,其合法权益受中国法律保护。

【释义】 本条是关于外国公司分支机构的权利和义务的规定。

外国公司在中国境内设立的分支机构虽然不具有中国法人资格,但其在中国境内从事的所有业务活动都必须遵守中国的法律。我国法律一方面保护外国公司分支机构在从事生产经营活动过程中的合法权益,另一方面也要求外国公司分支机构应当遵守我国的法律,不得损害我国的社会公共利益。

按照本条规定,经批准设立的外国公司分支机构在中国境内从事业务活动,应当遵守中国的法律。外国公司分支机构在中国境内从事业务活动,必须接受中国法律的管辖,在中国法律允许的范围内进行生产经营活动,这是由国家主权决定的。中国作为主权国家,除法律另有规定外,境内的任何单位和个人都应当遵守中国法律。外国公司分支机构依据中国法律设立,并在中国境内开展生产经营活动,应同中国企业一样,遵守中国法律,否则需要承担相应的法律责任。

不得损害中国的社会公共利益,也是外国公司分支机构在中国境内从事生产经营活动应当遵守的一项重要法律原则。社会公共利益是全体社会成员的共同利益,对社会公共利益的损害,意味着对社会秩序的破坏,这在任何国家都是不被允许的,在中国也不例外。外国公司分支机构在中国境内从事业务活动,不得损害中国的公共利益。

本条同时还规定,外国公司分支机构的合法权益受中国法律保护。法律作为一种行为规范,不仅为各类主体的活动提供行为准则,对违反法律的行为进行制裁,而且也对各类主体依法应当享有的权益进行保护,这样才能有效地维护社会公共秩序和公共利益,促进经济社会的健康发展。因此,外国公司分支机构的行为在受到中国法律约束的同时,其在中国境内从事业务活动过程中的合法权益也当然受到中国法律的保护。外国公司分支机构对侵害其合法权益的行为,可以请求获得法律上的保护。

第二百四十九条　外国公司撤销其在中华人民共和国境内的分支机构时,应当依法清偿债务,依照本法有关公司清算程序的规定进行清算。未清偿债务之前,不得将其分支机构的财产转移至中华人民共和国境外。

【释义】 本条是关于外国公司分支机构清算的规定。

外国公司分支机构在中国境内经营过程中,可能会由于某些情形而被撤销。外国公司分支机构的撤销通常有两种情形:一是,根据自身的商业决策或者因经营不善,由其所属的外国公司自愿撤销,关闭在中国境内的分支机构,不再从事相关生产经营活动;二是,外国公司分支机构在中国境内从事了违反中国法律的活动,中国有关主管部门依法责令其关闭,收回营业执照。无论因何种情形撤销,外国公司分支机构都必须依法清偿债务。由于外国公司分支机构不具有中国法人资格,没有独立的财产,其债权债务应当由其所属的外国公司享有和承担。因此,为了保证外国公司分支机构撤销后相关债务能够得到应有的清偿,本条明确规定,外国公司撤销其在中国境内的分支机构时,应当依法清偿债务,并按照本法有关公司清算程序的规定进行清算。

外国公司分支机构的清算,是指分支机构撤销后,为了终结其现存的各种法律关系,了结分支机构债务,而对分支机构所发生的债权债务进行清理处分的行为。外国公司分支机构的清算，按照本法有关公司清算程序的规定进行，具体来讲主要包括成立清算组织、通知和公告债权人、债权申报和登记、清理财产和债权债务、制订清算方案、执行清算方案、制作清算报告以及注销登记等程序。

需要指出的是，在中国境内的外国公司分支机构的债务，实质上是其所属外国公司的债务，因此用于清偿分支机构债务的财产不限于该分支机构的现有财产，如果分支机构的现有财产不足以清偿所欠债务，债权人有权向该分支机构所属的外国公司请求偿还。由于外国公司的设立地在中国境外，其主要机构和财产也位于中国境外，所以当外国公司撤销其在中国境内的分支机构时，应当首先就该分支机构的财产和债务进行清算，否则一旦该分支机构将财产转移到中国境外，其未偿还的债务就很难执行。因此，本条规定，外国公司在其分支机构的清算未完成之前，不得将该分支机构的财产转移至中国境外，以防止逃避债务，损害债权人和相关利害关系人的利益。

第十四章　法律责任

第二百五十条　违反本法规定，虚报注册资本、提交虚假材料或者采取其他欺诈手段隐瞒重要事实取得公司登记的，由公司登记机关责令改正，对虚报注册资本的公司，处以虚报注册资本金额百分之五以上百分之十五以下的罚款；对提交虚假材料或者采取其他欺诈手段隐瞒重要事实的公司，处以五万元以上二百万元以下的罚款；情节严重的，吊销营业执照；对直接负责的主管人员和其他直接责任人员处以三万元以上三十万元以下的罚款。

【释义】 本条是关于欺诈取得公司登记的法律责任的规定。

一、以欺诈手段取得公司登记行为的性质

公司在设立和重要经营事项发生变更时，需要向公司登记机关提交相关登记文件，由公司登记机关审核后依法作出是否予以登记的决定并公示有关登记事项，如公司名称、住所、注册资本、经营范围、法定代表人姓名，以及有限责任公司股东或股份有限公司发起人等。公司登记是国家对公司进行统一管理和监督的重要手段，也是了解和掌握真实经济运行情况的重要渠道。由于公司登记直接关系到有关主体的经济利益，一些不符合登记条件的单位和个人便采取制造假象、掩盖真相等手段蒙骗公司登记机关，从而取得公司登记，如虚报注册资本、提交虚假材料或隐瞒其他重要事实等。从我国法律规定来看，公司登记是国家机关对公司的许可行为，上述行为不仅欺骗了登记机关，也破坏了正常的行政许可秩序，因此除撤销登记外，有必要对上述欺诈行为作出适当惩处。需要指出的是，这里的公司登记不仅包括设立登记，也包括变更登记、注销登记等。本条涉及的违法行为有以下三种：

1. 虚报注册资本。注册资本是公司资本的主要体现形式，是公司登记事项中最重要的部分,如果注册资本是虚构的,即所谓的“皮包公司”,不仅威胁债权人的合法权益,也影响社会整体的交易安全和正常的经济秩序。虚报注册资本是指公司为骗取登记而故意伪造注册资本数额的行为,既包括完全没有实际资本,也包括对注册资本的夸大和注水。

2. 提交虚假材料。公司登记机关判断是否应当作出登记决定的主要依据是申请人提交的各类材料,如登记申请书、公司章程、验资证明,以及有关部门按照法律、行政法规规定作出的审批文件等。通过伪造、变造等方式制作虚假的材料并提交,目的就是使公司登记机关产生错误认识,避免公司登记机关了解真实情况后作出不予登记的决定。

3. 采取其他欺诈手段隐瞒重要事实。除上述列出的故意虚报、伪造等行为外,申请人还可能采取瞒报、串通等其他手段欺诈公司登记机关,骗取公司登记。因此,本条规定了采取其他欺诈手段隐瞒重要事实取得公司登记的违法行为,防止出现疏漏。

二、对欺诈取得公司登记的处罚

1. 公司登记机关,即市场监督管理部门是实施行政处罚的主要执法部门。考虑到公司登记机关承担公司登记、颁发营业执照、管理国家企业信用信息公示系统等职责,掌握公司设立、变更、解散和注销等重要信息,因此,公司法规定由公司登记机关作为处罚违法公司的主要执法部门。

2. 对于以欺诈手段取得公司登记的行为,本条根据违法行为的情节严重程度,对公司和有关责任人员分别规定了罚款直至吊销营业执照的处罚。

一是,责令改正。按照行政处罚法的规定,行政机关实施行政处罚时,应当责令当事人改正或者限期改正违法行为,违法行为轻微并及时改正,没有造成危害后果的,不予行政处罚;初次违法且危害后果轻微并及时改正的,可以不予行政处罚。因此本条规定,公司登记机关实施行政处罚时应当责令违法主体改正或限期改正。

二是,对虚报注册资本的公司,处以虚报注册资本金额 5%以上 15%以下的罚款。对于虚报注册资本的公司,公司法没有规定具体的罚款金额,主要是因为注册资本的金额高低不等,如果罚款金额显著低于虚报的注册资本,无法有效起到惩处和震慑违法行为的作用;如果罚款金额显著高于虚报的注册资本,又可能对有关当事人造成过重负担。为防止罚款畸轻畸重,对于虚报注册资本的公司按照虚报金额的比例处罚。

三是，对提交虚假材料或者采取其他欺诈手段隐瞒重要事实的公司，处5万元以上200万元以下的罚款。本次修订，将此类违法行为的处罚金额上限由50万元提高到200万元，主要是因为随着经济社会发展水平的提高，以提交虚假材料或者其他欺诈手段取得公司登记可能造成的损失金额也不断增大，为强化对此类违法行为的震慑力度，本次修订相应提高了罚款金额。

四是，对违法情节严重的公司，吊销营业执照。吊销营业执照是公司登记机关强行收回违法当事人营业执照并予以注销的一种行政处罚。由于吊销营业执照会使企业的民事主体资格归于消灭，因此只能适用于违法行为特别严重、已不能行使营业执照所赋予权利的违法者。

五是，对直接负责的主管人员和其他直接责任人员处以3万元以上30万元以下的罚款。公司作为拟制法人，自身无法直接办理登记，需要由发起人、法定代表人等经办人员负责办理具体事务。出于故意、指使他人造假或隐瞒、过失造成错误等，相关人员对误导公司登记机关作出登记决定的行为负有个人责任。因此，本次修订增加了对直接负责的主管人员和其他直接责任人员的处罚。

第二百五十一条　公司未依照本法第四十条规定公示有关信息或者不如实公示有关信息的，由公司登记机关责令改正，可以处以一万元以上五万元以下的罚款。情节严重的，处以五万元以上二十万元以下的罚款；对直接负责的主管人员和其他直接责任人员处以一万元以上十万元以下的罚款。

【释义】　本条是关于公司不公示或不如实公示信息的法律责任的规定。

本法第40条规定，公司应当自行通过国家企业信用信息公示系统公示相关信息，并确保公示信息真实、准确、完整。借助信息公示制度，其他市场主体和监管部门能够及时了解公司的财务状况、股权结构和行政许可资质等情况，交易对手能够便捷地获取更加丰富有效的决策信息，提高交易决策质效；监管部门可以通过信息监管的方式掌握企业的实际经营情况，有力提升监管效能。信息公示制度对于维护交易安全，提升社会整体信用水平都起到了积极的作用。但是也有部分公司采取伪造公司信息、拖延信息公示时间、公示错误信息或只公示部分信息等手段，不依法公示或不如实公示信息，这种行为本质上是对其他市场主体和监管部门的误导和欺诈。公司不公示或不如实公示信息的行为，还构成了对监管的变相逃避，干扰了正常的公司监管和执法活动，破坏了诚信健康的社会经济环境，应当依法予以处罚，防止信息瞒报、信息欺骗等违法行为的泛滥。从境外有关立法情况看，《德国商法典》规定，对于不登记公示、错误登记公示和不完全登记公示公司股东名单、注册资本、住所等信息的，可以处不超过20万欧元的罚金。从我国实践情况看，2014年实施的《企业信息公示暂行条例》也对企业信息公示的内容、不依法公示信息的处理等作了相应规定。结合实践情况和境外立法经验，本次修订增加了公司不公示或不如实公示信息的处罚规定：

1. 由公司登记机关责令公司改正，对于未公示或未及时公示的，应当限期公示；对于公示错误信息或仅公示部分信息的，应当限期更正或补正。

2. 在责令改正的同时，公司登记机关可以处以1万元以上5万元以下的罚款。对于信息严重不实，已经对有关市场主体造成重大损失或严重干扰公司监管秩序等情节严重的，公司登记机关可以对公司处以5万元以上20万元以下的罚款，并对公司负责信息公示的有关主管人员和其他直接责任人员处以1万元以上10万元以下罚款。

第二百五十二条　公司的发起人、股东虚假出资，未交付或者未按期交付作为出资的货币或者非货币财产的，由公司登记机关责令改正，可以处以五万元以上二十万元以下的罚款；情节严重的，处以虚假出资或者未出资金额百分之五以上百分之十五以下的罚款；对直接负责的主管人员和其他直接责任人员处以一万元以上十万元以下的罚款。

【释义】　本条是关于虚假出资的法律责任的规定。

一、虚假出资行为的认定

公司资本的基本来源是公司发起人、股东的出资，全体发起人或股东出资总和构成公司的全部资本，为公司开展经营活动、偿付日常债务提供支撑。按照公司法的规定，公司的发起人、股东在公司设立和增资过程中，应当根据法律、行政法规，或者公司章程、出资协议的规定，按期足额向公司交付货币或非货币财产，履行缴纳出资的义务，这是维护公司资本充实的前提。如果发起人、股东虚构或掩盖真实情况，伪造缴纳出资的事实，可能使公司和债权人对公司资本的充实性产生误判，并基于这种错误认识开展商业活动，在发生债权债务纠纷时损害公司和债权人的利益，其他已经实际缴纳出资的发起人和股东也可能因公司偿债能力不足而受到影响。另外，大量虚假出资行为的存在，还可能引起整个社会对于公司资本制度的质疑，破坏正常的交易秩序。因此虚假出资的发起人、股东等应当承担相应的法律责任。公司法规定的虚假出资行为，既包括未足额向公司缴付出资但伪造已经缴付的行为，也包括未按期向公司缴付出资但伪造已如期缴付的行为。

二、对虚假出资行为的处罚

1. 责令改正。对虚假出资行为，首先由公司登记机关责令其限期改正，补足出资额不足部分，目的是促使公司继续经营和发展，以保护公司、股东和债权人的合法权益。

2. 罚款。本条对虚假出资的发起人、股东，以及公司直接负责的主管人员和直接责任人员分别规定了罚款。虚假出资的发起人、股东是虚假出资的行为人，应当对其违法行为承担责任，对于一般的违法情形，可以由公司登记机关处以 5 万元以上 20 万元以下的罚款；对于拒不改正、虚假出资金额巨大等一般罚款数额已经不足以震慑的严重违法行为，公司登记机关可以视情况处以虚假出资或者未出资金额 5%以上 15%以下的罚款。

本法第 51 条规定了公司董事会应当对股东的出资情况进行核查、催缴的义务。此外，公司财务负责人等负责收取和登记出资的人员也有责任对收到的出资进行核查。如上述主体因未依法核查、催缴而没有及时发现和纠正虚假出资行为，则应承担相应的行政处罚。因此，本次修订，增加了对有关主管人员和直接责任人员的处罚，规定公司登记机关可以对其处以 1 万元以上 10 万元以下的罚款，以督促其尽职履责。

第二百五十三条　公司的发起人、股东在公司成立后，抽逃其出资的，由公司登记机关责令改正，处以所抽逃出资金额百分之五以上百分之十五以下的罚款；对直接负责的主管人员和其他直接责任人员处以三万元以上三十万元以下的罚款。

【释义】 本条是关于抽逃出资行为的法律责任的规定。

一、抽逃出资行为的认定

抽逃出资是指发起人、股东在向公司缴付出资后，为逃避股东的债务责任，采取虚构交易等手段将出资的资金或财产暗中撤回，但仍保留股东身份和持股数额的违法行为。从外在形式看，抽逃出资与虚报注册资本、虚假出资都会导致公司资本虚化，侵蚀资本充实并影响公司的债务偿付能力。但抽逃出资行为还有以下特点：一是抽逃出资的时间发生在公司设立或增资完成后；二是抽逃出资带有侵占公司财产的性质，发起人、股东履行出资义务后，其所缴纳的出资就成了公司的财产，此时将公司的财产非法转移至个人所有就是对公司财产的侵占；三是抽逃出资客观上会导致公司违法减资，公司法对公司减少注册资本的程序作了明确规定，发起人、股东抽逃注册资本，客观上减少了公司注册资本，但并没有履行相关的减资程序。抽逃出资不仅会误导股东、债权人等对公司资本状况的判断，也侵害了公司的财产安全，除应当对造成的损失向公司承担赔偿责任外，还应当接受相应的行政处罚，以维持公司财产安全和资本制度的严肃性，维护正常经济交易秩序。

二、对抽逃出资行为的处罚

1. 责令改正。对抽逃出资行为，首先由公司登记机关责令其限期改正，将抽逃的出资交还公司，对公司造成损失的，依法承担相应的民事责任。

2. 罚款。本条对抽逃出资的发起人、股东，以及公司直接负责的主管人员和直接责任人员分别规定了罚款。抽逃出资的公司发起人、股东是抽逃出资的直接行为人，考虑到抽逃出资行为发生后，会直接造成公司的财产损失，侵蚀公司的资本安全和债务偿付能力，为有力震慑此类不法行为，公司法规定公司登记机关可以对其处以所抽逃出资金额5%以上15%以下的罚款。

公司的董事、监事、高级管理人员等负有监管公司正常经营运转，维护公司资产安全的义务，如果没有他们的漠视或协助，抽逃出资的行为是很难发生的。因此，本次修订增加了对有关主管人员和直接责任人员的处罚，规定公司登记机关可以对其处3万元以上30万元以下的罚款。

第二百五十四条　有下列行为之一的，由县级以上人民政府财政部门依照《中华人民共和国会计法》等法律、行政法规的规定处罚：

（一）在法定的会计账簿以外另立会计账簿；

（二）提供存在虚假记载或者隐瞒重要事实的财务会计报告。

【释义】　本条是关于公司另立会计账簿，提供虚假财务会计报告的法律责任的规定。

会计账簿和财务会计报告是记载和反映公司一定时间内生产经营活动和财务状况的书面文件，是公司股东、债权人、有关主管部门和公众投资者了解公司真实运营情况的重要依据。对于会计账簿，财务会计报告的编制和管理等事宜，会计法已经作了全面规范；公司法则从保护股东知情权的角度，对会计账簿和财务会计报告的置备、查阅和提供等事项作了相应规定。考虑到编制虚假的会计账簿与财务会计报告，并利用其从事偷税漏税、非法经营等违法行为，破坏了统一的财会制度，侵害了国家的市场监管和财税等秩序，应当由有关主管部门进行监管处罚，且会计法对私设会计账簿、编制虚假财务会计报告等违法行为的处罚已经作了规定，本次修订公司法不再对上述违反财会法律制度的行为单独规定处罚，主要是衔接性规定，明确由县级以上财政部门依照会计法等法律、行政法规的规定处罚。

第二百五十五条　公司在合并、分立、减少注册资本或者进行清算时，不依照本法规定通知或者公告债权人的，由公司登记机关责令改正，对公司处以一万元以上十万元以下的罚款。

【释义】　本条是关于公司合并、分立、减资或者清算时未依法通知债权人的法律责任的规定。

在公司经营运转的过程中，难免发生合并、分立、减资甚至清算等情况，导致公司的经营和财产状况发生重大变化，从而影响到公司的偿债能力和债权人的切身利益。为了维护债权人的合法权益，防止因公司偿债能力发生变化导致无法全面清偿债务，公司法规定，公司发生合并、分立、减资、清算等情况时，应当依法履行通知或公告义务，以保障债权人及时了解相关信息，采取必要方式维护自身权益。公司合并、分立、减资时，应当自作出相关决议之日起10日内通知债权人,并于30日内在报纸上或者国家企业信用信息公示系统公告;公司清算时,应当自清算组成立之日起10日内通知债权人,并于60日内在报纸上或者国家企业信用信息公示系统公告。

实践中经常会出现公司不依法履行通知或公告义务的情况。为了避免上述违法行为的发生,维护债权人的合法权益,本条规定,公司在合并、分立、减资或清算时,不依法通知或者公告债权人的,由公司登记机关责令改正,对公司处以1万元以上10万元以下的罚款。

第二百五十六条　公司在进行清算时,隐匿财产,对资产负债表或者财产清单作虚假记载,或者在未清偿债务前分配公司财产的,由公司登记机关责令改正,对公司处以隐匿财产或者未清偿债务前分配公司财产金额百分之五以上百分之十以下的罚款;对直接负责的主管人员和其他直接责任人员处以一万元以上十万元以下的罚款。

【释义】　本条是关于妨害清算行为的法律责任的规定。

一、对妨害清算行为的认定

公司清算,是公司在解散、注销前依法对公司的资产、债权、债务等进行清理统计和清偿分配的过程,直接关系到债权人实现债权、股东收回投资的金额和顺序。为了全面保护各利益相关方的合法权益,公司法规定公司解散时必须依法成立清算组对公司的财产进行清算,并明确了清算组的组成和职责、清算的程序、公司财产分配的顺序等事项。如果公司在清算期间,出现隐匿财产,制作虚假的资产负债表、财产清单,或者在公司债务尚未清偿之前私自分配公司财产的情况,将导致公司清算工作失去真实依据,增加清算工作难度,并可能导致人民法院、公司登记机关根据清算报告作出错误的确认决定,在公司尚未全面履行债务的情况下注销公司登记,侵害债权人和其他股东回收债权或投资的合法权益。因此,对于上述违法行为,应当承担相应的法律责任。上述违法行为中,“隐匿财产”,主要是指将公司财产予以转移、隐藏,包括工具、设备、产品、货物等各种财物;“对资产负债表或者财产清单作虚假记载”,主要是指清算组在制作资产负债表或财产清单时,故意采取隐瞒或者欺骗等方法,高估、低估或者伪造公司资产状况;“未清偿债务前分配公司财产”，是指在清算过程中，在清偿债务之前就将公司财产违法分配给股东，导致债权人无法实现债权。

二、对妨害清算行为的处罚

1. 责令改正。公司登记机关应当结合妨害清算行为的具体情节，有针对性地要求其作出改正。对隐匿财产的行为，责令交出财产；对资产负债表或者财产清单作虚假记载的行为，责令更正为真实记载；对未清偿债务前分配公司财产的行为，责令收回已分配的财产，优先清偿公司债务。

2. 罚款。一是，对于公司，分别按照隐匿财产或者未清偿债务前分配公司财产的金额，由公司登记机关对应处以5%以上10%以下的罚款。二是，对于清算组成员等具体负责清算工作的责任人员，由公司登记机关对直接负责的主管人员和其他直接责任人员处以1万元以上10万元以下的罚款。

第二百五十七条　承担资产评估、验资或者验证的机构提供虚假材料或者提供有重大遗漏的报告的，由有关部门依照《中华人民共和国资产评估法》、《中华人民共和国注册会计师法》等法律、行政法规的规定处罚。

承担资产评估、验资或者验证的机构因其出具的评估结果、验资或者验证证明不实，给公司债权人造成损失的，除能够证明自己没有过错的外，在其评估或者证明不实的金额范围内承担赔偿责任。

【释义】　本条是关于承担资产评估、验资或者验证的机构提供虚假材料或者提供有重大遗漏报告的法律责任的规定。

一、关于承担资产评估、验资或验证机构的行政处罚

随着市场经济的发展，中介机构发挥了越来越重要的作用。其活动对市场主体资格的取得，从事市场行为有着重要的影响。特别是在公司设立和增资等过程中，承担资产评估、验资或者验证的机构的作用尤为关键，对于实物、知识产权、土地使用权、股权、债权等需要作价出资的非货币财产，有关中介机构提供的材料直接关系到公司资本和股份数额等重要事项，并对公司后续的经营活动产生长远影响。实践中，出于利益驱动，一些承担资产评估、验资或者验证的机构违反法律规定和职业操守，应当事人请求出具虚假材料，或者因疏忽大意导致出具的材料出现重大遗漏等情况时有发生。上述违法行为的存在,侵蚀了资产评估、验资、验证等的机构的客观公证地位。考虑到资产评估法、注册会计师法等法律、行政法规已经对资产评估机构、注册会计师等主要从事资产评估、验资或者验证机构的行为规范和违法责任等作了规定,本次修订不再单独规定上述机构的行政处罚,主要从衔接性角度,规定由有关主管部门依法处罚。

二、承担资产评估、验资或验证机构的民事责任

承担资产评估、验资或者验证的机构出具不实的评估结果、验资或者验证证明,还可能侵害债权人等利益相关方的合法权益。债权人等出于对中介机构的信任,依据其出具的材料与不具备相关资质或能力的公司开展交易,很有可能出现交易失败、债权无法实现的结果。为了督促中介机构归位尽责,认真履行对相关评估、验证事项的检查核验义务,本条规定了资产评估、验资或验证机构应承担的民事责任。一是,中介机构仅对因过错出具的不实结果承担责任。对于中介机构确实尽职履责,穷尽合理的检查核验手段仍被蒙蔽或欺骗未发现不实信息的,可以不承担责任。关于没有过错的证明责任,应当由相关中介机构自行承担,债权人只需证明因为信任中介机构提供的结果而遭受损失即可。二是,中介机构在其评估或者证明不实的金额范围内承担赔偿责任。实践中,债权人实际遭受的损失,与中介机构出具的评估或证明涉及的金额往往并不相同,有的损失金额可能远超中介机构的预见范围,如果让中介机构承担所有的损失赔偿责任而不加以限制的话,可能给中介机构造成不合理的债务负担。考虑到商事活动中,交易双方本身也应对各自的履约能力、资信水平等承担一定的调查核验义务,本条将中介机构的民事赔偿责任限制在评估或者证明不实的金额范围内。

第二百五十八条　公司登记机关违反法律、行政法规规定未履行职责或者履行职责不当的,对负有责任的领导人员和直接责任人员依法给予政务处分。

【释义】　本条是关于公司登记机关违法履行职责的法律责任的规定。

公司登记机关代表国家履行公司登记和监管职责,应当严格依照法律、行政法规的规定履职,忠于职守、依法办事,不得玩忽职守、滥用职权、徇私舞弊。不论是公司登记机关本身对不符合公司法规定条件的申请予以登记,或者对符合本法规定条件的申请不予以登记的行为,还是公司登记机关的上级部门强令违法登记、强令不予登记或者包庇违法登记的行为,都是违反法律规定,不履行或不正确履行职责的具体情形。除上述情形外,还有违法撤销公司登记、违法吊销公司营业执照、违法干预公司正常经营等多种行为。为避免挂一漏万,本次修订不再具体列举,由监察机关和公务员主管机关按照公务员法和公职人员政务处分法的规定,对具体违法行为予以认定,并对负有责任的领导人员和直接责任人员作出相应的政务处分。

根据公务员法第 61 条第 1 款、第 62 条、第 64 条的规定,公务员因违纪违法应当承担纪律责任的,依照公务员法给予处分,处分分为:警告、记过、记大过、降级、撤职、开除。公务员在受处分期间不得晋升职务、职级和级别,其中受记过、记大过、降级、撤职处分的,不得晋升工资档次。受处分的期间为:警告,6 个月;记过,12 个月;记大过,18 个月;降级、撤职,24 个月。受撤职处分的,按照规定降低级别。此外,有处分权的单位可根据违法的国家机关工作人员所犯违法事实的情节轻重分别给予不同的处罚,以达到教育惩戒的目的。

第二百五十九条　未依法登记为有限责任公司或者股份有限公司,而冒用有限责任公司或者股份有限公司名义的,或者未依法登记为有限责任公司或者股份有限公司的分公司,而冒用有限责任公司或者股份有限公司的分公司名义的,由公司登记机关责令改正或者予以取缔,可以并处十万元以下的罚款。

【释义】　本条是关于冒用公司及其分公司名义的行为及其法律责任的规定。

公司作为最重要的市场主体,具有法人资格,具备民事权利能力和民事行为能力,依法独立享有民事权利和承担民事义务,其资产、债权、债务均与公司股东相分离。为了防止个别主体滥用公司法人独立地位,随意设立公司逃避个人债务,保持正常稳健的经济社会秩序,包括我国在内,多数国家和地区的公司法律制度均对公司的设立和法人资格的取得规定了必要的登记准入制度。我国公司法规定，设立公司或者分公司，均应当依法向公司登记机关申请登记，领取营业执照，公司营业执照签发日期为公司成立日期。这表明，只有取得营业执照，完成登记后，公司才具备了法律承认的法人资格，可以从事各类民商事活动。

但是，也有一些单位或者个人，明知不符合公司设立条件，未依法登记为有限责任公司、股份有限公司，公司的分公司，仍然冒用公司或分公司的名义与他人进行交易，显然是为了借助公司名义谋求他人信任从事集资、诈骗等违法活动，或者逃避自身债务。这种行为不仅侵害了善意相对人的合法权益，还影响了国家对公司登记设立的统一监管，干扰市场经济秩序，应当予以禁止和取缔，并给予相应的处罚。因此，本条规定，对于冒用公司及其分公司名义的行为，由公司登记机关责令改正或者予以取缔，可以并处10万元以下的罚款。

第二百六十条　公司成立后无正当理由超过六个月未开业的，或者开业后自行停业连续六个月以上的，公司登记机关可以吊销营业执照，但公司依法办理歇业的除外。

公司登记事项发生变更时，未依照本法规定办理有关变更登记的，由公司登记机关责令限期登记；逾期不登记的，处以一万元以上十万元以下的罚款。

【释义】　本条是关于公司长期不开业、停业及未依法办理变更登记的法律责任的规定。

一、关于公司长期不开业、停业的行为及处罚

公司是以营利为目的设立的法人，应当通过持续的经营活动，不断参与市场竞争，尽可能为投资者获取更多的收益，这也是公司存续的基本价值。公司登记机关核准公司的登记设立申请并颁发营业执照，目的是保证市场主体满足基本的经营条件，能够有效推动整个社会经济的发展，并能够对公司的经营活动和市场秩序实施必要的监管。因此，从公司设立的基本价值取向出发，公司成立后应当尽快着手开展各种经营活动，并坚持营业。对于无正当理由长期不开业或者主动停业的公司，没有基本的经营活动，已经不适宜作为营利性市场主体继续存在,公司登记机关有权根据具体情况吊销营业执照,消灭其民事主体资格。另外,一些公司因自然灾害、公共卫生事件等客观原因暂时无法开展经营活动,但仍有较强的经营意愿和能力,有必要保留其法人资格。按照党中央、国务院关于深化"放管服"改革,优化营商环境的决策部署,《市场主体登记管理条例》对市场主体申请办理歇业备案作了规定,为发展困难的市场主体提供喘息休整的机会,最大限度保证了其经营的连续性。因此,本次修订与《市场主体登记管理条例》相衔接,明确公司依法办理歇业的可以在一定时间内停业,公司登记机关不得吊销其营业执照。

二、关于公司未依法办理变更登记的行为及处罚

本法第 32 条规定了公司的法定登记事项,包括公司名称、住所、注册资本、经营范围、法定代表人的姓名,以及有限责任公司股东、股份有限公司发起人的姓名或者名称。公司的经营活动往往需要根据社会经济情况的总体变化作出及时调整。因此,应当允许公司通过一定的法律程序变更登记事项,本法第 34 条规定,公司登记事项发生变更的,应当依法办理变更登记。如果公司登记事项发生变更时,不依法办理变更登记,一方面会扰乱国家正常的公司监管秩序,另一方面交易相对人和有关部门难以及时掌握公司的变化动态,以过时的信息开展经营和监管活动容易导致市场混乱。因此,对于公司未及时办理变更登记的,公司登记机关应当责令其限期登记,改正违法行为,对于拒不登记的,可以处 1 万元以上 10 万元以下的罚款予以警示。

第二百六十一条　外国公司违反本法规定,擅自在中华人民共和国境内设立分支机构的,由公司登记机关责令改正或者关闭,可以并处五万元以上二十万元以下的罚款。

【释义】 本条是关于外国公司擅自设立分支机构的法律责任的规定。

虽然根据本法第 247 条的规定,外国公司分支机构不具有我国的法人资格,但其可以在主管机关批准的范围内从事相应的生产经营活动。为了规范外国公司及其分支机构的行为,有必要对外国公司分支机构的设立和运行进行适度监管。因此,本法第 244 条规定,外国公司在我国境内设立分支机构,应当向我国主管机关提出申请,并提交其公司章程、所属国的公司登记证书等有关文件,经批准后依法办理登记,领取营业执照。部分外国公司出于节省审批时间,或者规避监管等目的,在未经批准的情况下,擅自违法设立分支机构,对公司登记监管、外资和外汇管理,以及金融监管等相关制度都造成了干扰和破坏,应当予以惩处。

1. 责令改正或者关闭。对于有意愿正常经营的外国公司,公司登记机关可以要求其依法补办有关设立分支机构的手续,对其擅自设立的行为予以纠正。对于不符合设立分支机构条件或者主观恶性较大的,公司登记机关有权关闭相关分支机构。

2. 罚款。公司登记机关在责令改正或关闭违法分支机构的同时,还可以对违法的外国公司并处 5 万元以上 20 万元以下的罚款。

第二百六十二条　利用公司名义从事危害国家安全、社会公共利益的严重违法行为的,吊销营业执照。

【释义】 本条是关于利用公司名义从事危害国家安全、社会公共利益等严重违法行为的法律责任的规定。

部分不法分子成立公司,不是为了开展正常的经营活动,而是为了利用公司的组织形式,从事危害国家安全、社会公共利益等违法犯罪活动,逃避公安机关等执法部门的监管和制裁,如成立公司从事洗钱、宣传违法信息,以及筹集资金资助恐怖活动等严重违法犯罪行为。在上述情况中,公司只是从事违法犯罪活动的幌子和掩盖,不具备获得法人资格的合法性基础,一经发现,应当立即吊销其营业执照。

第二百六十三条　公司违反本法规定,应当承担民事赔偿责任和缴纳罚款、罚金的,其财产不足以支付时,先承担民事赔偿责任。

【释义】 本条是关于民事赔偿优先原则的规定。

实践中,公司的一项违法事实或行为,可能同时构成犯罪、行政违法、民事侵权,从而承担刑事、行政、民事等多种责任,即所谓的“责任竞合”。特别是在承担罚金、罚款、民事赔偿等多种财产责任的情况下,公司的财产不一定能够同时承担所有责任,在执行罚款或罚金外,可支付民事赔偿的财产很少或没有了，不利于债权人利益的保护。为此本法规定，在违法的公司同时承担民事赔偿责任和缴纳罚款、罚金的情况下，其财产不足以支付时，先承担民事赔偿责任，公司用于承担民事赔偿责任的应当是公司的合法财产，这就是所谓“民事赔偿优先原则”，也是多数国家和地区公司法中的通行规定。

根据民法、公司法的法理和基本原则，确立民事赔偿优先原则主要是基于以下几方面的考虑：

1.公司法在基本性质上属于商法，其立法主旨是保护个人或民事主体的权利，包括财产权和人身权。在个人或民事主体的权利遭到不法侵害时，需要通过强制性的法律手段令违法者对受害人进行损害赔偿，从而使受害人得到救济，加害人受到制裁。公司法设立罚款和罚金制度的目的，主要不在于保证国库收入，而在于遏制违法行为，保障公司的正常运行。因此，公司法上的责任制度是以民事责任制度为主，而以罚款和罚金等行政或刑事责任为辅。

2.从市场监督的有效性来分析，公司法上设定民事赔偿优先原则，有利于市场主体实现自治和自律。商法以私法自治为原则，具体到公司制度上就是公司自治。在私法关系的经济领域，个人或者法人有权在法律规定的范围内，自由决定他们之间的法律关系。私法自治同时也意味着，社会的经济活动原则上不是通过国家而是由当事人自由竞争来调节和支配。

3.法律的最高目标是实现公平、公正。从自然人以及单位与国家主体的对比来看，自然人与单位显然属于弱势群体。因此，当二者的权益发生冲突时，法律应当优先保护弱者的利益。民事赔偿优先原则所隐含的价值标准就是市场主体的权利救济高于政府的罚没收入。也就是说，在公司领域，违法行为所造成的直接后果是广大股东和投资者的损失。公司通过非法牟利而给他人造成损失，则必须通过相应的民事赔偿才能实现真正的公正。

因此，公司法确立民事赔偿优先原则，鼓励受害人主张恢复自己合法利益来遏制违法者的不法行为，调动广大投资者的积极性来实现市场自律，是形成规范化市场运作的有效途径。

第二百六十四条　违反本法规定，构成犯罪的，依法追究刑事责任。

【释义】　本条是关于违反公司法规定构成犯罪的刑事责任的规定。

违反公司法的规定,除应当依法承担相应的民事和行政法律责任外,还可能因行为构成侵犯公司财产,破坏社会主义市场经济秩序等情形而触犯刑法。刑法专门规定了妨害对公司、企业的管理秩序犯罪,触犯刑法构成犯罪的,应当依法承担相应的刑事责任。违反公司法规定,依照刑法可能构成犯罪,应当追究刑事责任的行为主要有:虚报注册资本、提交虚假材料或者采取其他欺诈手段隐瞒重要事实取得公司登记,公司发起人、股东虚假出资,公司清算时隐匿财产或者对资产负债表、财产清单作虚假记载等情节严重的行为。

另外,2023年12月29日第十四届全国人大常委会第七次会议通过的刑法修正案(十二)还从依法保护民营企业产权和企业家权益出发,完善了惩治民营企业内部人员侵害企业财产犯罪的规定。在刑法第165条、第166条和第169条中分别增加一款规定,明确公司相关人员违反法律、行政法规,实施非法经营同类营业、为亲友非法牟利以及徇私舞弊低价折股、出售公司资产等背信行为,致使公司遭受重大损失的,应当承担相应的刑事责任。

第十五章　附　　则

第二百六十五条　本法下列用语的含义：

（一）高级管理人员，是指公司的经理、副经理、财务负责人，上市公司董事会秘书和公司章程规定的其他人员。

（二）控股股东，是指其出资额占有限责任公司资本总额超过百分之五十或者其持有的股份占股份有限公司股本总额超过百分之五十的股东；出资额或者持有股份的比例虽然低于百分之五十，但依其出资额或者持有的股份所享有的表决权已足以对股东会的决议产生重大影响的股东。

（三）实际控制人，是指通过投资关系、协议或者其他安排，能够实际支配公司行为的人。

（四）关联关系，是指公司控股股东、实际控制人、董事、监事、高级管理人员与其直接或者间接控制的企业之间的关系，以及可能导致公司利益转移的其他关系。但是，国家控股的企业之间不仅因为同受国家控股而具有关联关系。

【释义】　本条是关于公司法一些用语含义的规定。

本法中的高级管理人员，是指在公司管理层中担任重要职务、负责公司经营管理、掌握公司重要信息的人员，主要包括经理、副经理、财务负责人，上市公司董事会秘书和公司章程规定的其他人员。这里的“经理、副经理”，是指本法第67条规定的经理、副经理，在实际中，通常就是公司的总经理、副总经理。经理由董事会决定聘任或者解聘，对董事会负责；副经理由经理提请董事会决定聘任或者解聘。这里的财务负责人，是指由经理提请董事会决定聘任或者解聘的财务人员。这里的上市公司董事会秘书，是本法第138条规定的上市公司必设的机构，负责上市公司股东会和董事会会议的筹备、文件保管以及公司股东资料的管理，办理信息披露事务等事宜。至于“公司章程规定的其他人员”,则是为了赋予公司自治的权利,允许公司自己选择管理方式、聘任高级管理人员,但是,这些人员(职位)必须在公司章程中明文规定。上述高级管理人员应当符合本法第八章关于公司高级管理人员任职资格的规定,并履行法律和章程规定的义务。

控股股东是公司的股东,而且是能够控制公司重大决策的股东。股东对公司的影响力主要表现在表决权上,因此,股东如果想控制公司重大决策,就必须想办法控制一定比例的表决权。根据本条规定,控股股东依其直接控股的多少分为绝对控股股东和相对控股股东。绝对控股股东是指其出资额占有限责任公司资本总额超过50%或者其持有的股份占股份有限公司股本总额超过50%的股东。相对控股股东是指其出资额或者持有股份的比例虽然低于50%,但依其出资额或者持有的股份所享有的表决权已足以对股东会的决议产生重大影响的股东。从理论上分析,公司中当股东所持有的股份或者股权占公司有表决权的股份或者股权总数超过50%时,便可以根据资本简单多数决原则在公司的股东会上作出各种有利于自己的决议,从而享有绝对的控制权。因此,早期各国对控股股东的认定以在公司控股超过50%为绝对形式标准。但是,在现代大规模的股份公司中,由于股权分散,使得控股股东往往以低于50%的表决权就可以形成对公司事务的控制,即相对的控制权。许多股东并不拥有公司一半以上的股份,却依然可以对公司经营决策产生支配性影响,抑或通过联合而控制公司。可见,判断某个股东或者某些股东是否对公司具有控制权,是否成为公司控股股东的标准,并非完全以其所持股份是否达到某一比例为绝对标准,而事实上是以单个股东或联合股东是否具有对公司实质上的持续性影响力与决定力而定。各国立法与司法实践不仅重视对控股股东实质标准的认定,而且采用灵活的形式标准。考虑到我国的实际情况,本法将控股股东分为绝对控股股东和相对控股股东是适宜的。不论是绝对控股股东还是相对控股股东,都必须遵守法律、行政法规和公司章程,依法行使股东权利,不得滥用股东权利损害公司或者其他股东的利益,不得利用其关联关系损害公司利益。

既然称为实际控制人,其控制公司的手段必然比较隐蔽,不会轻易被察觉。公司的股东单独或者联合起来通过表决权控制公司一般是比较明显的。如果不是通过表决权来控制公司,他人要想控制公司,就必须通过其他手段。根据本条规定,实际控制人一般是通过投资关系、协议或者其他安排,来实现实际支配公司行为的目的。通过投资关系控制公司,是指实际控制人通过投资的方式,包括对目标公司采取直接投资方式,或者通过多层的投资方式来直接或者间接地控制目标公司,如控制目标公司的控股股东来控制目标公司。通过协议来控制目标公司,如目标公司的生产经营活动必须有控制人提供的特许权利(包括工业产权、专业技术等)才能正常进行的;目标公司生产经营购进的原材料、零部件等(包括价格及交易条件等)是由实际控制人所供应并控制的;通过协议取得目标公司的控股股东的表决权等。通过其他安排来控制目标公司的手段比较复杂,如人事关系、亲属关系等。

修改前公司法关于实际控制人的含义有"虽不是公司的股东"的限定,主要是强调与控股股东不同,实际控制人不是直接通过股东表决权来控制公司,实践中有观点对该限定存在误读,认为实际控制人只能是不具有公司股东身份的人,背离了实际控制人是不直接通过股东表决权来控制公司的人这一实质,因此,本次修改删除了容易引起误解的"虽不是公司的股东"的限定条件。

本法中所称的关联关系,主要是指可能导致公司利益转移的各种关系,包括公司控股股东、实际控制人、董事、监事、高级管理人员与其直接或者间接控制的企业之间的关系,以及可能导致公司利益转移的其他关系。根据本条第4项规定,关联关系的主要形式有:公司控股股东与其直接或者间接控制的企业之间的关系;公司实际控制人与其直接或者间接控制的企业之间的关系;公司董事、监事、高级管理人员与其直接或者间接控制的企业之间的关系;其他可能导致公司利益转移的其他关系,如同一控股股东或者实际控制人控制下的公司之间的关系,合营企业之间的关系,联营企业之间的关系,主要投资者个人、关键管理人员或与其关系密切的家庭成员和公司之间的关系,受主要投资者个人、关键管理人员或与其关系密切的家庭成员直接控制的其他企业和公司之间的关系等。同时,考虑到我国国企的实际情况,本条特别增加了但书规定,即"国家控股的企业之间不仅因为同受国家控股而具有关联关系"。

第二百六十六条　本法自2024年7月1日起施行。

本法施行前已登记设立的公司,出资期限超过本法规定的期限的,除法律、行政法规或者国务院另有规定外,应当逐步调整至本法规定的期限以内;对于出资期限、出资额明显异常的,公司登记机关可以依法要求其及时调整。具体实施办法由国务院规定。

【释义】 本条是关于施行日期和出资期限调整的规定。

一、本法施行日期

法律的施行日期是指法律生效的日期。为了使本法在通过以后更好地实施，本条规定："本法自 2024 年 7 月 1 日起施行。"修订后的公司法从 2023 年 12 月 29 日通过之日起到 2024 年 7 月 1 日生效之日止，共有 6 个月左右的时间。在这段时间内，有关部门、公司或者个人，特别是公司登记部门，应当做好施行的各项准备工作。一是，要认真清理以前制定的各种法规、规章、办法、规定等，凡发现与公司法规定相抵触的，都要予以废止或者修改；二是，公司法规定的一些措施制度，需要制定一些配套规定予以具体化，有关部门应当抓紧制定有关的配套规定；三是，有关部门应当做好本法的宣传工作，要在全社会进行广泛的公司法的宣传教育，使各部门、各行业、各单位以及每个社会成员都增强法治观念，以便更好地在本法生效后守法、执法。

二、出资期限调整

公司法修改在第 47 条第 1 款增加规定：有限责任公司全体股东认缴的出资额由股东按照公司章程的规定自公司成立之日起 5 年内缴足。要求股份有限公司采用实缴制，公司成立前，发起人和认购人应当根据其认购的股份全额缴纳股款。2014 年实施注册资本认缴登记制，取消最低注册资本、取消首期出资比例后，允许公司在公司章程中约定股东出资日期。实践中，有大量的公司约定了比较长的认缴期限，甚至有很多约定了不符合商业常理的过长的出资期限。如果不对现有公司进行规范，将导致某些出资期限过长的公司长期存在，影响出资诚信、交易安全、公共利益，也不利于公司质量的提高，不利于营造良好的营商环境。如果存量公司不适用新规定，将导致存在两套出资制度，可能会引起制度套利，增加执法和司法成本。因此，本条对 2023 年公司法施行前已登记设立的公司出资期限的调整作了规定，并授权国务院制定具体办法：本法施行前已登记设立的公司，出资期限超过本法规定的期限的，除法律、行政法规或者国务院另有规定外，应当逐步调整至本法规定的期限以内；对于出资期限、出资额明显异常的，公司登记机关可以依法要求其及时调整。

第二部分　附　　录

中华人民共和国公司法

（1993年12月29日第八届全国人民代表大会常务委员会第五次会议通过　根据1999年12月25日第九届全国人民代表大会常务委员会第十三次会议《关于修改〈中华人民共和国公司法〉的决定》第一次修正　根据2004年8月28日第十届全国人民代表大会常务委员会第十一次会议《关于修改〈中华人民共和国公司法〉的决定》第二次修正　2005年10月27日第十届全国人民代表大会常务委员会第十八次会议第一次修订　根据2013年12月28日第十二届全国人民代表大会常务委员会第六次会议《关于修改〈中华人民共和国海洋环境保护法〉等七部法律的决定》第三次修正　根据2018年10月26日第十三届全国人民代表大会常务委员会第六次会议《关于修改〈中华人民共和国公司法〉的决定》第四次修正　2023年12月29日第十四届全国人民代表大会常务委员会第七次会议第二次修订）

目　　录

第一章　总　　则

第一条　为了规范公司的组织和行为，保护公司、股东、职工和债权人的合法权益，完善中国特色现代企业制度，弘扬企业家精神，维护社会经济秩序，促进社会主义市场经济的发展，根据宪法，制定本法。

第二条　本法所称公司，是指依照本法在中华人民共和国境内设立的有限责任公司和股份有限公司。

第三条　公司是企业法人，有独立的法人财产，享有法人财产权。公司以其全部财产对公司的债务承担责任。

公司的合法权益受法律保护，不受侵犯。

第四条　有限责任公司的股东以其认缴的出资额为限对公司承担责任；股份有限公司的股东以其认购的股份为限对公司承担责任。

公司股东对公司依法享有资产收益、参与重大决策和选择管理者等权利。

第五条　设立公司应当依法制定公司章程。公司章程对公司、股东、董事、监事、高级管理人员具有约束力。

第六条　公司应当有自己的名称。公司名称应当符合国家有关规定。

公司的名称权受法律保护。

第七条 依照本法设立的有限责任公司,应当在公司名称中标明有限责任公司或者有限公司字样。

依照本法设立的股份有限公司,应当在公司名称中标明股份有限公司或者股份公司字样。

第八条 公司以其主要办事机构所在地为住所。

第九条 公司的经营范围由公司章程规定。公司可以修改公司章程,变更经营范围。

公司的经营范围中属于法律、行政法规规定须经批准的项目,应当依法经过批准。

第十条 公司的法定代表人按照公司章程的规定,由代表公司执行公司事务的董事或者经理担任。

担任法定代表人的董事或者经理辞任的,视为同时辞去法定代表人。

法定代表人辞任的,公司应当在法定代表人辞任之日起三十日内确定新的法定代表人。

第十一条 法定代表人以公司名义从事的民事活动,其法律后果由公司承受。

公司章程或者股东会对法定代表人职权的限制,不得对抗善意相对人。

法定代表人因执行职务造成他人损害的,由公司承担民事责任。公司承担民事责任后,依照法律或者公司章程的规定,可以向有过错的法定代表人追偿。

第十二条 有限责任公司变更为股份有限公司,应当符合本法规定的股份有限公司的条件。股份有限公司变更为有限责任公司,应当符合本法规定的有限责任公司的条件。

有限责任公司变更为股份有限公司的,或者股份有限公司变更为有限责任公司的,公司变更前的债权、债务由变更后的公司承继。

第十三条 公司可以设立子公司。子公司具有法人资格,依法独立承担民事责任。

公司可以设立分公司。分公司不具有法人资格,其民事责任由公司承担。

第十四条 公司可以向其他企业投资。

法律规定公司不得成为对所投资企业的债务承担连带责任的出资人的，从其规定。

第十五条 公司向其他企业投资或者为他人提供担保，按照公司章程的规定，由董事会或者股东会决议；公司章程对投资或者担保的总额及单项投资或者担保的数额有限额规定的，不得超过规定的限额。

公司为公司股东或者实际控制人提供担保的，应当经股东会决议。

前款规定的股东或者受前款规定的实际控制人支配的股东，不得参加前款规定事项的表决。该项表决由出席会议的其他股东所持表决权的过半数通过。

第十六条 公司应当保护职工的合法权益，依法与职工签订劳动合同，参加社会保险，加强劳动保护，实现安全生产。

公司应当采用多种形式，加强公司职工的职业教育和岗位培训，提高职工素质。

第十七条 公司职工依照《中华人民共和国工会法》组织工会，开展工会活动，维护职工合法权益。公司应当为本公司工会提供必要的活动条件。公司工会代表职工就职工的劳动报酬、工作时间、休息休假、劳动安全卫生和保险福利等事项依法与公司签订集体合同。

公司依照宪法和有关法律的规定，建立健全以职工代表大会为基本形式的民主管理制度，通过职工代表大会或者其他形式，实行民主管理。

公司研究决定改制、解散、申请破产以及经营方面的重大问题、制定重要的规章制度时，应当听取公司工会的意见，并通过职工代表大会或者其他形式听取职工的意见和建议。

第十八条 在公司中，根据中国共产党章程的规定，设立中国共产党的组织，开展党的活动。公司应当为党组织的活动提供必要条件。

第十九条 公司从事经营活动，应当遵守法律法规，遵守社会公德、商业道德，诚实守信，接受政府和社会公众的监督。

第二十条 公司从事经营活动，应当充分考虑公司职工、消费者等利益相关者的利益以及生态环境保护等社会公共利益，承担社会责任。

国家鼓励公司参与社会公益活动，公布社会责任报告。

第二十一条 公司股东应当遵守法律、行政法规和公司章程，依法行使股东权利，不得滥用股东权利损害公司或者其他股东的利益。

公司股东滥用股东权利给公司或者其他股东造成损失的,应当承担赔偿责任。

第二十二条 公司的控股股东、实际控制人、董事、监事、高级管理人员不得利用关联关系损害公司利益。

违反前款规定,给公司造成损失的,应当承担赔偿责任。

第二十三条 公司股东滥用公司法人独立地位和股东有限责任,逃避债务,严重损害公司债权人利益的,应当对公司债务承担连带责任。

股东利用其控制的两个以上公司实施前款规定行为的,各公司应当对任一公司的债务承担连带责任。

只有一个股东的公司,股东不能证明公司财产独立于股东自己的财产的,应当对公司债务承担连带责任。

第二十四条 公司股东会、董事会、监事会召开会议和表决可以采用电子通信方式,公司章程另有规定的除外。

第二十五条 公司股东会、董事会的决议内容违反法律、行政法规的无效。

第二十六条 公司股东会、董事会的会议召集程序、表决方式违反法律、行政法规或者公司章程,或者决议内容违反公司章程的,股东自决议作出之日起六十日内,可以请求人民法院撤销。但是,股东会、董事会的会议召集程序或者表决方式仅有轻微瑕疵,对决议未产生实质影响的除外。

未被通知参加股东会会议的股东自知道或者应当知道股东会决议作出之日起六十日内,可以请求人民法院撤销;自决议作出之日起一年内没有行使撤销权的,撤销权消灭。

第二十七条 有下列情形之一的,公司股东会、董事会的决议不成立:

(一)未召开股东会、董事会会议作出决议;

(二)股东会、董事会会议未对决议事项进行表决;

(三)出席会议的人数或者所持表决权数未达到本法或者公司章程规定的人数或者所持表决权数;

(四)同意决议事项的人数或者所持表决权数未达到本法或者公司章程规定的人数或者所持表决权数。

第二十八条 公司股东会、董事会决议被人民法院宣告无效、撤销或者确认不成立的,公司应当向公司登记机关申请撤销根据该决议已办理的登记。

股东会、董事会决议被人民法院宣告无效、撤销或者确认不成立的，公司根据该决议与善意相对人形成的民事法律关系不受影响。

第二章　公司登记

第二十九条　设立公司，应当依法向公司登记机关申请设立登记。

法律、行政法规规定设立公司必须报经批准的，应当在公司登记前依法办理批准手续。

第三十条　申请设立公司，应当提交设立登记申请书、公司章程等文件，提交的相关材料应当真实、合法和有效。

申请材料不齐全或者不符合法定形式的，公司登记机关应当一次性告知需要补正的材料。

第三十一条　申请设立公司，符合本法规定的设立条件的，由公司登记机关分别登记为有限责任公司或者股份有限公司；不符合本法规定的设立条件的，不得登记为有限责任公司或者股份有限公司。

第三十二条　公司登记事项包括：

（一）名称；

（二）住所；

（三）注册资本；

（四）经营范围；

（五）法定代表人的姓名；

（六）有限责任公司股东、股份有限公司发起人的姓名或者名称。

公司登记机关应当将前款规定的公司登记事项通过国家企业信用信息公示系统向社会公示。

第三十三条　依法设立的公司，由公司登记机关发给公司营业执照。公司营业执照签发日期为公司成立日期。

公司营业执照应当载明公司的名称、住所、注册资本、经营范围、法定代表人姓名等事项。

公司登记机关可以发给电子营业执照。电子营业执照与纸质营业执照具有同等法律效力。

第三十四条　公司登记事项发生变更的，应当依法办理变更登记。

公司登记事项未经登记或者未经变更登记,不得对抗善意相对人。

第三十五条 公司申请变更登记,应当向公司登记机关提交公司法定代表人签署的变更登记申请书、依法作出的变更决议或者决定等文件。

公司变更登记事项涉及修改公司章程的,应当提交修改后的公司章程。

公司变更法定代表人的,变更登记申请书由变更后的法定代表人签署。

第三十六条 公司营业执照记载的事项发生变更的,公司办理变更登记后,由公司登记机关换发营业执照。

第三十七条 公司因解散、被宣告破产或者其他法定事由需要终止的,应当依法向公司登记机关申请注销登记,由公司登记机关公告公司终止。

第三十八条 公司设立分公司,应当向公司登记机关申请登记,领取营业执照。

第三十九条 虚报注册资本、提交虚假材料或者采取其他欺诈手段隐瞒重要事实取得公司设立登记的,公司登记机关应当依照法律、行政法规的规定予以撤销。

第四十条 公司应当按照规定通过国家企业信用信息公示系统公示下列事项:

(一)有限责任公司股东认缴和实缴的出资额、出资方式和出资日期,股份有限公司发起人认购的股份数;

(二)有限责任公司股东、股份有限公司发起人的股权、股份变更信息;

(三)行政许可取得、变更、注销等信息;

(四)法律、行政法规规定的其他信息。

公司应当确保前款公示信息真实、准确、完整。

第四十一条 公司登记机关应当优化公司登记办理流程,提高公司登记效率,加强信息化建设,推行网上办理等便捷方式,提升公司登记便利化水平。

国务院市场监督管理部门根据本法和有关法律、行政法规的规定,制定公司登记注册的具体办法。

第三章 有限责任公司的设立和组织机构

第一节 设 立

第四十二条 有限责任公司由一个以上五十个以下股东出资设立。

第四十三条 有限责任公司设立时的股东可以签订设立协议,明确各自在公司设立过程中的权利和义务。

第四十四条 有限责任公司设立时的股东为设立公司从事的民事活动,其法律后果由公司承受。

公司未成立的,其法律后果由公司设立时的股东承受;设立时的股东为二人以上的,享有连带债权,承担连带债务。

设立时的股东为设立公司以自己的名义从事民事活动产生的民事责任,第三人有权选择请求公司或者公司设立时的股东承担。

设立时的股东因履行公司设立职责造成他人损害的,公司或者无过错的股东承担赔偿责任后,可以向有过错的股东追偿。

第四十五条 设立有限责任公司,应当由股东共同制定公司章程。

第四十六条 有限责任公司章程应当载明下列事项:

(一)公司名称和住所;

(二)公司经营范围;

(三)公司注册资本;

(四)股东的姓名或者名称;

(五)股东的出资额、出资方式和出资日期;

(六)公司的机构及其产生办法、职权、议事规则;

(七)公司法定代表人的产生、变更办法;

(八)股东会认为需要规定的其他事项。

股东应当在公司章程上签名或者盖章。

第四十七条 有限责任公司的注册资本为在公司登记机关登记的全体股东认缴的出资额。全体股东认缴的出资额由股东按照公司章程的规定自公司成立之日起五年内缴足。

法律、行政法规以及国务院决定对有限责任公司注册资本实缴、注册资本最低限额、股东出资期限另有规定的,从其规定。

第四十八条 股东可以用货币出资,也可以用实物、知识产权、土地使用权、股权、债权等可以用货币估价并可以依法转让的非货币财产作价出资;但是,法律、行政法规规定不得作为出资的财产除外。

对作为出资的非货币财产应当评估作价,核实财产,不得高估或者低估作价。法律、行政法规对评估作价有规定的,从其规定。

第四十九条　股东应当按期足额缴纳公司章程规定的各自所认缴的出资额。

股东以货币出资的,应当将货币出资足额存入有限责任公司在银行开设的账户;以非货币财产出资的,应当依法办理其财产权的转移手续。

股东未按期足额缴纳出资的,除应当向公司足额缴纳外,还应当对给公司造成的损失承担赔偿责任。

第五十条　有限责任公司设立时,股东未按照公司章程规定实际缴纳出资,或者实际出资的非货币财产的实际价额显著低于所认缴的出资额的,设立时的其他股东与该股东在出资不足的范围内承担连带责任。

第五十一条　有限责任公司成立后,董事会应当对股东的出资情况进行核查,发现股东未按期足额缴纳公司章程规定的出资的,应当由公司向该股东发出书面催缴书,催缴出资。

未及时履行前款规定的义务,给公司造成损失的,负有责任的董事应当承担赔偿责任。

第五十二条　股东未按照公司章程规定的出资日期缴纳出资,公司依照前条第一款规定发出书面催缴书催缴出资的,可以载明缴纳出资的宽限期;宽限期自公司发出催缴书之日起,不得少于六十日。宽限期届满,股东仍未履行出资义务的,公司经董事会决议可以向该股东发出失权通知,通知应当以书面形式发出。自通知发出之日起,该股东丧失其未缴纳出资的股权。

依照前款规定丧失的股权应当依法转让,或者相应减少注册资本并注销该股权;六个月内未转让或者注销的,由公司其他股东按照其出资比例足额缴纳相应出资。

股东对失权有异议的,应当自接到失权通知之日起三十日内,向人民法院提起诉讼。

第五十三条　公司成立后,股东不得抽逃出资。

违反前款规定的,股东应当返还抽逃的出资;给公司造成损失的,负有责任的董事、监事、高级管理人员应当与该股东承担连带赔偿责任。

第五十四条　公司不能清偿到期债务的,公司或者已到期债权的债权人有权要求已认缴出资但未届出资期限的股东提前缴纳出资。

第五十五条　有限责任公司成立后,应当向股东签发出资证明书,记载下列事项:

(一)公司名称;

(二)公司成立日期;

(三)公司注册资本;

(四)股东的姓名或者名称、认缴和实缴的出资额、出资方式和出资日期;

(五)出资证明书的编号和核发日期。

出资证明书由法定代表人签名,并由公司盖章。

第五十六条 有限责任公司应当置备股东名册,记载下列事项:

(一)股东的姓名或者名称及住所;

(二)股东认缴和实缴的出资额、出资方式和出资日期;

(三)出资证明书编号;

(四)取得和丧失股东资格的日期。

记载于股东名册的股东,可以依股东名册主张行使股东权利。

第五十七条 股东有权查阅、复制公司章程、股东名册、股东会会议记录、董事会会议决议、监事会会议决议和财务会计报告。

股东可以要求查阅公司会计账簿、会计凭证。股东要求查阅公司会计账簿、会计凭证的,应当向公司提出书面请求,说明目的。公司有合理根据认为股东查阅会计账簿、会计凭证有不正当目的,可能损害公司合法利益的,可以拒绝提供查阅,并应当自股东提出书面请求之日起十五日内书面答复股东并说明理由。公司拒绝提供查阅的,股东可以向人民法院提起诉讼。

股东查阅前款规定的材料,可以委托会计师事务所、律师事务所等中介机构进行。

股东及其委托的会计师事务所、律师事务所等中介机构查阅、复制有关材料,应当遵守有关保护国家秘密、商业秘密、个人隐私、个人信息等法律、行政法规的规定。

股东要求查阅、复制公司全资子公司相关材料的,适用前四款的规定。

第二节　组 织 机 构

第五十八条 有限责任公司股东会由全体股东组成。股东会是公司的权力机构,依照本法行使职权。

第五十九条 股东会行使下列职权:

（一）选举和更换董事、监事，决定有关董事、监事的报酬事项；

（二）审议批准董事会的报告；

（三）审议批准监事会的报告；

（四）审议批准公司的利润分配方案和弥补亏损方案；

（五）对公司增加或者减少注册资本作出决议；

（六）对发行公司债券作出决议；

（七）对公司合并、分立、解散、清算或者变更公司形式作出决议；

（八）修改公司章程；

（九）公司章程规定的其他职权。

股东会可以授权董事会对发行公司债券作出决议。

对本条第一款所列事项股东以书面形式一致表示同意的，可以不召开股东会会议，直接作出决定，并由全体股东在决定文件上签名或者盖章。

第六十条　只有一个股东的有限责任公司不设股东会。股东作出前条第一款所列事项的决定时，应当采用书面形式，并由股东签名或者盖章后置备于公司。

第六十一条　首次股东会会议由出资最多的股东召集和主持，依照本法规定行使职权。

第六十二条　股东会会议分为定期会议和临时会议。

定期会议应当按照公司章程的规定按时召开。代表十分之一以上表决权的股东、三分之一以上的董事或者监事会提议召开临时会议的，应当召开临时会议。

第六十三条　股东会会议由董事会召集，董事长主持；董事长不能履行职务或者不履行职务的，由副董事长主持；副董事长不能履行职务或者不履行职务的，由过半数的董事共同推举一名董事主持。

董事会不能履行或者不履行召集股东会会议职责的，由监事会召集和主持；监事会不召集和主持的，代表十分之一以上表决权的股东可以自行召集和主持。

第六十四条　召开股东会会议，应当于会议召开十五日前通知全体股东；但是，公司章程另有规定或者全体股东另有约定的除外。

股东会应当对所议事项的决定作成会议记录，出席会议的股东应当在会议记录上签名或者盖章。

第六十五条 股东会会议由股东按照出资比例行使表决权;但是,公司章程另有规定的除外。

第六十六条 股东会的议事方式和表决程序,除本法有规定的外,由公司章程规定。

股东会作出决议,应当经代表过半数表决权的股东通过。

股东会作出修改公司章程、增加或者减少注册资本的决议,以及公司合并、分立、解散或者变更公司形式的决议,应当经代表三分之二以上表决权的股东通过。

第六十七条 有限责任公司设董事会,本法第七十五条另有规定的除外。

董事会行使下列职权:

(一)召集股东会会议,并向股东会报告工作;

(二)执行股东会的决议;

(三)决定公司的经营计划和投资方案;

(四)制订公司的利润分配方案和弥补亏损方案;

(五)制订公司增加或者减少注册资本以及发行公司债券的方案;

(六)制订公司合并、分立、解散或者变更公司形式的方案;

(七)决定公司内部管理机构的设置;

(八)决定聘任或者解聘公司经理及其报酬事项,并根据经理的提名决定聘任或者解聘公司副经理、财务负责人及其报酬事项;

(九)制定公司的基本管理制度;

(十)公司章程规定或者股东会授予的其他职权。

公司章程对董事会职权的限制不得对抗善意相对人。

第六十八条 有限责任公司董事会成员为三人以上,其成员中可以有公司职工代表。职工人数三百人以上的有限责任公司,除依法设监事会并有公司职工代表的外,其董事会成员中应当有公司职工代表。董事会中的职工代表由公司职工通过职工代表大会、职工大会或者其他形式民主选举产生。

董事会设董事长一人,可以设副董事长。董事长、副董事长的产生办法由公司章程规定。

第六十九条 有限责任公司可以按照公司章程的规定在董事会中设置由董事组成的审计委员会,行使本法规定的监事会的职权,不设监事会或者监事。公司董事会成员中的职工代表可以成为审计委员会成员。

第七十条 董事任期由公司章程规定,但每届任期不得超过三年。董事任期届满,连选可以连任。

董事任期届满未及时改选,或者董事在任期内辞任导致董事会成员低于法定人数的,在改选出的董事就任前,原董事仍应当依照法律、行政法规和公司章程的规定,履行董事职务。

董事辞任的,应当以书面形式通知公司,公司收到通知之日辞任生效,但存在前款规定情形的,董事应当继续履行职务。

第七十一条 股东会可以决议解任董事,决议作出之日解任生效。

无正当理由,在任期届满前解任董事的,该董事可以要求公司予以赔偿。

第七十二条 董事会会议由董事长召集和主持;董事长不能履行职务或者不履行职务的,由副董事长召集和主持;副董事长不能履行职务或者不履行职务的,由过半数的董事共同推举一名董事召集和主持。

第七十三条 董事会的议事方式和表决程序,除本法有规定的外,由公司章程规定。

董事会会议应当有过半数的董事出席方可举行。董事会作出决议,应当经全体董事的过半数通过。

董事会决议的表决,应当一人一票。

董事会应当对所议事项的决定作成会议记录,出席会议的董事应当在会议记录上签名。

第七十四条 有限责任公司可以设经理,由董事会决定聘任或者解聘。

经理对董事会负责,根据公司章程的规定或者董事会的授权行使职权。经理列席董事会会议。

第七十五条 规模较小或者股东人数较少的有限责任公司,可以不设董事会,设一名董事,行使本法规定的董事会的职权。该董事可以兼任公司经理。

第七十六条 有限责任公司设监事会,本法第六十九条、第八十三条另有规定的除外。

监事会成员为三人以上。监事会成员应当包括股东代表和适当比例的公司职工代表,其中职工代表的比例不得低于三分之一,具体比例由公司章程规定。监事会中的职工代表由公司职工通过职工代表大会、职工大会或者其他形式民主选举产生。

监事会设主席一人，由全体监事过半数选举产生。监事会主席召集和主持监事会会议；监事会主席不能履行职务或者不履行职务的，由过半数的监事共同推举一名监事召集和主持监事会会议。

董事、高级管理人员不得兼任监事。

第七十七条 监事的任期每届为三年。监事任期届满，连选可以连任。

监事任期届满未及时改选，或者监事在任期内辞任导致监事会成员低于法定人数的，在改选出的监事就任前，原监事仍应当依照法律、行政法规和公司章程的规定，履行监事职务。

第七十八条 监事会行使下列职权：

（一）检查公司财务；

（二）对董事、高级管理人员执行职务的行为进行监督，对违反法律、行政法规、公司章程或者股东会决议的董事、高级管理人员提出解任的建议；

（三）当董事、高级管理人员的行为损害公司的利益时，要求董事、高级管理人员予以纠正；

（四）提议召开临时股东会会议，在董事会不履行本法规定的召集和主持股东会会议职责时召集和主持股东会会议；

（五）向股东会会议提出提案；

（六）依照本法第一百八十九条的规定，对董事、高级管理人员提起诉讼；

（七）公司章程规定的其他职权。

第七十九条 监事可以列席董事会会议，并对董事会决议事项提出质询或者建议。

监事会发现公司经营情况异常，可以进行调查；必要时，可以聘请会计师事务所等协助其工作，费用由公司承担。

第八十条 监事会可以要求董事、高级管理人员提交执行职务的报告。

董事、高级管理人员应当如实向监事会提供有关情况和资料，不得妨碍监事会或者监事行使职权。

第八十一条 监事会每年度至少召开一次会议，监事可以提议召开临时监事会会议。

监事会的议事方式和表决程序，除本法有规定的外，由公司章程规定。

监事会决议应当经全体监事的过半数通过。

监事会决议的表决，应当一人一票。

监事会应当对所议事项的决定作成会议记录，出席会议的监事应当在会议记录上签名。

第八十二条 监事会行使职权所必需的费用，由公司承担。

第八十三条 规模较小或者股东人数较少的有限责任公司，可以不设监事会，设一名监事，行使本法规定的监事会的职权；经全体股东一致同意，也可以不设监事。

第四章 有限责任公司的股权转让

第八十四条 有限责任公司的股东之间可以相互转让其全部或者部分股权。

股东向股东以外的人转让股权的，应当将股权转让的数量、价格、支付方式和期限等事项书面通知其他股东，其他股东在同等条件下有优先购买权。股东自接到书面通知之日起三十日内未答复的，视为放弃优先购买权。两个以上股东行使优先购买权的，协商确定各自的购买比例；协商不成的，按照转让时各自的出资比例行使优先购买权。

公司章程对股权转让另有规定的，从其规定。

第八十五条 人民法院依照法律规定的强制执行程序转让股东的股权时，应当通知公司及全体股东，其他股东在同等条件下有优先购买权。其他股东自人民法院通知之日起满二十日不行使优先购买权的，视为放弃优先购买权。

第八十六条 股东转让股权的，应当书面通知公司，请求变更股东名册；需要办理变更登记的，并请求公司向公司登记机关办理变更登记。公司拒绝或者在合理期限内不予答复的，转让人、受让人可以依法向人民法院提起诉讼。

股权转让的，受让人自记载于股东名册时起可以向公司主张行使股东权利。

第八十七条 依照本法转让股权后，公司应当及时注销原股东的出资证明书，向新股东签发出资证明书，并相应修改公司章程和股东名册中有关股东及其出资额的记载。对公司章程的该项修改不需再由股东会表决。

第八十八条　股东转让已认缴出资但未届出资期限的股权的，由受让人承担缴纳该出资的义务；受让人未按期足额缴纳出资的，转让人对受让人未按期缴纳的出资承担补充责任。

未按照公司章程规定的出资日期缴纳出资或者作为出资的非货币财产的实际价额显著低于所认缴的出资额的股东转让股权的，转让人与受让人在出资不足的范围内承担连带责任；受让人不知道且不应当知道存在上述情形的，由转让人承担责任。

第八十九条　有下列情形之一的，对股东会该项决议投反对票的股东可以请求公司按照合理的价格收购其股权：

（一）公司连续五年不向股东分配利润，而公司该五年连续盈利，并且符合本法规定的分配利润条件；

（二）公司合并、分立、转让主要财产；

（三）公司章程规定的营业期限届满或者章程规定的其他解散事由出现，股东会通过决议修改章程使公司存续。

自股东会决议作出之日起六十日内，股东与公司不能达成股权收购协议的，股东可以自股东会决议作出之日起九十日内向人民法院提起诉讼。

公司的控股股东滥用股东权利，严重损害公司或者其他股东利益的，其他股东有权请求公司按照合理的价格收购其股权。

公司因本条第一款、第三款规定的情形收购的本公司股权，应当在六个月内依法转让或者注销。

第九十条　自然人股东死亡后，其合法继承人可以继承股东资格；但是，公司章程另有规定的除外。

第五章　股份有限公司的设立和组织机构

第一节　设　　立

第九十一条　设立股份有限公司，可以采取发起设立或者募集设立的方式。

发起设立，是指由发起人认购设立公司时应发行的全部股份而设立公司。

募集设立，是指由发起人认购设立公司时应发行股份的一部分，其余股份向特定对象募集或者向社会公开募集而设立公司。

第九十二条 设立股份有限公司，应当有一人以上二百人以下为发起人，其中应当有半数以上的发起人在中华人民共和国境内有住所。

第九十三条 股份有限公司发起人承担公司筹办事务。

发起人应当签订发起人协议，明确各自在公司设立过程中的权利和义务。

第九十四条 设立股份有限公司，应当由发起人共同制订公司章程。

第九十五条 股份有限公司章程应当载明下列事项：

（一）公司名称和住所；

（二）公司经营范围；

（三）公司设立方式；

（四）公司注册资本、已发行的股份数和设立时发行的股份数，面额股的每股金额；

（五）发行类别股的，每一类别股的股份数及其权利和义务；

（六）发起人的姓名或者名称、认购的股份数、出资方式；

（七）董事会的组成、职权和议事规则；

（八）公司法定代表人的产生、变更办法；

（九）监事会的组成、职权和议事规则；

（十）公司利润分配办法；

（十一）公司的解散事由与清算办法；

（十二）公司的通知和公告办法；

（十三）股东会认为需要规定的其他事项。

第九十六条 股份有限公司的注册资本为在公司登记机关登记的已发行股份的股本总额。在发起人认购的股份缴足前，不得向他人募集股份。

法律、行政法规以及国务院决定对股份有限公司注册资本最低限额另有规定的，从其规定。

第九十七条 以发起设立方式设立股份有限公司的，发起人应当认足公司章程规定的公司设立时应发行的股份。

以募集设立方式设立股份有限公司的，发起人认购的股份不得少于公司章程规定的公司设立时应发行股份总数的百分之三十五；但是，法律、行政法规另有规定的，从其规定。

第九十八条 发起人应当在公司成立前按照其认购的股份全额缴纳

股款。

发起人的出资，适用本法第四十八条、第四十九条第二款关于有限责任公司股东出资的规定。

第九十九条 发起人不按照其认购的股份缴纳股款，或者作为出资的非货币财产的实际价额显著低于所认购的股份的，其他发起人与该发起人在出资不足的范围内承担连带责任。

第一百条 发起人向社会公开募集股份，应当公告招股说明书，并制作认股书。认股书应当载明本法第一百五十四条第二款、第三款所列事项，由认股人填写认购的股份数、金额、住所，并签名或者盖章。认股人应当按照所认购股份足额缴纳股款。

第一百零一条 向社会公开募集股份的股款缴足后，应当经依法设立的验资机构验资并出具证明。

第一百零二条 股份有限公司应当制作股东名册并置备于公司。股东名册应当记载下列事项：

（一）股东的姓名或者名称及住所；

（二）各股东所认购的股份种类及股份数；

（三）发行纸面形式的股票的，股票的编号；

（四）各股东取得股份的日期。

第一百零三条 募集设立股份有限公司的发起人应当自公司设立时应发行股份的股款缴足之日起三十日内召开公司成立大会。发起人应当在成立大会召开十五日前将会议日期通知各认股人或者予以公告。成立大会应当有持有表决权过半数的认股人出席，方可举行。

以发起设立方式设立股份有限公司成立大会的召开和表决程序由公司章程或者发起人协议规定。

第一百零四条 公司成立大会行使下列职权：

（一）审议发起人关于公司筹办情况的报告；

（二）通过公司章程；

（三）选举董事、监事；

（四）对公司的设立费用进行审核；

（五）对发起人非货币财产出资的作价进行审核；

（六）发生不可抗力或者经营条件发生重大变化直接影响公司设立的，

可以作出不设立公司的决议。

成立大会对前款所列事项作出决议，应当经出席会议的认股人所持表决权过半数通过。

第一百零五条 公司设立时应发行的股份未募足，或者发行股份的股款缴足后，发起人在三十日内未召开成立大会的，认股人可以按照所缴股款并加算银行同期存款利息，要求发起人返还。

发起人、认股人缴纳股款或者交付非货币财产出资后，除未按期募足股份、发起人未按期召开成立大会或者成立大会决议不设立公司的情形外，不得抽回其股本。

第一百零六条 董事会应当授权代表，于公司成立大会结束后三十日内向公司登记机关申请设立登记。

第一百零七条 本法第四十四条、第四十九条第三款、第五十一条、第五十二条、第五十三条的规定，适用于股份有限公司。

第一百零八条 有限责任公司变更为股份有限公司时，折合的实收股本总额不得高于公司净资产额。有限责任公司变更为股份有限公司，为增加注册资本公开发行股份时，应当依法办理。

第一百零九条 股份有限公司应当将公司章程、股东名册、股东会会议记录、董事会会议记录、监事会会议记录、财务会计报告、债券持有人名册置备于本公司。

第一百一十条 股东有权查阅、复制公司章程、股东名册、股东会会议记录、董事会会议决议、监事会会议决议、财务会计报告，对公司的经营提出建议或者质询。

连续一百八十日以上单独或者合计持有公司百分之三以上股份的股东要求查阅公司的会计账簿、会计凭证的，适用本法第五十七条第二款、第三款、第四款的规定。公司章程对持股比例有较低规定的，从其规定。

股东要求查阅、复制公司全资子公司相关材料的，适用前两款的规定。

上市公司股东查阅、复制相关材料的，应当遵守《中华人民共和国证券法》等法律、行政法规的规定。

第二节 股 东 会

第一百一十一条 股份有限公司股东会由全体股东组成。股东会是公司的权力机构,依照本法行使职权。

第一百一十二条 本法第五十九条第一款、第二款关于有限责任公司股东会职权的规定,适用于股份有限公司股东会。

本法第六十条关于只有一个股东的有限责任公司不设股东会的规定,适用于只有一个股东的股份有限公司。

第一百一十三条 股东会应当每年召开一次年会。有下列情形之一的,应当在两个月内召开临时股东会会议:

(一)董事人数不足本法规定人数或者公司章程所定人数的三分之二时;

(二)公司未弥补的亏损达股本总额三分之一时;

(三)单独或者合计持有公司百分之十以上股份的股东请求时;

(四)董事会认为必要时;

(五)监事会提议召开时;

(六)公司章程规定的其他情形。

第一百一十四条 股东会会议由董事会召集,董事长主持;董事长不能履行职务或者不履行职务的,由副董事长主持;副董事长不能履行职务或者不履行职务的,由过半数的董事共同推举一名董事主持。

董事会不能履行或者不履行召集股东会会议职责的,监事会应当及时召集和主持;监事会不召集和主持的,连续九十日以上单独或者合计持有公司百分之十以上股份的股东可以自行召集和主持。

单独或者合计持有公司百分之十以上股份的股东请求召开临时股东会会议的,董事会、监事会应当在收到请求之日起十日内作出是否召开临时股东会会议的决定,并书面答复股东。

第一百一十五条 召开股东会会议,应当将会议召开的时间、地点和审议的事项于会议召开二十日前通知各股东;临时股东会会议应当于会议召开十五日前通知各股东。

单独或者合计持有公司百分之一以上股份的股东,可以在股东会会议召开十日前提出临时提案并书面提交董事会。临时提案应当有明确议题和具体决议事项。董事会应当在收到提案后二日内通知其他股东,并将该临时提案提交股东会审议;但临时提案违反法律、行政法规或者公司章程的规定,或者不属于股东会职权范围的除外。公司不得提高提出临时提案股东的持股比例。

公开发行股份的公司,应当以公告方式作出前两款规定的通知。

股东会不得对通知中未列明的事项作出决议。

第一百一十六条 股东出席股东会会议,所持每一股份有一表决权,类别股股东除外。公司持有的本公司股份没有表决权。

股东会作出决议,应当经出席会议的股东所持表决权过半数通过。

股东会作出修改公司章程、增加或者减少注册资本的决议,以及公司合并、分立、解散或者变更公司形式的决议,应当经出席会议的股东所持表决权的三分之二以上通过。

第一百一十七条 股东会选举董事、监事,可以按照公司章程的规定或者股东会的决议,实行累积投票制。

本法所称累积投票制,是指股东会选举董事或者监事时,每一股份拥有与应选董事或者监事人数相同的表决权,股东拥有的表决权可以集中使用。

第一百一十八条 股东委托代理人出席股东会会议的,应当明确代理人代理的事项、权限和期限;代理人应当向公司提交股东授权委托书,并在授权范围内行使表决权。

第一百一十九条 股东会应当对所议事项的决定作成会议记录,主持人、出席会议的董事应当在会议记录上签名。会议记录应当与出席股东的签名册及代理出席的委托书一并保存。

第三节 董事会、经理

第一百二十条 股份有限公司设董事会,本法第一百二十八条另有规定的除外。

本法第六十七条、第六十八条第一款、第七十条、第七十一条的规定,适用于股份有限公司。

第一百二十一条 股份有限公司可以按照公司章程的规定在董事会中设置由董事组成的审计委员会,行使本法规定的监事会的职权,不设监事会或者监事。

审计委员会成员为三名以上,过半数成员不得在公司担任除董事以外的其他职务,且不得与公司存在任何可能影响其独立客观判断的关系。公司董事会成员中的职工代表可以成为审计委员会成员。

审计委员会作出决议,应当经审计委员会成员的过半数通过。

审计委员会决议的表决,应当一人一票。

审计委员会的议事方式和表决程序,除本法有规定的外,由公司章程规定。

公司可以按照公司章程的规定在董事会中设置其他委员会。

第一百二十二条 董事会设董事长一人,可以设副董事长。董事长和副董事长由董事会以全体董事的过半数选举产生。

董事长召集和主持董事会会议,检查董事会决议的实施情况。副董事长协助董事长工作,董事长不能履行职务或者不履行职务的,由副董事长履行职务;副董事长不能履行职务或者不履行职务的,由过半数的董事共同推举一名董事履行职务。

第一百二十三条 董事会每年度至少召开两次会议,每次会议应当于会议召开十日前通知全体董事和监事。

代表十分之一以上表决权的股东、三分之一以上董事或者监事会,可以提议召开临时董事会会议。董事长应当自接到提议后十日内,召集和主持董事会会议。

董事会召开临时会议,可以另定召集董事会的通知方式和通知时限。

第一百二十四条 董事会会议应当有过半数的董事出席方可举行。董事会作出决议,应当经全体董事的过半数通过。

董事会决议的表决,应当一人一票。

董事会应当对所议事项的决定作成会议记录,出席会议的董事应当在会议记录上签名。

第一百二十五条 董事会会议,应当由董事本人出席;董事因故不能出席,可以书面委托其他董事代为出席,委托书应当载明授权范围。

董事应当对董事会的决议承担责任。董事会的决议违反法律、行政法规或者公司章程、股东会决议,给公司造成严重损失的,参与决议的董事对公司负赔偿责任;经证明在表决时曾表明异议并记载于会议记录的,该董事可以免除责任。

第一百二十六条 股份有限公司设经理,由董事会决定聘任或者解聘。

经理对董事会负责,根据公司章程的规定或者董事会的授权行使职权。经理列席董事会会议。

第一百二十七条 公司董事会可以决定由董事会成员兼任经理。

第一百二十八条 规模较小或者股东人数较少的股份有限公司，可以不设董事会，设一名董事，行使本法规定的董事会的职权。该董事可以兼任公司经理。

第一百二十九条 公司应当定期向股东披露董事、监事、高级管理人员从公司获得报酬的情况。

第四节 监 事 会

第一百三十条 股份有限公司设监事会，本法第一百二十一条第一款、第一百三十三条另有规定的除外。

监事会成员为三人以上。监事会成员应当包括股东代表和适当比例的公司职工代表，其中职工代表的比例不得低于三分之一，具体比例由公司章程规定。监事会中的职工代表由公司职工通过职工代表大会、职工大会或者其他形式民主选举产生。

监事会设主席一人，可以设副主席。监事会主席和副主席由全体监事过半数选举产生。监事会主席召集和主持监事会会议；监事会主席不能履行职务或者不履行职务的，由监事会副主席召集和主持监事会会议；监事会副主席不能履行职务或者不履行职务的，由过半数的监事共同推举一名监事召集和主持监事会会议。

董事、高级管理人员不得兼任监事。

本法第七十七条关于有限责任公司监事任期的规定，适用于股份有限公司监事。

第一百三十一条 本法第七十八条至第八十条的规定，适用于股份有限公司监事会。

监事会行使职权所必需的费用，由公司承担。

第一百三十二条 监事会每六个月至少召开一次会议。监事可以提议召开临时监事会会议。

监事会的议事方式和表决程序，除本法有规定的外，由公司章程规定。

监事会决议应当经全体监事的过半数通过。

监事会决议的表决，应当一人一票。

监事会应当对所议事项的决定作成会议记录，出席会议的监事应当在会议记录上签名。

第一百三十三条 规模较小或者股东人数较少的股份有限公司,可以不设监事会,设一名监事,行使本法规定的监事会的职权。

第五节 上市公司组织机构的特别规定

第一百三十四条 本法所称上市公司,是指其股票在证券交易所上市交易的股份有限公司。

第一百三十五条 上市公司在一年内购买、出售重大资产或者向他人提供担保的金额超过公司资产总额百分之三十的,应当由股东会作出决议,并经出席会议的股东所持表决权的三分之二以上通过。

第一百三十六条 上市公司设独立董事,具体管理办法由国务院证券监督管理机构规定。

上市公司的公司章程除载明本法第九十五条规定的事项外,还应当依照法律、行政法规的规定载明董事会专门委员会的组成、职权以及董事、监事、高级管理人员薪酬考核机制等事项。

第一百三十七条 上市公司在董事会中设置审计委员会的,董事会对下列事项作出决议前应当经审计委员会全体成员过半数通过:

(一)聘用、解聘承办公司审计业务的会计师事务所;

(二)聘任、解聘财务负责人;

(三)披露财务会计报告;

(四)国务院证券监督管理机构规定的其他事项。

第一百三十八条 上市公司设董事会秘书,负责公司股东会和董事会会议的筹备、文件保管以及公司股东资料的管理,办理信息披露事务等事宜。

第一百三十九条 上市公司董事与董事会会议决议事项所涉及的企业或者个人有关联关系的,该董事应当及时向董事会书面报告。有关联关系的董事不得对该项决议行使表决权,也不得代理其他董事行使表决权。该董事会会议由过半数的无关联关系董事出席即可举行,董事会会议所作决议须经无关联关系董事过半数通过。出席董事会会议的无关联关系董事人数不足三人的,应当将该事项提交上市公司股东会审议。

第一百四十条 上市公司应当依法披露股东、实际控制人的信息,相关信息应当真实、准确、完整。

禁止违反法律、行政法规的规定代持上市公司股票。

第一百四十一条 上市公司控股子公司不得取得该上市公司的股份。

上市公司控股子公司因公司合并、质权行使等原因持有上市公司股份的，不得行使所持股份对应的表决权，并应当及时处分相关上市公司股份。

第六章 股份有限公司的股份发行和转让

第一节 股份发行

第一百四十二条 公司的资本划分为股份。公司的全部股份，根据公司章程的规定择一采用面额股或者无面额股。采用面额股的，每一股的金额相等。

公司可以根据公司章程的规定将已发行的面额股全部转换为无面额股或者将无面额股全部转换为面额股。

采用无面额股的，应当将发行股份所得股款的二分之一以上计入注册资本。

第一百四十三条 股份的发行，实行公平、公正的原则，同类别的每一股份应当具有同等权利。

同次发行的同类别股份，每股的发行条件和价格应当相同；认购人所认购的股份，每股应当支付相同价额。

第一百四十四条 公司可以按照公司章程的规定发行下列与普通股权利不同的类别股：

（一）优先或者劣后分配利润或者剩余财产的股份；

（二）每一股的表决权数多于或者少于普通股的股份；

（三）转让须经公司同意等转让受限的股份；

（四）国务院规定的其他类别股。

公开发行股份的公司不得发行前款第二项、第三项规定的类别股；公开发行前已发行的除外。

公司发行本条第一款第二项规定的类别股的，对于监事或者审计委员会成员的选举和更换，类别股与普通股每一股的表决权数相同。

第一百四十五条 发行类别股的公司，应当在公司章程中载明以下事项：

（一）类别股分配利润或者剩余财产的顺序；

（二）类别股的表决权数；

（三）类别股的转让限制；

（四）保护中小股东权益的措施；

（五）股东会认为需要规定的其他事项。

第一百四十六条 发行类别股的公司，有本法第一百一十六条第三款规定的事项等可能影响类别股股东权利的，除应当依照第一百一十六条第三款的规定经股东会决议外，还应当经出席类别股股东会议的股东所持表决权的三分之二以上通过。

公司章程可以对需经类别股股东会议决议的其他事项作出规定。

第一百四十七条 公司的股份采取股票的形式。股票是公司签发的证明股东所持股份的凭证。

公司发行的股票，应当为记名股票。

第一百四十八条 面额股股票的发行价格可以按票面金额，也可以超过票面金额，但不得低于票面金额。

第一百四十九条 股票采用纸面形式或者国务院证券监督管理机构规定的其他形式。

股票采用纸面形式的，应当载明下列主要事项：

（一）公司名称；

（二）公司成立日期或者股票发行的时间；

（三）股票种类、票面金额及代表的股份数，发行无面额股的，股票代表的股份数。

股票采用纸面形式的，还应当载明股票的编号，由法定代表人签名，公司盖章。

发起人股票采用纸面形式的，应当标明发起人股票字样。

第一百五十条 股份有限公司成立后，即向股东正式交付股票。公司成立前不得向股东交付股票。

第一百五十一条 公司发行新股，股东会应当对下列事项作出决议：

（一）新股种类及数额；

（二）新股发行价格；

（三）新股发行的起止日期；

（四）向原有股东发行新股的种类及数额；

（五）发行无面额股的，新股发行所得股款计入注册资本的金额。

公司发行新股，可以根据公司经营情况和财务状况，确定其作价方案。

第一百五十二条 公司章程或者股东会可以授权董事会在三年内决定发行不超过已发行股份百分之五十的股份。但以非货币财产作价出资的应当经股东会决议。

董事会依照前款规定决定发行股份导致公司注册资本、已发行股份数发生变化的，对公司章程该项记载事项的修改不需再由股东会表决。

第一百五十三条 公司章程或者股东会授权董事会决定发行新股的，董事会决议应当经全体董事三分之二以上通过。

第一百五十四条 公司向社会公开募集股份，应当经国务院证券监督管理机构注册，公告招股说明书。

招股说明书应当附有公司章程，并载明下列事项：

（一）发行的股份总数；

（二）面额股的票面金额和发行价格或者无面额股的发行价格；

（三）募集资金的用途；

（四）认股人的权利和义务；

（五）股份种类及其权利和义务；

（六）本次募股的起止日期及逾期未募足时认股人可以撤回所认股份的说明。

公司设立时发行股份的，还应当载明发起人认购的股份数。

第一百五十五条 公司向社会公开募集股份，应当由依法设立的证券公司承销，签订承销协议。

第一百五十六条 公司向社会公开募集股份，应当同银行签订代收股款协议。

代收股款的银行应当按照协议代收和保存股款，向缴纳股款的认股人出具收款单据，并负有向有关部门出具收款证明的义务。

公司发行股份募足股款后，应予公告。

第二节 股份转让

第一百五十七条 股份有限公司的股东持有的股份可以向其他股东转让，也可以向股东以外的人转让；公司章程对股份转让有限制的，其转让按照公司章程的规定进行。

第一百五十八条 股东转让其股份，应当在依法设立的证券交易场所进行或者按照国务院规定的其他方式进行。

第一百五十九条 股票的转让，由股东以背书方式或者法律、行政法规规定的其他方式进行；转让后由公司将受让人的姓名或者名称及住所记载于股东名册。

股东会会议召开前二十日内或者公司决定分配股利的基准日前五日内，不得变更股东名册。法律、行政法规或者国务院证券监督管理机构对上市公司股东名册变更另有规定的，从其规定。

第一百六十条 公司公开发行股份前已发行的股份，自公司股票在证券交易所上市交易之日起一年内不得转让。法律、行政法规或者国务院证券监督管理机构对上市公司的股东、实际控制人转让其所持有的本公司股份另有规定的，从其规定。

公司董事、监事、高级管理人员应当向公司申报所持有的本公司的股份及其变动情况，在就任时确定的任职期间每年转让的股份不得超过其所持有本公司股份总数的百分之二十五；所持本公司股份自公司股票上市交易之日起一年内不得转让。上述人员离职后半年内，不得转让其所持有的本公司股份。公司章程可以对公司董事、监事、高级管理人员转让其所持有的本公司股份作出其他限制性规定。

股份在法律、行政法规规定的限制转让期限内出质的，质权人不得在限制转让期限内行使质权。

第一百六十一条 有下列情形之一的，对股东会该项决议投反对票的股东可以请求公司按照合理的价格收购其股份，公开发行股份的公司除外：

（一）公司连续五年不向股东分配利润，而公司该五年连续盈利，并且符合本法规定的分配利润条件；

（二）公司转让主要财产；

（三）公司章程规定的营业期限届满或者章程规定的其他解散事由出现，股东会通过决议修改章程使公司存续。

自股东会决议作出之日起六十日内，股东与公司不能达成股份收购协议的，股东可以自股东会决议作出之日起九十日内向人民法院提起诉讼。

公司因本条第一款规定的情形收购的本公司股份，应当在六个月内依法转让或者注销。

第一百六十二条 公司不得收购本公司股份。但是,有下列情形之一的除外:

(一)减少公司注册资本;

(二)与持有本公司股份的其他公司合并;

(三)将股份用于员工持股计划或者股权激励;

(四)股东因对股东会作出的公司合并、分立决议持异议,要求公司收购其股份;

(五)将股份用于转换公司发行的可转换为股票的公司债券;

(六)上市公司为维护公司价值及股东权益所必需。

公司因前款第一项、第二项规定的情形收购本公司股份的,应当经股东会决议;公司因前款第三项、第五项、第六项规定的情形收购本公司股份的,可以按照公司章程或者股东会的授权,经三分之二以上董事出席的董事会会议决议。

公司依照本条第一款规定收购本公司股份后,属于第一项情形的,应当自收购之日起十日内注销;属于第二项、第四项情形的,应当在六个月内转让或者注销;属于第三项、第五项、第六项情形的,公司合计持有的本公司股份数不得超过本公司已发行股份总数的百分之十,并应当在三年内转让或者注销。

上市公司收购本公司股份的,应当依照《中华人民共和国证券法》的规定履行信息披露义务。上市公司因本条第一款第三项、第五项、第六项规定的情形收购本公司股份的,应当通过公开的集中交易方式进行。

公司不得接受本公司的股份作为质权的标的。

第一百六十三条 公司不得为他人取得本公司或者其母公司的股份提供赠与、借款、担保以及其他财务资助,公司实施员工持股计划的除外。

为公司利益,经股东会决议,或者董事会按照公司章程或者股东会的授权作出决议,公司可以为他人取得本公司或者其母公司的股份提供财务资助,但财务资助的累计总额不得超过已发行股本总额的百分之十。董事会作出决议应当经全体董事的三分之二以上通过。

违反前两款规定,给公司造成损失的,负有责任的董事、监事、高级管理人员应当承担赔偿责任。

第一百六十四条 股票被盗、遗失或者灭失，股东可以依照《中华人民共和国民事诉讼法》规定的公示催告程序，请求人民法院宣告该股票失效。人民法院宣告该股票失效后，股东可以向公司申请补发股票。

第一百六十五条 上市公司的股票，依照有关法律、行政法规及证券交易所交易规则上市交易。

第一百六十六条 上市公司应当依照法律、行政法规的规定披露相关信息。

第一百六十七条 自然人股东死亡后，其合法继承人可以继承股东资格；但是，股份转让受限的股份有限公司的章程另有规定的除外。

第七章 国家出资公司组织机构的特别规定

第一百六十八条 国家出资公司的组织机构，适用本章规定；本章没有规定的，适用本法其他规定。

本法所称国家出资公司，是指国家出资的国有独资公司、国有资本控股公司，包括国家出资的有限责任公司、股份有限公司。

第一百六十九条 国家出资公司，由国务院或者地方人民政府分别代表国家依法履行出资人职责，享有出资人权益。国务院或者地方人民政府可以授权国有资产监督管理机构或者其他部门、机构代表本级人民政府对国家出资公司履行出资人职责。

代表本级人民政府履行出资人职责的机构、部门，以下统称为履行出资人职责的机构。

第一百七十条 国家出资公司中中国共产党的组织，按照中国共产党章程的规定发挥领导作用，研究讨论公司重大经营管理事项，支持公司的组织机构依法行使职权。

第一百七十一条 国有独资公司章程由履行出资人职责的机构制定。

第一百七十二条 国有独资公司不设股东会，由履行出资人职责的机构行使股东会职权。履行出资人职责的机构可以授权公司董事会行使股东会的部分职权，但公司章程的制定和修改，公司的合并、分立、解散、申请破产，增加或者减少注册资本，分配利润，应当由履行出资人职责的机构决定。

第一百七十三条 国有独资公司的董事会依照本法规定行使职权。

国有独资公司的董事会成员中，应当过半数为外部董事，并应当有公司职工代表。

董事会成员由履行出资人职责的机构委派;但是,董事会成员中的职工代表由公司职工代表大会选举产生。

董事会设董事长一人,可以设副董事长。董事长、副董事长由履行出资人职责的机构从董事会成员中指定。

第一百七十四条 国有独资公司的经理由董事会聘任或者解聘。

经履行出资人职责的机构同意,董事会成员可以兼任经理。

第一百七十五条 国有独资公司的董事、高级管理人员,未经履行出资人职责的机构同意,不得在其他有限责任公司、股份有限公司或者其他经济组织兼职。

第一百七十六条 国有独资公司在董事会中设置由董事组成的审计委员会行使本法规定的监事会职权的,不设监事会或者监事。

第一百七十七条 国家出资公司应当依法建立健全内部监督管理和风险控制制度,加强内部合规管理。

第八章 公司董事、监事、高级管理人员的资格和义务

第一百七十八条 有下列情形之一的,不得担任公司的董事、监事、高级管理人员:

(一)无民事行为能力或者限制民事行为能力;

(二)因贪污、贿赂、侵占财产、挪用财产或者破坏社会主义市场经济秩序,被判处刑罚,或者因犯罪被剥夺政治权利,执行期满未逾五年,被宣告缓刑的,自缓刑考验期满之日起未逾二年;

(三)担任破产清算的公司、企业的董事或者厂长、经理,对该公司、企业的破产负有个人责任的,自该公司、企业破产清算完结之日起未逾三年;

(四)担任因违法被吊销营业执照、责令关闭的公司、企业的法定代表人,并负有个人责任的,自该公司、企业被吊销营业执照、责令关闭之日起未逾三年;

(五)个人因所负数额较大债务到期未清偿被人民法院列为失信被执行人。

违反前款规定选举、委派董事、监事或者聘任高级管理人员的,该选举、委派或者聘任无效。

董事、监事、高级管理人员在任职期间出现本条第一款所列情形的，公司应当解除其职务。

第一百七十九条 董事、监事、高级管理人员应当遵守法律、行政法规和公司章程。

第一百八十条 董事、监事、高级管理人员对公司负有忠实义务，应当采取措施避免自身利益与公司利益冲突，不得利用职权牟取不正当利益。

董事、监事、高级管理人员对公司负有勤勉义务，执行职务应当为公司的最大利益尽到管理者通常应有的合理注意。

公司的控股股东、实际控制人不担任公司董事但实际执行公司事务的，适用前两款规定。

第一百八十一条 董事、监事、高级管理人员不得有下列行为：

(一)侵占公司财产、挪用公司资金；

(二)将公司资金以其个人名义或者以其他个人名义开立账户存储；

(三)利用职权贿赂或者收受其他非法收入；

(四)接受他人与公司交易的佣金归为己有；

(五)擅自披露公司秘密；

(六)违反对公司忠实义务的其他行为。

第一百八十二条 董事、监事、高级管理人员，直接或者间接与本公司订立合同或者进行交易，应当就与订立合同或者进行交易有关的事项向董事会或者股东会报告，并按照公司章程的规定经董事会或者股东会决议通过。

董事、监事、高级管理人员的近亲属，董事、监事、高级管理人员或者其近亲属直接或者间接控制的企业，以及与董事、监事、高级管理人员有其他关联关系的关联人，与公司订立合同或者进行交易，适用前款规定。

第一百八十三条 董事、监事、高级管理人员，不得利用职务便利为自己或者他人谋取属于公司的商业机会。但是，有下列情形之一的除外：

(一)向董事会或者股东会报告，并按照公司章程的规定经董事会或者股东会决议通过；

(二)根据法律、行政法规或者公司章程的规定，公司不能利用该商业机会。

第一百八十四条 董事、监事、高级管理人员未向董事会或者股东会报告，并按照公司章程的规定经董事会或者股东会决议通过，不得自营或者为他人经营与其任职公司同类的业务。

第一百八十五条 董事会对本法第一百八十二条至第一百八十四条规定的事项决议时，关联董事不得参与表决，其表决权不计入表决权总数。出席董事会会议的无关联关系董事人数不足三人的，应当将该事项提交股东会审议。

第一百八十六条 董事、监事、高级管理人员违反本法第一百八十一条至第一百八十四条规定所得的收入应当归公司所有。

第一百八十七条 股东会要求董事、监事、高级管理人员列席会议的，董事、监事、高级管理人员应当列席并接受股东的质询。

第一百八十八条 董事、监事、高级管理人员执行职务违反法律、行政法规或者公司章程的规定，给公司造成损失的，应当承担赔偿责任。

第一百八十九条 董事、高级管理人员有前条规定的情形的，有限责任公司的股东、股份有限公司连续一百八十日以上单独或者合计持有公司百分之一以上股份的股东，可以书面请求监事会向人民法院提起诉讼；监事有前条规定的情形的，前述股东可以书面请求董事会向人民法院提起诉讼。

监事会或者董事会收到前款规定的股东书面请求后拒绝提起诉讼，或者自收到请求之日起三十日内未提起诉讼，或者情况紧急、不立即提起诉讼将会使公司利益受到难以弥补的损害的，前款规定的股东有权为公司利益以自己的名义直接向人民法院提起诉讼。

他人侵犯公司合法权益，给公司造成损失的，本条第一款规定的股东可以依照前两款的规定向人民法院提起诉讼。

公司全资子公司的董事、监事、高级管理人员有前条规定情形，或者他人侵犯公司全资子公司合法权益造成损失的，有限责任公司的股东、股份有限公司连续一百八十日以上单独或者合计持有公司百分之一以上股份的股东，可以依照前三款规定书面请求全资子公司的监事会、董事会向人民法院提起诉讼或者以自己的名义直接向人民法院提起诉讼。

第一百九十条 董事、高级管理人员违反法律、行政法规或者公司章程的规定，损害股东利益的，股东可以向人民法院提起诉讼。

第一百九十一条 董事、高级管理人员执行职务，给他人造成损害的，公司应当承担赔偿责任；董事、高级管理人员存在故意或者重大过失的，也应当承担赔偿责任。

第一百九十二条 公司的控股股东、实际控制人指示董事、高级管理人员从事损害公司或者股东利益的行为的，与该董事、高级管理人员承担连带责任。

第一百九十三条 公司可以在董事任职期间为董事因执行公司职务承担的赔偿责任投保责任保险。

公司为董事投保责任保险或者续保后，董事会应当向股东会报告责任保险的投保金额、承保范围及保险费率等内容。

第九章 公司债券

第一百九十四条 本法所称公司债券，是指公司发行的约定按期还本付息的有价证券。

公司债券可以公开发行，也可以非公开发行。

公司债券的发行和交易应当符合《中华人民共和国证券法》等法律、行政法规的规定。

第一百九十五条 公开发行公司债券，应当经国务院证券监督管理机构注册，公告公司债券募集办法。

公司债券募集办法应当载明下列主要事项：

（一）公司名称；

（二）债券募集资金的用途；

（三）债券总额和债券的票面金额；

（四）债券利率的确定方式；

（五）还本付息的期限和方式；

（六）债券担保情况；

（七）债券的发行价格、发行的起止日期；

（八）公司净资产额；

（九）已发行的尚未到期的公司债券总额；

（十）公司债券的承销机构。

第一百九十六条 公司以纸面形式发行公司债券的，应当在债券上载明公司名称、债券票面金额、利率、偿还期限等事项，并由法定代表人签名，公司盖章。

第一百九十七条 公司债券应当为记名债券。

第一百九十八条 公司发行公司债券应当置备公司债券持有人名册。

发行公司债券的,应当在公司债券持有人名册上载明下列事项:

(一)债券持有人的姓名或者名称及住所;

(二)债券持有人取得债券的日期及债券的编号;

(三)债券总额,债券的票面金额、利率、还本付息的期限和方式;

(四)债券的发行日期。

第一百九十九条 公司债券的登记结算机构应当建立债券登记、存管、付息、兑付等相关制度。

第二百条 公司债券可以转让,转让价格由转让人与受让人约定。

公司债券的转让应当符合法律、行政法规的规定。

第二百零一条 公司债券由债券持有人以背书方式或者法律、行政法规规定的其他方式转让;转让后由公司将受让人的姓名或者名称及住所记载于公司债券持有人名册。

第二百零二条 股份有限公司经股东会决议,或者经公司章程、股东会授权由董事会决议,可以发行可转换为股票的公司债券,并规定具体的转换办法。上市公司发行可转换为股票的公司债券,应当经国务院证券监督管理机构注册。

发行可转换为股票的公司债券,应当在债券上标明可转换公司债券字样,并在公司债券持有人名册上载明可转换公司债券的数额。

第二百零三条 发行可转换为股票的公司债券的,公司应当按照其转换办法向债券持有人换发股票,但债券持有人对转换股票或者不转换股票有选择权。法律、行政法规另有规定的除外。

第二百零四条 公开发行公司债券的,应当为同期债券持有人设立债券持有人会议,并在债券募集办法中对债券持有人会议的召集程序、会议规则和其他重要事项作出规定。债券持有人会议可以对与债券持有人有利害关系的事项作出决议。

除公司债券募集办法另有约定外,债券持有人会议决议对同期全体债券持有人发生效力。

第二百零五条 公开发行公司债券的,发行人应当为债券持有人聘请债券受托管理人,由其为债券持有人办理受领清偿、债权保全、与债券相关的诉讼以及参与债务人破产程序等事项。

第二百零六条 债券受托管理人应当勤勉尽责，公正履行受托管理职责，不得损害债券持有人利益。

受托管理人与债券持有人存在利益冲突可能损害债券持有人利益的，债券持有人会议可以决议变更债券受托管理人。

债券受托管理人违反法律、行政法规或者债券持有人会议决议，损害债券持有人利益的，应当承担赔偿责任。

第十章 公司财务、会计

第二百零七条 公司应当依照法律、行政法规和国务院财政部门的规定建立本公司的财务、会计制度。

第二百零八条 公司应当在每一会计年度终了时编制财务会计报告，并依法经会计师事务所审计。

财务会计报告应当依照法律、行政法规和国务院财政部门的规定制作。

第二百零九条 有限责任公司应当按照公司章程规定的期限将财务会计报告送交各股东。

股份有限公司的财务会计报告应当在召开股东会年会的二十日前置备于本公司，供股东查阅；公开发行股份的股份有限公司应当公告其财务会计报告。

第二百一十条 公司分配当年税后利润时，应当提取利润的百分之十列入公司法定公积金。公司法定公积金累计额为公司注册资本的百分之五十以上的，可以不再提取。

公司的法定公积金不足以弥补以前年度亏损的，在依照前款规定提取法定公积金之前，应当先用当年利润弥补亏损。

公司从税后利润中提取法定公积金后，经股东会决议，还可以从税后利润中提取任意公积金。

公司弥补亏损和提取公积金后所余税后利润，有限责任公司按照股东实缴的出资比例分配利润，全体股东约定不按照出资比例分配利润的除外；股份有限公司按照股东所持有的股份比例分配利润，公司章程另有规定的除外。

公司持有的本公司股份不得分配利润。

第二百一十一条 公司违反本法规定向股东分配利润的，股东应当将违反规定分配的利润退还公司；给公司造成损失的，股东及负有责任的董事、监事、高级管理人员应当承担赔偿责任。

第二百一十二条 股东会作出分配利润的决议的，董事会应当在股东会决议作出之日起六个月内进行分配。

第二百一十三条 公司以超过股票票面金额的发行价格发行股份所得的溢价款、发行无面额股所得股款未计入注册资本的金额以及国务院财政部门规定列入资本公积金的其他项目，应当列为公司资本公积金。

第二百一十四条 公司的公积金用于弥补公司的亏损、扩大公司生产经营或者转为增加公司注册资本。

公积金弥补公司亏损，应当先使用任意公积金和法定公积金；仍不能弥补的，可以按照规定使用资本公积金。

法定公积金转为增加注册资本时，所留存的该项公积金不得少于转增前公司注册资本的百分之二十五。

第二百一十五条 公司聘用、解聘承办公司审计业务的会计师事务所，按照公司章程的规定，由股东会、董事会或者监事会决定。

公司股东会、董事会或者监事会就解聘会计师事务所进行表决时，应当允许会计师事务所陈述意见。

第二百一十六条 公司应当向聘用的会计师事务所提供真实、完整的会计凭证、会计账簿、财务会计报告及其他会计资料，不得拒绝、隐匿、谎报。

第二百一十七条 公司除法定的会计账簿外，不得另立会计账簿。

对公司资金，不得以任何个人名义开立账户存储。

第十一章 公司合并、分立、增资、减资

第二百一十八条 公司合并可以采取吸收合并或者新设合并。

一个公司吸收其他公司为吸收合并，被吸收的公司解散。两个以上公司合并设立一个新的公司为新设合并，合并各方解散。

第二百一十九条 公司与其持股百分之九十以上的公司合并，被合并的公司不需经股东会决议，但应当通知其他股东，其他股东有权请求公司按照合理的价格收购其股权或者股份。

公司合并支付的价款不超过本公司净资产百分之十的，可以不经股东会决议；但是，公司章程另有规定的除外。

公司依照前两款规定合并不经股东会决议的,应当经董事会决议。

第二百二十条 公司合并,应当由合并各方签订合并协议,并编制资产负债表及财产清单。公司应当自作出合并决议之日起十日内通知债权人,并于三十日内在报纸上或者国家企业信用信息公示系统公告。债权人自接到通知之日起三十日内,未接到通知的自公告之日起四十五日内,可以要求公司清偿债务或者提供相应的担保。

第二百二十一条 公司合并时,合并各方的债权、债务,应当由合并后存续的公司或者新设的公司承继。

第二百二十二条 公司分立,其财产作相应的分割。

公司分立,应当编制资产负债表及财产清单。公司应当自作出分立决议之日起十日内通知债权人,并于三十日内在报纸上或者国家企业信用信息公示系统公告。

第二百二十三条 公司分立前的债务由分立后的公司承担连带责任。但是,公司在分立前与债权人就债务清偿达成的书面协议另有约定的除外。

第二百二十四条 公司减少注册资本,应当编制资产负债表及财产清单。

公司应当自股东会作出减少注册资本决议之日起十日内通知债权人,并于三十日内在报纸上或者国家企业信用信息公示系统公告。债权人自接到通知之日起三十日内,未接到通知的自公告之日起四十五日内,有权要求公司清偿债务或者提供相应的担保。

公司减少注册资本,应当按照股东出资或者持有股份的比例相应减少出资额或者股份,法律另有规定、有限责任公司全体股东另有约定或者股份有限公司章程另有规定的除外。

第二百二十五条 公司依照本法第二百一十四条第二款的规定弥补亏损后,仍有亏损的,可以减少注册资本弥补亏损。减少注册资本弥补亏损的,公司不得向股东分配,也不得免除股东缴纳出资或者股款的义务。

依照前款规定减少注册资本的,不适用前条第二款的规定,但应当自股东会作出减少注册资本决议之日起三十日内在报纸上或者国家企业信用信息公示系统公告。

公司依照前两款的规定减少注册资本后,在法定公积金和任意公积金累计额达到公司注册资本百分之五十前,不得分配利润。

第二百二十六条 违反本法规定减少注册资本的,股东应当退还其收到的资金,减免股东出资的应当恢复原状;给公司造成损失的,股东及负有责任的董事、监事、高级管理人员应当承担赔偿责任。

第二百二十七条 有限责任公司增加注册资本时,股东在同等条件下有权优先按照实缴的出资比例认缴出资。但是,全体股东约定不按照出资比例优先认缴出资的除外。

股份有限公司为增加注册资本发行新股时,股东不享有优先认购权,公司章程另有规定或者股东会决议决定股东享有优先认购权的除外。

第二百二十八条 有限责任公司增加注册资本时,股东认缴新增资本的出资,依照本法设立有限责任公司缴纳出资的有关规定执行。

股份有限公司为增加注册资本发行新股时,股东认购新股,依照本法设立股份有限公司缴纳股款的有关规定执行。

第十二章 公司解散和清算

第二百二十九条 公司因下列原因解散:

(一)公司章程规定的营业期限届满或者公司章程规定的其他解散事由出现;

(二)股东会决议解散;

(三)因公司合并或者分立需要解散;

(四)依法被吊销营业执照、责令关闭或者被撤销;

(五)人民法院依照本法第二百三十一条的规定予以解散。

公司出现前款规定的解散事由,应当在十日内将解散事由通过国家企业信用信息公示系统予以公示。

第二百三十条 公司有前条第一款第一项、第二项情形,且尚未向股东分配财产的,可以通过修改公司章程或者经股东会决议而存续。

依照前款规定修改公司章程或者经股东会决议,有限责任公司须经持有三分之二以上表决权的股东通过,股份有限公司须经出席股东会会议的股东所持表决权的三分之二以上通过。

第二百三十一条 公司经营管理发生严重困难,继续存续会使股东利益受到重大损失,通过其他途径不能解决的,持有公司百分之十以上表决权的股东,可以请求人民法院解散公司。

第二百三十二条　公司因本法第二百二十九条第一款第一项、第二项、第四项、第五项规定而解散的,应当清算。董事为公司清算义务人,应当在解散事由出现之日起十五日内组成清算组进行清算。

清算组由董事组成,但是公司章程另有规定或者股东会决议另选他人的除外。

清算义务人未及时履行清算义务,给公司或者债权人造成损失的,应当承担赔偿责任。

第二百三十三条　公司依照前条第一款的规定应当清算,逾期不成立清算组进行清算或者成立清算组后不清算的,利害关系人可以申请人民法院指定有关人员组成清算组进行清算。人民法院应当受理该申请,并及时组织清算组进行清算。

公司因本法第二百二十九条第一款第四项的规定而解散的,作出吊销营业执照、责令关闭或者撤销决定的部门或者公司登记机关,可以申请人民法院指定有关人员组成清算组进行清算。

第二百三十四条　清算组在清算期间行使下列职权:

(一)清理公司财产,分别编制资产负债表和财产清单;

(二)通知、公告债权人;

(三)处理与清算有关的公司未了结的业务;

(四)清缴所欠税款以及清算过程中产生的税款;

(五)清理债权、债务;

(六)分配公司清偿债务后的剩余财产;

(七)代表公司参与民事诉讼活动。

第二百三十五条　清算组应当自成立之日起十日内通知债权人,并于六十日内在报纸上或者国家企业信用信息公示系统公告。债权人应当自接到通知之日起三十日内,未接到通知的自公告之日起四十五日内,向清算组申报其债权。

债权人申报债权,应当说明债权的有关事项,并提供证明材料。清算组应当对债权进行登记。

在申报债权期间,清算组不得对债权人进行清偿。

第二百三十六条　清算组在清理公司财产、编制资产负债表和财产清单后,应当制订清算方案,并报股东会或者人民法院确认。

公司财产在分别支付清算费用、职工的工资、社会保险费用和法定补偿金,缴纳所欠税款,清偿公司债务后的剩余财产,有限责任公司按照股东的出资比例分配,股份有限公司按照股东持有的股份比例分配。

清算期间,公司存续,但不得开展与清算无关的经营活动。公司财产在未依照前款规定清偿前,不得分配给股东。

第二百三十七条 清算组在清理公司财产、编制资产负债表和财产清单后,发现公司财产不足清偿债务的,应当依法向人民法院申请破产清算。

人民法院受理破产申请后,清算组应当将清算事务移交给人民法院指定的破产管理人。

第二百三十八条 清算组成员履行清算职责,负有忠实义务和勤勉义务。

清算组成员怠于履行清算职责,给公司造成损失的,应当承担赔偿责任;因故意或者重大过失给债权人造成损失的,应当承担赔偿责任。

第二百三十九条 公司清算结束后,清算组应当制作清算报告,报股东会或者人民法院确认,并报送公司登记机关,申请注销公司登记。

第二百四十条 公司在存续期间未产生债务,或者已清偿全部债务的,经全体股东承诺,可以按照规定通过简易程序注销公司登记。

通过简易程序注销公司登记,应当通过国家企业信用信息公示系统予以公告,公告期限不少于二十日。公告期限届满后,未有异议的,公司可以在二十日内向公司登记机关申请注销公司登记。

公司通过简易程序注销公司登记,股东对本条第一款规定的内容承诺不实的,应当对注销登记前的债务承担连带责任。

第二百四十一条 公司被吊销营业执照、责令关闭或者被撤销,满三年未向公司登记机关申请注销公司登记的,公司登记机关可以通过国家企业信用信息公示系统予以公告,公告期限不少于六十日。公告期限届满后,未有异议的,公司登记机关可以注销公司登记。

依照前款规定注销公司登记的,原公司股东、清算义务人的责任不受影响。

第二百四十二条 公司被依法宣告破产的,依照有关企业破产的法律实施破产清算。

第十三章 外国公司的分支机构

第二百四十三条 本法所称外国公司,是指依照外国法律在中华人民共和国境外设立的公司。

第二百四十四条 外国公司在中华人民共和国境内设立分支机构,应当向中国主管机关提出申请,并提交其公司章程、所属国的公司登记证书等有关文件,经批准后,向公司登记机关依法办理登记,领取营业执照。

外国公司分支机构的审批办法由国务院另行规定。

第二百四十五条 外国公司在中华人民共和国境内设立分支机构,应当在中华人民共和国境内指定负责该分支机构的代表人或者代理人,并向该分支机构拨付与其所从事的经营活动相适应的资金。

对外国公司分支机构的经营资金需要规定最低限额的,由国务院另行规定。

第二百四十六条 外国公司的分支机构应当在其名称中标明该外国公司的国籍及责任形式。

外国公司的分支机构应当在本机构中置备该外国公司章程。

第二百四十七条 外国公司在中华人民共和国境内设立的分支机构不具有中国法人资格。

外国公司对其分支机构在中华人民共和国境内进行经营活动承担民事责任。

第二百四十八条 经批准设立的外国公司分支机构,在中华人民共和国境内从事业务活动,应当遵守中国的法律,不得损害中国的社会公共利益,其合法权益受中国法律保护。

第二百四十九条 外国公司撤销其在中华人民共和国境内的分支机构时,应当依法清偿债务,依照本法有关公司清算程序的规定进行清算。未清偿债务之前,不得将其分支机构的财产转移至中华人民共和国境外。

第十四章　法 律 责 任

第二百五十条 违反本法规定,虚报注册资本、提交虚假材料或者采取其他欺诈手段隐瞒重要事实取得公司登记的,由公司登记机关责令改正,对虚报注册资本的公司,处以虚报注册资本金额百分之五以上百分之十五以下的罚款;对提交虚假材料或者采取其他欺诈手段隐瞒重要事实的公司,处以五万元以上二百万元以下的罚款;情节严重的,吊销营业执照;对直接负责的主管人员和其他直接责任人员处以三万元以上三十万元以下的罚款。

第二百五十一条 公司未依照本法第四十条规定公示有关信息或者不如实公示有关信息的，由公司登记机关责令改正，可以处以一万元以上五万元以下的罚款。情节严重的，处以五万元以上二十万元以下的罚款；对直接负责的主管人员和其他直接责任人员处以一万元以上十万元以下的罚款。

第二百五十二条 公司的发起人、股东虚假出资，未交付或者未按期交付作为出资的货币或者非货币财产的，由公司登记机关责令改正，可以处以五万元以上二十万元以下的罚款；情节严重的，处以虚假出资或者未出资金额百分之五以上百分之十五以下的罚款；对直接负责的主管人员和其他直接责任人员处以一万元以上十万元以下的罚款。

第二百五十三条 公司的发起人、股东在公司成立后，抽逃其出资的，由公司登记机关责令改正，处以所抽逃出资金额百分之五以上百分之十五以下的罚款；对直接负责的主管人员和其他直接责任人员处以三万元以上三十万元以下的罚款。

第二百五十四条 有下列行为之一的，由县级以上人民政府财政部门依照《中华人民共和国会计法》等法律、行政法规的规定处罚：

（一）在法定的会计账簿以外另立会计账簿；

（二）提供存在虚假记载或者隐瞒重要事实的财务会计报告。

第二百五十五条 公司在合并、分立、减少注册资本或者进行清算时，不依照本法规定通知或者公告债权人的，由公司登记机关责令改正，对公司处以一万元以上十万元以下的罚款。

第二百五十六条 公司在进行清算时，隐匿财产，对资产负债表或者财产清单作虚假记载，或者在未清偿债务前分配公司财产的，由公司登记机关责令改正，对公司处以隐匿财产或者未清偿债务前分配公司财产金额百分之五以上百分之十以下的罚款；对直接负责的主管人员和其他直接责任人员处以一万元以上十万元以下的罚款。

第二百五十七条 承担资产评估、验资或者验证的机构提供虚假材料或者提供有重大遗漏的报告的，由有关部门依照《中华人民共和国资产评估法》、《中华人民共和国注册会计师法》等法律、行政法规的规定处罚。

承担资产评估、验资或者验证的机构因其出具的评估结果、验资或者验证证明不实，给公司债权人造成损失的，除能够证明自己没有过错的外，在其评估或者证明不实的金额范围内承担赔偿责任。

第二百五十八条 公司登记机关违反法律、行政法规规定未履行职责或者履行职责不当的，对负有责任的领导人员和直接责任人员依法给予政务处分。

第二百五十九条 未依法登记为有限责任公司或者股份有限公司，而冒用有限责任公司或者股份有限公司名义的，或者未依法登记为有限责任公司或者股份有限公司的分公司，而冒用有限责任公司或者股份有限公司的分公司名义的，由公司登记机关责令改正或者予以取缔，可以并处十万元以下的罚款。

第二百六十条 公司成立后无正当理由超过六个月未开业的，或者开业后自行停业连续六个月以上的，公司登记机关可以吊销营业执照，但公司依法办理歇业的除外。

公司登记事项发生变更时，未依照本法规定办理有关变更登记的，由公司登记机关责令限期登记；逾期不登记的，处以一万元以上十万元以下的罚款。

第二百六十一条 外国公司违反本法规定，擅自在中华人民共和国境内设立分支机构的，由公司登记机关责令改正或者关闭，可以并处五万元以上二十万元以下的罚款。

第二百六十二条 利用公司名义从事危害国家安全、社会公共利益的严重违法行为的，吊销营业执照。

第二百六十三条 公司违反本法规定，应当承担民事赔偿责任和缴纳罚款、罚金的，其财产不足以支付时，先承担民事赔偿责任。

第二百六十四条 违反本法规定，构成犯罪的，依法追究刑事责任。

第十五章 附 则

第二百六十五条 本法下列用语的含义：

（一）高级管理人员，是指公司的经理、副经理、财务负责人，上市公司董事会秘书和公司章程规定的其他人员。

（二）控股股东，是指其出资额占有限责任公司资本总额超过百分之五十或者其持有的股份占股份有限公司股本总额超过百分之五十的股东；出资额或者持有股份的比例虽然低于百分之五十，但依其出资额或者持有的股份所享有的表决权已足以对股东会的决议产生重大影响的股东。

（三）实际控制人，是指通过投资关系、协议或者其他安排，能够实际支配公司行为的人。

（四）关联关系，是指公司控股股东、实际控制人、董事、监事、高级管理人员与其直接或者间接控制的企业之间的关系，以及可能导致公司利益转移的其他关系。但是，国家控股的企业之间不仅因为同受国家控股而具有关联关系。

第二百六十六条 本法自2024年7月1日起施行。

本法施行前已登记设立的公司，出资期限超过本法规定的期限的，除法律、行政法规或者国务院另有规定外，应当逐步调整至本法规定的期限以内；对于出资期限、出资额明显异常的，公司登记机关可以依法要求其及时调整。具体实施办法由国务院规定。

关于《中华人民共和国公司法（修订草案）》的说明

——2021年12月20日在第十三届全国人民代表大会常务委员会第三十二次会议上

全国人大常委会法制工作委员会副主任　王瑞贺

全国人民代表大会常务委员会：

我受委员长会议委托，作关于《中华人民共和国公司法（修订草案）》的说明。

一、关于公司法修改的必要性

公司是最重要的市场主体，公司法是社会主义市场经济制度的基础性法律。我国现行公司法于1993年制定，1999年、2004年对个别条款进行了修改，2005年进行了全面修订，2013年、2018年又对公司资本制度相关问题作了两次重要修改。公司法的制定和修改，与我国社会主义市场经济体制的建立和完善密切相关，颁布实施近30年来，对于建立健全现代企业制度，促进社会主义市场经济持续健康发展，发挥了重要作用。

党的十八大以来，以习近平同志为核心的党中央统筹推进“五位一体”总体布局，协调推进“四个全面”战略布局，在深化国有企业改革、优化营商环境、加强产权保护、促进资本市场健康发展等方面作出重大决策部署，推动公司制度和实践进一步完善发展，公司注册登记数量由2013年的1033万家增加到3800万家，同时对公司法修改提出一系列任务要求。

第一，修改公司法，是深化国有企业改革、完善中国特色现代企业制度的需要。习近平总书记强调，坚持党对国有企业的领导是重大政治原则，必须一以贯之；建立现代企业制度是国有企业的改革方向，也必须一以贯之。党的十八届三中全会决定提出,推动国有企业完善现代企业制度;健全协调运转、有效制衡的公司法人治理结构。党的十九届三中全会决定提出,将国有重点大型企业监事会职责划入审计署,不再设立国有重点大型企业监事会。党的十九届四中全会决定提出,要深化国有企业改革,完善中国特色现代企业制度;增强国有经济竞争力、创新力、控制力、影响力和抗风险能力。党中央、国务院《关于深化国有企业改革的指导意见》等对推进国有企业改革发展作出具体部署。修改公司法,贯彻落实党中央关于深化国有企业改革决策部署,是巩固深化国有企业治理改革成果,完善中国特色现代企业制度,促进国有经济高质量发展的必然要求。

第二,修改公司法,是持续优化营商环境、激发市场创新活力的需要。法治是最好的营商环境。党的十八大以来,党中央、国务院深入推进简政放权、放管结合、优化服务,持续改善营商环境。修改公司法,为方便公司设立、退出提供制度保障,为便利公司融资投资、优化治理机制提供更为丰富的制度性选择,降低公司运行成本,是推动打造市场化、法治化、国际化营商环境,更好激发市场创新动能和活力的客观需要。

第三,修改公司法,是完善产权保护制度、依法加强产权保护的需要。党的十八届四中全会决定提出,健全以公平为核心原则的产权保护制度,加强对各种所有制经济组织和自然人财产权的保护。党的十八届五中全会决定提出,推进产权保护法治化,依法保护各种所有制经济权益。党的十九大把"两个毫不动摇"写入新时代坚持和发展中国特色社会主义的基本方略。修改公司法,健全以企业组织形式和出资人承担责任方式为主的市场主体法律制度,规范公司的组织和行为,完善公司设立、运营、退出各环节相关当事人责任,切实维护公司、股东、债权人的合法权益,是完善产权保护制度、加强产权平等保护的重要内容。

第四,修改公司法,是健全资本市场基础性制度、促进资本市场健康发展的需要。习近平总书记强调,加快资本市场改革,尽快形成融资功能完备、基础制度扎实、市场监管有效、投资者合法权益得到充分保护的多层次市场体系。修改公司法,完善公司资本、公司治理等基础性制度,加强对投资者特别是中小投资者合法权益的保护,是促进资本市场健康发展、有效服务实体经济的重要举措。

同时,现行公司法律制度存在一些与改革和发展不适应、不协调的问题,主要是:有些制度滞后于近年来公司制度的创新实践;我国公司制度发展历程还不长,有些基础性制度尚有欠缺或者规定较为原则;公司监督制衡、责任追究机制不完善,中小投资者和债权人保护需要加强等。十三届全国人大以来,全国人大代表共有548人次提出相关议案、建议,呼吁修改完善公司法;一些专家学者、有关部门等通过多种方式提出修改公司法的意见建议。

各方面普遍认为,在贯彻新发展理念、构建新发展格局、推动高质量发展的过程中,市场经济体制改革不断深入,市场主体积极探索,创造了丰富的公司制度实践经验;司法机关根据公司法和公司纠纷裁判活动,制定出台了一系列司法解释和裁判规则;公司法理论研究不断深入,取得丰硕成果,为公司法修改完善提供了重要的基础和支撑。

二、关于起草工作和把握的几点

公司法修改列入了十三届全国人大常委会立法规划和年度立法工作计划。2019年初,法制工作委员会成立由中央有关部门、部分专家学者参加的公司法修改起草组,并组成工作专班,抓紧开展起草工作。在工作中,充分发挥全国人大代表的作用,通过多种方式听取他们的意见;成立专家组并委托专家学者对重点难点问题开展专题研究;请最高人民法院、国务院国资委、国家市场监管总局、中国证监会总结梳理公司法实施情况,提出修法建议。在上述工作基础上,经多次征求意见、反复修改完善,形成了公司法修订草案征求意见稿,送各省(区、市)人大常委会和中央有关部门共54家单位征求意见。总的认为,征求意见稿贯彻落实党中央一系列部署要求,深入总结实践经验,修改思路清晰,修改内容系统全面、针对性强,重要制度的充实完善符合实际,基本可行。法制工作委员会根据反馈意见对征求意见稿又作了修改完善,形成了《中华人民共和国公司法(修订草案)》。

起草工作注意把握以下几点:一是,坚持正确政治方向。贯彻落实党中央决策部署对完善公司法律制度提出的各项任务要求,充分发挥市场在资源配置中的决定性作用,更好发挥政府作用,完善中国特色现代企业制度,为坚持和完善我国基本经济制度提供坚实法制保障。二是,在现行公司法基本框架和主要制度的基础上作系统修改。保持现行公司法框架结构、基本制度稳定,维护法律制度的连续性、稳定性,降低制度转换成本;同时,适应经济社会发展变化的新形势新要求,针对实践中的突出问题和制度短板,对现行公司法作系统的修改完善。三是,坚持立足国情与借鉴国际经验相结合。从我国实际出发,将实践中行之有效的做法和改革成果上升为法律规范;同时注意吸收借鉴一些国家公司法律制度有益经验,还适应世界银行营商环境评价,作了一些有针对性的修改。四是,处理好与其他法律法规的关系。做好公司法修改与民法典、外商投资法、证券法、企业国有资产法以及正在修改的企业破产法等法律的衔接,并合理吸收相关行政法规、规章、司法解释的成果。

三、关于修订草案的主要内容

修订草案共 15 章 260 条,在现行公司法 13 章 218 条的基础上,实质新增和修改 70 条左右。主要修改内容包括:

(一)坚持党对国有企业的领导

坚持党的领导,是国有企业的本质特征和独特优势,是完善中国特色现代企业制度的根本要求。修订草案依据党章规定,明确党对国有企业的领导,保证党组织把方向、管大局、保落实的领导作用,规定:“国家出资公司中中国共产党的组织,按照中国共产党章程的规定发挥领导作用,研究讨论公司重大经营管理事项,支持股东会、董事会、监事会、高级管理人员依法行使职权”。

同时,修订草案继续坚持现行公司法关于在各类型公司中根据党章规定设立党的组织,开展党的活动,公司应当为党组织的活动提供必要条件等规定。

(二)关于完善国家出资公司特别规定

深入总结国有企业改革成果,在现行公司法关于国有独资公司专节的基础上,设“国家出资公司的特别规定”专章:一是,将适用范围由国有独资有限责任公司,扩大到国有独资、国有控股的有限责任公司、股份有限公司。二是,明确国家出资公司由国有资产监督管理机构等根据授权代表本级政府履行出资人职责;履行出资人职责的机构就重要的国家出资公司的重大事项作出有关决定前,应当报本级政府批准;国家出资公司应当依法建立健全内部监督管理和风险控制制度。三是,落实党中央有关部署,加强国有独资公司董事会建设,要求国有独资公司董事会成员中外部董事应当超过半数;并在董事会中设置审计委员会等专门委员会,同时不再设监事会。

(三)关于完善公司设立、退出制度

深入总结党的十八大以来持续优化营商环境改革成果,完善公司登记制度,进一步简便公司设立和退出。一是,新设公司登记一章,明确公司设立登记、变更登记、注销登记的事项和程序;同时要求公司登记机关优化登记流程,提高登记效率和便利化水平。二是,充分利用信息化建设成果,明确电子营业执照、通过统一的企业信息公示系统发布公告、采用电子通讯方式作出决议的法律效力。三是,扩大可用作出资的财产范围,明确股权、债权可以作价出资;放宽一人有限责任公司设立等限制,并允许设立一人股份有限公司。四是,完善公司清算制度,强化清算义务人和清算组成员的义务和责任;增加规定,经全体股东对债务履行作出承诺,可以通过简易程序注销登记。

(四)关于优化公司组织机构设置

贯彻落实党中央关于完善中国特色现代企业制度的要求,深入总结我国公司制度创新实践经验,在组织机构设置方面赋予公司更大自主权。一是,突出董事会在公司治理中的地位,并根据民法典的有关规定,明确董事会是公司的执行机构。二是,根据国有独资公司、国有资本投资运营公司董事会建设实践,并为我国企业走出去及外商到我国投资提供便利,允许公司选择单层制治理模式(即只设董事会、不设监事会)。公司选择只设董事会的,应当在董事会中设置由董事组成的审计委员会负责监督;其中,股份有限公司审计委员会的成员应过半数为非执行董事。三是,进一步简化公司组织机构设置,对于规模较小的公司,可以不设董事会,股份有限公司设一至二名董事,有限责任公司设一名董事或者经理;规模较小的公司还可以不设监事会,设一至二名监事。

同时,现行公司法在职工董事的设置方面,只对国有独资和国有全资的有限责任公司提出了要求。为更好保障职工参与公司民主管理、民主监督,修订草案扩大设置职工董事的公司范围,并不再按公司所有制类型对职工董事的设置提出要求。考虑到修订草案已规定规模较小的公司不设董事会,并综合考虑中型企业划分标准等因素,规定:职工人数三百人以上的公司,董事会成员中应当有职工代表;其他公司董事会成员中可以有职工代表。

(五)关于完善公司资本制度

为提高投融资效率并维护交易安全,深入总结企业注册资本制度改革成果,吸收借鉴国外公司法律制度经验,丰富完善公司资本制度。一是,在股份有限公司中引入授权资本制,即股份有限公司设立时只需发行部分股份,公司章程或者股东会可以作出授权,由董事会根据公司运营的实际需要决定发行剩余股份。这样既方便股份有限公司设立,又给予了公司发行新股筹集资本的灵活性,并且能够减少公司注册资本虚化等问题的发生。二是,为适应不同投资者的投资需求,对已有较多实践的类别股作出规定,包括优先股和劣后股、特殊表决权股、转让受限股等;允许公司根据章程择一采用面额股或者无面额股;按照反洗钱有关要求,并根据我国股票发行的实际,取消无记名股。三是,增加简易减资制度,即:公司按照规定弥补亏损后仍有亏损的,可以进行简易减资,但不得向股东进行分配。

同时,加强对股东出资和股权交易行为的规范,维护交易安全。一是,增加股东欠缴出资的失权制度,规定:股东未按期足额缴纳出资,经公司催缴后在规定期限内仍未缴纳出资的,该股东丧失其未缴纳出资的股权。二是,增加有限责任公司股东认缴出资的加速到期制度,规定:公司不能清偿到期债务,且明显缺乏清偿能力的,公司或者债权人有权要求已认缴出资但未届缴资期限的股东提前缴纳出资。三是,明确瑕疵股权转让时转让方、受让方的出资责任。

(六)关于强化控股股东和经营管理人员的责任

落实党中央关于产权平等保护等要求,总结吸收公司法司法实践经验,完善控股股东和经营管理人员责任制度。一是,完善董事、监事、高级管理人员忠实义务和勤勉义务的具体内容;加强对关联交易的规范,扩大关联人的范围,增加关联交易报告义务和回避表决规则。二是,强化董事、监事、高级管理人员维护公司资本充实的责任,包括:股东欠缴出资和抽逃出资,违反本法规定分配利润和减少注册资本,以及违反本法规定为他人取得本公司股份提供财务资助时,上述人员的赔偿责任。三是,增加规定:董事、高级管理人员执行职务,因故意或者重大过失,给他人造成损害的,应当与公司承担连带责任。四是,针对实践中控股股东、实际控制人滥用控制地位侵害公司及中小股东权益的突出问题,借鉴一些国家法律规定,明确:公司的控股股东、实际控制人利用其对公司的影响,指使董事、高级管理人员从事损害公司利益或者股东利益的行为,给公司或者股东造成损失的,与该董事、高级管理人员承担连带责任。

(七)关于加强公司社会责任

贯彻党的十八届四中全会决定有关要求,加强公司社会责任建设,增加规定:公司从事经营活动,应当在遵守法律法规规定义务的基础上,充分考虑公司职工、消费者等利益相关者的利益以及生态环境保护等社会公共利益,承担社会责任;国家鼓励公司参与社会公益活动,公布社会责任报告。

公司法修订草案和以上说明是否妥当,请审议。

全国人民代表大会宪法和法律委员会关于《中华人民共和国公司法(修订草案)》修改情况的汇报

——2022 年 12 月 27 日在第十三届全国人民代表大会常务委员会第三十八次会议上

全国人大宪法和法律委员会副主任委员　江必新

全国人民代表大会常务委员会：

常委会第三十二次会议对公司法修订草案进行了初次审议。会后,法制工作委员会将修订草案印发各省(区、市)人大、中央有关部门、部分中央企业和基层立法联系点、全国人大代表、研究机构等征求意见;在中国人大网全文公布修订草案,征求社会公众意见。宪法和法律委员会、法制工作委员会联合召开座谈会,听取全国人大代表、中央有关部门和专家学者对修订草案的意见;并就修订草案的有关问题与有关方面交换意见,共同研究。宪法和法律委员会于 11 月 29 日召开会议,根据常委会组成人员的审议意见和各方面意见,对修订草案进行了逐条审议。财政经济委员会、最高人民法院、司法部、国家市场监督管理总局、中国证券监督管理委员会有关负责同志列席了会议。现将公司法修订草案主要问题修改情况汇报如下:

一、有的意见建议贯彻党的二十大精神,在立法目的中增加"完善中国特色现代企业制度,弘扬企业家精神"的内容。宪法和法律委员会经研究,建议采纳这一意见。

二、有的常委会组成人员、地方、部门和专家学者建议进一步强化股东的出资责任。宪法和法律委员会经研究,建议作以下修改:一是完善失权股权处理规定,明确未按期足额缴纳出资的股东失权后,失权股权在六个月内未转让或者注销的,由公司其他股东按照其出资比例足额缴纳相应出资;股东未按期足额缴纳出资,给公司造成损失的,应当承担赔偿责任。二是明确公司不能清偿到期债务的,公司或者已到期债权的债权人有权要求已认缴出资但未届缴资期限的股东提前缴纳出资。三是对于股东转让已认缴出资但未届缴资期限的股权的,在受让人承担缴纳出资义务的基础上,明确受让人未按期足额缴纳出资的,出让人对受让人未按期缴纳的出资承担补充责任。

三、有的常委委员、地方、部门和专家学者、社会公众建议进一步完善公司组织机构设置及其职权相关规定,提升公司治理效果。宪法和法律委员会经研究,建议作以下修改:一是进一步厘清股东会和董事会的职权划分,恢复现行公司法关于董事会职权的列举规定,明确股东会可以对其职权范围内的部分事项(如发行公司债券)授权董事会作出决议。二是完善关于董事会成员中职工代表的相关规定,明确职工人数三百人以上的公司,除依法设监事会并有公司职工代表的外,其董事会成员中应当有公司职工代表。三是明确公司在董事会中设置审计委员会行使本法规定的监事会职权的,不设监事会或者监事;进一步明确股份有限公司审计委员会的人员组成和资格要求。四是为了进一步提高公司治理的灵活性,明确规模较小的有限责任公司经全体股东一致同意,也可以不设监事。

四、有的常委委员、地方、部门和专家学者、社会公众建议进一步完善董事责任的相关规定;有的建议增加关于董事责任保险的规定。宪法和法律委员会经研究,建议作以下修改:一是将修订草案第一百九十条修改为,董事、高级管理人员执行职务,给他人造成损害的,公司应当承担赔偿责任;董事、高级管理人员存在故意或者重大过失的,也应当承担赔偿责任。二是增加一条规定:公司可以在董事任职期间为董事因执行公司职务承担的赔偿责任投保责任保险。公司为董事投保责任保险或者续保后,董事会应当向股东会报告责任保险的投保金额、承保范围及保险费率等内容。

五、有的常委委员、地方、部门和专家学者建议进一步完善上市公司组织机构的相关规定,强化上市公司治理。宪法和法律委员会经研究,建议作以下修改:一是授权国务院证券监督管理机构对上市公司独立董事的具体管理办法作出规定。二是增加上市公司审计委员会职权的规定。三是明确上市公司应当依法披露股东、实际控制人的信息,相关信息应当真实、准确、完整。禁止违反法律、行政法规的规定,代持上市公司股票。四是明确上市公司控股子公司不得取得该上市公司的股份,对于控股子公司因公司合并、质权行使等原因持有上市公司股份的,不得行使所持股份对应的表决权,并应当及时处分相关上市公司股份。

六、有的地方、部门和企业建议根据国有企业改革实践,对修订草案关于国家出资公司的规定进行修改完善,并与企业国有资产法做好衔接。宪法和法律委员会经研究,建议作以下修改:一是将“第六章国家出资公司的特别规定”调整为第七章,并将章名改为“国家出资公司组织机构的特别规定”,删除企业国有资产法中已经有明确规定的内容。二是落实党中央关于深化国有企业监事会改革要求,明确国有独资公司不设监事会或者监事,董事会审计委员会行使监事会相关职权。

七、有的意见提出,为解决实践中公司注销难、“僵尸公司”大量存在的问题,建议根据地方实践经验,增加强制注销的内容。宪法和法律委员会经研究,建议增加一条规定:公司被吊销营业执照、责令关闭或者被撤销,满三年未清算完毕的,公司登记机关可以通过统一的企业信息公示系统予以公告,公告期限不少于六十日。公告期限届满后,未有异议的,公司登记机关可以注销公司登记。被强制注销公司登记的,原公司股东、清算义务人的责任不受影响。

此外,还对修订草案作了一些文字修改。

修订草案二次审议稿已按上述意见作了修改,宪法和法律委员会建议提请本次常委会会议继续审议。

修订草案二次审议稿和以上汇报是否妥当,请审议。

全国人民代表大会宪法和法律委员会关于《中华人民共和国公司法(修订草案)》修改情况的汇报

——2023年8月28日在第十四届全国人民代表大会常务委员会第五次会议上

全国人大宪法和法律委员会副主任委员　袁曙宏

全国人民代表大会常务委员会:

公司是最重要的市场主体,公司法是社会主义市场经济的基础性法律。我国现行公司法于1993年制定,1999年、2004年、2013年、2018年对个别条款进行了修改,2005年进行了全面修订。

为落实党中央关于深化国有企业改革、优化营商环境、加强产权保护、促进资本市场健康发展等重大决策部署,公司法修改列入十三届全国人大常委会立法规划。法制工作委员会组织成立由中央有关部门和专家学者组成的修改起草组,研究起草,形成修订草案。2021年11月,中央政治局常委会会议审议并原则同意常委会党组关于公司法修订草案的请示和汇报。2021年12月,十三届全国人大常委会第三十二次会议审议了由委员长会议提请审议的公司法修订草案。2022年12月,十三届全国人大常委会第三十八次会议对修订草案进行了二次审议。

宪法和法律委员会、法制工作委员会通过召开座谈会、实地调研等方式听取各方面意见,在中国人大网全文公布修订草案,公开征求社会公众意见。起草和修改工作注意把握以下几点:一是,坚持正确政治方向。二是,在现行公司法基本框架和制度基础上作系统修改。三是,坚持立足国情与借鉴国际经验相结合。四是,处理好与其他法律法规的关系。

经过两次审议后的修订草案主要内容包括：一是，贯彻落实党中央决策部署。坚持党对国有企业的领导，规定国家出资公司中中国共产党的组织的领导作用；贯彻党的二十大精神，在立法目的中增加完善中国特色现代企业制度，弘扬企业家精神的规定。二是，设国家出资公司组织机构的特别规定专章。将适用范围由国有独资有限责任公司，扩大到国有独资、国有控股的有限责任公司、股份有限公司；要求国有独资公司董事会成员中外部董事应当过半数；落实中央关于监事会改革要求，明确国有独资公司在董事会中设置由董事组成的审计委员会行使监事会职权的，不设监事会或者监事；增加国家出资公司应当依法建立健全内部监督管理和风险控制制度的规定。三是，完善公司设立、退出制度。新设公司登记一章，明确公司登记事项和程序；明确电子营业执照、采用电子通讯方式作出决议的法律效力；扩大可用作出资的财产范围，明确股权、债权可以作价出资；放宽一人有限责任公司设立等限制，并允许设立一人股份有限公司；明确清算义务人及其责任；增加简易注销和强制注销制度。四是，优化公司组织机构设置。允许公司只设董事会、不设监事会，公司只设董事会的，应当在董事会中设置审计委员会行使监事会职权；简化公司组织机构设置，对于规模较小或者股东人数较少的公司，可以不设董事会（监事会），设一名董事（监事）；对于规模较小或者股东人数较少的有限责任公司，经全体股东一致同意，可以不设监事；为更好保障职工参与公司民主管理，规定职工人数三百人以上的公司，除依法设监事会并有公司职工代表的外，其董事会成员中应当有公司职工代表。五是，完善公司资本制度。在股份有限公司中引入授权资本制，允许公司章程或者股东会授权董事会发行股份；规定公司可以发行优先股和劣后股、特殊表决权股、转让受限股等类别股；允许公司择一采用面额股或者无面额股；取消无记名股；增加简易减资制度；增加股东欠缴出资的失权制度、股东认缴出资加速到期制度，明确股权转让时转让方、受让方的出资责任。六是，强化控股股东、实际控制人和董事、监事、高级管理人员的责任。完善忠实和勤勉义务的具体内容；加强对关联交易的规范，增加关联交易报告义务和回避表决规则；强化董监高维护公司资本充实的责任；规定董事、高级管理人员执行职务存在故意或者重大过失的，也应当对他人承担赔偿责任；规定公司的控股股东、实际控制人指示董事、高级管理人员从事损害公司或者股东利益的行为的，与该董事、高级管理人员承担连带责任。七是，加强公司社会责任。规定公司应当充分考虑公司职工、消费者等利益相关者的利益以及生态环境保护等社会公共利益,承担社会责任。

本届以来,宪法和法律委员会、法制工作委员会就修订草案二次审议稿的有关问题多次召开座谈会,并到北京、福建进行调研,进一步听取有关方面意见。宪法和法律委员会于7月26日召开会议,根据常委会组成人员审议意见和各方面的意见,对草案进行了逐条审议。财政经济委员会、最高人民法院、司法部、国家市场监督管理总局、中国证券监督管理委员会有关负责同志列席了会议。8月23日,宪法和法律委员会召开会议,再次进行了审议。现将公司法修订草案主要问题修改情况汇报如下:

一、有的地方、部门、专家学者和社会公众提出,自2014年修改公司法实施注册资本认缴登记制,取消出资期限、最低注册资本和首期出资比例以来,方便了公司设立,激发了创业活力,公司数量增加迅速。但实践中也出现股东认缴期限过长,影响交易安全、损害债权人利益的情形。建议在总结实践经验的基础上,进一步完善认缴登记制度,维护资本充实和交易安全。宪法和法律委员会经会同有关方面研究,建议增加有限责任公司股东认缴期限的规定,明确全体股东认缴的出资额应当按照公司章程的规定自公司成立之日起五年内缴足。

二、有的地方、部门、专家学者和社会公众提出,职工是公司重要的利益相关者,建议进一步强化公司民主管理,维护职工合法权益。宪法和法律委员会经研究,建议作以下修改:一是,明确公司应当依照宪法和有关法律的规定,建立健全以职工代表大会为基本形式的民主管理制度;二是,完善董事会中职工代表的有关规定,除对职工三百人以上不设监事会的公司董事会设职工代表作出强制要求外,进一步明确,其他公司的董事会成员中可以有职工代表。

三、有的常委会组成人员、地方、部门、专家学者和社会公众提出,为进一步落实产权平等保护要求,建议进一步完善中小股东权利保护相关规定。宪法和法律委员会经研究,建议作以下修改:一是,规定控股股东滥用股东权利,严重损害公司或者其他股东利益的,其他股东有权请求公司按照合理的价格收购其股权;二是,完善股份有限公司股东查阅、复制公司有关材料的规定;三是,增加公司不得提高临时提案股东持股比例的规定;四是,规定公司减少注册资本,应当按照股东出资或者持有股份的比例相应减少出资额或者股份,法律另有规定的除外。

四、有的常委委员、地方、部门、专家学者和社会公众提出,实践中有的控股股东、实际控制人虽不在公司任职但实际控制公司事务,通过关联交易等方式,侵害公司利益,建议进一步强化对控股股东和实际控制人的规范。宪法和法律委员会经研究,建议增加规定,控股股东、实际控制人不担任公司董事但实际执行公司事务的,适用董事对公司负有忠实义务和勤勉义务的规定。

五、有的地方、部门、专家学者和社会公众建议,落实党中央关于公司债券管理体制改革要求,适应债券市场发展实践需要,完善相关规定。宪法和法律委员会经研究,建议作以下修改:一是,根据《关于国务院机构改革方案的决定》将国家发改委的企业债券审核职责划入中国证监会的要求,删去国务院授权的部门对公开发行债券注册的规定;二是,明确公司债券可以公开发行,也可以非公开发行;三是,将债券存根簿改为债券持有人名册;四是,将发行可转债的公司由上市公司扩大到所有股份有限公司;五是,增加债券持有人会议决议规则和效力的规定,增加债券受托管理人相关规定。

六、有的常委委员、地方、部门和社会公众建议增加对提交虚假材料取得公司登记的直接责任人员的处罚;同时,对违反会计法、资产评估法的违法行为的处罚与相关法律做好衔接。宪法和法律委员会经研究,建议作以下修改:一是,增加规定,对虚报注册资本、提交虚假材料或者采取其他欺诈手段隐瞒重要事实取得公司登记的直接负责主管人员和其他直接责任人员处以一万元以上五万元以下的罚款;二是,对违反会计法、资产评估法等的违法行为,规定按照会计法、资产评估法、注册会计师法等法律、行政法规的规定处罚。

此外,还对修订草案二次审议稿作了一些文字修改。

修订草案三次审议稿已按上述意见作了修改,宪法和法律委员会建议提请本次常委会会议继续审议。

修订草案三次审议稿和以上汇报是否妥当,请审议。

全国人民代表大会宪法和法律委员会关于《中华人民共和国公司法(修订草案)》审议结果的报告

——2023 年 12 月 25 日在第十四届全国人民代表大会常务委员会第七次会议上

全国人大宪法和法律委员会副主任委员　袁曙宏

全国人民代表大会常务委员会:

常委会第五次会议对公司法修订草案进行了三次审议。会后,法制工作委员会在中国人大网全文公布修订草案,征求社会公众意见。宪法和法律委员会、法制工作委员会赴上海调研,听取意见;并就修订草案中的主要问题与有关方面交换意见,共同研究。宪法和法律委员会于 12 月 5 日召开会议,根据常委会组成人员审议意见和各方面的意见,对修订草案进行了逐条审议。财政经济委员会、最高人民法院、司法部、国家市场监督管理总局有关负责同志列席了会议。12 月 18 日,宪法和法律委员会召开会议,再次进行了审议。宪法和法律委员会认为,为贯彻落实党中央关于深化国有企业改革、优化营商环境、加强产权保护、促进资本市场健康发展等重大决策部署,修改公司法是必要的,修订草案经过三次审议修改,已经比较成熟。同时,提出如下主要修改意见:

一、有的常委委员、社会公众提出,公司是最重要的市场主体,修改公司法完善中国特色现代企业制度,是贯彻落实宪法关于国家完善"企业经营管理制度"的重要举措,建议增加"根据宪法"制定本法。宪法和法律委员会经研究,建议采纳这一意见。

二、有的常委会组成人员和部门、专家学者、社会公众提出,草案规定的失权制度对股东权利影响较大,建议明确失权的决议程序和失权股东的异议程序。宪法和法律委员会经研究,建议增加规定,公司经董事会决议可以向未按期缴纳出资的股东发出失权通知;股东对失权有异议的,应当自收到失权通知之日起三十日内,向人民法院提起诉讼。

三、有的常委委员和部门、专家学者建议进一步完善公司出资制度,强化股东出资责任。宪法和法律委员会经研究,建议作以下修改:一是在规定有限责任公司股东出资认缴期限不得超过五年的基础上,明确法律、行政法规以及国务院决定可以对有限责任公司股东出资期限作出特别规定,为重点行业领域设定短于五年的认缴期限留出制度空间;二是规定股份有限公司发起人应当在公司成立前按照其认购的股份全额缴纳股款;三是增加对不按照规定公示或者不如实公示出资等有关信息的处罚。

四、有的常委会组成人员、社会公众建议进一步强化职工民主管理、保护职工合法权益。宪法和法律委员会经研究,建议作以下修改:一是在立法目的中增加保护“职工”合法权益的规定;二是增加公司研究决定“解散、申请破产”时听取职工意见的规定。还有的常委委员建议明确审计委员会成员中应当有职工代表。宪法和法律委员会经研究认为,允许公司设置审计委员会履行监督职责,不设监事会或者监事,是要强化审计委员会对公司财务、会计监督的专业性;考虑到审计委员会是一项新制度,对其成员组成保持适当的灵活性和包容性,更有利于实践发展。据此,建议增加规定,公司董事会成员中的职工代表可以成为审计委员会成员。

五、有的常委会组成人员和部门、专家学者建议明确公司收到股东提议召开临时股东会会议的请求时,应当在规定期限内答复股东是否召开会议,以确保股东能够及时自行召集。宪法和法律委员会经研究,建议增加规定,单独或者合计持有公司百分之十以上股份的股东请求召开临时股东会会议的,董事会、监事会应当在收到请求之日起十日内作出是否召开临时股东会会议的决定,并书面答复股东。

六、一些常委会组成人员和部门、专家学者、社会公众建议完善审计委员会的议事方式和表决程序,保障其有效发挥监督作用。宪法和法律委员会经研究,建议增加以下规定:审计委员会作出决议,应当经审计委员会成员的过半数通过;审计委员会决议的表决,应当一人一票;审计委员会的议事方式和表决程序,除本法有规定的外,由公司章程规定。

七、有的常委委员和部门、专家学者、社会公众建议增加股东对全资子公司相关材料的查阅、复制权利,完善股东对全资子公司董事、监事、高级管理人员等提起代表诉讼的程序,更好发挥股东在监督公司治理方面的作用。宪法和法律委员会经研究,建议作以下修改:一是增加股东可以要求查阅、复制全资子公司相关材料的规定;二是增加规定,公司全资子公司的董事、监事、高级管理人员执行职务违反法律、行政法规或者公司章程的规定,或者他人侵犯公司全资子公司合法权益造成损失的,有限责任公司的股东、股份有限公司连续一百八十日以上单独或者合计持有公司百分之一以上股份的股东,可以按照规定书面请求全资子公司的监事会、董事会向人民法院提起诉讼或者以自己的名义直接向人民法院提起诉讼。

八、修订草案三次审议稿第二百二十四条第三款规定,公司减少注册资本,应当按照股东出资或者持有股份的比例相应减少出资额或者股份,本法或者其他法律另有规定的除外。有的代表、部门、专家学者和社会公众提出,等比例减资有利于实现股东平等,但也应尊重公司意思自治,适应商业实践需要,允许股东对非等比例减资作出约定。宪法和法律委员会经研究,建议增加“有限责任公司全体股东另有约定或者股份有限公司章程另有规定”作为等比例减资的例外情形。

此外,还对修订草案三次审议稿作了一些文字修改。

12 月 14 日,法制工作委员会召开会议,邀请部分全国人大代表、专家学者以及市场监管部门、人民法院、协会、企业、中介服务机构等方面的代表,就修订草案中主要制度规范的可行性、法律出台时机、法律实施的社会效果和可能出现的问题等进行评估。普遍认为,修订草案贯彻落实党中央决策部署,坚持问题导向,深入总结实践经验,完善公司资本制度和公司治理结构,加强股东权利保护,强化控股股东、实际控制人和经营管理人员责任,对于完善中国特色现代企业制度、推动经济高质量发展具有重要意义。修订草案内容系统全面,针对性强,符合实际,建议尽快出台。同时,建议有关部门抓紧制定配套规范,深入开展法律宣传,确保法律正确有效实施。与会人员还对修订草案提出了一些具体修改意见,有的意见已经采纳。

修订草案四次审议稿已按上述意见作了修改,宪法和法律委员会建议提请本次常委会会议审议通过。

修订草案四次审议稿和以上报告是否妥当,请审议。

全国人民代表大会宪法和法律委员会关于《中华人民共和国公司法(修订草案四次审议稿)》修改意见的报告

——2023 年 12 月 29 日在第十四届全国人民代表大会常务委员会第七次会议上

全国人民代表大会常务委员会:

本次常委会会议于 12 月 25 日下午对公司法修订草案四次审议稿进行了分组审议。普遍认为,修订草案已经比较成熟,建议进一步修改后,提请本次常委会会议表决通过。同时,有些常委会组成人员和列席人员还提出了一些修改意见和建议。宪法和法律委员会于 12 月 25 日晚召开会议,逐条研究了常委会组成人员和列席人员的审议意见,对修订草案进行了审议。财政经济委员会、最高人民法院、司法部、国家市场监督管理总局有关负责同志列席了会议。宪法和法律委员会认为,修订草案是可行的,同时,提出以下修改意见:

一、有些常委委员建议明确公司应当按照规定真实、准确、完整公示相关信息,提高公司披露信息的透明度和准确性。宪法和法律委员会经研究,建议采纳这一意见,在修订草案四次审议稿第四十条中增加规定,公司应当确保公示信息真实、准确、完整。

二、修订草案四次审议稿第五十条规定,有限责任公司设立时的股东,在出资不足的范围内承担连带责任。有的意见提出,上述要求应仅适用于设立时股东未实际缴纳出资或实际出资的非货币财产的实际价额显著低于所认缴的出资额的情形,建议进一步予以明确。宪法和法律委员会经研究,建议采纳这一意见,对相关表述进行调整。

三、修订草案四次审议稿第一百三十六条第二款对上市公司章程应当载明的事项作了规定。有的常委委员提出,上市公司章程修改程序复杂,成本较高,建议适当简化有关记载事项。宪法和法律委员会经研究,建议删去其中的董事会专门委员会的“议事规则”,将“薪酬与考核机制”修改为“薪酬考核机制”。

四、有的常委委员提出,董事会根据公司章程或者股东会授权决定发行股份,会导致公司注册资本、已发行股份数发生变化,仅因此项记载事项发生变化需要修改公司章程的,不需再由股东会表决,建议予以明确。宪法和法律委员会经研究,建议采纳这一意见。

还有一个问题需要汇报。国家市场监督管理总局建议对新法施行前已设立的公司的出资期限设置过渡期,并授权国务院制定具体办法。根据国家市场监督管理总局的意见,宪法和法律委员会经研究,建议增加规定:“本法施行前已登记设立的公司,出资期限超过本法规定的期限的,除法律、行政法规或者国务院另有规定外,应当逐步调整至本法规定的期限以内;对于出资期限、出资额明显异常的,公司登记机关可以依法要求其及时调整。具体实施办法由国务院规定。”同时,宪法和法律委员会建议,法律出台后,国务院方面应当抓紧制定实施办法,保证与法律同步实施并做好宣传解读工作。

经与有关方面研究,建议将修订后的公司法施行时间确定为 2024 年 7 月 1 日。

此外,根据常委会组成人员的审议意见,还对修订草案四次审议稿作了个别文字修改。

修订草案修改稿已按上述意见作了修改,宪法和法律委员会建议本次常委会会议审议通过。

修订草案修改稿和以上报告是否妥当,请审议。

授权资本制介绍

公司法学者根据一些国家和地区公司法中有关公司资本形成的规定，将公司资本制度归纳为法定资本制和授权资本制两种基本类型。近年来，学界和业界普遍呼吁借鉴国际通行做法，在我国公司法中引入授权资本制。

一、关于授权资本制与认缴制

法定资本制是指公司设立时，必须在章程中对公司的资本总额作出规定，并由股东全部认足，否则公司不能成立的公司资本制度。授权资本制是指公司设立时，在公司章程中确定股份总数，不必全部发行，发起人只要认购部分股份，公司即可成立；未发行部分，授权董事会根据需要，在公司成立后随时募集的公司资本制度。

我国1993年公司法实行严格的法定资本制，要求公司资本在公司设立时必须全部缴足，并设定了最低注册资本限额。2005年公司法修订，要求公司资本在公司设立时必须全部认足，但可以在2年或5年内分次缴付，2013年公司法修正，取消了缴付年限等限制，这一制度被称为认缴资本制。

认缴资本制与授权资本制的区别表现在四个方面。一是公司章程记载事项不同。认缴资本制下，公司章程记载的是股东认缴的公司资本总额。授权资本制下公司章程记载的是公司股份总数和设立时应发行股份总数，而不是股份所代表的金额。二是登记事项不同。认缴资本制下，公司向登记机关登记的是章程记载的公司股本总额。授权资本制下，登记的是公司实收资本总额，公司每次发行新股后，需向公司登记机关办理变更登记。三是股份发行的决定权不同。认缴资本制下，公司全体股东或者股东会决定股份发行事项；授权资本制下，由公司董事会根据公司章程或者股东会的授权决定股份发行事项。四是公司运营资本的来源不同。由于认缴资本制下，公司设立时已将股份全部发行，公司的运营资本来源于现有股东分期缴纳的出资。授权资本制下，董事会根据公司运营需要，择机向老股东或新股东分次发行股份。

综上,认缴资本制与授权资本制都允许公司资本在设立时不必全部缴足,便于公司设立。同时,与认缴资本制相比,授权资本制有三个方面的优势:一是在授权资本制下,公司在登记机关登记实收资本总额,更能反映公司资本情况。二是在授权资本制下,公司成立后可以由董事会根据需要随时增加资本,不必修改公司章程,也不必受认缴资本制下股东约定缴资时间的限制,股份的发行对象也不限于现有股东,节约公司运营成本。三是在认缴资本制下,公司股东的出资义务在公司成立时即已确定,届至缴资期限时,股东可能会因各种事由不履行其出资义务,容易引发纠纷和诉讼。授权资本制下公司发行后即要求股东出资,法律关系确定,不易引发纠纷。

二、授权资本制的适用范围和规则

(一)关于适用公司类型

1. 授权资本制适用于所有资合公司(不包括无限公司和两合公司)的国家和地区。美国、英国、日本、我国香港地区规定公开和非公开公司都允许采用授权资本制。德国规定有限责任公司和股份有限公司都可以采用授权资本制。

2. 授权资本制仅适用于股份有限公司的国家和地区。韩国和我国台湾地区规定仅对股份有限公司采用授权资本制,有限责任公司仍采用法定资本制。

(二)关于授权比例和期限

1. 关于授权比例。《日本公司法》规定,公开公司的股东会授权董事会的可发行股份总数不得超过已发行股份总数的 4 倍。德国规定有限责任公司和股份有限公司授权发行的资本不得超过授权时基本资本的一半。美国、韩国、我国台湾地区对于授权董事会发行新股没有比例限制。

2. 关于授权期限。德国对于有限责任公司和股份有限公司都规定 5 年的最长授权期限。《英国公司法》根据《欧盟公司法指令》的要求,对公开公司和私人公司也有 5 年最长授权期限的规定。《日本公司法》针对非公开公司设定了最长 1 年的授权期限,期满后,公司需要召开股东会决定终止授权或继续授权,禁止无限期或永久授权。美国、韩国、我国台湾地区对于授权期限没有限制。

(三)关于授权发行例外规则

1. 控制权变动发行例外规则。《美国示范公司法》第 6.21 节(f)规定,有以下情形之一时,董事会发行新股应当经股东会同意:支付股份的对价是现金以外的其他形式;新发行的股份所代表表决权超过当前流通股份代表表决权的20%。美国《特拉华州普通公司法》也有类似规定。《日本公司法》规定,新股发行导致公司控制权发生变化的,须经股东会表决。

2. 有利发行例外规则。有利发行是指为了公司利益,向特定认购人以特别有利的价格发行新股。《日本公司法》第199条第2、3款规定,在有利发行的情形下,董事必须在股东大会上说明以该认购金额向该认购人募集的必要性,并由股东大会决议。

(四)违法或不当发行的救济

1. 新股发行前的发行停止请求权。《日本公司法》第210条规定,股份的发行违反法令或章程规定或明显不公平时,股东可向公司请求停止发行。《韩国商法典》第424条规定,公司违反法令或章程或以显著不公平方法发行股份,可能对股东造成不利后果的,该股东可向公司请求停止发行。根据日本的实践,违反法令的情形有公开公司实施有利发行,但未经股东大会特别决议的。违反章程的情形有超过章程规定的可发行股份总数发行新股的。显著不公平是指以达成不正当目的的手段发行新股。比如,作为敌意收购的防御措施而发行新股,或者在公司内斗中经营者为维持控制权而向己方股东发行新股。

2. 新股发行无效之诉。《日本公司法》第828条第1项规定,公司成立之后发行股份,从该股份发行生效之日起,公开公司可在6个月内,非公开公司可在1年内,由公司的股东、董事、监事、清算人、执行董事等提起股份发行无效之诉。若在上述期间内股东等未提起诉讼,股份发行均为有效。实践中,认定的无效事由有发行超过章程规定的可发行股份总数的、发行章程中未认可的类别股的、违反新股发行诉前禁令仍实施新股发行的等。

三、关于出资缴纳

公司资本形成过程由股份募集、股份认购、出资股款缴纳、出资核查等环节构成。股东出资的一次缴纳或分期缴纳,是法定资本制和授权资本制均涉及的问题。

(一)关于缴资期限

目前,日本、韩国和我国台湾地区对于股份有限公司和有限责任公司,无论是否采用授权资本制均要求出资必须一次缴付。部分国家和地区允许出资分期缴付,对于货币出资一般有最低比例的要求或者最低额的要求,对于实物出资一般都是规定在登记注册后的一定期限内完成实物出资。例如,《欧盟公司法第二指令》第9条规定,现金出资的,首次缴付金额应不低于最低数额的25%;非货币出资的对价5年内须缴清。德国等欧盟国家的公司法都有类似规定。美国一些州的公司法对于分期缴付没有期限和比例要求,如美国《特拉华州普通公司法》第156条规定,任何一家公司都可以发行其整个股票的全部或一部分并收受部分的价金,条件是有权要求剩余的价金被偿付。

(二)关于出资核查

较多国家和地区规定了董事或董事会对股东出资的核查义务制度。《美国示范公司法》第6章第6.21节(c)规定,董事在发行股份前,必须确定就拟发行的股票已经或将能收到充足的对价。英国通过判例确立了公司董事会需对非现金出资进行善意的评估。《德国股份法》规定,股份公司的非货币出资需受来自三方的核查。首先,设立人应出具书面报告,说明实物出资的必要性。其次,董事和监事应当对设立过程的合法性及是否符合公司章程进行审查,并出具书面报告。最后,在存在实物出资的情形时,还应由1名或数名审查人(设立审查人)进行外部审查。《德国有限责任公司法》规定,在申报登记的过程中,公司需提交确认实物出资的相关依据,证明实物出资的价值达到了为此认购的营业份额面值的证明文件。《法国商法典》规定,公司的发起人、董事长、董事或总经理,在公司注册登记前,若尚未完成实物出资的交付即发行股票,将构成犯罪。《日本公司法》规定了实物出资核查制度,要求发起人请求法院选任检查官调查非货币出资的相关记载事项,并由检查官向法院作出书面报告。《韩国商法典》要求股份公司的董事、监事承担出资调查报告义务。我国台湾地区“公司法”规定,发起人应就以现金以外之财产、技术抵缴股款者的姓名及其财产、技术之种类、数量、价格或股价标准及公司核给之股数,向公司创立会报告。创立会选任董事和监察人,由其就非货币出资的相关事项,进行确实之调查并向创立会报告。

(三)关于失权制度

对于不按照法律规定或者约定缴纳出资的股东,一些国家和地区规定了股东失权制度(股份没收制度),即股东未按照公司章程缴纳出资或未按时缴纳出资情形严重时,公司通知其缴纳出资并给予其一定宽限期,如果股东拒绝缴纳出资或者宽限期届满后仍未缴纳出资,公司将没收其已缴纳股款,股东丧失权利。《德国股份法》第 64 条规定,对于不及时缴纳催缴金额的股东,公司可以确定并公告延展期,并警告股东其在延展期届满后将被宣告丧失其股票和缴纳的股款。股东仍不缴付催缴的金额的,公司可以通过公告方式宣告股东丧失其股票和所缴纳款项。《德国有限责任公司法》第 21 条也作了类似规定。我国台湾地区“公司法”第 141 条和第 142 条规定,第一次发行股份总数募足时,发起人应即向各认股人催缴股款,认股人延欠应缴股款的,发起人应定 1 个月以上之期限催告该认股人照缴,并声明逾期不缴失其权利。发起人催告之后,认股人不缴付的,丧失其权利,所认股份另行募集。美国《特拉华州普通公司法》第 164 条规定,股东未缴纳股款经起诉催缴后 1 年内还没有缴纳的,公司可以没收股东的上述股票及之前支付的股款。

公司治理模式和组织机构设置制度介绍

我国公司法自 1993 年制定以来,有限责任公司和股份有限公司治理实行股东会之下的董事会和监事会平行架构,董事会(执行董事)、监事会(监事)均为公司必设机构。一些专家学者和部门建议,根据我国公司制度实践,借鉴一些国家和地区的公司法律制度规定,引入单层制治理模式,并建议放宽董事会、监事会设置的限制,为公司在机构设置方面提供更多选择。

一、公司治理模式的主要类型

现代公司实行所有权与经营权分离的原则,由全体股东组成股东会作为公司的权力机构,决定公司重大事项,由股东会选任董事组成董事会作为公司执行机构,负责公司的经营管理。同时,根据权力制衡原则,股东会选任监事组成监事会或采取其他方式,对公司的财务会计及董事会执行职务实施监督,以维护公司权益。根据是否独立设置监督机构,不同国家和地区的公司治理模式主要有两种:

(一)单层制

英美法系国家和地区的公司采取单层制形式,即公司只设置董事会负责公司业务的执行,不设单独的监督机构——监事会。自 20 世纪 70 年代以来,美国证券交易委员会、证券交易所、证券商协会纷纷要求上市公司设置一定比例的独立董事,以他们为主组成董事提名、薪酬、审计等专门委员会,监督董事执行业务,以防止内部人控制损害公司的利益。这一制度在 20 世纪后期被一些国家仿效。

(二)双层制

大陆法系国家和地区的公司大多采取双层制形式,即公司同时设置董事会和监事会,分别行使公司业务执行权和监督权。采取双层制的公司,根据其董事会与监事会之间关系的不同,又可分为两种形式。一是,以德国、荷兰为代表的纵向双层制。其监事会的权力居于董事会之上,由股东会选任监事组成监事会,监事会选任董事,负责监督董事及董事会的活动,并拥有解任董事及否决董事会某些决议事项的权力。二是,以日本、韩国和我国台湾地区为代表的平行双层制。其董事会和监事会为平行机构,董事和监事均由股东会选任,董事会、监事会分别行使公司业务执行权和监督权。2005 年后,日本和韩国修改公司法,引入英美法系单层制治理模式,允许公司选择只设董事会,不设监事会。

同时,大陆法系国家和地区通常区分股份公司(公开公司)和有限公司(封闭公司)、大公司和小公司,对其业务执行和监督机构提出灵活的设置要求,给予公司必要的自治权,以适应公司的不同情况和需求。

二、大陆法系国家和地区的公司组织机构设置情况

(一)德国

对于有限责任公司,《德国有限责任公司法》仅规定了股东会和经理两个必设机构,监事会的设置一般是任意性的,实践中许多公司通过章程的规定设立管理委员会等机构取代传统的监事会。规模较大的有限责任公司适用不同程度的共同决定法①,监事会属于必设机构。《德国股份法》规定,监事会和董事会属于必设机构。适用共同决定法的公司监事会应有不同比例的职工监事。董事由监事会以简单多数的方式选任产生,并向监事会负责。虽然存在前述任免关系,但股东会、监事会、董事会均享有独立运行而不受其他机构干涉的权利。为了保护监事会的独立监督功能,前述董事会成员和监事会成员不能相互兼职。

(二)法国

在法国,有限责任公司由 1 名或多名经理经营管理,由股东会进行决策和控制,公司经理由章程或股东会决议产生。股份公司则有各种管理结构可供选择,可以设立单层董事会,也可以设立双层的董事会和监事会。在单层董事会之下,公司经营由董事会主席和 1 名或多名授权执行官负责,授权执行官可以是董事,也可以不是董事。单层董事会中的其他成员负责监督。在双层制下,董事会负责经营,监事会负责监督。除有限责任公司和股份公司之外,1994 年法国引入简易股份有限公司,该种公司拥有广泛的自治权,可由公司章程确定公司组织机构,法律并不要求其必设董事会或监事会,董事

① 在德国,职工参与公司管理的共同决定法律包括《三分之一参与法》《共同决定法》《煤炭和钢铁工业职工共同决定法》《共同决定补充法》等,适用于不同行业、不同职工规模的公司。

长或多名经理拥有以公司名义、在公司宗旨范围内开展活动的最广泛权力。

(三)日本

在过去 20 年里,《日本公司法》对公司机构设置进行了多次调整。2005 年,《日本公司法》废除有限责任公司,实现股份有限公司的一元化,并对股份有限公司作公开公司和非公开公司、大公司和非大公司的区分,在公司机构设置上引入各种选择模式。公开公司必须设董事会,大公司(主要是指资本金额在 5 亿日元以上的股份有限公司或者负债额为 200 亿日元以上的股份有限公司)必须设会计监查人(由股东会选任的注册会计师或会计师事务所指派的注册会计师担任),公开大公司必须设监事会或董事会专门委员会等。日本学者根据公司法的规定归纳出 21 种公司组织机构设置的不同类型(见表 1)。

表 1　公司组织机构设置的类型

公司类型	公开公司	非公开公司
大公司	董事会+监事会+会计监查人	董事会+监事会+会计监查人
	董事会+委员会+会计监查人	董事会+委员会+会计监查人
		董事会+监事+会计监查人
		董事+监事+会计监查人
非大公司	董事会+监事会+会计监查人	董事会+监事会+会计监查人
	董事会+委员会+会计监查人	董事会+委员会+会计监查人
	董事会+监事+会计监查人	董事会+监事+会计监查人
		董事+监事+会计监查人
	董事会+监事会	董事会+监事会
	董事会+监事	董事会+监事
		董事会+会计参与
		董事+监事+会计参与
		董事+监事
		董事

(四)韩国

在韩国,有限公司和股份公司有不同的公司机构设置要求。有限公司的业务执行机关是各董事,由董事代表公司;监事是监察机关,属于任意设置机构。股份公司则按照公司规模匹配不同的组织机构。首先,股份公司分为上市公司与非上市公司。其次,非上市公司分为资本金未满 10 亿韩元(约合 550 万元人民币)的公司与资本金 10 亿韩元以上的公司。资本金未满 10 亿韩元的非上市公司,可以选择性地设置非常任监事、常任监事、监察委员会。资本金超过 10 亿韩元的非上市公司,必须设常任监事或监察委员会。最后,上市公司又分为资产未满 1000 亿韩元(约合 5.5 亿元人民币)的上市公司(小型上市公司)、资产 1000 亿韩元以上但未满 2 兆韩元(约合 110 亿元人民币)的上市公司(中型上市公司)、资产 2 兆韩元以上的上市公司(大型上市公司)。小型上市公司可以只设非常任监事,也可以选择设置常任监事或监察委员会。中型上市公司必须设常任监事,可以设置监察委员会。大型上市公司必须设监察委员会。

(五)我国台湾地区

我国台湾地区"公司法"区分了有限公司和股份公司的机构设置要求。对于有限公司,经股东表决权 2/3 以上同意,就有行为能力之股东中选任董事 1—3 人,执行公司业务并代表公司;不执行业务之股东,均得行使监察权。对于股份公司,必设机构为董事会、监察人,法定任意机构为会计检查人,与日本公司法上的会计监查人类似,章程可自治确定的机构为副董事长、常务董事、经理等。2018 年"公司法"修改之后,非公开发行股票的公司可不设董事会;设立董事会的,以董事长作为公司的对外代表机关;由政府或法人股东 1 人所组成的股份有限公司,可依章程规定不设监察人;公开发行公司的监察人至少应有 2 人。

三、有关方面对我国公司组织机构制度的完善建议

一些专家学者对完善我国公司组织机构制度提出了许多意见、建议,主要是:在公司治理中更加突出董事会地位。我国公司治理中监事会的作用有限,通过董事会内部的分权制衡,同样能够实现监督功能。日本、韩国的公司治理实践与我国类似,其公司法已经引入单层制。同时,对小型的有限公司和股份公司进一步简化组织机构设置。

一些专家学者和部门建议,根据我国公司实践和有关改革要求,借鉴一些国外的做法,在公司法中引入单层制治理模式。党的十九届三中全会通过的《深化党和国家机构改革方案》明确,不再设立国有重点大型企业监事会。

目前,国务院国资委履行出资人职责的中央企业取消外派监事会后,也不再内设监事会,而通过引入外部董事并成立董事会审计委员会等专门委员会发挥监督作用。2017 年,《国务院办公厅关于进一步完善国有企业法人治理结构的指导意见》提出,国有独资、全资公司全面建立外部董事占多数的董事会,国有控股企业实行外部董事派出制度,完成外派监事会改革。2018 年,《国务院关于推进国有资本投资、运营公司改革试点的实施意见》提出,国有资本投资、运营公司设立董事会,其成员原则上不少于 9 人,由执行董事、外部董事、职工董事组成。董事会下设战略与投资委员会、提名委员会、薪酬与考核委员会、审计委员会、风险控制委员会等专门委员会。

随着我国对外开放不断扩大,我国企业走出去,外资企业走进来,引入只设董事会的单层制治理模式,为内外资企业提供更多选择,有利于减少公司治理方面的制度成本。

类别股制度简介

一股一权、同股同权是公司制度的基本原则。公司的股份通常每一股享有一个表决权,且每一股享有同等的利润分配权,这类股份被称为普通股。随着公司制度的发展,为满足不同投资者的需求,各国公司法允许公司发行不同于普通股的股份,称之为类别股。

一、类别股的制度概况

英美法系国家的公司法通常只原则性地规定或描述类别股的定义,不列举也不限制类别股的种类,允许公司章程自由创设不同类型的类别股。例如,《英国公司法》第 629 条规定,如果依附于股份的权利在所有方面是相同的,则那些股份是一个类别的。也就是说,如果依附于股份的权利在某些方面是不同的,则该股份构成一个类别。美国《特拉华州普通公司法》第 151 条第 1 款规定,每个公司都可以发行一种或者一种类别以上的股份,每个类别可以发行一种或者一种以上的系列,各类别或者系列可以有完全表决权、受限制的表决权或者没有表决权,具有各自的名称、优先权以及相对权、参与权、选择权或者其他特别权利,以及权利的各种限制,具体根据公司章程的记载确定,或者由董事会依章程明确授权通过的股份发行决议确定。

大陆法系国家和地区的有关公司的规定则通常明确规定类别股的类型,实行类别股的法定主义,不允许公司在法定类别之外另行创设法律没有规定的类别股。德国对于类别股的类型限制最为严格,《德国股份法》第 11 条规定,股票可以具有不同的权利,即在盈余分配和公司财产分配方面,具有相同权利的股票构成一个类别。第 12 条第 2 款禁止发行复数表决权股。第 101 条第 2 款规定了选任监事的类别股,但是法律对其有严格的限制。《日本公司法》第 108 条规定,公司可以就下列事项发行不同类别的股份:利润分配、剩余财产分配、在股东会上可行使表决权的事项、股份对外转让是否需要公司同意、股东有权请求公司回赎、公司有权回赎股东持有的该股份、公司有权回赎所有的该股份、公司重大事项还需要该类股份特别表决通过、董事监事选任。《韩国商法典》第 344 条之一规定了五种类别股:利润分配、剩余财产分配、股东会上表决权的行使、股份回赎、股份转换。我国台湾地区"公司法"第 157 条规定了七种类别股:股息及红利分配、剩余财产分配、表决权、否决权、董事选任权、转换权、转让限制。

二、具体类别股的制度内容

股东权利主要包括收益权、表决权及加入或退出公司的权利。对股东权利作差异化安排的类别股相应地可以分为:一是关于收益权内容的类别股,包括优先股、劣后股,该类别股主要是为了满足不同投资者的投资需求与风险偏好;二是关于股东表决权内容的类别股,包括复数表决权股、限制表决权股、董事提名权股、董事选任权股等,该类别股主要是为了强化特殊主体(如创始人)对公司的控制权;三是可回赎股、可转换股和转让受限股。

(一)优先股

优先股是指该股份的持有人对公司利润、剩余财产享有优先于其他股东获得分配权利的股份。优先股股东优先获得的利润分配常以固定股息的方式体现。公司向优先股股东分配利润必须遵守公司法关于利润分配的强制性规定,如"无盈利不分配"、提取公积金之后再分配等。

优先股享有优先于普通股的分配权,其代价是放弃表决权;只有当公司决议重大事项可能影响优先股股东利益时,优先股股东才有权就这些事项与普通股股东分类表决,其所持每一优先股有一个表决权。

优先股在我国有较为丰富的实践。2013 年,《国务院关于开展优先股试点的指导意见》发布,允许上市公司发行优先股。

(二)劣后股

公司还可以发行劣后股。劣后股是指利润分配或剩余财产分配上的顺位劣后于普通股的股份。劣后股只是分配顺位具有劣后性,它的分配率可高于其他类别股。

劣后股通常向公司发起人及管理层发行,以约束其行为。

(三)复数表决权股

相对于普通股的一股一个表决权,复数表决权股的每一股享有多个表决权。常见的复数表决权股每一股享有 10 个或 20 个表决权。

复数表决权股常见于新型科技企业。这类企业在上市前进行了多轮融资,创始人持股因此不断被稀释。为了维持对企业的控制权,企业创始人通过与投资人谈判达成协议,并由公司章程将其持有的股份确定为复数表决权股。

复数表决权股有利于发挥企业家的创新精神,它的弊端是容易形成创始人对公司的长久控制,对公众股东不平等。因此,各国股票上市规则通常会对复数表决权股予以限制,要求复数表决权股在公开发行前或上市前已发行;有的国家还对其发行数量、表决权数等予以限制。复数表决权股一旦转让,则变为普通股。

(四)限制表决权股

限制表决权股是指就公司某些特别事项不享有表决权,在其他事项上享有表决权的股份。例如,股东只就董事选任事项与决议不享有表决权,构成限制表决权股。公司如果发行限制表决权股,则必须在公司章程中规定该类别股所限制表决的事项、可发行的总股份数等。

此外,限制表决权股推到极端就是无表决权股份。德国禁止公司发行无表决权股份,《德国股份法》第139条规定,"对于在盈余分配时应给予优先利益的股票,可以排除表决权";换言之,只有优先股才能完全排除股东的表决权。韩国2012年开始允许股份公司发行无表决权股份。美国公司法则奉行自由主义,不禁止公司发行无表决权股份,前提是该类别股发行公司作充分的信息披露。

(五)董事提名权股、董事选任权股

董事提名权股、董事选任权股是指公司董事(有的包括监事)应在该类股份的类别股东组成的类别股东会上提名、选任(往往也包括解任)。与复数表决权股不同的是,董事提名权股、董事选任权股仅仅将董事提名权、选任权配置给该类别股股东享有,而其他股东享有除董事提名、选任之外的其他重大事项的表决权。

董事会是公司经营的决策机构,是公司治理的核心。所以,谁控制了董事的选任,谁就控制了公司的权力。董事提名权股、董事选任权股,容易导致少数股东长期控制公司董事会的弊端。有的国家公司法明确禁止公众公司发行这类股份,少数国家如美国允许。

(六)可回赎股

可回赎股是指股份发行文件中公司与投资者约定,在一定条件成立时,股东请求将该类别股由公司回购的股份。实践中,私募股权投资者为了应对未来的不确定性,要求创业企业向私募股权投资者发行可回赎股,约定如果未来创业企业经营达不到约定的业绩标准,或者企业在约定的期限内未能上市,投资者有权请求企业回赎股份。业界称之为“对赌”。

有些可回赎股约定由公司享有回赎请求权。公司享有回赎权的类别股产生于20世纪初。比较典型的例子是,2008年金融危机时,美国高盛公司为了解决资金缺口,向巴菲特的投资公司发行回赎股,约定高盛每年支付10%的固定股息,总额为每年5亿美元。2011年,渡过金融危机的高盛以56.2亿美元的现金赎回该类别股份。

公司回赎股份的行为属于公司资产向股东流出的分配行为,可能与资本维持原则相抵触,损害债权人利益。有关国家的公司法规定,如果用现金或其他财产回赎,必须遵守关于利润分配的规则。

(七)可转换股

可转换股是指在股份之上附加一个转换权,在法定条件或约定条件下,转换为普通股或者其他类别股的股份。相关国家公司法通常对各类股份之间相互转换不作限制,原则上普通股和类别股之间可以相互转换,但可转换股的发行应在章程中明确记载,并遵守股份发行的程序。

(八)转让受限股

转让受限股是指公司章程可以对该类别股份向现有股东之外的第三人转让,作出一定的限制。转让受限股不是指法律法规所规定的在法定锁定期内的限售股,而是指公司章程所自治约定的转让受限。从各国公司法来看,转让受限的方式包括该类别股份的对外转让需要公司的同意或者需要经过一定比例的其他股东同意。另外,各国公司法都直接规定,有限公司或者封闭公司的股权转让受限;对股份公司或者公开公司,章程可规定其股份转让受限。

为了保护股东权利,相关国家的公司法一般规定,不同意转让受限股转让的当事人,须购买该股份,即公司不同意转让的,由公司回购;其他股东不同意转让的,则由其他股东购买。

无面额股制度介绍

股票按票面是否标明每股金额,可以分为面额股和无面额股。面额股是指股票票面和公司章程记载每股金额的股票。无面额股,又称比例股或者份额股,公司章程和股票票面上不记载每股的票面金额,只记载其在资本金中所占的比例,或者记载其代表的股份数。面额股制度是公司制度创立之初的重要制度,为方便公司筹集资本、提高资本运作的灵活性,越来越多国家和地区将面额股改为无面额股。

一、关于无面额股制度的功能

20 世纪之前,各国和地区仅允许公司发行面额股,面额是公司设立时发行股份的最低价格,禁止折价发行。面额有两种意义:一是,确保所有股东以同一价格即面额购入股份,确保股东被平等对待。二是,面额乘以发行股份数构成公司资本,公司资本被认为是公司债权人的最低保障。但是,公司资本或者股票面额,仅是历史记录,公司一旦开始运营,债权人更关心公司现金是否足够清偿到期债务,不会关心资本或者股票面额。公司经营一旦陷入困境,公司净资产低于公司资本,每股股票实际价值也会低于面额,此时公司迫切需要对外融资,但是由于面额制度下发行价格不能低于面额,增资可能会失败。公司只能经股东会决议减资,将公司资本减至与净资产相当,其对外发行股份才能成功。

无面额股可以克服面额股的弊端,提高资本筹集和运作的灵活性:一是方便公司发行股份筹资。无面额股没有最低发行价格的限制,公司可以依照公司实际状况决定发行价格,无须担心折价发行可能产生亏损,因无法折价发行而导致无法顺利筹资,必须先减资再增资发行新股。二是无面额股有利于实现创业公司创始人对其公司的控制。无面额股能够取得与有限责任公司出资比例同样的效果,创始人只需投入很少的资金即可获得其所需要的股份,由风险投资基金补齐剩余的注册资本,确保创始人既能融资又能保持自己的控制权。三是无面额股便于股票的合并、分割。面额股制度下,股本等于股票面额乘以发行数量,在股份合并、分割时,发行数量变化,需要重新核算并变更每股金额,程序复杂;无面额股制度下,仅需对股份数量进行合并或者分割,无须重新核算公司资产与每股金额,因而提高合并、分割效率,降低成本。另外,无面额股能够避免债权人和投资人的误解。面额仅是章程设定的表面价值,仅能决定股东取得股份的最低成本,不等于股份价值。股份价值随着公司运营与市场环境等因素变化而变化,无面额股由于不存在票面价值,债权人及投资者不能从股票的票面金额对公司真实价值作出判断,需要根据股票的市场价格以及其他公司信用机制对公司价值作出评估。

二、关于无面额股制度的基本情况

(一)关于无面额股的历史发展

鉴于面额股不适应公司融资实践的需要,1912 年《美国纽约州公司法》首次允许发行无面额股,此后许多州纷纷效仿,允许公司发行无面额股。1980 年《美国示范公司法》废除强制面额股制度,开始允许发行无面额股。目前,美国大多数州都允许公司发行无面额股。日本 1950 年引入无面额股,2001 年废除面额股,全面实施无面额股。德国 1998 年允许股份有限公司发行无面额股。韩国 2006 年在股份有限公司中引入无面额股。新加坡 2006 年彻底废除面额股。我国香港地区 2014 年全面采用无面额股。我国台湾地区 2015 年在闭锁股份有限公司引入无面额股,2018 年扩大到所有股份有限公司。

对于无面额的采用有三种模式:一是强制全面采用无面额股,如日本、澳大利亚、新西兰、新加坡与我国香港地区。二是面额股与无面额股择一适用,如美国特拉华州、德国、韩国、我国台湾地区。三是面额股与无面额股同时适用,如英属维尔京群岛、泽西岛。

(二)关于无面额股发行所得股款的处理

发行无面额股所得股款有两种处理方式:一是由董事会决定将一定比例的股款计入资本金,其余部分计入资本公积金。例如,《日本公司法》第 445 条规定,公司可将不超过发行所得股款的 1/2 计入资本公积金。《韩国商法典》第 451 条规定,董事会可以决定将股份发行所得股款 1/2 以上计入资本金,其余计入资本公积金。美国《特拉华州普通公司法》第 154 条规定,董事会可以决定将部分股款计入资本金。二是将发行所得全部股款都计入公司资本金。例如,我国香港地区公司条例、我国台湾地区“公司法”、《新加坡公司法》、《美国示范公司法》。

(三)关于无面额股发行价格的限制

根据公司章程有无股票最低发行价格的规定,无面额股分为两种:一是虽然股票票面不记载金额,但公司章程规定每股最低发行价格。例如《德国股份法》第9条规定,股票不得以低于各无面额股划分的基本资本数额的价格发行。二是无发行价格的限制,大多数国家和地区对无面额股的发行价格都不作限制。无面额股发行价格如果低于现行已发行股份的平均价格,可能侵害原股东的利益。葡萄牙和比利时公司法要求董事会提交确定发行价格以及本次发行对原股东利益影响的报告,以便股东在股东会上对增资作出决议时行使表决权。

三、关于我国公司法引入无面额股制度的考虑

鉴于无面额股制度在资本筹集和运作方面的灵活性,引入无面额股有其必要性,是全面采用无面额股还是由公司选择适用,应当从实际出发。全面采用无面额股,好处是只需要制定一套规则,降低适用成本,不易造成公众混淆。但全面采用无面额股,制度转换成本较高。我国香港地区2014年全面采用无面额股后,2年时间才完成相关制度转换。韩国、我国台湾地区在引入无面额股制度时,既考虑提高资本制度的灵活性,又考虑降低制度转换成本的需要,允许公司择一采用面额股或无面额股。对于面额股和无面额股是否可以转换,我国台湾地区“公司法”允许面额股改为无面额股,但不允许无面额股改回面额股。《韩国商法典》则允许面额股与无面额股相互转换。

考虑到我国股份有限公司中有较大比例的公司是股东人数少的封闭股份有限公司,对外融资的需求不大,股本变动的可能性较低,全面采用无面额股的需求不大,且全面采用无面额股制度转换成本较高,《中华人民共和国公司法(修订草案)》第155条第1款和第2款规定,公司的全部股份,根据公司章程的规定择一采用面额股或者无面额股;公司可以根据公司章程的规定将已发行的面额股全部转换为无面额股或者将无面额股全部转换为面额股。另外,为提高公司资本运用的灵活性,修订草案第155条第3款、第209条规定,采用无面额股的,应当将发行股份所得股款的1/2以上计入注册资本,所得股款未计入注册资本的金额列入公司资本公积金。

限制董事赔偿责任的制度介绍

世界主要国家的公司法均规定董事执行职务应当履行忠实和注意(勤勉)义务,董事违反义务要对公司或者第三人承担赔偿责任。为了避免责任过重抑制董事积极创新商业活动,对经济发展产生负面影响,一些国家特别是英美法系国家还通过立法确立了董事赔偿责任限制和免除、费用补偿或者责任保险等制度。

一、关于董事赔偿责任限制或者免除制度

从立法上而言,董事赔偿责任的限制或者免除制度有三种形式:法律授权公司章程或者股东会决议对董事责任予以限制或者免除;法律降低对董事义务的要求;法律对董事责任最高限额作出规定。该制度原则上仅限制或者免除董事对公司的赔偿责任,而不包括董事对第三人的赔偿责任,限制或者免除的一般是金钱赔偿责任而不包括其他形式的责任,针对的行为主要是董事违反注意义务的行为,而不包括违反忠实义务的行为。

(一)公司章程或者股东会决议免除

1. 公司章程免除。公司章程免除模式是美国州公司法最主要的立法模式,该模式下股东有权决定是否将公司法中董事责任限制或者免除的规定纳入公司章程。另外,有些法律还对免责的范围作出限制,避免该制度成为董事逃避责任的手段。美国《特拉华州普通公司法》为最早采用该模式的立法,其第102(b)(7)条规定,公司章程可以规定免除或者减轻基于董事违反对公司或股东的受信义务而产生的金钱损害赔偿责任,但不得免除或者减轻以下责任:董事违反忠实义务;董事的作为或者不作为非出于善意,故意的不当行为,明知违法的行为;违法分配利润或者违法回购股份的行为;董事取得个人不法利益的行为。《韩国商法典》第400条第2款规定,公司章程可以免除董事因不履行义务对公司承担赔偿责任超过其前一年年薪6倍(独立董事3倍)的部分。但是董事因故意、重大过失致使公司遭受损害或者因违反竞业禁止义务、挪用公司机会、从事关联交易的除外。

2. 股东会决议免除。一些国家还允许股东会决议限制或者免除董事责任，如英国、奥地利、意大利、日本、韩国等。《英国公司法》第 239 条规定，董事（包括前任董事）因过失、债务不履行、违反义务或者违反信托而产生对公司的责任，可以经股东会决议免除，该决议须经无利害关系股东必要多数通过。《日本公司法》第 423—426 条规定，董事因怠于履行职务对公司的损害赔偿，非经全体股东一致同意不得免除；董事等执行职务善意无重大过失的，其对公司的责任可以在扣除其年薪一定倍数的额度内经股东会决议免除：代表董事或者代表执行官 6 倍；代表董事之外的董事或者代表执行官之外的执行官 4 倍；独立董事、监事 2 倍。董事会根据公司章程的授权也可作出免除董事责任的决议。《韩国商法典》第 400 条第 1 款规定，董事对公司的责任经全体股东同意可以免除。

部分国家还规定一定比例的无利害关系股东可以对免责决议或章程的免责规定行使否决权，例如，意大利规定，股东大会可以放弃要求董事个人承担责任，但持有 2%股份以上的股东可以对此进行否决；《日本公司法》第 426 条规定，持有 3%或章程规定的更小比例的无利害关系股份的股东有权推翻公司章程免除董事责任。

（二）法律降低对董事义务的要求

该模式是法律降低对董事义务的要求，董事只有基于故意违反义务才对公司承担责任。如美国《印第安纳州公司法》规定，董事无须对其作为或者不作为承担责任，除非董事违法或者怠于履行该法规定的义务，且其违反义务或者怠于履行义务基于故意。

（三）法律规定董事责任最高限额

如美国《弗吉尼亚州公司法》规定，公司或者股东代表公司提起的诉讼，董事承担的赔偿责任不得超过下列二者中较少者：公司章程或者细则所确定的金额；最高不得超过 10 万美元或者董事、经理承担责任前 12 个月从公司获得的报酬金额。董事或者经理故意从事违法行为，明知违反刑法或者联邦以及州证券法规，不得限制或者免除责任。章程或者细则关于董事责任限制或者免除的条款没有根据该法修改的无效。美国《弗吉尼亚州公司法》对董事赔偿责任的最高限额作了规定，但是公司章程可以规定更低的责任限额。

另外，一些国家尤其是英美法系国家在司法实践中还发展出商业判断规则(business judgment rule)对董事的责任进行限制。根据该规则,当股东或公司向法院主张董事行为违反义务,法院不会直接认定董事行为是否违反义务,而是根据该规则对董事行为进行审查。美国特拉华州最高法院在Aronson v. Lewis案判决理由中指出,推定董事作成商业决策时,基于充足的信息,出于善意并诚挚地相信该决定合乎公司的最佳利益,若无权利滥用,该商业决策即为法院所尊重,而挑战该决定的一方负有推翻该推定的举证责任。也就是说,当原告起诉主张被告董事违反义务时,董事已先被推定作出商业决策符合注意义务的要求,原告必须先举证被告董事未基于充足信息、诈欺、不法或自利并被法院接受时,法院才就被告的行为加以实质审查。因此,商业判断规则的采用可降低董事被追责的风险。

目前,无论是实务中还是理论上,对于商业判断规则的构成要件以及适用的法律效果都还有不同意见,仅有极少数国家将该规则成文法化。《德国股份法》第93条规定,董事在其业务经营中应尽到一个通常的、认真的经营负责人的注意。如果董事作出决定,可以理性地认为其是基于适当的信息、为了公司的利益而行为,则不构成义务违反。关于董事是否违反注意义务,如有争议,董事必须自己举证来证明其执行业务已尽到应尽的注意。

二、关于董事费用补偿制度

董事费用补偿,是指公司根据法律或章程规定,在董事因执行职务被诉时,向董事支付抗辩费用,以及法院判决或者和解协议决定的董事应付的赔偿金额或者罚款。

(一)补偿范围

公司补偿董事费用的范围,根据董事对公司还是对第三人承担赔偿责任有所不同。董事因公司或者股东代表公司提起诉讼而承担的赔偿责任,其补偿范围规定比较严格;因第三人提起诉讼的赔偿责任,其补偿条件与范围则较为宽松。

1. 董事因公司或者股东代表公司提起诉讼而承担责任的补偿范围。董事对公司的赔偿责任通常是因为其违反对公司应尽义务,如果公司再对其补偿,将形成董事赔偿公司后,公司补偿董事的循环支付。如果董事不承担责任,公司却必须支付诉讼费用,就丧失诉讼意义。因此,法律一般不允许董事请求公司对该类赔偿责任予以补偿。但如果董事胜诉或者符合一定条件,可获得相关抗辩费用的补偿。美国《特拉华州普通公司法》第145(b)条规定,公司或者股东代表公司提起的诉讼,公司补偿范围仅限于律师费等诉讼抗辩或者和解所产生的合理费用,而不包括判决或者和解所应支付的金额或者罚金。

2. 董事对第三人承担赔偿责任的补偿范围。公司对董事因第三人诉讼而产生的费用进行补偿并不会造成循环支付现象,如果董事符合补偿条件,可以请求公司予以补偿。对于公司董事执行职务对第三人所产生的赔偿责任,董事善意且合理相信其行为是为公司最佳利益或其不与公司最佳利益冲突,公司对其进行补偿便具有一定合理性。即使公司董事败诉,并不意味着董事违反对公司的义务,在某些情况下其行为可能是为追求公司的利益而造成第三人损害,此类诉讼的补偿范围通常较广。美国《特拉华州普通公司法》第 145(a)条规定,对第三人赔偿责任的补偿范围包括律师费、裁判费、罚金、和解金以及其他与诉讼相关的合理费用。美国《纽约州公司法》第 722 条规定,董事对第三人承担责任的补偿范围除应诉费用外,还包括判决或者和解所应支付的金额以及罚金。

(二)补偿应当符合的实体和程序要件

1. 实体要件。《美国示范公司法》第 8. 51 条规定,公司可以根据章程对董事责任进行补偿,受补偿的董事必须善意,并合理相信其行为是基于公司的最佳利益或与公司最佳利益不冲突,在刑事程序中无合理的理由相信其行为违法。另外,一些法律还对补偿董事的范围作出限制,超过的无效。《美国示范公司法》第 8. 59 条规定,公司只能在该节允许的范围内对董事提供补偿或预支费用。《英国公司法》第 232 条、第 234 条规定,公司可以补偿对第三人承担赔偿责任的董事,但是以下责任不得补偿:刑事程序中的罚金,不遵守监管要求支付的罚款;被定罪的刑事诉讼中的抗辩费用,被判决对公司不利的民事程序中的抗辩费用。

美国一些州公司法还允许公司超出法律规定的范围对董事进行补偿。如美国《特拉华州普通公司法》第 145(a)条规定,公司有权补偿董事等作为一方当事人(无论是民事、刑事诉讼,还是行政或调查程序)所产生的费用,由公司所提起或者为公司权利而提起的诉讼除外;第 145(f)条规定,除该条规定的补偿和费用的预支,不排除董事根据细则、协议、股东或无利害关系董事的表决等获得其他补偿。

2. 程序要件。法律允许公司章程对董事进行补偿的,除了规定董事应当符合实体要件外,还要求在程序上对董事是否符合实体要件进行审查。为避免利害冲突,大多由无利害关系的多数董事、股东或独立的法律顾问来进行审查。美国《特拉华州普通公司法》第145(d)条规定,公司补偿决定通过以下方式作出:诉讼当事人之外的多数董事决定;诉讼当事人之外的董事组成的委员会多数决定;独立律师以书面意见作出;股东决定。

另外,美国也有一些州公司法明确规定,董事有请求公司补偿的权利,只要公司董事因执行职务被诉并胜诉,有权请求公司补偿诉讼所产生的合理费用。公司必须无条件对其进行补偿,无须另外评估其行为是否符合善意或者基于公司的最佳利益等要件,即使公司董事会或者股东会反对补偿,也无法否定法律直接赋予董事获得补偿的权利。

三、关于董事责任保险制度

一些国家的公司法还对公司为董事购买责任保险作了规定。《英国公司法》第232条、第233条规定,允许公司为董事购买保险补偿其责任。《美国示范公司法》第8.57条规定,公司可以为其董事购买保险,以支付其因执行职务所承担的责任。《德国股份法》第93条第2项规定,公司为确保董事免于执行职务产生风险而签订保险合同的,免赔额度应为从至少损失的10%到固定年薪的1.5倍。

形式减资制度介绍

减资制度是公司资本的一项重要制度，2018 年公司法对公司减资程序作了规定，公司法修改借鉴一些国家和地区的规定，将形式减资与实质减资作了区分，明确形式减资遵守减资的决议程序并履行相应的公告程序，但无须对债权人提前清偿或者提供担保。

一、关于形式减资制度及其意义

（一）形式减资与实质减资的区别

1. 以是否向股东返还资金区分为实质减资和形式减资。减资是指减少公司的资本额；在法定资本制下主要是指减少注册资本，在授权资本制下主要是指减少已发行股本。根据公司净资产流出与否，减资可以分为实质减资和形式减资。实质减资指减少资本的同时，将一定金额返还给股东，从而也减少公司净财产。形式减资，也叫简易减资或者名义减资，指只减少资本额，即减少会计账面的所有者权益，不向股东返还资金或者免除股东出资义务。

2. 形式减资无须履行债权人保护程序。大陆法系国家和地区理论上大多坚持资本三原则（资本法定、资本维持、资本不变），公司资本减少可能会影响公司对债权人的清偿能力，因此多数国家和地区对于减资都规定了债权人保护程序。尤其是在实质减资程序中，资产从公司流向股东影响公司偿债能力，公司法因而都有相应的债权人保护程序。大陆法系国家如德国、日本、韩国，以及我国公司法都要求公司减资前进行信息披露，给债权人异议的机会，债权人有权要求公司提前清偿债务或者提供担保。德国、日本、韩国公司法将债权人异议程序的履行作为减资生效要件，没有履行该程序，减资不生效。

从形式减资对各方主体利益的影响看，公司原股东持股比例未变化，公司资本减少后，将来还有分配利润的可能。当然，如果形式减资后再增资，原股东的持股比例较之于直接增资会降低；对于债权人，由于形式减资与实质减资不同，公司净资产并没有从公司流出，对公司债权人并无实质影响。长期看，形式减资使每股价值与公司净资产一致，能够引进新的投资者。形式减资相较于实质减资，对债权人利益并无实质影响，因此一般不要求履行债权人保护程序。

（二）形式减资的意义

1. 使公司的实际资产数与注册资本尽量趋于一致，便于债权人了解公司偿债能力。使两者尽量趋于一致的原因，主要是大陆法系国家和地区大多将股东投入公司所形成的资本，视为公司在有限责任下对公司债权人的最低担保总额，也就是将公司资本与公司的偿债能力以及对债权人保护结合在一起，将其视为公司偿债能力的重要指标。当公司由于亏损而导致实际资产与资本不一致时，就有必要调整资本，使公司债权人了解公司的实际偿债能力。当然，公司注册资本是公司成立时的固定数额，股东投入的资本只是公司资产来源的一部分，随着公司开展经营活动，其可能通过借贷等筹资，也可能亏损。公司实际资产额可能与注册资本产生较大差异，公司注册资本可能很高，但实际资产很低，也可能相反。公司实际偿债能力与注册资本之间没有必然的联系。

2. 减少已发行股份数，提高每股盈余。公司在扩张期通过不断发行新股扩大股本，如果公司营收增长率低于股本增长速度，尤其是在经济不景气时，则将稀释每股盈余，影响公司股价，甚至引发财务危机。通过减少已发股份总数的方式减资，在公司盈余不变的情况下，可以提高每股盈余，提升公司股价。

3. 形式减资最重要的意义是弥补亏损，改善公司财务结构。这也是各国和地区实践中减资主要采用形式减资的重要原因。仅单纯地进行形式减资，虽然可以弥补公司财务报表上的亏损额，但公司的财务状况并不会因此获得实质的改善。形式减资的主要目的，还是着眼于减资后，能吸引新资金进入，改善公司财务结构。举例说明，甲公司总资产为 40 万元，负债 30 万元，注册资本为 20 万元（全部为已发行股份且实缴），共 20 万股，每股面额 1 元，股东 2 人，每人持有 10 万股，公司累计亏 10 万元，甲公司资产负债表如下（见表 2）。

表 2　甲公司资产负债表

资产	负债及所有者权益
资产合计 40 万元	负债合计 30 万元 所有者权益 实收股本 20 万元 A 股东 10 万元(10 万股×1 元) B 股东 10 万元(10 万股×1 元) 累计亏损 10 万元 所有者权益合计 10 万元
总资产:40 万元	负债及所有者权益:40 万元

公司不弥补亏损,不但无法向股东分配利润,也很难获得金融机构贷款,也难以发行新股筹集资本,因为公司亏损后增资,新股东进入后将立即承担公司的亏损。为吸引新资金进入以改善公司财务状况,公司以实收资本充抵亏损,在会计处理上,就是减少资产负债表上所有者权益项下的公司已发股份总数,同时降低亏损数额(见表 3)。公司减资后,表上无新投资者需要弥补的亏损,再增资则较容易吸引新投资者进入。

表 3　甲公司通过减资降低亏损数额后的资产负债表

资产	负债及所有者权益
资产合计 40 万元	负债合计 30 万元 所有者权益 实收股本 10 万元 A 股东 5 万元(5 万股×1 元) B 股东 5 万元(5 万股×1 元) 累计亏损 0 万元 所有者权益合计 10 万元
总资产:40 万元	负债及所有者权益:40 万元

以表 4 为例,减资后(方案 2)C 愿以每股 1 元投资 10 万股于甲公司,此时甲公司实收资本额将增加为 20 万元,C 持有 10 万股,占已发股份的 50%,每股净值为 1 元。与甲公司未经减资比较(方案 1),C 以每股 1 元投资 10 万股到甲公司,公司实收资本额为 30 万元(10 万元+20 万元),C 所持有 10 万股,仅约占已发行股份的 33.3%,且其所持股份每股净值仅有约 0.67 元,较

减资后入股,每股损失约 0. 33 元。形式减资将会使已减除亏损由原有股东全部承担,再增资时,已减除亏损与新股东无关,所以新股东在相同额投资下,占有较高的持股比例,且每股净值也会提高。在其他条件不变的情况下,减资将会使 C 以相同投入,持股比例由 33. 3%提高至 50%,每股净值由 0. 67 元提升至 1 元,使 C 有较高投资意愿。当然,相对也同时会降低原有股东持股比例。

表 4　甲公司是否减资对新股东的影响

	方案 1		方案 2	
	原始	增资	减资	减资后增资
实收股本	20 万元	30 万元	10 万元	20 万元
亏损金额	10 万元	10 万元	0	0
负债比率	75% (30/40)	60% (30/50)	75% (30/40)	60% (30/50)
原股东持股比例	各为 50%	各为 33. 3%	各为 50%	各为 25%
新股东持股比例	—	33. 3%	—	50%
每股净值	0. 5 元 (10 万元/ 20 万股)	0. 67 元 (20 万元/ 30 万股)	1 元 (10 万元/ 10 万股)	1 元 (20 万元/ 20 万股)

二、一些国家和地区关于形式减资的规定

(一)德国简易减资规定

1. 简易减资的立法背景。《德国股份法》中对简易减资作了较为详细的规定。1932 年德国通过条例规定了简易减资程序,其立法背景是德国正处于金融危机时期,其目的是使公司能够较为方便地调整股本数额,从而重新运营。1937 年《德国股份法》将简易减资程序纳入法律,其立法说明中提出,简易减资制度所立足的基本理念是,处于困境中的企业为重整目的而减资时,降低对其在债权人保护方面的要求,否则减资将会遭到阻碍,而此时减资是经济上急需的,也是股份市场恢复所需要的。此种在债权人保护方面的削弱也是可以接受的,因为此时仅仅是根据已经减少的资产的状况来调整注册资本的数字,对于债权人而言,其危害比减少资产的减资要小。

2. 简易减资的目的。其一,根据《德国股份法》第 229 条的规定,为了弥补价值减少、补偿其他亏损或者提取资本公积金而减资的,可以以简易形式

进行;在决议中应明确,是为此目的进行减资。该条规定的弥补价值减少实质是弥补亏损的一种情形,因此简易减资的目的有两个:弥补亏损和提取资本公积金。对于弥补亏损的减资,亏损不必是现实已经发生的亏损,对亏损的预期也可以成为减资的原因。亏损的原因以及是否已经被资产负债表确定无关紧要。也就是说,资产负债表上的亏损不必已经实现,因而事先预估"即将发生"亏损即可。公司自有资本低于认缴资本数额(也即亏损减少了自有资本,在扣除债务后,资产价值低于注册资本和规定公积金的数额)不是简易减资的强制性要件。按照第229条第2款的规定,即使亏损还能够被法定公积金和资本公积金覆盖,只要法定公积金和资本公积金低于法定门槛比例,也仍然可以减资。

其二,简易减资的目的是提取资本公积金。减资的数额将从"认缴资本"栏目转移到"资本公积金"栏目。这种调整主要是为了将提取的资本公积金用于弥补亏损,为危机中公司筹措资金节省时间。因此,将款项划入资本公积金是一种预防措施,不以任何具体或即将发生的损失为前提。

3. 简易减资的条件。根据《德国股份法》第229条第2款的规定,法定公积金和资本公积金合计超过减资后剩余资本的10%的部分以及盈余公积金已被预先解除的,才允许进行简易减资。公司存在盈余结转的,不得进行简易减资。如果减资目的是弥补亏损,则只有在损失无法通过盈余结转和全部或部分释放公积金来补偿的情况下,法律才认可减资的必要性。如果未遵循该点,则决议可撤销,但并非无效。如果减资决议的目的是提取资本公积金,根据第231条的规定,资本公积金和法定公积金合计不超过资本的10%的,才允许将因解除其他盈余公积金而获取的款项提取为法定公积金,将因减资而获得的款项提取为资本公积金。违反该规定的决议可撤销。根据第150条第3款的规定,法定公积金只有在年度亏损以及亏损结转不能通过盈利以及年度结余或者通过解除其他盈余公积金来消除时,才能被用于弥补年度亏损以及亏损结转。在这种情况下,法律将是释放最后的公积金还是进行减资的决定,留给公司自行评估决定。第229条第2款规定只有10%以上的相关公积金已被用于弥补亏损时,才能进行减资;而10%以下的法定公积金和资本公积金,只有别无其他弥补途径时才能使用。因此,相关公积金降到10%以下时,既可以通过该部分公积金弥补损失,也可以进行减资。

4. 简易减资后的利润分配规则。《德国股份法》第230条规定,因解除资本公积金或者盈余公积金以及减资而获得的款项,不得用于向股东支付,也不得用于免除股东的出资义务;其只能用于弥补价值减少、补偿其他亏损和提取资本公积金或者法定公积金。第 233 条规定,法定公积金和资本公积金合计达到资本的 10%前,不得分配盈余。支付超过 4%的股息,只有对于一个迟于减资决议后 2 年开始的营业年度才是允许的。其债权在决议的登记被公告前已经发生的债权人,得到清偿或者获得担保的,不适用此规定,只要其在作为盈余分配决议依据的年度决算公告后 6 个月内已经为此目的进行申报。在支付不能程序有权从依法为保护其利益而设定并由国家监督的担保财产中优先获得清偿的债权人,无须获得担保。因解除资本公积金、盈余公积金和因减资而获得的款项,也不得作为盈余分配。

(二)其他国家和地区关于形式减资的规定

1.《法国商法典》第 L225—205 条规定,对于非因公司发生亏损而减少资本,公司债权人可以在规定期限内对公司减少资本提出异议,法院根据情况可以裁定公司偿还债务或者提供充分担保。也就是说,公司因为发生亏损而减少资本,不必履行债权人异议程序。

2.《韩国商法典》第 438 条、第 439 条规定,减资要经股东会特别决议作出,但是为了弥补亏损的减资由股东会普通决议作出。为弥补亏损而作出的减资决议中,将采用减少股票数量的方式,而不是减少股本的方式。公司减资要遵守债权人保护程序。但是,为了弥补亏损而减少资本金的情况除外。

3. 我国台湾地区“公司法”第 168-1 条规定,公司为弥补亏损,于会计年度终了前,有减少资本及增加资本之必要者,董事会应将财务报表及亏损拨补之议案,于股东会开会 30 日前交监察人查核后,提请股东会决议。第 281 条规定,公司减资应遵守第 73 条和第 74 条关于债权人保护的程序。但是第 168-1 条规定的是减资后再增资无须遵守债权人保护程序。

财务资助制度概述

财务资助，是指公司对他人取得或将取得本公司股份的交易行为，以直接或间接方式提供诸如赠与、借款、担保、免除义务等具有财务属性的帮助。公司禁止财务资助制度创设于英国，1929 年《英国公司法》第 16 条以成文法形式首次规定禁止公司提供财务资助。此后，澳大利亚、新西兰、我国香港地区、新加坡、马来西亚等主要英美法系国家和地区都先后移植并发展了该制度。由于英国政府的极力要求，1976 年《欧盟公司法第二指令》中也引入禁止财务资助制度。为履行该指令要求，自 20 世纪 80 年代以来，欧盟成员国相继在国内立法中针对公众公司提供财务资助行为作出禁止性规定。在日本、韩国等大陆法系国家和地区（欧盟成员国除外），目前公司法律中未引入禁止财务资助制度。美国虽然没有财务资助制度的相关规定，但其《统一欺诈性转移法》从债权人撤销权的角度发挥着与财务资助相类似的债权人保护之效果。

一、禁止财务资助制度的理论基础

禁止财务资助制度的规范源自杠杆收购，但它超越了杠杆收购的场景，经过立法者从具体到一般的提炼，抽象成为一个一般性的公司制度，不再限于公司控制权转让的股份收购场景，并形成“原则禁止、例外允许”的体系化制度。该制度主要基于以下几个原因：

首先，其初始目的之一是遏制大量出现的杠杆收购现象。财务资助作为杠杆收购的核心环节，使得收购人所负担的外部融资最终由目标公司的资产和现金流进行偿还，目标公司出现极高的资产负债率，也使得收购人以极小的成本获得公司控制权进行投机，即“空手套白狼”。

其次，禁止财务资助体现了资本维持与资产维持原则。在某一主体正在取得或者计划取得公司股份时，公司通过赠与、补偿、担保等方式免除或减轻该主体的出资义务，帮助该主体规避了由此可能带来的出资不足的责任。此外,在一些有偿提供资助的情形中,若受资助人无力偿还贷款,公司可能会通过直接让与、拍卖等情形获得自己的股份,导致“变相回购”情况的出现,使得公司的资本无法得到维持。

再次,禁止财务资助被认为可以防止管理层滥用权力侵犯中小股东和债权人的利益,防止“购买人简单地用过桥贷款来控制公司,使公司用其自身的财产还贷或者减轻贷款人贷款项下的责任。在这些情形中,公司财产可能被减少,以至侵害到小股东和债权人”。也有观点认为,违法财务资助行为,本质上属于董事违反受信义务的行为。立法上将财务资助行为单独列明为一种高度可疑的违反受信义务的行为,属于董事忠实义务的精细化立法。

最后,禁止财务资助被认为可以防止市场操纵。财务资助可能会引起提供财务资助公司股份价格的上涨。例如,在公司收购中,投标人从目标公司处获得资助,同时约定在购买目标公司过程中如果投标人受到损失,可以获得赔偿。这样做的后果是投标人和目标公司可以操纵股份的市场价格,达到非法营利的目的。禁止财务资助的目的,其中就包括避免公司及其从事股份交易的人员操纵股份价格。

二、各国和地区关于财务资助制度的规定

(一)对财务资助的总体规定

1976 年《欧盟公司法第二指令》第 23 条对财务资助采取原则性禁止、例外情形允许的态度,2012 年修订重排后的《欧盟公司法第二指令》第 25 条第 1 款则直接规定财务资助应符合该条所规定的基本条件,如以公平的市场条件进行财务资助。德国、法国、西班牙、意大利仍然沿用之前根据 1976 年《欧盟公司法第二指令》的严格规定,采取原则禁止的态度。我国香港地区、新加坡、马来西亚、百慕大采取了原则禁止的财务资助模式,并根据各国和地区实际,在授权董事会以及豁免情形方面作出了一些灵活性的规定。《澳大利亚公司法》第 260A 条规定,只有提供资助并不会对公司或其股东的利益或公司支付债权人的能力造成实质损害,或符合法定的豁免情形,或依法经股东大会批准,公司才可以在财务上资助他人取得(包括发行、转让或其他任何形式)公司或控股公司的股份。《新西兰公司法》采取了类似的规定。美国公司法律中,禁止财务资助的规定并没有单独出现过,略有相似的规定可能是有关禁止欺诈转移方面的法律——公司(债务人)不得欺诈,将其财产转移至第三人,从而损害债权人的利益,也不得在公司陷入财务困境的时候转移任何财产(该转移的后果是损耗债务人公司的财产),即通过联邦和州的反欺诈转移法律来保护债权人免受投机主义并购的损害。同样,在日本和韩国现行公司法中,尽管也都有对公司股份转让的一些限制性规定,但是并没有针对财务资助行为的直接规定。

(二)禁止财务资助适用的范围

1. 私人公司与公众公司

多数国家并没有区分私人公司和公众公司对财务资助进行差异规定。而英国和新加坡却对私人公司和公众公司进行差异化管理,在最新的公司法中都将私人公司从禁令中予以排除,以减少中小企业成本。但是,对于私人公司绝对自由地去提供财务资助也同样存在风险。事实上,提供财务资助更可能在私人公司中发生权力滥用,因为私人公司一般缺乏公众监督。此外,由于各国都存在私人公司和公众公司相互转化的机制,除非该公众公司是上市公司,一般将公众公司转化为私人公司是比较容易的。将私人公司完全排除在财务资助禁令之外,会使整个禁止财务资助制度存在一定的规避空间。

2. 目标公司的子公司

英国在 1948 年公司法中,将目标公司的子公司也纳入财务资助的规制范围,并一直沿用至今。借鉴其模式的我国香港地区、澳大利亚、马来西亚、新加坡、百慕大等都规定,目标公司的子公司不得提供财务资助。而在《欧盟公司法第二指令》中,无论是 1976 年初次引入的禁止财务资助制度还是 2006 年修改后的禁止财务资助制度,都仅仅规定目标公司不得为他人取得其自身股份提供财务资助,并未将其子公司纳入禁令的适用对象范围。德国、法国与《欧盟公司法第二指令》保持完全一致,禁令也仅仅适用于目标公司本身而不包括其子公司。

(三)禁止财务资助的形式

禁止财务资助的形式,各国和地区大多规定了禁止提供贷款、担保以及减少、免除债务或者提供安全保障等方式。2006 年《英国公司法》第 677 条对禁止财务资助的形式作了详细规定:以馈赠、担保、保证、赔偿、放弃或豁免、贷款等方式提供的经济援助,或任何附加给公司的单方义务条款或者相关财产利益的转让,或在公司的净资产因提供援助而大幅减少或公司没有净资产的情况下提供的任何其他财政援助。我国香港地区公司条例第 274 条在禁止上述财务资助的形式基础上,还规定了禁止通过订立协议或者特殊安排，改变某人因购入本公司的股份所产生的债务状况以及减少或者免除某人因购入本公司股份而产生的债务。

(四)禁止财务资助制度的例外

财务资助制度因为具有高度投机的风险，而被予以禁止或限制，但是，并非所有财务资助制度对公司有百害而无一利。首先，作为禁止财务资助制度的初始原因之一，杠杆收购在20世纪70年代之后，也被认为一定程度上可以降低公司股东与管理层之间的代理成本，提高被收购公司的经营业绩。其次，正常的财务资助行为会对公司产生利益，也能解决部分正常交易中一方的资金需求。例如，公司将资金借贷给他人在二级市场购买本公司股份，如果贷款有很好的担保，或者债务人的信用很好，公司借贷的利率也丰厚，这样的财务资助的结果是公司获得利益，相应的公司的股东及债权人也获利。最后，财务资助禁令的规制范围被认为远超“确保公司不将资产返还至股东”这一资本维持原则的核心目标，将会误伤一些对公司有利的涉及财务资助的交易。因此，许多国家和地区不再绝对禁止财务资助，而是转向限制、规范财务资助的态度，主要采取财务资助的一般限制规定和直接规定允许财务资助的具体情形相结合的模式。

1. 财务资助的一般限制规定

各国和地区限制规定不一，主要有两种模式：主要目的模式和股东审批模式。股东审批模式中还包含无实质损害、资本比例模式，实质上是从不同角度对股东审批模式的补充或者例外规定。

(1)主要目的模式指的是，提供资助的主要目的不应是股份购买或对他人购买股份而招致的任何债务予以减少或解除，而是真诚地为了公司利益考虑。这种模式为英国禁止财务资助制度所创设，在我国香港地区和百慕大被引入。但是这种模式在实际操作中容易引发条文理解上的歧义，争议比较大。

(2)股东审批模式将公司提供财务资助作为一项股东会授权事项进行管理，在灵活性和保护股东利益方面进行了比较好的平衡，最早由1981年《英国公司法》针对私人公司引入，即所谓的“洗白”程序。目前欧盟、澳大利亚、我国香港地区、新加坡、新西兰、百慕大采纳。但是，对于股东审批的要求，各国和地区并不一致，有些要求按照正常的股东大会流程审批特殊决议即可，有些要求全体股东一致同意。

"无实质损害"作为股东审批模式的例外,授权公司在不会严重损害公司、其股东的利益或公司对其债权人的偿付能力的情况下提供财务资助时,可以不经过公司股东大会或股东的审批。该模式由《澳大利亚公司法》在2001年创设,目前主要在澳大利亚和新西兰适用。

资本比例模式作为股东审批模式的另一种例外,授权公司在不超过公司实收资本及公司储备金之总计的一定比例时提供财务资助,而不需要经过公司股东大会或股东的审批,但是需要通知公司股东。以公司资本为基准,对财务资助数额进行数量控制的资本比例模式不是独立自主的例外,往往与其他条件联合适用以控制董事会的财务资助行为。在《英国公司法》《澳大利亚公司法》中均没有资本比例例外。新加坡、新西兰、我国香港地区都规定了资本比例例外。《新加坡公司法》第76(9A)节规定,符合以下条件的财务资助是允许的:公司的财务资助行为获得了公平的对价;董事会通过了提供财务资助的决议,且提供财务资助是公司的最佳利益,且财务资助的条款与条件对公司而言是公允与合理的;董事会决议必须充分写明董事决策的基础;所有的董事作出就提供财务资助后的偿债能力声明;将财务资助的信息(包括被取得的股份、对价、买方的身份、财务资助的性质与数量等)及时通知每一个股东,并向公司登记部门进行登记公示;根据如上例外所提供的财务资助的累积公司未回收金额不超过公司实收资本和储备金二者之和的10%。《新西兰公司法》是将"比例限制""董事会偿债能力声明"二者联合作为一个完整的例外。我国香港地区公司条例第283条规定,资助不得超过股东资金的5%,该金额限制需要与其他情形联合,即董事会决议、偿付能力声明、该项资助加上任何其他根据该条提供但尚未偿还的资助的总数,不超过该公司已缴股本及储备金(以公司最新经审计的财务报表内披露者为准)的5%,且该项资助是在偿付能力陈述的日期后12个月内提供的。

2. 允许财务资助的具体情形

对于一些具体的财务资助情形,明显不具有非法目的或者对公司有利,法律直接规定其为合法财务资助,作为禁止财务资助的具体例外情形。根据是否对具体情形设定条件,又分为无条件的例外与附条件例外。

第一类情况是无条件例外,即形式上具有财务资助特点但是已经有针对性的立法或司法行为进行规制的交易行为,如股份分红、公司清算中资产分配、红利股的配售、股份的回赎或回购等,根据法院作出的命令进行的债权人与股东和解等,在形式上都属于已经有特别立法或司法进行规制的,因此没有必要纳入其中,避免规则或法律适用时产生冲突。除了欧盟(《欧盟公司法第二指令》仅规定了一项,即公司购买自身股份)及其主要成员国、新西兰外,英国、澳大利亚、我国香港地区、新加坡、马来西亚、百慕大等国家和地区都进行了明文规定。但是,对于没有明文规定的国家和地区,并不意味着这些交易行为就会因没有明文排除而禁止,事实上这些规定更多是从立法技术角度来考虑的,即便是没有明文直接排除适用,如果这些交易行为已经在公司法其他领域中有特别规定或由法院作出裁判,很显然也是不受禁令规制的。

若干国家和地区的无条件豁免除了上述情况之外,还有一些具有自身特点的无条件豁免情况。例如,澳大利亚基于商业交易正常过程的一般性豁免、对公司债券发行人的子公司的特殊豁免,新加坡的"零碎散股凑整"豁免等。这些情况同禁令所试图防范的不良行径的特征——一般具有"以这样或那样的方式,购买者将使用公司资金去执行他自己的义务"——不甚符合,因此也被各国作为无条件豁免处理。

第二类情况是附条件例外,即允许在某些具体情形下提供财务资助,但必须满足基本的资本或者资产维持的要求。主要有两种情形:金融机构经营正常业务豁免和员工持股计划豁免。这两个例外并不是独立自足的,必须同时满足其他条件,方构成有效的例外。《英国公司法》第682(1)条规定,在如上两个具体例外情形中,公司提供财务资助必须满足的条件是,公司不会因公司提供财务资助而导致公司的净资产减少,或者如果在那些净资产因财务资助而减少的范围内,资助是从可分配利润中提取的。《欧盟公司法第二指令》第23条第2款(2012年重排版第25条第6款)也采取了类似规定。

(五)异议股东或债权人的申请权

整体而言,针对公司提供财务资助的决定是否可以向法院申请取消该决定的异议权,目前有两种做法:一是没有异议权,包括欧盟及其成员国和马来西亚;二是规定了异议权,包括我国香港地区、新加坡、新西兰和百慕大。异议权制度实际上是为已经决定提供财务资助的公司的股东和债权人提供一种保护和救济机制,为提供财务资助行为施加了一项后置的条件,即在规定期限内没有相关主体向法院申请取消公司决议或提出申请后法院批准了公司决议,体现出一种更为严厉的制度要求。

在存在异议权的国家和地区中，在异议权的发起主体方面也有差异性。我国香港地区和百慕大，沿袭了先前英国禁止财务资助制度中的规定，规定持有一定股权比例的公司股东可以申请异议权，同意或表决赞成有关决议的股东无权提出上述申请；新加坡沿袭了先前澳大利亚禁止财务资助制度中的规定，规定公司的股东、债权人以及委员会可以提出申请；新西兰规定公司股东或公司可以提出申请。异议权的发起主体范围也体现了财务资助禁止的严厉程度，主体范围渐趋宽泛，更多主体可以对财务资助决议提出异议，显示出其严厉程度高。但是，从异议权的立法本意来看，新加坡的规定比较合理，股东、债权人都有权利提出异议，符合公司利益相关者理论的要求，同时证券管理委员会作为管理公司事务的行政机关也应该具有相关权利。对于新西兰制度中将公司作为申请主体，有观点认为并不合理，因为提供财务资助的决议本身就是由公司作出的，如果公司后续发现执行该决议不合理或对公司不再有利，完全可以不予执行或重新作出否定性决议，无须通过向法院申请取消该决议的流程。

（六）违法财务资助的法律责任

民事责任主要问题之一在于，违反禁令的财务资助行为及相关的合同和交易的有效性问题。德国、法国的规定比较严厉，直接规定了相关交易行为无效；澳大利亚、我国香港地区、新西兰、马来西亚的规定比较宽松，规定了相关交易行为的有效性不会仅仅由于违反禁令而受到影响；新加坡给予公司选择权，即可依公司选择而无效，更为灵活。民事责任主要问题之二是公司董事、监事、高管的法律责任问题。公司的财务资助行为的基础是董事会决议，负有责任的董事、高管应当对由此给公司造成的损失承担赔偿责任；监事由于负有监督职能，在监督不力的过错范围内承担责任。

另外，对于违反规定进行财务资助的，英国、澳大利亚、我国香港地区、新加坡、新西兰等国家和地区还规定了相应的刑事责任。

未到出资期限股权转让后的出资责任承担问题有关情况

2013年公司资本制度改革后,未到出资期限股权转让后的出资责任承担问题成为我国公司法理论和司法实践中重点关注的问题之一。这一问题既涉及公司资本充实,又涉及股权转让自由问题,理论和实务上也有不同观点。

一、问题产生的背景

2013年公司法修改取消了最低注册资本要求、验资制度、首次出资比例以及剩余出资期限限制,标志着我国公司出资制度从1993年公司法颁布实施之初的实缴制彻底转变为全面认缴制。全面认缴制的实施使股东无须在认缴出资后立即全部缴纳出资,也无须在公司法规定的一定期限内完全履行出资义务,而可以根据经营需要和投资计划来灵活设定出资期限,使认购和实缴可以在自由设定的期限内实现分离。这一自由设定的分离,一方面带来公司设立成本的降低和资本利用率的提高,极大地激发了市场活力;另一方面也带来实缴制下所没有的新问题。实践中出现了部分投资者在公司资不抵债时将其认购的未到出资期限股权低价甚至1元转让给没有任何履行能力的受让人,并主张其不承担出资责任的极端现象,滋长了不诚信行为。这就为理论和司法实践提出了以下问题:股东转让未到出资期限的股权的,转让后的出资义务是应由受让股东承担,还是应由转让股东承担或者由这二者共同承担。

二、国内理论和司法实践的观点

针对这一问题,理论和实践中主要形成了以下观点:

(一)完全由受让股东承担

该观点认为,股东的认缴形成了股东对公司的出资债务以及公司对股东的出资债权,股东转让未到出资期限股权,相当于将其股权及股权上负担的出资债务一并转让给受让股东。转让股权时转让股东和受让股东双方认可，也经过出资债权人即公司的同意（公司通过决议同意转让，或虽无决议但同意办理股权变更登记即认为公司同意），符合债权债务概括转让的规定，因此，应当由受让股东承担出资义务，转让股东转让股权后不承担出资义务。反对观点认为，认缴制只是给股东提供了缴纳期限的自由，并未改变出资必须被全部真实缴纳的要求，出资义务仍为法定义务，非经法定减资程序不得免除出资义务，且全面真实出资是股东享有有限责任以及公司享有独立法律人格的基础，按照债权债务概括转让的一般规则得出股东可以通过转让股权将出资义务转让给没有履行能力的受让人的结论背离公司法精神。也有反对观点从价值判断的角度提出，出资形成的资本是对债权人的保护，出资义务转让经公司同意并不能保护债权人利益，因而出资义务转让应当经过债权人同意。

（二）转让股东应承担责任

支持该观点的理由有两种：一种理由是基于 2018 年公司法第 3 条规定，认为转让股东应承担出资责任。2018 年公司法第 3 条规定，公司以其全部财产对公司的债务承担责任；有限责任公司的股东以其认缴的出资额为限对公司承担责任，股份有限公司的股东以其认购的股份为限对公司承担责任。针对该观点，反对的观点提出，公司法对出资制度有具体规定，不应以该抽象规定来确定出资义务。另一种理由认为，可以对《最高人民法院关于适用〈中华人民共和国公司法〉若干问题的规定（三）》（2020 年修正）第 18 条进行扩张解释，转让股东应承担出资义务。《最高人民法院关于适用〈中华人民共和国公司法〉若干问题的规定（三）》（2020 年修正）第 18 条规定："有限责任公司的股东未履行或者未全面履行出资义务即转让股权，受让人对此知道或者应当知道，公司请求该股东履行出资义务、受让人对此承担连带责任的，人民法院应予支持；公司债权人依照本规定第十三条第二款向该股东提起诉讼，同时请求前述受让人对此承担连带责任的，人民法院应予支持。受让人根据前款规定承担责任后，向该未履行或者未全面履行出资义务的股东追偿的，人民法院应予支持。但是，当事人另有约定的除外。"基于该规定，转让股东仍承担出资义务，受让股东对股权未到出资期限知道或应当知道的承担连带责任，不知道也不应当知道的不承担责任。反对的观点认为，《最高人民法院关于适用〈中华人民共和国公司法〉若干问题的规定（三）》（2020

年修正)第 18 条规定,是针对已到出资期限股东未履行出资义务所作的规定,对于未到出资期限的股权转让并不适用;对于未到出资期限,受让股东也不可能存在不知道或不应当知道的情况。也有反对观点提出,让转让股东继续承担出资义务将会扼杀股权的流通性,也不符合转让人与受让人之间的通常约定,背离当事人意志。

(三)修正的观点

在完全由受让股东承担的基础上,基于债权形成于股权转让之前或之后又形成了新的修正观点,该观点认为债权形成于股权转让之前的由受让股东承担,转让股东承担补充或连带责任;债权形成于股权转让之后的,由受让股东承担出资责任,转让股东不承担责任。其理由在于,股权转让已经对外公示,债权人在与公司交易时应该关注公司的出资状况,债权产生于股权转让之前,债权人对转让股东的出资能力有信赖,因此虽然由受让股东承担出资义务,转让股东也应承担补充责任;债权产生于股权转让之后,债权人并没有对转让股东出资能力产生信赖,出资义务应完全由受让股东承担。反对的观点认为,修正的观点符合形式正义,却有违资本充实原则和债权人平等保护要求;修正的观点也无明确的法律依据。

(四)未出资股权不得转让

该观点认为,基于诚信原则的要求以及出资义务的法定性,认缴出资的股东只有实际缴纳全部出资后才能转让股权。反对的观点指出,股东出资义务的法定性不代表未到出资期限股权不能转让,要求认购出资实缴后才能转让股权,或迫使股东放弃出资期限利益,或扼杀股权的流通性,不符合公司法改革的精神。

三、国外相关规定

一些国家实行实缴制原则,认缴的出资需要在公司设立时或者认购出资后依法全部缴纳,因此,不存在出资未到期股权转让后的出资责任如何承担问题,日本、韩国等有这类立法例。《日本公司法》还明确了实缴出资前通过实缴取得股权的权利不得转让的规则,其第 35 条规定,通过出资履行成为设立时发行股份股东的权利的转让,不得对抗成立后的股份公司;第 50 条、第 63 条也有类似规定。

一些国家实行出资的分期缴纳制度,虽然股东认缴的出资不必在认缴后一次性全部缴纳,但是,法律对股东首期缴纳的出资比例、现金出资要求以及剩余出资的缴纳期限等均作出了强制性规定，英国、德国等有这类立法例。剩余出资的缴纳期限一般较短，为 2—5 年。在英国，实践中如英国学者所言，由于不愿意承担在公司催缴股款时随时缴付股款的责任，商事公司投资者并不喜欢部分缴付的股份，股款通常会在被认购后的很短时间内缴清，很少遇到未缴付的股份，即便是发行条件设定了固定的缴付日期，通常也会很快缴清，催缴也不常见。因此，未到出资期限股权转让后的出资义务承担问题并没有引起英国法的重点关注。对于出资不符合法律规定的一般股权的转让，英国法规定，转让后转让人和受让人承担连带责任；但是受让人从未违反法律规定的出资义务的人处有偿购买，且购买时不知道股权出资不符合法律规定的，受让人不承担责任。《德国有限责任公司法》第 16 条规定，在与公司的关系上，在股东变更或者其参股数量变化的情况下，只有作为营业份额持有人被载入商事登记簿中股东名单上的人，才是营业份额持有人。在受让人与公司关系上视为营业份额持有人时尚未付清的出资，受让人与转让人共同承担出资义务。德国规定，股东迟延缴纳出资时还可以被宣告失权，在被宣告失权后失权股东仍要对欠缴的出资和因欠缴出资给公司造成的损失承担责任。根据《德国有限责任公司法》第 22 条规定，对于被除名股东未履行的出资义务，该被除名股东的最后一个前权利人和每个在与公司关系上被视为营业份额持有人的更早的前权利人，也对公司承担责任。但是，只有其权利继受者未能出资时，一个较早的前权利人才承担责任；在向权利继受者进行催缴并就该催缴向前权利人发出通知之后，权利继受者在 1 个月期满时未缴纳出资的，应推定存在此种情形，有相反证明的除外。前权利人的责任仅限于缴纳在 5 年的期限内催缴的出资。此期间从权利继受者在与公司的关系上被视为营业份额持有人之日开始计算。前权利人在缴纳欠缴的出资后取得被除名股东的营业份额。前权利人也不能缴纳出资的，公司可以通过公开拍卖的方式出售该营业份额。既不能由前权利人缴纳，也不能通过出售营业份额抵偿的，则其余的股东应按其营业份额比例对欠缴出资进行筹集。关于迟延出资的股东被宣告失权时，前手股东的出资责任，《德国股份法》第 65 条也采取了和《德国有限责任公司法》类似的思路。

意大利则以另外一种方式作出了明确规定。《意大利民法典》第 2356 条规定，转让尚未缴足全部股款股票的，自转让之日起 3 年内，出让人和受让人连带承担缴纳尚未付清股款之责任，持有股票的受让人是第一顺位责任人，转让人是第二顺位的补充缴纳责任人。

四、研究意见

未到出资期限股权转让后的出资责任承担问题,实质上是在认缴和实缴相分离的前提下,如何合理解决公司资本充实与股权的自由转让之间的平衡问题。基于资本充实原则,股东应当按照章程规定的出资时间实际缴纳其认缴的出资。股权的自由转让,则要求不应对股权的转让设置过多障碍。因此,对于未到出资期限股权转让后的出资责任承担问题,既要保障股东认缴的出资真实缴纳,又不应给股权转让设定过多不合理的负担。下面我们针对国内理论和实践中提出的各种观点进行评析:

1. 完全由受让方承担。该方案以债权债务的概括转让规则为依据,充分保障了未出资股权的转让自由,却易使转让人借此将出资义务转让至没有履行能力的受让人,使认缴出资最终落空,背离了出资真实缴纳的要求,增加了转让股东的道德风险。该方案失之偏颇。另外,该方案也无法合理解释设立时的认缴股东不完全履行出资义务时,其他发起人应当承担连带责任,而转让股东反而却可以从其自己认缴的出资义务中逃脱的问题。该方案与现行公司法体系存在不兼容现象。

2. 转让股东承担。该方案以司法解释规定或 2018 年公司法第 3 条为依据,可以确保出资人认缴的出资由认缴人最终缴纳。但是,出资义务由转让股东承担的结论,没有充分考虑到作为股权持有人的受让股东承担出资义务的问题,也与交易实际不符,与当事人意志相违背,权利义务配置不尽合理,可能会影响股权的流通性。而且,司法解释规定和 2018 年公司法第 3 条规定并不是恰当的法律依据。

3. 以债权的形成时间确定出资义务人。该方案是在第一种方案基础上的修正,可以充分保障股权的流通性,但是也存在认缴出资因转让而落空的可能性,不足取。而且,该方案将转让股东是否承担出资义务建立在债权人对出资人是否产生信赖的基础上,这将使债权人不得不重新关注公司的每一个出资人的出资履行能力,完全抵消公司制度带来的债权人无须关心股东的资信能力的制度优势,导致与公司交易的成本提高。另外,该种方案混淆了股东出资义务的对象,股东仅对公司负有出资义务,公司以其全部财产对债权人承担责任,这容易导致债权人直接要求股东基于对公司的出资义务向其直接承担责任,违背公司独立人格的基本原则。

4. 未出资股权不得转让。该方案完全否定股权转让的可能性,但是股权转让并不一定会使认缴出资的缴纳落空,在能保障认缴出资缴纳的情况下,应充分保障股权的转让自由,以实现各种利益之间的平衡。虽然《日本公司法》规定了类似出资全部缴纳之前不得转让,但是,在我国公司法已经采用全面认缴制的背景下,没有必要参照日本实缴制下的规定,放弃股东自由设定出资期限的便利。该方案也不可取。

综上,未到出资期限股权转让后,转让股东不承担出资义务,则认缴出资会有落空的风险;转让股东承担出资义务,则会影响股权的自由流通。因此,可以考虑让受让股东承担出资义务,在受让股东没有履行能力时,由转让股东承担补充责任。这既尊重转让股东和受让股东的意愿,充分实现了市场效率,也最大限度地在出资的真实缴纳与股权自由转让之间实现平衡。《意大利民法典》采取了这一思路。《德国有限责任公司法》和《德国股份法》在处理迟延出资的股东失权问题时,也采取了这一思路。这一制度设计也符合一定的经济理性。由受让股东承担出资义务,可以使持有股权的受让股东既享有股东权也承担义务,一方面便利公司催缴出资,另一方面也可以避免股权连续转让情形下,部分股东可能出现的股东权行使、权益享有与义务承担相分离的现象,抑制其机会主义行为的动机,促进公司稳健运营。由转让股东在受让股东不能承担出资义务时承担补充责任,则可以促使转让股东在转让未出资股权时谨慎选择受让人或者合理提高转让价格,以规避转让后可能出现的仍要承担出资义务的风险。这一制度设计基本兼顾了出资的真实缴纳与股权的自由流通之间的平衡以及债权人、公司、转让股东、受让股东各方利益。

董事对第三人责任概述

公司法的传统理论认为，董事作为公司法人的执行机关，其做出的行为属于法人行为，不直接对外承担责任，因而股东和债权人无权要求董事个人对其承担责任。一些国家和地区基于保护债权人和规范董事行为的考虑，通过立法和司法审判，确立董事对第三人承担责任的规则。

一、董事对第三人责任的性质和来源

(一)英美法系

在20世纪早期，美国公司法判例仅将董事对第三人责任限定为董事越权时的侵权行为；但在20世纪末以及最近扩张了董事对第三人责任的范围，判例以及州公司法发展出了依照董事对公司侵权行为的参与行为认定董事责任的规则，称为参与理论(participation theory)，即当公司的董事对于公司的故意侵权行为存在"参与"行为时，则对第三人负有损害赔偿责任。参与理论的适用范围不仅包含故意侵权，同时也包含过失侵权。参与理论下的董事责任的构成要件包括：其一，公司对受害人具有注意义务。其二，董事须履行公司对该受害人的注意义务。其三，董事未能履行其注意义务，且除了董事身份外该董事具有参与行为。参与行为包括授权、指挥、投票支持、同意和批准，当公司不存在侵权行为时董事当然不成立侵权行为，而且单纯的不作为行为或知情并不构成"参与"行为。美国一些州公司法也对董事在特定情形下对第三人承担责任做了明确规定。如美国《特拉华州普通公司法》第174(a)条规定：董事因故意或过失违反股份回购和利润分配规定的，在违法分派或违法购入、赎回公司自身股份等行为后6年内，对于公司就损失金额应负连带赔偿责任及加算自行为时起的利息。当公司解散或陷于给付不能时，对于公司债权人，也应就损失金额负连带赔偿责任，并加算自行为时起的利息。董事未参与该行为或于决议或行为时董事曾提出异议或提出警告的，免除其责任。

英国法对于董事是否对公司侵权行为承担责任依据董事行为的性质进行了区分。一为代理规则。如果董事是基于公司的代理人的身份进行活动则需要承担侵权责任。二为识别理论。识别理论是一项将董事行为归为公司行为的归属规则,在该理论下董事为公司的第二自我,因此董事行为即为公司行为。早期该理论的意义仅在于使公司承担责任,之后则用于董事的责任抗辩;如果董事的行为能被归为公司,则董事不承担责任,除非董事在与第三人的行为中具有应予承担责任的情形,或存在指使、授权、指挥、引诱等行为。三为董事从事欺诈、错误陈述、侵占、损害公司或其他不诚信行为时,要以其自身的侵权行为承担第三人责任而不适用识别理论。另外,基于特别法规定,董事要对第三人承担责任,包括公司法、金融市场服务法以及破产法等。如《英国破产法》第214条规定,法院可以根据公司清算人的申请宣布董事从事了"错误交易"的行为,并因此必须缴付用于清偿债权人的资产。如果公司已经处于破产清算,在作为董事期间,他知道或应该得出结论没有合理的希望避免这种命运;他没有采取所有应该采取的措施把公司债权人可能的损失降至最低,董事就从事了错误的交易。

(二)大陆法系

大陆法系中,董事对第三人民事责任的性质存在法定责任说和侵权责任说。

法定责任说中,以日本为例,其认为董事对第三人责任基于公司法的特别规定产生,主观要件仅董事职务懈怠,董事无须具有对第三人权利侵害的意思,其责任的构成无须满足民法规定的一般侵权行为的要件,且当董事行为同时符合公司法规定的董事对第三人责任构成要件和民法一般侵权行为构成要件时,可以产生责任的竞合。修正后的特别法定责任说认为,公司法规定的董事对第三人的责任条款的适用范围是公司债权人间接损害的场合,实际上是采用了债权人代位权的规定,而第三人的直接损害则适用民法中的侵权责任救济。该学说的优点在于,可以根据公司法规定的事由要求董事向第三人承担责任,也可以根据非公司法规定的但符合民事一般侵权行为构成要件的事由,要求董事承担责任,故有利于加强董事责任,更充分地保护第三人的利益。法定责任说是日本、韩国、我国台湾地区法学界的通说。

日本还有少数学者持侵权责任说。侵权责任说根据是否适用民法上的侵权规定,是否包含直接损失和间接损失,又分为一般侵权行为特则说和特殊侵权行为责任说。一般侵权行为特则说认为,公司法规定的董事对第三人的责任是侵权责任,相对于民法规定,该责任是区别于一般侵权责任的侵权行为特别责任,主观要件上也要求对第三人有加害的意思。它就董事的轻过失侵权责任予以免除,只处罚董事的故意或重大过失的职务行为,缓和了董事对第三人的责任。在责任范围上,它只承认第三人受到直接损害的场合。特殊侵权行为责任说认为,确定董事对第三人的责任不适用民法的规定,只有主观要件满足恶意或者重大过失时,才可以成立董事对第三人责任。

而无论是法定责任说还是侵权责任说,大多数国家和地区董事对第三人责任的构成大同小异:客观上必须基于履行职务,对第三人造成了损失;主观上必须存在恶意或者重大过失;因果关系上,董事履行职务的行为与第三人的损失具有因果关系。

二、一些国家和地区关于董事对第三人责任的相关规定

(一)关于责任范围

1. 直接损失和间接损失

各国关于董事对第三人责任的范围主要围绕直接损失、间接损失作了不同范围的规定。间接损失,是指董事行为造成公司损失,从而间接对第三人造成损失。间接损失的典型为董事导致公司破产而承担董事对第三人责任。在日本实务中更常见的是,董事对第三人责任的适用大部分都发生在公司濒临破产的情况下,董事并未采取措施积极再建公司或在未尽清算义务的状态下持续经营,结果扩大了债务给公司造成损害,进而损害公司债权人无法回收债权,而承担董事对第三人责任。直接损失,是指董事的恶意、重大过失系直接针对第三人,只给第三人造成损失。在日本司法实务中,典型的直接损失为公司面临破产时董事明知根本无法偿还借款或在无法支付价款的情况下购入商品给交易第三方造成损失的情况。直接损失同样具有面临破产的情形,但其交易本身并不会给公司带来损害,因而归类为直接损失。日本司法实务中,直接损失的情形还有,当董事懈怠对业务执行行为的监督义务或整改(完善)内控体系的义务,存在恶意或重大过失,而进行违法行为(董事、高管的侵权行为等)给第三人造成损害,应承担损害赔偿责任。

2. 各国和地区规定

日本、韩国、我国台湾地区采法定责任说。《日本公司法》第 429 条规定,公司负责人等就执行其职务有恶意或重大过失时,该公司负责人等承担由此

给第三人造成损害的赔偿责任。《韩国商法典》第401条第1款规定，董事因恶意或者重大过失懈怠其任务，应对第三人承担连带赔偿责任。我国台湾地区"公司法"第23条第2款规定，公司负责人对公司业务之执行，如有违反法令致他人受到损害，对他人应与公司负连带赔偿之责。以上国家和地区都认为赔偿责任的范围包括直接损失和间接损失，并且认可特别法上的董事对第三人的责任与民法上的侵权行为责任的竞合。

法国对直接损失和间接损失分别作出了规定。《法国商法典》第244条规定：董事向公司或第三人对违反适用于股份有限公司的法律或条例的行为、违反章程的行为或在管理过程中所犯的过错，根据情况，单独或连带承担责任。数名董事共同实施同一行为的，法庭确定每人应承担的赔偿责任。这确立了董事对第三人直接损失的连带责任。在司法清理程序中，法国规定了董事对第三人的间接损失的补充赔偿责任。《法国商法典》第114条、第248条，《法国司法重整与司法清算法》第99条、第180条都规定，董事对第三人的"公司资产不够清偿债权"的损失负责。与《德国股份法》类似，《法国商法典》同样规定只有在第三人的债权无法从公司获得满足时，债权人才可转向董事请求赔偿其因有过错董事行为造成的间接损失。与《德国股份法》第93条不同的是，《法国商法典》直接确认了第三人的请求权，而无须像德国规定的那样，第三人需要以公司的名义向董事请求。

《瑞士债法典》也对直接损失和间接损失作出了规定。《瑞士债法典》第754条规定，负有指导、管理或者监督公司事务之责任的任何人，均应当对其因故意或者过失未能履行职责而造成的损失向公司、股东或者债权人负赔偿责任。同样，因故意或者过失不履行其法定的或者由公司章程规定的职责的清算人，应当向被解散的公司及其股东和债权人负赔偿责任。这确立了有过错的董事应与公司一起对受害人的直接损失承担责任的形式。《瑞士债法典》第755条规定，董事对第三人的间接损失承担责任，对于股东或者债权人因可归责于公司发起人、董事、经理人员、监事或者清算人员的事由导致公司亏损而受到的间接损失，其赔偿请求权以公司可以从上述人员处获得的赔偿金为限。通常情形中，第三人间接损失只能要求董事向公司赔偿，第三人对董事没有直接的请求权；公司破产这种索赔权则由破产事务官行使；如果破产事务官无意行使，那么股东和债权人就可以请求转让债权。与法国、德国不同的是，瑞士的间接损失赔偿请求权并非补充赔偿请求权，赔偿范围并非以第三人受到的损失为限,而是以公司获得赔偿为限,这更类似于代位赔偿。

《德国股份法》第93条确立的董事对第三人责任,仅仅对间接损失作出了规定:董事在其业务经营中应尽到一个通常的、认真的经营负责人的注意,违反其义务的董事造成公司损失的,公司可以要求赔偿,公司的债权人不能从公司获得清偿的,也可以主张公司的赔偿请求权。可以看出,董事对第三人承担的仅是就间接损失的补充赔偿责任。

(二)承担责任的董事范围

一些国家和地区除将董事作为对第三人赔偿的责任主体外,还将事实董事、名义董事、影子董事作为责任主体。如日本,对外有代表权的董事(如董事长、执行董事、代表董事)、事实董事、辅助代表董事、主管部分业务的非代表董事、参加董事会会议但没有表示异议的董事以及挂名董事等,以及监事、财务负责人和外部审计人员等,均需要就执行职务中的故意或重大过失行为对第三人承担责任。《韩国商法典》在其1998年修正时新设的第401条第2款规定,虽不为股份公司的董事,但利用其控制力实质上参与业务执行者赋予其与董事同等的责任。此外,多数国家公司法规定董事只能为自然人,但《法国商法典》却认可法人为公司董事。至于法国的董事对第三人责任中,如果董事为法人应由何者承担责任,参考《法国民法典》第1847条的规定,可推断该法人董事应与其法人的领导人一起对第三人承担连带责任。

(三)董事主观状态的认定标准

除我国台湾地区"公司法"不要求董事具有故意或者重大过失的主观状态,规定董事"违反法令"给他人造成损失即与公司承担连带责任外,其他多数国家和地区都要求董事具备主观故意或者重大过失。对于重大过失的认定,日本司法实务中一般以董事"懈怠"义务为标准,而"懈怠"义务主要是董事未根据公司法的规定建立内部控制体系,导致公司反复发生侵权行为。例如,董事未建立劳动者安全工作的风险管理机制,致使劳动者过劳死;券商的董事未建立内控机制落实投资者适当性管理要求,导致员工不当劝诱投资者购买金融商品等。

关于股权代持

股权代持，又称隐名投资或假名出资等，通常是指由实际出资人出资，名义股东对外登记为股东身份，并围绕股东权利行使、股权处分等事项实施的一系列协议或安排。股权代持涉及公司法、合同法等多个领域的法律规定，关系实际出资人、名义股东、公司和债权人等多方主体的利益，是理论和实务界研究的一个重要问题，目前境外一些国家和地区的商法和公司法中对股权代持从不同角度作了一些规范，我国司法系统也在审判实践的基础上颁布了一系列审判指导文件。

一、关于股权代持的基本情况

股权代持是在公司经营实践中长期存在的一种客观现象，相关当事人决定实施股权代持，很多是出于减少行政审批时间、提高公司经营效率、避免决策权分散、借助名义股东影响力等不同方面的考量，是一种商业上的常见安排，但也在客观上导致公司法律关系的复杂化。根据影响的主体不同，股权代持主要涉及三重法律关系。一是实际出资人与名义股东之间的债权债务关系，主要涉及出资和投资收益的归属；二是实际出资人与公司和公司其他股东之间的关系，主要涉及股东资格认定；三是实际出资人、名义股东与公司外部债权人之间的关系，既涉及三方的债权债务，也涉及股东资格认定。上述复杂的法律关系，产生了谁是公司真实股东、实际出资人的法律地位如何、名义股东擅自行使股东权利或处分股权的效力如何、谁对公司债权人承担责任等多种问题，在公司股权交易、公司债务清偿等环节引发了不少矛盾和纠纷。还有一些不法分子，利用代持关系掩盖利益输送行为，逃避监管执法措施，实施洗钱、偷逃税、操纵证券市场等违法活动，破坏了正常的社会经济秩序。

二、关于股权代持性质的理论观点

从目前的理论研究情况来看，对于股权代持关系的法律性质主要有三种观点,即委托代理说、信托关系说和无名合同说。三种观点均认可股权代持在实际出资人和名义股东之间的效力,认为双方应当按照约定行使权利、履行义务;但在处理实际出资人与公司、其他股东以及债权人之间的关系上,三种观点存在分歧。

委托代理说认为,股权代持构成实际出资人与名义股东间的委托代理关系,名义股东应当在实际出资人的授权范围内管理股权、行使股东权利,实际出资人应当承担名义股东行为的法律后果,名义股东超出代理权限的法律行为未被追认的,对实际出资人不发生效力。反对这一观点的意见认为,委托代理说不能解决"谁是公司股东"的问题,如依据出资事实认定实际出资人为真实股东,那么公司登记信息的公示和对抗效力可能被架空;如依据登记信息认定名义股东为股东,那么名义股东的行为效力就完全不受实际出资人授权范围的限制,违反了委托代理的基本要求。

信托关系说认为,股权代持是实际出资人设立的信托,信托财产是对公司的出资,在为实际出资人利益的范围内,名义股东作为受托人有权独立行使股东权利,管理和处分股权,不受实际出资人的影响,实际出资人仅在利益受到侵害的情况下,可以主张相关权利。反对这一观点的意见认为,信托关系说不符合我国实际,我国股权代持中仅有少数情形约定由名义股东独立行使权利,且大量股权代持的初衷就是隐藏真实的出资情况,无法满足信托法上关于信托合同应当办理登记的要求。

无名合同说认为,股权代持是实际出资人与名义股东签署的,将股权登记在名义股东名下,而由实际出资人享有股权收益的定制化合同,涉及股权归属、股东权利行使等事项的约定对公司和其他股东不具备约束力,实际出资人无权基于代持协议向公司或其他股东主张权利。反对这一观点的意见认为,无名合同说过分简化了股权代持关系;针对实践中实际出资人直接行使股东权利的效力和规范,无名合同说不能提供有效的理论依据。

三、国外有关国家法律中关于股权代持的规定

从国外有关国家的立法情况看,在公司法中一般不对股权代持的效力作出规定,涉及股权代持的规范主要有两个方面:

一是原则上将股东登记信息作为认定股东身份的主要依据。目前,多数国家的公司法均明确只有登记在股东名册上的人才是公司股东,其他任何人无权主张股东权利。《英国公司法》第112条规定,登记于股东登记册上的人是公司股东。《美国示范公司法》第 1. 4 条第 21 项规定,股东是在公司记录中登记的股票所有权人或者受益所有人,其中受益所有人的权利限于公司存档的授权证书所记载的范围。德国规定,只有在商事登记簿的股东名单登记后,才是有限责任公司的营业份额持有人或者股份有限公司的股东。

二是部分情况下允许披露或登记后代他人持股。为鼓励财务投资,一些国家和地区的公司法允许在特定情形下代他人持股,主要是要求采用信托等方式,保障名义股东能够独立行使部分或全部股东权利,并应当进行披露或登记。如《英国公司法》第 152 条规定,当股东代表他人持有公司股份时,可选择全部或部分行使股东权利;如果选择部分行使,应当通知公司行使权利的内容及各项权利的行使方式,没有通知的,视为全部行使。《德国股份法》规定,公司章程可以规定允许以自己名义登记他人股票的条件。《日本公司法》第 154 条之二规定,以股份为标的的信托经过登记的,股份持有人可以申请公司在股东名册中登记相关所持股份为信托财产。有的国家在要求登记或公示代持信息的同时,还明确要求公示实际出资人,如《美国示范公司法》第 7. 3 条规定,股东可以通过与受托人签订协议的方式设立投票信托并向其转让股票,授予受托人投票权或者代为采取行为的权利,在信托协议签署后,受托人应向公司提交信托受益权所有人的名单和协议副本,其中名单应当载明受益权所有人的姓名、地址以及信托的股票数量和类别。

另外,有的国家在登记和披露要求的基础上,还规定了实际出资人可以对公司行使权利的特殊情形。如《英国公司法》第 153 条规定,100 名以上平均持股不低于 100 英镑的实际出资人,有权共同向公司要求行使查询、提案等股东权利。

四、我国有关审判指导文件中关于股权代持的规定

涉及股权代持的审判指导文件,主要是 2011 年颁布的《最高人民法院关于适用〈中华人民共和国公司法〉若干问题的规定(三)》和 2019 年印发的《全国法院民商事审判工作会议纪要》。另外,2010 年颁布的《最高人民法院关于审理外商投资企业纠纷案件若干问题的规定(一)》专门对涉及外商投资企业的股权代持作了规定。上述指导文件,主要从民法特别是合同法的角度,对股权代持协议的效力和民事后果等作出规定,基本不涉及公司法上的股东身份认定、实际出资人的法律地位等问题。考虑到股份有限公司在股东人数、股权结构、公司治理等方面的特点,股份有限公司中的股权代持相较于有限责任公司更为复杂,且可能涉及金融监管、不特定投资者权益保护等多个领域的问题。目前在上述审判指导文件中只对有限责任公司中的股权代持作了系统性规范,但从案例情况看,在涉及股份有限公司股权代持的纠纷裁判中,也基本参照适用了有限责任公司的相关规定。

《最高人民法院关于适用〈中华人民共和国公司法〉若干问题的规定(三)》第 24 条至第 26 条对有限责任公司股权代持协议的效力、投资权益的归属、实际出资人取得股东身份的条件等作了规定。一是实际出资人与名义股东之间的股权代持协议,除存在违反法律法规的强制性规定、违背公序良俗等合同无效情形外,人民法院应当认定为有效,投资权益归属于实际出资人。二是实际出资人主张取得股东身份的,参照股权转让进行处理,应当经公司其他股东半数以上同意。三是名义股东未经授权处分股权的,参照民法典第 311 条关于善意取得的规定处理。

《全国法院民商事审判工作会议纪要》第 28 条对实际出资人取得股东身份的条件作了扩充,明确实际出资人能够证明有限责任公司过半数的其他股东知道其实际出资的事实,且对其实际行使股东权利未曾提出异议的,有权要求登记为公司股东。另外,《全国法院民商事审判工作会议纪要》第 31 条至第 33 条关于合同无效情形和合同无效后果的规定,也对股权代持的裁判产生了一定影响。一是明确合同违反金融安全、市场秩序、国家宏观政策等领域部门规章的规定,应当认定违背公序良俗而无效。据此,除法律、法规的强制性规定外,有关部门规章中的规定也可能影响上市公司和金融机构中股权代持的效力。二是规定合同无效后的财产返还或者折价补偿范围,应根据诚实信用原则,在当事人之间合理分配。据此,股权代持被认定无效后,应予返还的股权相对于合同约定价款出现增值或者贬值的,要综合考虑市场因素、受让人的经营或者添附等行为与财产增值或者贬值之间的关联性,在当事人之间合理分配或者分担,避免一方因合同不成立、无效或者被撤销而获益。

公司秘书制度介绍

英美法系、部分大陆法系国家和地区要求公司设置公司秘书,公司秘书对内协助董事会履行公司治理职责,对外履行向有关部门提供信息、与利益相关者进行联络等职责。在公司法修改过程中,对于我国是否需要引入该制度,也有不同意见。

一、一些国家和地区关于公司秘书的设置要求

公司秘书制度起源于英国。1908年《英国公司法》要求每家公司任命一位公司秘书,1929年规定公司秘书的义务和责任,当时公司秘书为一般性的文书人员。1948年《英国公司法》将公司秘书确定为公司高管。1985年《英国公司法》要求公众公司和私人公司都设公司秘书。2016年《英国公司法》修改后,仅要求公众公司设公司秘书,私人公司是否设公司秘书由公司章程决定。设有公司秘书制度的大多是英美法系国家和地区,只有少数大陆法系国家和地区引进公司秘书制度(见表5)。

表5 设有公司秘书制度的国家和地区

英美法系	大陆法系
英国、爱尔兰、澳大利亚、新西兰、印度、马来西亚、新加坡、美国、中国香港地区	瑞士、西班牙、俄罗斯、荷兰、中国澳门地区

在设置公司秘书制度的国家和地区中,有的强制要求所有公司都设置公司秘书,如我国香港地区、新加坡、爱尔兰。我国香港地区公司条例第622条规定,在香港设立的公司不区分公司形态,必须至少要有1名公司秘书;公司秘书可以由董事兼任,但如果公司只有1名董事,该名董事不得兼任公司秘书。有的要求特定类型公司设置公司秘书,如英国要求公众公司设置公司秘书;印度要求注册资本5000万卢比以上的公司设置公司秘书;澳大利亚要求股东超过50人的公司设置公司秘书;我国澳门地区要求有10名或10名以上的股东、发行债券、以股份有限公司形式设立,且公司资本、资产负债表的

金额或收入总额超过一定限额的公司,必须设置公司秘书。还有的对于是否设置公司秘书不作强制要求,由公司章程决定,如美国、新西兰、西班牙、马来西亚、瑞士、俄罗斯。《美国示范公司法》第 8.40 条规定,董事会应聘任 1 名公司秘书或者有 1 名履行公司秘书职责的高管。美国《特拉华州普通公司法》第 142(a)条规定,公司必须有 1 名高管负责股东会、董事会会议记录,履行秘书职责。(见表 6)

表 6　公司秘书的设置

所有公司强制设置	特定公司设置	自愿设置
爱尔兰、新加坡、中国香港地区	英国、澳大利亚、印度、中国澳门地区	美国、新西兰、西班牙、马来西亚、瑞士、俄罗斯

公司秘书是公司的高管,需要对公司法、证券交易法、公司治理准则、内控制度等有相当程度的了解,并能完成公司高管被要求的任务。因此,设置公司秘书的国家和地区都对公司秘书的任职资格有要求,如新加坡规定公司秘书至少得满足以下几个条件中的一项:担任公司秘书至少 3 年;律师;合格会计师。公司秘书一般由董事会任免。公司秘书的姓名、地址、身份信息等都属于公司登记事项,相关信息变更后要通知登记机关。

二、公司秘书的职责

关于公司秘书的职责,有的国家和地区作了明确规定,有的则根据公司与公司秘书之间的雇佣合同确定,还有些公司治理准则也对公司秘书职责有规定。公司秘书的职责主要包括以下两个方面:

一是对内协助董事会履行公司治理相关职责。一方面,确保公司董事会等公司机关按照法律法规、公司章程规范运作。例如,《香港特许秘书公会公司秘书备忘说明》规定,公司秘书需要经常提醒董事遵守相关的法律法规。上市公司秘书履行以下职责:协助董事长确保董事会内及非执行董事和管理层之间保持及时和恰当的资讯交流,以使董事能够履行职责;确保每位董事遵守董事会的政策和程序,以及所有适用的规则和规例;就公司治理事宜向董事给予独立公正的意见;就监管、公司治理和企业社会责任事宜、新法律以及董事职责等事项,向董事会提供最新资讯。

另一方面,公司秘书负责协助筹备董事会、股东会并保管公司文件资料与公章,如会议记录、股东签名、公司章程、公司的议事规则、章程细则、管理制度、股东名册、债券存根、财务会计账簿和报告等。例如,《美国示范公司法》规定,公司秘书负责维持公司股东会、董事会的会议记录,对公司的文件进行认证。《香港特许秘书公会公司秘书备忘说明》规定,公司秘书职责包括:筹备召开董事会与股东大会,并准备和提交有关会议文件和资料;负责保管公司股东名册、董事名册;负责保管大股东及董事、监事和高级管理人员持有本公司股票的资料;负责保管股东大会、董事会会议文件和会议记录等,并在股东转让/转移股票时协助办理登记,能在与股东交流的重要时刻向董事们表达股东的意见。

二是代表公司对外与股东、利益相关者、监管者、政府部门和法院进行公司文件与法律文书的联络对接。例如,《美国示范公司法》规定,向公司发送通知,可以向公司的注册办公室或者公司秘书发送;向公司送达司法文书,可以向公司秘书送达;股东代表诉讼中的股东向公司提请起诉董事的请求,可以向公司秘书发送,也可以向董事会或经理发送;董事、高管的辞职信向公司秘书发送,如果没有公司秘书,则向董事会或者董事会主席发送;在股东会表决有关董事利益冲突事项时,相关董事向公司秘书发送通知,将自己的持股情况告知公司秘书,如果没有公司秘书,也可告知其他计票人。《香港特许秘书公会公司秘书备忘说明》规定,公司秘书职责包括:定期向主管机关提交公司申报材料、有关董事和高级管理人员的资料、获通过的普通决议和特别决议等;协助公司向主管机关呈报或举报,如呈报有关打击洗钱及恐怖分子融资活动的资料。我国澳门地区商法典第 238 条第 1 款规定,公司秘书有权确保簿册在办公时间及登记所指定的存放地点,供股东或第三人公开查阅;确保在 8 日内将最新章程的副本、股东及董事会最新决议的副本,送交或寄送曾申领的有权申领之人。

此外,英国公司秘书还可以按照董事会授权,代表公司签订与经营业务有关的合同。

三、我国董事会秘书的设置及其职责

我国公司法 2005 年修改后,要求上市公司设立董事会秘书。2018 年公司法第 123 条规定,上市公司设董事会秘书,负责公司股东大会和董事会会议的筹备、文件保管以及公司股东资料的管理,办理信息披露事务等事宜。根据 2018 年公司法第 216 条高级管理人员的定义,上市公司董事会秘书是公司的高级管理人员。

从上述规定看,我国在上市公司设置的董事会秘书,作为公司的高级管

理人员，与其他国家和地区规定的公司秘书在定位和职能方面相似，对内负责公司治理守法和公司文件保存；对外负责信息披露、投资者关系处理等。董事会秘书与公司秘书职责略有差异，公司秘书职责除包括公司内部规范化运作、公司印章及文件档案的记录与保管外，还包括根据其与公司之间的雇佣合同履行对外出具具有法律效力的公司文件，甚至代表公司对外签订合同的职责。我国董事会秘书相关职责侧重于服务证券监管和投资者保护，没有保管公章权、对外代表权。此外，境外的公司秘书既可以聘请专职人员，也可以外包给独立的第三方。例如，我国香港地区的公司秘书往往兼任多家公司的公司秘书。而董事会秘书作为公司的高管，只能由公司内部人担任。（见表7）

表7　公司秘书和我国董事会秘书的职能比较

职能	公司秘书的职能	我国的对应安排
对内行政管理职能	1. 完成、签署公司的年度报告、年度会计报告以及各种注册登记文件，包括股东的登记、董事和董事会秘书的登记、董事利益的登记、费用的登记以及公众公司股份利益的登记等	董事会秘书
	2. 认证、确保公司法定文书及时变更登记与制备	董事会秘书
	3. 负责召开股东会、董事会、监事会的具体通知与安排	董事会秘书
	4. 保存和管理公司的账户记录、会议决议、章程以及细则等	董事会秘书
	5. 保管和根据公司指令使用公司印章，保证印章的安全和合规使用	法定代表人与董事会秘书
	6. 联络公司内部各个机关、管理人员以及顾问（如律师、会计师等）	董事会秘书
	7. 监督、鉴定公司的决议、公司章程的真实性和绝对约束力	无
	8. 处理与股权相关的登记事项，如制备股权证书、支付红利、与股东保持联系等	董事会秘书
对外代表权	1. 向登记机关提出相关申请、报送决议及协议复印件等	董事会秘书
	2. 及时披露公司相关信息以供公众查阅，并确保敏感资讯不被泄露	董事会秘书
	3. 对外代表公司签订有关行政管理方面的合同	法定代表人
	4. 代表公司作出各种法定声明，参与外部会议，并与机构投资者、中介机构、上市监管部门、新闻媒体进行沟通等	法定代表人与董事会秘书

四、对于是否引入公司秘书制度的意见

在公司法修改过程中，对于是否引入公司秘书这一制度，有两种意见。

一种意见建议我国公司法规定公司秘书制度,主要理由有二:(1)在我国公司治理实践中,法定代表人过于集权,易越权代表公司从事民事活动,损害公司利益;非上市公司不按照程序规则规范运作,不置备股东名册,没有出资证明书,使法律规定的公司文件形同虚设;上市公司也存在"抢公章""双头董事会"等公司治理不规范问题。公司秘书作为公司程序与公司文件的"看护者",能够监督公司内部权力运作与集体决策按照法律法规与章程等程序化、规范化运作。引入公司秘书制度,可以在一定程度上解决上述公司治理不规范问题。建议将上市公司董事会秘书改为公司秘书,同时要求其他公司都设置公司秘书。(2)设置公司秘书,由其负责接收公司作为收件人的文书、办理公司变更登记事项、接受对公司的查询等职能,有利于解决诉讼程序中送达难问题。

另一种意见不建议引入公司秘书制度。主要理由如下:

其一,公司秘书并不是与传统公司组织机构并列的一种机构,无论在强制要求设置还是自愿设置的国家和地区,其仅是辅助传统组织机构履职的机构或者人员,没有法定的专属权限。从采用公司秘书制度的国家和地区来看,除新加坡和我国香港地区延续了1985年《英国公司法》强制所有公司设置公司秘书的规定,其他一些国家和地区要求公开公司、注册资本或者股东人数达到一定标准的公司设置公司秘书。英国、新加坡及我国香港地区均允许董事兼任公司秘书,因此即使强制要求公司设置公司秘书,其也可能被董事取代。美国法未强制公司必须设置公司秘书,其所关注的并不是形式上有无叫作"公司秘书"的职位,公司秘书的职权有人负责即可,是否叫作"公司秘书"并不重要;由一人执行或由数人分工执行都可以。大陆法系设置公司秘书的国家和地区对于是否设置公司秘书交由公司章程决定。实际上,公司完全可以根据自身需要,设置合理的机构或者指定人员履行公司秘书相关职责,没有强制设置公司秘书的必要。

其二,公司秘书的主要职责是协助董事履行内部管理事项,对于改善公司治理的作用有限。从公司秘书的职权来看,英国法赋予公司秘书的权限较多,美国法仅规定了公司秘书很少的职权,尤其是《美国示范公司法》明确指出,公司秘书的功能就是维护董事会与股东会会议记录及认证公司各种记录。而英国公司秘书的职权虽然较多,但基本都在代替董事行使职权,或是在董事怠于行使职权时代替董事行使职权。如果公司董事能够勤勉尽责履职，公司秘书就没有了履职空间。当公司董事不勤勉尽责时，公司秘书有其存在的价值。但是，公司秘书由董事会指定、听命于董事会，通常情况下，公司秘书也不敢违背董事会指示。英国法的公司秘书职权也主要是协助公司董事履职，并不能解决股东或者董事之间的纠纷。寄希望于听命于董事会的公司秘书来解决公司内部纠纷，不符合实际。法定代表人越权代表、"抢公章"、"双头董事会"问题产生的原因比较复杂，公司秘书对于解决这些问题作用有限。

其三，我国司法实践中，由于部分公司没有按照民法典规定将主要办事机构所在地登记为住所，或者公司长期不经营、人去楼空，诉讼文书难以直接送达当事人。对于这一问题，一方面，登记机关在公司登记过程中需要对登记住所进行必要的审查，确保登记住所真实、准确；另一方面，对于确实难以送达的，我国民事诉讼法第 95 条第 1 款规定，受送达人下落不明，或者用该法规定的其他方式无法送达的，公告送达；自发出公告之日起，经过 30 日，即视为送达。因此，不能为了解决"送达难"问题而强制所有公司设置公司秘书，即便设置了公司秘书，公司人去楼空后，公司秘书也未必能有效接收文书。

其四，我国公司法 2005 年修改后要求上市公司设置董事会秘书，其职责和公司秘书类似。董事会秘书在上市公司治理中运行良好，被大家广为接受，没必要将其修改为公司秘书。